工程结构体系创新

——法兹勒·R·汗传

父女二人，1976 年前后

工程结构体系创新
——法兹勒·R·汗传

[美]亚斯明·萨拜娜·汗　著
马乐为　史庆轩　周铁钢　译

中国建筑工业出版社

著作权合同登记图字：01-2019-1051 号

图书在版编目（CIP）数据

工程结构体系创新：法兹勒·R·汗传 /（美）亚斯明·萨拜娜·汗著；马乐为，史庆轩，周铁钢译．—北京：中国建筑工业出版社，2019.6

书名原文：Engineering Architecture:The Vision of Fazlur R.Khan

ISBN 978-7-112-23764-7

Ⅰ．①工…　Ⅱ．①亚…②马…③史…④周…　Ⅲ．①法兹勒·R·汗—传记

Ⅳ．① K837.126.1

中国版本图书馆 CIP 数据核字（2019）第 095849 号

Engineering Architecture: The Vision of Fazlur R.Khan / Yasmin Sabina Khan，978-0393731071

责任编辑：高延伟　吉万旺　董苏华
责任校对：李美娜

工程结构体系创新——法兹勒·R·汗传
[美] 亚斯明·萨拜娜·汗　著
马乐为　史庆轩　周铁钢　译
*
中国建筑工业出版社出版、发行（北京海淀三里河路9号）
各地新华书店、建筑书店经销
北京雅盈中佳图文设计公司制版
北京中科印刷有限公司印刷
*
开本：787×1092毫米　1/16　印张：$19^3/_4$　字数：426千字
2019年6月第一版　2019年6月第一次印刷
定价：**80.00**元
ISBN 978-7-112-23764-7
（33752）

目录

译者序······ vii

序······ x

前言······ xii

致谢······ xv

第一部分　建筑的结构逻辑

引言······ 3

第 1 章　成长岁月······ 7

第 2 章　研究生与 SOM 事务所的新手 ······ 19

第 3 章　20 世纪 60 年代早期的建筑结构创新 ······ 33

第 4 章　高层建筑设计的新纪元：框筒结构体系······ 51

第 5 章　桁架筒：约翰·汉考克中心······ 65

第二部分　扩展的设计语汇：结构形式的变化

芝加哥的毕加索······ 85

第 6 章　筒中筒：休斯敦贝壳广场大厦······ 91

第 7 章　隔震概念与带状桁架······ 107

第 8 章　混合结构体系：新奥尔良贝壳广场大厦······ 121

第 9 章　束筒的诞生：西尔斯大厦······ 135

第 10 章　建筑学的转型 ······ 157

第三部分　当代结构理性主义

孟加拉国的危机 …… 175
第 11 章　海外项目：中东大开发 …… 181
第 12 章　本土化形式：朝觐航站楼 …… 195
第 13 章　麦加的大学校园规划设计 …… 215
第 14 章　混凝土桁架筒：奥特里中心 …… 233
第 15 章　巨型结构：芝加哥世界贸易中心 …… 245
第 16 章　追忆法兹勒·汗 …… 257

注释 …… 263
主要人名与机构名称索引 …… 289

译者序

从 20 世纪 70 年代的西尔斯大厦到当今的哈利法塔，人们对于建筑高度的渴望始终如此执着，以至于高层建筑和城市住区理事会（CTBUH）有关建筑高度的评定标准百般谨慎。虽然环保主义者已将超高层建筑打入了冷宫，但许多发展中国家依旧将其视为秀肌肉的热点。如果说以史为鉴可知兴替，那么超高层建筑这个怪兽的档案起点自然是美国的芝加哥：1871 年的大火吞噬了整座城市，却催生了现代建筑学的发展，带来高层及超高层建筑的繁华，而 SOM 建筑设计事务所正是这繁华市井的最大推手，也是当今高层建筑设计领域中的翘楚。

SOM 事务所是法兹勒·拉赫曼·汗功成名就的基石。1955 年，法兹勒敲开了 SOM 事务所的大门，11 年后便成为这家著名设计事务所的普通合伙人。站在这块基石上的法兹勒用自己的智慧和双手托起了超高层建筑结构设计的天空，并以 161kg/m^2 的含钢量将西尔斯大厦插入云霄，而且还让这个纪录保持了 22 年。

打开 SOM 事务所的公司主页，20 世纪 50 年代至 70 年代的那些成功案例无一不经典，每幢大厦都是地标，每个项目都能够写入教科书，而又有哪个没有留下过法兹勒的背书，从西尔斯大厦到约翰·汉考克中心，从德威特·切斯纳特公寓到吉达国际航站楼，法兹勒将自己的智慧化作浑然天成的结构体系，完美地融入了建筑形式，赋予建筑灵魂，并最终将 SOM 事务所打造成高层建筑设计领域的王者。

法兹勒·汗的结构设计哲学非常简单，那就是“好钢用在刀刃上”，如果纸也能够盖房子，他就绝不会用钢筋混凝土。对材料的把控与合理运用是法兹勒的首要考量，而这一切则是通过优化的结构体系来实现的。例如，吉达航站楼的屋面结构就充分利用了张拉织物的材料特性，而西尔斯大厦的九宫格分段收进束筒结构则使剪力滞后效应得到明显改善，从而大大降低了钢材用量。虽然法兹勒出身于结构工程专业，却坚信建筑并非是建筑师的独角戏，伟大的建筑必定内含伟大的结构，鸡蛋与卵石外形酷似，前者是薄壳结构，后者却只是时间的造化。

法兹勒的最伟大成就是将“筒体”概念引入了建筑结构，其中包括框筒、桁架筒、多束筒、筒中筒等众多体系。虽然时间已经过去了半个多世纪，但这些设计理念依旧被广泛应用于当今的每一幢超高层建筑中。可以说，法兹勒就是超高层建筑结构的“教科书”。然而，他的创意还远不仅于此，轻质混凝土、张拉结构、空中大堂、底层隔震、结构转换层，结构舒适度乃至程序设计、规划总图，他都能驾轻就熟，其中一些还具有开创性地位。

法兹勒的荣誉与他的创意等身，并且个个光芒四射，其中包括：美国工程院院士以及美国混凝土学会、土木工程师协会、钢结构学会的各种奖项。就连美国建筑师学会也于 1983 年追授了他杰出成就奖，足以彰显了这位跨界天才的过人之处，因为他的影响力不仅限于工程结构领域，对建筑学的表现形式也具有深远意义。1999 年，孟加拉国政府授予法兹勒·汗国家最高荣誉奖——“独立日勋章”，并发行了相应的纪念邮票；2009 年，奥巴马总统在开罗演讲时，盛赞法兹勒·汗是美国伊斯兰公民的骄傲；2017 年 4 月 3 日，当人们打开谷歌搜索时，惊喜地发现法兹勒的身形出现在了定制版的谷歌图标中，因为这一天是他诞辰 88 周年纪念日。在 SOM 事务所总部所在地的芝加哥，有一条街道被命名为法兹勒·汗路，而西尔斯大厦内则陈展着他的浮雕。

1929 年 4 月 3 日，法兹勒·拉赫曼·汗出生在东巴基斯坦（今孟加拉国）达卡市郊的一个小村庄。作为长子的他，从小便接受了良好教育，这使他能够顺利进入加尔各答大学，并最终获得达卡大学的工程学学士学位。

1951 年是法兹勒展翅高飞的元年，他从 1400 多位高手中脱颖而出，同时获得了富布赖特奖学金和巴基斯坦商业与教育部的研究生海外留学奖学金。如果说法兹勒的职务升迁速度是坐上了高铁，那么，其留学深造之旅简直就是骑着火箭在前进，因为他只用了三年时间就获得了伊利诺伊大学的两个硕士和一个博士学位。

1957 年，法兹勒回到了卡拉奇，但报国无门的他在两年后又只能无奈地离开了自己的祖国；1960 年，法兹勒回到芝加哥并在七年后加入了美国国籍。

法兹勒的另一半名叫莉泽洛特·安娜·欧嘉·图尔巴–雷夫史耐德，是一位美丽热情并且曾经结过婚的奥地利女人。他们两人生有一女，也就是本书的作者亚斯明·萨拜娜·汗。

1982 年 3 月 27 日，法兹勒·拉赫曼·汗因心梗死于沙特阿拉伯吉达市的差旅途中。

这是一本关于父亲的传记，但又算不上是文学作品，作者并不舍得在儿女家常上多费笔墨，而是站在时代大背景下审视每个建筑作品的脉络，以第三人称笔触勾勒出父亲的轮廓。虽然父女二人都是结构工程出身，但作者却愿意将更多篇幅留给建筑学，正如《工程结构体系创新》的书名那样，法兹勒希望建筑之美能够通过结构去呈现，而不仅仅只让后者作为骨架，深藏于建筑的蒙皮之下，什么都看不见。

本书出版于 2004 年。我们是因为讲课的原因才知道了法兹勒·汗这个人，因为几乎每本《高层建筑结构》教材上都会出现这个名字。虽然结构工程领域里的明星大腕儿很少有人关心，然而，当我们读完原著并了解到了这位结构大师的更多精彩故事后，翻译的冲动还是义无反顾了。因为，法兹勒的成就已经远远超越了国家和语言的界限，超越了建筑学与结构工程的界限，变为了全世界建筑行业及结构设计领域的瑰宝。

本书不仅是对法兹勒职业生涯最真实的记录，也涵盖了 SOM 事务所的发展历程，以及 20 世纪六七十年代美国建筑行业的大环境。更难能可贵的是，作者的写作态度是客观真实而非一味地歌功颂德，书中多次出现了对设计失误或施工瑕疵的描述，也记录了法兹勒那些未能完成的设计作品。目前，我国拥有着全世界最多的超高层建筑，因此，让每一位中国读者知晓这位高层建筑背后的巨匠，既是我们责无旁贷的，也必定是每位相关人士愿意“悦”读的。

本书的出版得到了西安建筑科技大学土木工程学院领导的关心。在翻译及审校过程中，出版社编辑、多位同学、同事及研究生付出了大量劳动，在此，我们致以最真诚的感谢。

鉴于我们的文字水平有限，译作中一定会存在不贴切之处，欢迎读者不吝赐教。

译者
西安建筑科技大学
土木工程学院
2018 年 11 月 3 日

序

42 年前，当我离职去耶鲁大学研究生院学习并返回 SOM 建筑设计事务所后，遇到了一个人，他就是法兹勒·拉赫曼·汗。本书是他的女儿对他生活和事业的理解与记录。看到她的文字，不禁令我回想起那些喜忧交织的岁月。法兹勒与我同岁，我是看着本书的作者，也就是法兹勒的女儿亚斯明长大的，而且，亚斯明和我儿子贾德森还是密歇根大学的同班同学。

这本书是一部独特的文献记录，亚斯明·萨拜娜·汗不仅分享了她对父亲最亲近的感知和洞察（法兹勒无疑是 20 世纪的工程巨匠之一），而且还将亲情融入了对法兹勒专业技术的娴熟记录中（亚斯明的教育背景及专业实践正是土木工程）。

亚斯明的这本书远不只是一部技术文献，她还通过对法兹勒博士在 SOM 建筑设计事务所时期所处的文化和经济大环境的描述，将法兹勒的广泛兴趣娓娓道来。法兹勒是那个年代最具人文素养的工程师之一，他在高层建筑结构方面开创性的见解只展现了他一小部分的才华，有时候，我们甚至忽略了法兹勒在工程管理和建筑设计方面的技术天赋，而更为人们所熟知的，他是一位具有丰富专业知识及深远影响力的结构工程师。

毫无疑问，法兹勒·拉赫曼·汗属于大师级人物。在我看来，他是 SOM 建筑设计事务所的灵魂，实足的才华横溢而没有半点人为浮夸，高尚的品德几近完美，这些言词绝非演说家的溢美之词，他实至名归。与我不同，法兹勒不是个爱出风头的人，我们之间的友谊似乎有点儿“不搭”的感觉，但他的低调往往让我感觉良好，我认为，每个与法兹勒接触的人都会有这种感觉。

每次阅读亚斯明的这本书时，便会不由自主地勾起我对法兹勒的怀念，以及对往事的回忆。他溘然早逝于 52 岁，如今已过去了 20 年，而当时正值他事业的巅峰（我们当时都认为如此）。谁都无法想象，如果他活到古稀之年，将会取得多大的成就？

亚斯明在书中清晰地（也可以说是相当娴熟地）阐释了法兹勒博士的许多结构设计概念。当年，这些概念法兹勒博士也曾经很多次地为大家讲述。我曾经聆听过他在伊利诺伊理工学院（IIT）每周六早上给建筑系学生们的授课。他的讲解总是那么深入浅出、化繁为简，以至于有时候我甚至忘了自己正在聆听的原本是多么艰深复杂的问题。对于一些基本概念，比如重力，他能够非常清晰地表达自己的想法，以至于有一次我 11 岁的儿子贾德森听后都能脱口而出“明白了！”

除了丰富的专业学识外，法兹勒博士还有着广泛的文化涉猎；他也懂得如何在某种特定的文化背景下，做到兼容并包；此外，与生俱来的幽默感与调和性更赋予了他与众不同的人格魅力。例如，法兹勒热衷于为那些中年大妈们看手相，而她们则像蜜蜂采蜜似地簇拥着他。法兹勒特别善于调解矛盾，总能“化干戈为玉帛”，让冲突带来的不愉快随风而逝，就像他处理我和布鲁斯·格雷厄姆之间的紧张关系那样（随着他的去世，至少有一段时间，布鲁斯和我都已放弃了彼此之间那种幽灵般的冲突关系）。

20 世纪 70 年代早期，东巴基斯坦要求独立的斗争使我们两人走到了一起。作为对冲突的反应，我们两人成立了一个名为“孟加拉国防卫联盟”的组织（后改名为“孟加拉国基金会”),其主要目的是给这个即将诞生的国家筹措资金。法兹勒和我之所以共同努力，部分原因是他要表达对原籍国的忠诚，另一个原因则是出于我的建筑工作，以及我们在孟加拉人民共和国建立过程中形成的深厚友谊。

相信很多读者读完本书后，既受启发，亦有困惑。的确，法兹勒是一位如此复杂却又是非常简单的人。他不仅创造出令人惊叹的、诗一般优美的建筑结构，同样也塑造出了完善的人际关系。与其相识，幸甚！如果在天之灵能够让法兹勒看到女儿亚斯明之作，我想他会十分高兴，尽管也可能会有点难为情。能有机会撰写小文来纪念老友，我感到无比欣慰。

斯坦利·泰格曼（Stanley Tigerman）
于芝加哥
2003 年 4 月

前言

本书是对于我父亲日常生活与职业生涯的记述，聚焦于他在现代建筑发展历程中的作用。作为结构工程师，我强烈感受到他的工作是如此独具匠心，震惊于其所涉及结构体系的博大精深。父亲是一个热情、细致、活泼的人，这些鲜明个性融入他生活的方方面面。工作中的每一次努力奉献都折射出他的孟加拉国背景，也代表着一名成年人在应有的道德指引下所担负的职责和使命，其间，无论遭遇怎样的不测他始终能乐观面对。同样，与人的沟通方式和对建筑环境的关注也成为他事业成功的基本要素。在开始着手记述父亲的成就时，我试图利用作为女儿的便利条件来勾勒出他的职场生活，并以设计专业的客观视角去评述他那些有关高效与适用性设计方案的探索工作，也会展示一些有助于他在结构工程与建筑学方面有所作为的个性特质。

父亲在解决设计问题时，力图将它们看作是一个整体而不仅仅是技术层面的事儿，这就是他取得诸多成就的关键所在。他所完成的工程案例，不仅仅是建筑设计的实践，也涉及每个项目团队都必须解决的一系列问题，这些无一不检视了他不平凡的职业生涯。在他的个人成就和探索历程中，贯穿其间的是更丰富的关于建筑与结构设计的故事，而一些紧迫的现实需要影响着所有的设计工作。由于必须在时代的大背景下去理解建筑，所以，我还会对父亲那个时代的经济及社会环境做一些必要的交代。

由于我父亲的个性对他的职业带来了很明显的影响，因此，我非常关注他解决问题的方法。毋庸置疑，毫不动摇的意志品质是他的立足之本，30 岁前形成的自我意识和人生观引领着他的一生。本书第 1 章介绍了父亲的主要生平，包括他的童年与青年时代。第三部分的开篇叙述了 1971 年间父亲对家乡的贡献，在这段时光里，他享受着非西方的生活方式并利用个人能力维系着两个家庭之间的和谐。

虽然我现在知道（当时可能怀疑过），父亲在家庭以外过着富有而忙碌的生活，但我从未奢求过这种生活方式。他总是很放松，非常认真地对待女儿的每个愿望，并保持着一贯的幽默感。在对我无微不至的关心的同时，也很尊重我的意愿。当我去上大学时，我的目标就是成为一名中学数学老师。对此，父亲表示支持，而非一味地说教让我也成为像他那样的结构工程师。然而时间不长,我却发现自己正朝着结构工程专业迈开了脚步。毫无疑问，正是因为父亲的耳濡目染起到了作用。一旦我下定决心，他就会努力帮助我提高学习兴趣，并在学习上给予我帮助。比如，在学习结构构件设计时，他会列举一些简单的建筑设计问题来让我了解，如何把学习内容用于更广泛的设计工作。

这么多年来，我一直致力于研究这本传记的写作素材，这是我对父亲情感的一种自然回馈。我有独特的优势获取这些资源，并能在相关的背景下去解读，从而使完成这部传记成为可能。着手写作时，我并未找到任何一本关于父亲的书;在写作期间，米尔·M·阿里（Mir M. Ali）的《摩天大厦的艺术：天才的法兹勒·汗》一书问世了，其中列举了很多伊利诺伊理工学院的研究生论文项目，而父亲就是这些学生的结构导师，其中一些项目已付诸实施，续写着他在建筑结构上的传奇——比如，里海大学以法兹勒·汗命名的讲席教授职位。能通过本书详尽阐释他的一些代表性设计项目以及他积极投身的活动，我感到非常的享受。对于每个项目而言,我试图理解那些能够引领设计团队的纲领性目标、设计中面临的挑战、每个设计团队是如何找到针对特定设计问题的相关性和创新性解决方案的，以及父亲思想的发展变化。为了反映他创新过程的连续性，我会按照时间顺序来介绍这些项目。虽然在其中他的作用不尽相同，从结构工程师到项目合伙人，但共同的特征是开创性；而在不断发展的结构体系中，结构概念的首创性也是其共同点。为了避免不必要的重复，我不会描述每个建筑项目设计与施工的所有细节，当然，也包括各色人物，而是仅采撷其中一些重要角色以飨读者。为了保持叙述的流畅，本书将采用英制单位，这也是当时 SOM 建筑设计事务所的使用惯例。

SOM 建筑设计事务所慷慨且毫无保留地让我参阅他们的项目设计资料，通过对设计计算、办公信函以及备忘录等资料的仔细研究，我能够再现某些错综复杂的设计过程。父亲工作时期的期刊论文和教科书也有助于我领会他工作的重要性、基础及影响力。另外，父亲的私人收藏还包括一些已发表和未发表的论文、一本从 1978 年开始记录的自传体手稿、家中文件夹里的便笺、夹克衫口袋里随身携带的笔记本。笔记本里记录了会议讨论内容、报告想法、某地的历史沿革，甚至还包括出差时的当地美食。他与妈妈的书信往来和一本始于 20 世纪 50 年代的日记更帮助我把过去点点滴滴串联起来，使他的成长岁月依稀可见。当然，编织这一切的最终力量还是来自对父亲的怀念。

对我而言，能够与父亲的同事、朋友和家人进行沟通是非常有帮助的。然而，回忆不可避免会带有个人经验色彩，随着时间的流逝，还会被重新诠释。这种主观性与发表的文章并无二异：某些新闻工作者的兴趣会影响他们的关注点和诠释方式。同样这一点也能从我在本书的内容取舍中看出来。由于不可避免地存在偏见以及不同的体验世界的方式，所以我会尽力融合多种视角，以便更准确地把父亲职业生涯中出现的各种事件、有影响力的人以及重要问题有机地关联起来。当不同人的讲述有偏差或需要换个视角时，我会以父亲的记述为准。当然，有时他的记录或回忆的确与其他可靠事实不符，但这毕竟只是个别情况，对于这些差异我亦会在文中或者尾注中标出。

既然这是一本关于父亲职业生涯的书，尽管其视角来自他的女儿，但我还是更愿意直呼其名，因为他属于一个更大的世界。哪个称谓更为合适呢？对于许多业内人士，他叫法兹勒·汗，另一些人则称他汗博士；有些朋友和同事简称他法兹，而父亲的孟加拉语全名则为法兹勒·拉赫曼·汗（Fazlur Rahman Khan，拉赫曼是阿拉伯语的教名，必须跟在法兹勒后面）。在孟加拉国时，我了解到大家经常把他的名字写成 F. R. Khan。在 SOM 事务所头些年里，父亲常用“F. Rahman Khan”来签字借阅材料，而且将签名写得非常华丽。到美国定居后，他的签名则变成了“F. R. Khan”，字体也变得十分优雅而不再那么浮夸。显然，父亲名字的写法没有对错之说，我会根据个人喜好，以他的技术经历为准：在第 1 章中取其名为“法兹勒”，而后面的章节则以“法兹勒·汗”或“汗”为其称谓（为符合中国习惯，本书均使用“法兹勒”这个称呼——译者注）。

伴随着写作的深入及对其工作细节的发掘，我不禁被父亲的设计创新与生机勃勃的人格魅力所感染。在结构工程方面的深厚功底使他对结构体系具有非常敏锐的直觉认识，从而为解决新的结构问题提供了自信与想象力。20 世纪 80 年代早期我已经成为一名结构工程师，某些我认为耳熟能详的结构表现和特性在 15 年前却不为人知或者不为人用，这令我非常吃惊。而如果再追溯到 20 世纪 60 年代，此后十年间在很多方面的长足发展，却令人印象深刻。

与此同时，我也发现，父亲去世后的很多年，他在 20 世纪 60 年代所取得的成果又重新受到青睐，他的核心设计理念，包括一些基本结构概念又被人们再次强调，比如，将建筑物视为一个竖向悬臂构件、利用结构的几何尺寸来抵抗水平荷载，最小化因建筑高度带来的结构额外费用。毋庸置疑，在新的结构原理还未被揭示前，我们每一代人都必须按照已有的合理方式进行设计工作。

如果先父有灵，将非常乐见自己的工作不断被推进、发展，他所致力的协作精神和理念共享也得到延续。通过研究父亲定义及解决设计问题的方式，我尝试记录他所取得成就的重要意义，并揭示那些不可思议的创新过程。我相信，父亲的经历带给读者的不仅是范例、榜样，更是灵感。

致谢

本书始于 1996 年。当时我正在翻阅父亲的文章，那足足有 100 余篇。多年前，一位伊利诺伊理工学院教授与结构工程师双肩挑的先生建议我写本关于父亲的书，他曾在 20 世纪 80 年代早期与父亲共事。经过多年的认真琢磨和反复思考，我意识到无论作为结构工程师还是法兹勒·汗的女儿，我都具备了完整叙述父亲职业生涯的条件，独一无二的条件。那位先生名叫马乔布·埃尔米梅里（Mahjoub Elnimeiri），在此，我要感谢他，正是他的善意提醒才使本书得以问世。

20 世纪七八十年代，SOM 事务所的合伙人及资深结构工程师约翰·J·泽尔斯（John J. Zils）就与父亲一起打拼，他非常欢迎我写书的打算，并保证可以提供事务所的相关档案文件。在接下来的七年里，约翰给了我巨大的帮助。1982 年 3 月后，他也像我那样把时间和精力投入到了大量的、能够体现父亲工作重要性的其他项目上。

在我进行文件分类整理的那些日子里，除了得到 SOM 事务所合伙人的支持及芝加哥事务所工程师和建筑师们的鼓励外，档案中心负责识别及检索公文的员工们也都给予了不断的帮助。其他应当感谢的朋友还包括：帕姆·凯恩（Pam Kane）以及市场团队的同仁们、凯伦·维迪（Karen Widi）、公司图书馆馆长、萨尔·梅赛诺（Sal Mescino）与办公服务部的员工、行政服务部的李·马隆（Lee Malone）。从 20 世纪 60 年代起，李和萨尔就与父亲在 SOM 事务所同舟共济，对他的往事历历在目。萨尔深情回忆起爸爸、妈妈到他父母家做客的情景，那是 1980 年，一段在意大利西西里岛泰尔米尼 – 伊梅雷塞镇的美好回忆。李·马隆还告诉我，父亲经常喜欢花时间去监督她和其他职员的工作表现，有些趣事让她刻骨铭心。得益于父亲营造出的亲善氛围，很多朋友都非常乐意用不同方式给予我帮助。毫无疑问，正是出于对法兹勒的深厚情感，我才能够得到这些友人真诚付出和努力帮助。

此书的出版得到了众人的支持：戴维·冯（David Fung）创作了插图，用以说明结构概念和结构体系；玛丽·琴·冈登（Mary Jean Gunden）在评估与准备诸多其他例证方面给予了特别关注；琼·威廉姆斯（Joann Williams）组织了书目；在访问安大略省的大气边界层风洞实验室期间，麦可·贺根（Michael Hogan）和凯茜·伍德伯恩（Cathy Woodburn）一道热情接待了我；克里斯托弗·布朗（Christopher Brown）帮我拿到了吉达国际机场航站楼的设计图纸；米歇尔·梅耶尔（Michael Meyer）发现了一些有关父亲的报纸和散文作品；墨尔本的伊恩·雷（Ian Rae）找出了已发表的必和必拓大厦设计报告；哈利勒·A·汗（Khalil A. Khan）、碧姬·彼得汉斯（Brigitte Peterhans）、马克·芬特尔（Mark Fintel）、洛克娅·哈克（Rokeya Huq）、赫克马特·E·贾（Hekmat E. Jha）和法祖尔·R·汗（Faizur R. Khan）贡献出许多相关建筑物或父亲的影像资料。

在彻里家庭基金的帮助下，戴维·彻里（David Cherry）得到了非常棒的虎丘工作室约翰·T·希尔（John T. Hill）的芝加哥建筑物航拍照；位于蒙特利尔的加拿大建筑中心菲利斯·兰伯特档案馆提供了一张拍摄于伊利诺伊理工学院的照片；纽约的高层建筑博物馆提供了一幅 1915 年的曼哈顿插图；麻省理工学院（MIT）阿卡汗项目档案部提供了吉达市国际机场麦加朝觐航站楼的图片；西安大略大学大气边界层风洞实验室的艾伦·G·达文波特风工程团队提供了风洞模型图片；芝加哥艺术学院赖尔森及伯纳姆图书馆的法兹勒·汗藏品部提供了四张有关父亲档案的照片；帕梅拉·D·埃利斯（Pamela D. Ellis）提供了艾伦·邓恩（Alan Dunn）绘制的图纸；SOM 建筑设计事务所则慷慨地提供了大量相关图纸及照片。

其他一些素材或用于插图的摄影师还包括：埃兹拉·斯托勒及 Esto 图片社、芝加哥历史学会档案收藏部、芝加哥艺术学院建筑系、位于德国柏林的普鲁士文化遗产视觉档案基金会。

格雷厄姆美术高级研究基金会与 SOM 事务所基金会的资助对我至关重要，在此表示感谢。

图书馆藏品对我的写作非常重要，这些素材主要来自加利福尼亚大学伯克利分校、哈佛大学研究生院设计部、麻省理工学院。加利福尼亚大学允许我在其系统内的所有图书馆不受限制地自由借阅，这对我的早期研究特别重要。

很遗憾无法与父亲共事的所有朋友取得沟通，这里许多人都对我深入理解父亲的生活与工作提供了帮助，其中包括：Syed R.W.Ally、Nicholas Isyumov、Jacob S. Grossman、Lucien Lagrange、David P. Billington、Barry Patten、Jacques C. Brownson、Robert Turner、Phyllis Lambert、Mike Oppenheim、Nader Ardalan、Clyde N. Baker Jr.、Maxine P. Baldwin、Joseph G. Burns、Ayyub Malik、Nancy A. Abshire、John Cara、Charlotte Cherry、Mujibur Rahman Chowdhury、Zafrullah Chowdhury、Richard Dober、David Sharpe、Mahjoub Elnimeiri、Thomas J. Eyerman、Nancy Gavlin、Marc E. Goldstein、Bruce J. Graham、Navinchandra Amin、W. Gene Corley、Mosharaff Hossain、Bashirul Haq、Zeaul Huq、Muzharul Islam、Jamilur Reza Choudhury、Shah M. Al-Hussaini、Hem Gupta、Roger Kallman、Lawrence C. Kenny、

Leonard J. Morse-Fortier、R. Masksud Khan、Waziuddin Chowdhury、Tanjina Khan、Robert Kline、Stephen A. Mahin、Sylvia Mortoza、Munir Ahmed Mughal、Abul Maal Abdul Muhith、Thomas Pado、John K. Turley、Richard A. Parmelee、Brigitte Peterhans、Peter Pran、William J. LeMessurier、John Springfield、Walter、Hertha Reifschneider、Mikio Sasaki、Robert B. Johnson、Bungale S. Taranath、John H.、Mary Jean Winkler、Muhammad Yunus、Nasser Rabbat.

很多朋友审读了手稿的不同章节以确保其准确性，其中包括：Alan G. Davenport、John A.Focht、Mark Fintel、Gerald D. Hines、Ezra Khan、Luigi Munford、Chin-Chin Yeh、Joan S. Cherry、Rokeya Huq. Manzur Huq、Lynn S. Beedle、Geotge Schipporeit、Marta Nicholas、Ralph W. Nicholas、Timothy J. Oldfield、Stanley Tigerman、William M. Drake、Raymiond J.Clark、Joesph P. Colaco、E.Alfred Picandi、Rev. James W.Savage、Maria Luisa Manfield、Sandra Shreve、Gordon Wilermuth、William F. Baker、John J. Zils、David Cherry、Bryan Stafford Smith、Robert Sinn、Robert Bruegmann。

哈尔·延加（Hal Iyengar）是位结构工程师及 SOM 事务所的合伙人，现已退休，他仔细检查了本书第 3—9 章中有关工程概念及结构性能的细节，并在 SOM 事务所的技术说明和操作规范方面给予了许多建议。这部分章节所涉及的大多数项目都是由哈尔与父亲共同完成的，对此，他自然了如指掌，这也让我受益匪浅。建筑师休伯特·默里（Hubert Murray）从另外的视角审读了后面的章节，并告诉我一些与父亲同属那个时代的，或受其影响的建筑作品；另外，休伯特还使我认识到了出版本书的意义所在。斯坦利·泰格曼（Stanley Tigerman）与我父亲有着二十多年的莫逆之交，我们共同讨论了本书的初稿，他告诫：不要让父女之间的特殊关系掩盖了本书的纪实性。我们家的挚友钱德拉·K·贾（Chandra K. Jha）与赫克马特·E·贾阅读了手稿，他们的帮助有助于我进一步理解父亲的个人发展经历，我每次到芝加哥时，都得到了他们居家的热情接待。

在孟加拉国逗留期间，很多远房亲戚不仅为本书提供了帮助，而且还非常欢迎我和我丈夫与融入他们的生活。父亲的堂兄苏丹乌兹·扎曼·汗（Sultan-uz Zaman Khan）付出了巨大努力来安排我与父亲的那些熟人见面，他和他的妻子拉比亚·汗（Rabeya Khan）热情接待了我们，我们全家都备感亲切。在孟加拉国所遇之人都非常热情好客，就连街头的陌生人也愿意与游客坦诚沟通，毫无保留地道出自己国家的方方面面。

我的编辑，即美国诺顿出版公司的南茜·N·格林（Nancy N. Green）女士对本书出版功不可没。她对设计项目中建筑学与工程学的协同方式表现出浓厚兴趣，这也是她能够成为本书编辑的重要原因之一。

最后，要感谢我的丈夫史蒂芬·D·拜伦（Stephen D. Byron），他的付出令我对本书的出版充满了无限可望。丈夫和我一起分享着对父亲本人及其成就的理解与发自内心的欣赏，多年的写作经历始终伴随着丈夫的全力支持。

第一部分

建筑的结构逻辑

法兹勒・汗，1982 年去世前不久

[摄影：斯图尔特 - 罗杰斯（Stuart-Rodgers）图片社，承蒙 SOM 事务所允许]

引言 19

1960年，31岁的法兹勒·拉赫曼·汗博士将自己的新家搬到了美国伊利诺伊州芝加哥市。这位土生土长的孟加拉国人（当时的东巴基斯坦，在他出生时又称英属印度）第一次到美国是在1952年，为的是进一步在结构工程领域深造。在短短的三年里他便获得了两个硕士和一个博士学位，随后，在富布赖特奖学金资助下，他在SOM建筑设计事务所的芝加哥办公室进行了一段时间的专业培训，这段经历富有决定性的意义，对于一个可望参与建筑环境塑造的人来说，加入SOM事务所是一个绝佳机会:经过20年的停滞后，到了20世纪50年代后期，重振芝加哥先进建筑传统的号角已经吹响，大规模的房屋设计计划已经跃然纸上。怀揣着为建筑事业奉献聪明才智的梦想，法兹勒回到了SOM事务所的岗位，寄托着对未来无限的憧憬。

在接下来的十多年里，法兹勒在高层建筑结构设计中所取得的成就以及对结构设计的敏锐理解为他在工程及建筑行业内赢得了美誉，被称为“20世纪最具影响力的结构工程师之一”。[1] 1965年，即便在最大的市区里，40层高的建筑物也足够吸引眼球了，而法兹勒的巨型桁架筒体结构却让位于芝加哥的约翰·汉考克中心达到了空前的100层高度。5年后，他为110层的西尔斯大厦所开发的束筒体系（bundled tube system），使其成为1974年的“世界最高楼”，并将这一纪录保持了22年之久。

在那个不断进步的年代里，一些由法兹勒开发并首次出现在其设计项目中的体系，如今已经成为设计专业的常规结构类型。每种新体系总是对应于特定的设计项目要求， 20
必须解决一些基本问题，并应符合结构基本原理。法兹勒构想出的、如今看似必然的解决方案具有广泛的应用价值。他力求巧妙地发挥结构材料的特性，充分利用材料的强度及刚度来满足超高层建筑的结构要求，从而不会因高度产生额外的费用。相比较而言，高层建筑大发展的20世纪二三十年代早期，设计人员则主要依靠一种称为“骨架式”的框架结构体系，其缺点是，施工成本与建筑高度严重不成比例，结果导致单位楼面面积的成本随高度增加而大幅提升，无论对于大众还是专业技术人员，这个现象业已成为共识。直到六七十年代，法兹勒提出的筒体结构纠正了人们的这一错误认识，才使得框架在超高层建筑中得以有效应用。

在事业的攀升期，法兹勒不断鞭策自己寻求进一步的改进和对结构特性的更深入理解，他的探索不限于任何单一的结构材料。伴随着早期对预应力混凝土的关注，法兹勒用普通钢筋混凝土设计了自己的第一幢高层建筑，紧接着兴趣又转向了约翰·汉考克中心的钢结构设计。20 世纪 70 年代，他借用桥梁设计研发出悬索屋盖结构，为吉达国际机场朝觐航站楼创造出复杂的张力屋盖体系，还调查了沙特阿拉伯沙漠气候环境下大学校园的乡土风格建筑。作为伊利诺伊理工学院的兼职教授及硕士论文指导老师，他进一步研究了高层建筑中的预制混凝土及砌体的应用问题。

法兹勒曾与建筑学专业的同事们进行过合伙设计，共同为项目制定建筑及结构方案，由此他发现了自己作为一名结构工程师的天赋和才干。对于建筑设计中一些截然不同的侧重点，他有着自己的理解方式：在功能上应注重设计目的的有用性，在结构上应强调对材料的节约与有效利用，而在美学上要满足人们对设计内涵及视觉兴趣的情感需求。这种解释使他在建筑设计的创新过程中扮演着颇具影响力的角色。

法兹勒拥有扎实的数学功底与合理的工程方案，但这些本身并不能形成真正高质量的建筑，最多只是一些不切实际的美学爱好。然而，通过聚集创新的能量与不同的视角，更为新颖、灵活的设计解决方案便会诞生，而这些单凭建筑师或结构工程师的一己之力可能无法完成。法兹勒的经验证明了思想开放和多学科对话会激发个人灵感与创新理念。例如，优美而极富表现力的芝加哥约翰·汉考克中心就完美融合了一种新型且极其有效
21 的结构体系；西尔斯大厦的束筒方案所体现的多功能建筑学语汇则源于对符合逻辑且有效的结构组织的追求。

法兹勒是幸运的，他所处的时代与环境愿意接受他那些有关协同设计的理念。芝加哥建筑学派（Chicago School of Architecture）有着光荣的传统：结构与建筑风格间的协调、结构的建筑表现，以及实用主义，这些与先前的学院派传统截然不同。虽然，20 世纪二三十年代的建筑学科与工程学科界限明显，然而到了 50 年代，两者在理论上已经高度整合，这很大一部分归因于曾执教伊利诺伊理工学院并在芝加哥从事建筑活动的密斯·凡·德·罗（Mise van der Rohe）的影响。

从一开始起，法兹勒就打算在 SOM 事务所营造出一种氛围，既提倡工程团队的创新又鼓励其与建筑设计部门的协作。他非常尊重他人在建筑设计上的需要和追求，这促进了他与其他同事进行有意义的沟通，沟通是他表达自己研究创造的基础。精深的结构工程造诣、建筑设计方面上的创意，使得他能够在短时间内获得建筑师和工程师的双重信任。随着法兹勒在美学与文脉敏感度的提升，他开始全面介入建筑设计的研讨，并展现出自己的全新视角及广泛影响。在与 SOM 事务所合伙人同时也是芝加哥事务所首席建筑设计师布鲁

斯·J·格雷厄姆（Bruce J. Graham）的交往过程中，两人逐渐形成了一种富有成效的、持久的合作关系。格雷厄姆认为建筑形式的生命力在于对其结构特征的表现，对于将结构作为建筑风格组织主题的观点，格雷厄姆持开放心态，这极大地鼓舞了法兹勒去谋求他所认为的结构体系，即结构体系不仅应满足结构的有效性，也应成为建筑设计核心创意的着眼点。

随着 70 年代中叶美国突如其来的新经济条件和地产开发标准的变化，法兹勒将注意力从西方高层建筑设计转移到具有显著地域特色的国际工程项目上，例如，在沙特阿拉伯沙漠地区开展的城镇规划、大学校园及机场建设等项目。在这个职业生涯的第二阶段，法兹勒一如既往地追求着“以最自然的形式去满足最广泛的建筑需求，从而创造出一个 22
理想的生活环境”，他相信合理的建筑风格能够兼容并蓄。[2] 良好的沟通能力、能替对方考虑的性格使法兹勒更容易掌握中东和亚洲业主或客户的需求及渴望，对他人观点的接受意愿和充满智慧的忍耐力则使他即便跨界也能有效地工作。

布鲁斯·格雷厄姆、加法尔·萨巴格（Jafar Sabbagh）与法兹勒·汗在阿卜杜勒·阿齐兹国王大学麦加校园项目会议期间访问了吉达市国际机场麦加朝觐航站楼。格雷厄姆和法兹勒·汗密切合作了 20 余年（摄影：哈利勒·A·汗）

无论是以西方还是东方的标准，也无论是从审美还是理性的角度看，法兹勒毫无疑问都是才华横溢的，他在混凝土的世界里抒写着动人的诗篇。他通过自己的工作和协作方式，将广泛的兴趣与才能淋漓尽致表现在职业生涯里。他对结构逻辑的美妙感悟影响了整个 20 世纪的高层建筑进程，同样，他将历史先例与复杂的现代技术相融合，创造了高效、经济的沙特阿拉伯国际机场航站楼的结构设计，使得麦加朝觐者的虔诚精神更加荣耀。

法兹勒·汗拥有解决一系列设计问题的非凡才能，以及同样卓越的灵感和技巧，这
在很大程度上归因于他在孟加拉国的家庭培养、优越的教育培训、坚实的个人功底和成 23
长环境。步入职业生涯后，法兹勒满怀乐观地相信，建筑环境会影响人们的生活、信心及参与建筑塑造的责任。

阿卜杜勒·拉赫曼·汗（由法兹勒·R·汗提供）

第 1 章
成长岁月

“有些人年轻时像一把慢火，但随着成长，这把火逐渐升温，总有一天，他们的光明 25
将照亮整个世界。”这番对美好未来的寄语来自法兹勒・汗父亲的朋友，目的是鼓励法兹勒好好学习，当时，他已经快长成一名少年了。据朋友说，虽然法兹勒的少年时代也在娱乐上耗费了时间，但他很有志向，相信自己有能力使生活过得更好。长辈那番语重心长的激励话语时刻萦绕在他的脑海里，并在此后的岁月里点燃了他智慧的火花，决定了他成长的发展方向。[1]

在孟加拉国的年轻时代

法兹勒年轻时，他的父亲阿卜杜勒・拉赫曼・汗（Abdur Rahman Khan）有着很高的
社会地位。英属印度达卡（原称 Dacca，现称 Dhaka，孟加拉国）市郊的一个小村庄就是 26
这位老人家长大的地方。村里并非人人都能上得起学，但阿卜杜勒凭借着毅力和决心接受了正规教育，完成高中学业并且取得了数学专业的大学文凭。毕业后的第一份工作是高中数学老师，在发现没有合适的教课书后，他便身体力行，编了一本又一本，其中也不乏一些教师培训用书。不久之后，他就荣升为达卡市一家教师培训学校的校长。在法兹勒 10 岁左右时，阿卜杜勒被任命为孟加拉地区公共教育部门的主任助理。

除专业成就外，阿卜杜勒的吃苦耐劳、彬彬有礼和精明能干也让他在族人中具有很高的威望。阿卜杜勒的父亲的早亡，使他主动承担起养育兄弟姊妹的责任，伴随着整个家庭的成长，他一如既往地起着主心骨的作用。正如他侄子所言，阿卜杜勒犹如榕树那样，伸展开枝干去呵护周围的一切[2]，特别是在子女上学受教育这点上，如果没有阿卜杜勒・拉赫曼・汗发话，就没人能够作出最后的决定。

阿卜杜勒是一位虔诚的信徒，为了能够理解《古兰经》的深刻本意，自学了阿拉伯语。当发现手边的孟加拉语译本《古兰经》不够准确时，他又自己进行了翻译。阿卜杜勒的《古

兰经》译本及其对先知穆罕默德生活的描述，与其他译者的版本明显不同，因为他不再强调或劝诫人们对信仰的强烈皈依。阿卜杜勒真正理解了《古兰经》，他号召信徒不必通过夸张的方式，而要依靠每天的耐心和努力去追求生活方式的改善。

阿卜杜勒的第三任妻子哈蒂嘉·哈顿（Khadija Khatun）比他小 20 多岁。35 岁时，他的前两位妻子相继撒手人寰，一位死于难产，另一位在儿子马赫布卜·拉赫曼（Mahbubur Rahman）出生后的几年后也去世了。哈蒂嘉·哈顿为他生了三个孩子：法兹勒·汗出生于 1929 年 4 月 3 日；6 年后他们迎来了第二个儿子齐勒·拉赫曼（Zillur Rahman）；又过了 5 年，女儿马苏达·哈努姆（Masuda Khanum）也来到了这个世界。

法兹勒还是一个小男孩时，活泼、淘气又爱问问题，传统的教育方法对他根本行不通，因为他太喜欢刨根问底了。法兹勒的早期学习经历着实不堪回首，按照他日后的说法：自己接受了一个最糟糕的教育。阿卜杜勒敏锐地意识到，儿子必须按照自己的方式去找到学习的快乐，为此，他决定承担起教育法兹勒的责任，果然，这一招儿立竿见影。虽然这位“老师”要求苛刻，渴望激发儿子的求知欲，培养他坚忍不拔的品质；但他依然包容而富有耐心地履行着一名年轻父亲的责任。

父子之间发展起来的这种亲密关系始终伴随着年少的法兹勒，而家庭生活中两人的沟通也是无所不在。除了数学和其他学校作业外，阿卜杜勒还告诉法兹勒很多生活经验，并注重他内在精神的培养。阿卜杜勒的宗教信仰影响着儿子的外在气质，同时，他也能接受儿子对某些一成不变的教义提出的质疑。对阿卜杜勒最重要的是，法兹勒学会了谦逊、怜悯、仁爱和慷慨。他对儿子的教育不仅是通过言教，更是通过身教。多年后，法兹勒回忆道：“我的大多数处世哲学都受到了家父的影响。”[3]

27

阿卜杜勒·拉赫曼·汗和他的孩子们（由法兹勒·R·汗提供）

在中学期间，法兹勒乐于钻研，而他的父亲也很会循循善诱。阿卜杜勒对如何有效地完成课堂作业有自己的一套方法，通常他会以课堂作业为原型，再构想出一些额外问题作为家庭作业进行拓展。父子从不同的角度思考并讨论出一组可能的解决问题的方案。利用这种训练方法，法兹勒学会了如何掌握问题的关键以及一个问题的多种解释，并且拓展了处理不同问题或某些差异点时的弹性思维方式。毫无疑问，作为一名教育工作者，阿卜杜勒的确教子有方，对于如何培养良好的思维习惯有着自己的独到之处，也使法兹勒学会了用想象力来揭示问题的本质，并养成了全神贯注的好习惯。

理性、直觉、质询与试验，这四方面贯穿了法兹勒的一生，使他沿着正确的道路前行。在解决问题、完成从发现到应用的过程，以及产生新的创意上，他都满怀自信，这也是他职业生涯的显著特性。同事们对法兹勒工作能力的评价是：善于精心策划具有多元性的工作，能够准确提炼出问题，并朝着解决问题的方向前进。

法兹勒 14 岁时，学校开始文理分科，他选择了理科，而当时的英语也不再是学校的第二外语，变成了教学语言。据一位校友回忆，“法兹勒能轻松掌握各门功课，并且乐于帮助同学;除此之外，他还拥有那种令人羡慕的随和个性。”[4] 他喜欢社交，精神状态饱满， 28
常常用他生动的语言轻而易举地抓住周围同学的心。另外，他演唱的那些由著名诗人拉宾德拉纳特・泰戈尔谱写的抒情诗也让自己名声大振。兄长马赫布卜・拉赫曼的鼓励更令法兹勒钟情于孟加拉文化，并特别着迷于泰戈尔的诗歌。泰戈尔的诗歌在字里行间充满了同情、对浮华的鄙视和对美好世界的雀跃，这些深深感染了法兹勒的内心世界，优美的旋律浸入了他的骨髓。[5]

法兹勒十几岁时，街头书店里充斥着便宜的、口袋大小的平装书，这些从驻印的英美军队那里很容易弄到的读物让法兹勒眼界大开，知道了世上还有一种叫作“看手相”的旁门左道。在发现了其中的一点儿窍门后，他更加痴迷于此，并开始在朋友面前帮他们预测未来。多年以后，即便已是个成年人了，法兹勒还是习惯于以此为乐来消磨时间。只要亲朋好友凑在一起，法兹勒就会成为一圈儿人的中心，他也很享受为别人“看手相”。他说一只手的手纹代表着天生的“命”，而另一只手代表着后天的“运”。他更有兴趣的是引导一个人的命而不是屈服于它。

阿卜杜勒在政府教育部门的公职使得他们从达卡搬家到了加尔各答，然而，到加尔各答后没有几年，又赶上了日本空袭，他们不得不再次搬家。这次阿卜杜勒选择了拉杰沙希，而法兹勒则进入了拉杰沙希学院（相当于美国的高中）。他在校的最后一年，第二次世界大战接近尾声，全家又搬回加尔各答，而法兹勒则寄宿在学校的学生公寓。然而，最后一年的学业还未结束，他却染上了伤寒不得不回家。康复后，法兹勒便在加尔各答的总统学院完成了自己最后一年的学业。

此时，法兹勒对于选择什么样的专业方向并没有强烈的意向，虽然成为一名物理学专业或者工程方向的大学生一直是他的理想，而父亲阿卜杜勒则坚信行行出状元的道理，他建议法兹勒进入工程学院。让父亲最欣慰的是工程学院的晨课，法兹勒后来回忆，那段时间父亲很担心他睡懒觉的习惯影响上课，害怕他变得散漫、意志松懈，但法兹勒没有让父亲失望。的确，阿卜杜勒希望他的儿子是一个守纪律、专心学业的人，没有自律性，人将一事无成。

29 法兹勒上大学的时候，阿卜杜勒的家族成员中只有一个人是学工程专业的——法兹勒的表兄也是他的好朋友马西赫·拉赫曼·乔杜里（Masihur Rahman Chowdhury），当时他已经上大二了。他告诉表弟：印度的土木工程师能够设计“桥梁、道路、水坝、建筑等任何东西”[6]。他不只是说说，还付诸了实际行动，他给法兹勒辅导工程学院大一的课程，以帮助法兹勒备战孟加拉唯一的一所工程学院的入学考试，考试的竞争激烈程度可想而知。1946 年，法兹勒收到了来自加尔各答的孟加拉工程学院的录取通知书。

1947 年 8 月，也就是法兹勒大二开学的时候，英国交出了其所控制的印度次大陆，从而根据宗教路线诞生了两个独立的国家——印度和巴基斯坦，这一过程是痛苦的。而法兹勒生活的地方——孟加拉——则被一分为二，西孟加拉包括加尔各答归印度所有；东孟加拉包括达卡则属巴基斯坦。这种分裂促成了两个地区的敌对状态，因为东、西孟加拉均强烈反对这种强加出来的新身份。山雨欲来风满楼的氛围笼罩在孟加拉上空长达数年，终于在 1950 年春天演变成了发生在加尔各答附近（距离法兹勒就读的工程学院不远）的一场暴乱。少数穆斯林学生几年前便嗅出了其中的味道，如今更感到自身难保。虽然此时他们正在备考（准备期末考试），但为了安全起见，还是决定立即逃离是非之地，他们逃向了达卡，法兹勒也在其中。没有人敢再留在这里。

1947—1950 年，达卡也出现了类似的零星暴乱，但这些暴乱都只针对巴基斯坦东部少数裔族的印度教徒。此时，法兹勒一家居住在达卡，他的父亲已经从政府部门退休，正担任焦贡纳特（Jagannath）学院校长一职。阿卜杜勒坚定地认为无论穆斯林的暴乱有多么激烈，大学都应当在消除暴力方面尽到自己的责任，应当为印度教的学生敞开大门，保证他们的人身安全。他的立场立刻受到了极端主义者的批评，甚至遭到了暗杀的恐吓。在加尔各答读大学的法兹勒听到父亲的此番义勇之举，倍受感动，父亲的言行加深了他对公正与诚实的真切感悟。

当法兹勒和他的那些穆斯林学友们找到了从加尔各答通往达卡的途径后，有一个问题摆在他们的面前，那就是如何在另外一个地方获得他们已经花了四年读的本科学位，因为那时的巴基斯坦东部没有设置工程学科的大学。达卡大学同意为他们提供由中央政
30 府管理的工程专业的结业考试，但前提条件是他们这些学生必须证明自己已经合格地完成了相关课程的学习。这意味着，他们必须从加尔各答教学管理部门取得课程成绩单；而此时，加尔各答的官员们却正为他们这帮“逃兵”们大发雷霆。此刻，已显露出外交才干的法兹勒被同学们推选为“大使”。虽然他不喜欢这项任务，但还是通过自己的圆熟练达与加尔各答教育官员们艰难地协商，最终拿到了这些必要的成绩单。水到渠成，法

20世纪40年代法兹勒得到了一部照相机，开始用它来小心翼翼地观察周围的事物。多年后，他仍然喜欢用相机来记录他的经历，就犹如他口袋里的小笔记本一样（由洛克娅·哈克提供）

兹勒获得了大学文凭，就像他当初拿到他没怎么去上的高中的毕业证一样。达卡大学在授予法兹勒工程学学士学位时，特别备注道：“根据加尔各答大学的课程大纲。”

职业生涯的开始

法兹勒的第一份工作是东巴基斯坦公路局的工程师。在政府部门工作的这6个月里，
他成功设计了两座钢筋混凝土的高架桥。虽然他对这个工作很满意，但当1951年在达卡  31
成立了艾哈迈努拉工程学院（Ahsanullah Engineering College），并邀请他担任土木工程专业的讲师后，他还是决定在教师的岗位上尝试一下。他喜欢教师工作的假期，对如何激发学生的学习兴趣他有自己的一套办法，而学生们强烈的求知欲让他感到满足。

然而，法兹勒更渴望能够像多年以前的同学们那样有一个深造的机会。他们通常生长在一个重视文化和教育的环境中，家里丰衣足食，基本需求往往都会得到充分满足。当然，研究生的工作意味着要出国留学。

法兹勒找到了两个提供工程专业研究生奖学金的机会。1951年11月，他向美国教育基金会驻巴基斯坦机构申请了富布赖特奖学金，用以研究预应力混凝土及提升东巴基斯坦的桥梁建设技术，对于一位奔走于大河两岸的工程师而言，上述研修目标是恰如其分的。另外，法兹勒还向巴基斯坦商业与教育部申请了研究生海外留学奖学金。

法兹勒明白申请这两项奖学金都面临着激烈的竞争。他在日记中写道：共有1400名巴基斯坦学生申请了富布赖特奖学金。经选拔，将留下80名候选者，而最终6人将获得奖学金。于是，法兹勒精心准备自己的申请材料，努力尝试给面试官留下良好印象（后来证明这一点好像比较困难，因为他听不懂面试官的美国南方口音）。为了增加外语的额外积分，他还报了一个法语速成班，并通读了许多通识教育类书籍。他在日记中写道：“此刻，我想验证一句谚语到底灵不灵，‘有志者事竟成’，我拭目以待。”[7]

结果是可喜的。同年5月，法兹勒接到通知，他获得了富布赖特奖学金，用以资助在伊利诺伊大学学习；几个星期后，由政府资助的结构工程高级研修奖学金也批下来了。两项奖学金的资助期限都开始于同年秋季，而且两者均包括了到美国的机票费用。法兹勒意识到，如果把两项奖学金加起来，将有机会满足三年研究生学习的全部费用。为此，他向商业与教育部提出了正式请求，希望将奖学金推后一年使用，请求得到了批准。接下来的几周法兹勒匆匆准备行囊，即将告别家乡。那年，这位求知若渴的青年才俊只有23岁。

1946年，第二次世界大战刚刚结束。参议员J·威廉·富布赖特（J. William Fulbright）
32 在美国国会发起了一项教育交流项目议案，这个议案最终变成了富布赖特法案，其宗旨是：开拓年轻人的想象力、认同感，以及对不同生活方式的理解，并提倡通过教育交流，使年轻一代具有建设国际大社会的责任感。使未来的领袖们有机会“感知并领悟其他民族的文化及文化间的差异——他们为什么如此行动，他们为什么如此思考，他们为什么如此反应”。[8] 通过跨文化的教育及和平共处的方式，人们可能发现真正的自我。法兹勒领悟了富布赖特法案的精神，胸有成竹地翻开了留学生活的新篇章。

1952年7月18日，法兹勒开始了他的长途跋涉：从达卡经加尔各答、德里，飞卡拉奇，然后，再经巴士拉、贝鲁特、罗马、法兰克福至伦敦，在那里，搭乘波音377型飞机“同温层巡航者”到达纽约。后来，他回忆道：“波音飞机的感觉是前所未有的美妙。”[9] 从纽约他又乘坐火车到达了密歇根州的安阿伯（Ann Arbor）市，密歇根大学为他们安排了6个星期的适应性培训，这是去伊利诺伊大学深造的前奏。

旅行的过程令人兴奋，因为他看到了形形色色的人，去了很多地方。到达安阿伯市后，法兹勒惊喜地发现适应性培训班里的48名学生竟然来自18个不同的国家。他很快便与来自德国的阿德里安·谢克勒（Adrian Schickler）交上了朋友，两人还成为乒乓球团体冠军组的成员；接着，他们又交上了一位日本朋友，这个“三人帮”一直保持到培训结束。尽管6周时间转瞬即逝，却让人终生难忘。多年后，谢克勒请法兹勒当他儿子的教父，虽然彼此已经相距数千英里，法兹勒也未见过谢克勒的妻子，而且他也不是基督徒。

法兹勒在那个夏天的经历再一次验证了他父亲的教诲：人与人之间的沟通依靠的是共同拥有的博爱。从那儿以后，他特别崇尚旅游，非常愿意与不同种族或文化传统的人进行沟通。他下意识地称自己为世界公民，在法兹勒看来，他首先是英属印度人，接着成为巴基斯坦人，最后又变成了孟加拉国人。1967年，法兹勒加入了美国籍，成为美国公民。

1952年夏，法兹勒完成了在安阿伯市为期6周的培训，动身前往伊利诺伊大学厄巴纳分校。在校的头一年，他给自己定的调子是雄心勃勃的，无论在涉猎广度还是速度上
33 都是如此，他决心充分利用这三年好时光，全身心地投入知识的怀抱。对于土木工程专业而言，通常要求的课程是三到四门，法兹勒则选修了五门课；另外，为了满足博士学

位对外语的要求，他学习了法语，并在第一年便通过了法语考试；在第二年又通过了德语考试。1953 年 6 月，他获得了自己的第一个高级学位——土木工程专业理学硕士。

1952 年，法兹勒与朋友在密歇根进行适应性培训，法兹勒终生都保持着对乒乓球的喜好

法兹勒发现伊利诺伊大学学习氛围浓厚、催人奋进、要求严格，但同时研学条件优越。教授们无论是在学术或者工程设计方面都有很高的声望，他们非常注重培养学生对相关工程问题的兴趣。据拉尔夫·B·佩克（Ralph B. Peck）教授回忆：工程专业的教职员工亲如一家，这一点对研究生的影响很大。[10] 他们在学术上的高远追求也为学生创造了理想的学习环境。

法兹勒第一学年的导师托马斯·谢德（Thomas Shedd）鼓励他应该多选一些课程，并且要把那些特别困难的课程坚持下来。谢德是结构理论与钢结构设计方面的专家，法兹勒这样评价谢德：他最擅长深入浅出，经他一讲，结构理论就变得如此浅显了。除了那些典型的设计课程外，他还要求学生去考察一些相关建筑规范的内在原则和演变逻辑，以便深入理解这些规范条文的目的。如此一来，学生们就会按照这些规范行事，但又不会将其视为一成不变的教条。

法兹勒还听了很多其他课程，包括派克教授讲的、非常前沿的土力学及应用力学。 34
广泛的课程学习使他对结构材料与结构性能有了全面掌握，对结构问题的处理方法有了深刻理解。多年后，法兹勒回忆道：研究生课程融合了设计实践、理论分析，以及运用“对工程问题的批判性思考”来解决复杂问题等。[11] 显然，要想得到一个有意义的解决方案，必须首先对情况做出评估并对问题做出界定。由此可见，伊利诺伊大学的研究生培养方案是非常成功的。

钢筋混凝土的相关课程由切斯特·P·西斯（Chester P. Siess）教授主讲，他是这个领域的活跃人物，特别强调钢筋混凝土基本构件的性能、结构的基本属性及不同参数的相互关联。通过钢筋混凝土相关课程的学习，法兹勒对基础知识和设计准则融会贯通，学会了正确评价对那些已被普遍采用的设计公式或方案所做的改良。[12]

法兹勒倾向于从哲学角度去审视具体问题，他认为这一点对自己的大学经历产生了极其重要的影响。他后来承认：研究生的学习经历不仅丰富了结构工程的专业知识，更拓展了处理新问题的方式方法，加强了自己独立思考的信心，使他在思考问题时更愿意超越传统的思维定式[13]；而且，伊利诺伊大学善于将理论与实践相结合，这为他日后的工作奠定了重要基础。

法兹勒意识到，一旦脱离了大学这种严苛的教学体系，就必须寻找到一条适合自己发展的道路。他明白，当时的自己处在人生的重要时刻，必须汲取尽可能多的营养去理解工程实践的规则，掌握那些工程通则背后的原理，提升处理问题的直觉。在伊利诺伊大学的三年，他选修了大量课程，以至于到了第三年期中，他获得的学分已经足够让他申请理论与应用力学方向的第二硕士学位，于是，他开始了第二硕士学位的论文准备工作。此外，在第二学年的期末，他还通过了博士学位的高级笔试和初级口试，这样一来，他又可以提前进行博士学位的研究工作。20 多年后，法兹勒的导师回忆道：对于完成两个硕士和一个博士学位而言，三年时间短得不可思议，他是独一无二的。[14]

值得一提的是，除了刻苦学习之外，法兹勒也热衷于抽出时间进行各种社交活动和私人活动。1981 年，在接受一位研究生采访时，他强调，之所以这样是有意为之："你明白，
35 你必须亲自去了解他人，无论在学校或者在公司，教育的过程不仅限于书本，我在巴基斯坦也能读到同样的书。"穿越了大半个地球来求学一定不能限于读万卷书，更要行万里路。[15]

第三年的圣诞钟声响起时，法兹勒已经完成了有关预应力混凝土设计优化的论文（详见第 2 章），并取得了博士学位。他的签证允许他在美国多停留两年，这个期限是富布赖特奖学金为学生教育后进行职业培训所设置的。在朋友的建议下，法兹勒敲响了 SOM 芝加哥建筑事务所的门，这是一家大型且成熟的建筑及工程设计公司。他被录用了，在接下来的两年内在多专业领域进行实习，这是他首次和建筑师一道工作。得到这样的机会法兹勒欣喜若狂。在 SOM 事务所，他希望自己也能够轻松地在孟加拉文化与美国文化之间搭建一座桥梁，就像当年在伊利诺伊大学念书时那样。在奖学金签证到期之前，法兹勒返回了巴基斯坦，而仅仅三年后他又返回了美国并在这里安家立业了。

1957 年当法兹勒离开美国时，他也离开了一位与他关系密切的年轻女人，她的名字叫莉泽洛特·安娜·奥尔加·图尔巴－莱夫施奈德（Liselotte Anna Olga Turba-Reifschneider），她热情、耐心，她的精神世界无所不在地影响着他。她与丈夫来自维也纳，1957 年夏天，当法兹勒回到巴基斯坦时，她已经与丈夫分居了。法兹勒与莉泽洛特在接下来的两年将无法再见面，但是他们两人却一直保持着书信往来，并相互信守着一个承诺。

从美国回到巴基斯坦的旅途是漫长的，足足花了两个月时间。其中包括乘船从纽约至伦敦、乘飞机从伦敦到卡拉奇。其间，经停巴黎、日内瓦、苏黎世、慕尼黑、罗马、雅典、伊斯坦布尔，这样一来，他又可以借道他国。于是，法兹勒的旅程除飞行外，又增加了轮船和火车，他有计划地走访了都柏林、布鲁塞尔、阿姆斯特丹、不来梅、汉堡、维也纳、哥本哈根、马尔默、威尼斯。在斯图加特，法兹勒第一次见到了自己的教子和阿德里安·谢克勒的妻子吉塞拉，并为这一家人的热情好客所深深感动。他感谢那些他所邂逅的游客，同样也感谢那些当地好客的朋友。从那时起，在他的写作中就再也没有出现过种族歧视

这样的字眼儿，因为他所能回忆起的，是大家的畅所欲言。通过短暂的接触，他尽可能地去吸收当地的文化，感受那里的氛围，漫步于城镇广场，观察当地人的活动。[16]

法兹勒期望能够在当年秋季回到巴基斯坦，并梦想着能够为祖国的发展作出贡献。他相信自己的预应力混凝土知识及在桥梁设计方面的经验将对这个国家有所帮助，因为巴基斯坦河道纵横，极大地阻碍了汽车与火车的通行。当时的法兹勒可能还没有意识到，伊利诺伊大学和 SOM 事务所的学习经历是多么重要，自己对知识学习的渴求越发强烈，对设计工作的追求日趋精进，而这些对他后来的发展至关重要。

1957 年，法兹勒与他的教子（站立者）在斯图加特

法兹勒到达家乡的那一年只有 28 岁。他回到了卡拉奇，这里是 20 世纪 50 年代巴基 36
斯坦的首都。法兹勒希望能够找到一份政府工作，可喜的是，的确有两份差事在等着他，但他还是想继续寻找更有前途的职位。在给莉泽洛特的信中，他提道："我正在寻找能开展一些前沿研究的工作，机会终于来了，现在工程部组建了一个新的建筑研究试验室，他们肯定需要一位项目总监。"[17] 然而，法兹勒要想得到这个职位必须得到中央政府的批准。无奈之下，他只好回到了达卡，等待正式任命的下达。

接下来的几个月考验着法兹勒的耐心。从美国寄出的行李已经过了半年时间还没收 37
到，他还在焦急的等待中；更不走运的是，他的任命被拒绝了。他每天只能依旧忙碌于达卡的咨询工作，同时设计完成了两座桥梁，其中一座是钢筋混凝土结构，另一座是预应力混凝土结构。另外，法兹勒还会定期到大学办讲座，并为政府的工程部门在理论和实践方面提供建议与帮助。[18]

由于建筑研究试验室的项目总监是个令人垂涎的政府职位，很多西巴基斯坦的工程师都反对让东巴基斯坦人担任此职。[19] 虽然法兹勒听说了这些抱怨，但他还是对总监一职满心渴望。然而，到 1958 年 3 月时，这个职位对他而言已经非常渺茫了。因为据他所知，总理已经把这个议题推给了内阁，很多人质疑，是否有必要设立这样一个永久性的建筑研究部门。

法兹勒为了这个不属于自己的职位苦苦等候了 8 个月，换来的却是一个意想不到的消息——商业与教育部慷慨地免除了那个"留学生必须回国为政府工作 5 年"的奖学金承诺。尽管试验室项目总监的职务泡汤了，但工程部部长却给法兹勒抛出了另一个“绣球”——卡拉奇开发局总工程师技术助理这个政府职位，于是，他欣然授受了这个提议。当时，卡拉奇开发局的新建住宅还未竣工，所以他只好暂时住在朋友们家里，其中，相处时间最长的一位校友名叫穆沙拉夫·侯赛因（Mosharaff Hossain），他的妻子伊纳里（Inari）是芬兰人。穆沙拉夫是经济学家，而伊纳里则正在完成她的英国文学研究。夫妻二人有一个充满活力的家，很多朋友都可以经常在他家过夜，朋友们在一起讨论最多的话题是哲学热点和最近的阅读心得。朋友回忆道：法兹勒最感兴趣的一本书是威尔·杜兰特（Will Durant）的《哲学的故事》；而据莉泽洛特说，乔治·桑塔亚纳（George Santayana）所写的《美的感觉》他都看了好几遍。

法兹勒非常珍惜这一段时光，他不会让工作占据晚间与周末，这种习惯一直维持了十多年。在工作之外的闲暇时光里，法兹勒涉猎广泛，“如果将生命作为一个整体去看待，我可能已经理解了它的意义，”他在给莉泽洛特的信中写道，“我将属于哪里？”当年，在美国时，莉泽洛特向他介绍西方艺术和音乐，而且鼓励他阅读文学与历史；目前，他有大把的时间，便如饥似渴地广泛涉猎，从流行小说到存在主义哲学。与对实践和技术知识的渴望不同的是，他努力转变自己的思维方式，尝试用一种他不熟悉的方式去理解这个世界；与此同时，阅读极大增强了他发散性思维的能力，让他能够在事实基础上作
38 出更广泛的判断。特别是年轻人寻找人生坐标的相关话题，其实质就是存在主义对责任、道德和个体行为等基本问题的探求。[20] 他阅读了有关贝多芬（Beethoven）人生的书籍，感受到了作曲家的自强不息和内心世界，他将自己融入贝多芬的音乐之中。音乐为年轻的法兹勒开辟了一片净土，如今他已近而立之年，想象的翅膀使他获得了巨大的精神财富，这财富来源于他的孟加拉国背景，也来源于贝多芬的音乐。或许他永远无法深入思考西方音乐的合理构架，但是，对逻辑组织的偏好可能会让他更好地理解贝多芬的这种充满激情却坚定有序的表达。

即使法兹勒对于抽象和先验的癖好与日俱增，但在生活中，他还是会把对哲学的感知与实效性和逻辑性相结合。在这段时间里，他的书信往来通常都是以哲学式的论述开始的，然后才是日常生活中的一些琐事。法兹勒能够将理想主义与现实主义相结合，正如他父亲的教导或泰戈尔诗词中所描写的那样。“当你准备决定时，应当三思而后行，”法兹勒写道，“然而，一旦作出了决定，你就必须目标明确，做一个坚定的理想主义者……如果想脱身于严酷的生活现实，这是唯一途径。”

1959 年夏，经过了两年多的书信往来，莉泽洛特终于在卡拉奇与法兹勒结合了；同期，卡拉奇开发局也给他分配了住房。1959 年 8 月，二人正式结婚，并搬进了自己的公寓。

虽然法兹勒在开发局的工作不算枯燥，却没有任何机会从事他极度渴望的那种不断闪耀思想火花的工作。当他听说政府将会保留让外国顾问给相关部门建言献策时，他的厌倦变成了恼火；当他的一位美国同学作为顾问来访时[21]，法兹勒显得愤怒和不满。他问

自己为什么还要留在这儿，是不是他的才干在这儿没有用武之地？他感到自己应该重新被激发，以焕发出新的活力，他害怕自己的才志慢慢枯竭。在巴基斯坦应该还有一份更具挑战性的工作在等着他，然而，现实是严峻的，对于这一对儿新婚夫妇来说，并没有任何一份工作适合他们。两人推翻了那些不现实的梦想，熄灭了在巴基斯坦创造美好未来的火种，回到芝加哥，回到 SOM 事务所，这也许是他们最合理的选择。

离开的决定是令人悲伤的，因为法兹勒与他的许多家庭成员、同伴朋友以及一些重 39
要的社会关系都非常亲密。[22] 这一次离开不仅仅意味着与家人的分别，也可能意味着他的工作与孟加拉国的建设永远分道扬镳了。但他告诉自己，每年至少回来一次。[23]

1960 年 6 月，法兹勒与莉泽洛特到达了芝加哥。在 SOM 事务所的贷款帮助下，他们购置了几件家具，开始了新生活。在芝加哥郊区短暂居住了一阵子后，他们把新家安置在了芝加哥大学附近的海德公园的公寓，城市生活非常舒适，他们在接下来的 22 年里一直保持着城市居民的身份。

法兹勒雄心勃勃地准备着“建设世界”，他做梦也想象不到自己将在 20 世纪建筑与工程设计领域扮演重要的角色。回到芝加哥仅数年后，他提出的结构概念就对高层建筑设计产生了持续的影响，他更是大胆地将这些设计理念首先运用到自己所主持的工程项目中。伊利诺伊大学的研究生学习与早年在 SOM 事务所的实习经历成为他日后工作成就的铺垫，并推动着他事业的蒸蒸日上。

1960 年，从巴基斯坦回美国的途中，法兹勒第一次与莉泽洛特一起到奥地利拜会了他的姻亲：莉泽洛特（前排右侧），已经怀有身孕；莉泽洛特的妈妈（前排中间）；莉泽洛特的姑姑（前排左侧）；后排从左依次为：莉泽洛特的舅舅、妹妹、法兹勒及莉泽洛特的父亲

20 世纪 60 年代早期，法兹勒于家中，浑身洋溢着活力与乐观

第 2 章
研究生与 SOM 事务所的新手

1950 年前后，法兹勒的兴趣主要集中在预应力混凝土上，这得益于当时这个专业工 41
程领域的蓬勃发展。为了提高混凝土构件的抗弯承载力，我们可以通过给钢筋线材施加预拉应力。虽然这个概念在 19 世纪后期就已经提出，但材料的低强度以及不专业的钢筋张拉与锚固措施，阻碍了预应力混凝土成为现实。直到 20 世纪 40 年代，随着锚固机理、高强材料以及相关设计计算方法的完善，预应力混凝土才得到了广泛认可。二战后，结构用钢的短缺大大促进了这项技术的实际应用。

预应力混凝土

混凝土材料的抗压强度高但抗拉能力却异常薄弱，因此，预应力混凝土的有效性主要来源于：它能够大大抵消混凝土在恒载与活载作用下预期的弯曲拉应力。人们通常将预应力钢筋以抛物线的形式沿梁纵向配置，其目的是用来平衡由荷载产生的应力图形。高强钢筋或钢丝束均由单股钢丝组成，它们布置在混凝土模板内，可以直接与混凝土浇筑在一起，也可以穿在钢筋套筒内。预应力钢筋既可以在混凝土浇筑前进行张拉，也可以在混凝土硬化后进行张拉，无论先张拉还是后张拉，一旦混凝土达到强度后这种拉应力都会被释放，这样一来，沿着构件的长度方向，钢筋的预拉应力将转化成施加在混凝土上的压应力，这一转化过程可以通过钢筋与混凝土之间的粘结作用完成，也能够利用混凝土构件端部的锚板或楔形锚具来实现。

尽管预应力混凝土作为一种新材料获得了“巨大成功”，但这种新材料还是未能被人 42
们完全理解。工程师奥古斯特·科门登特（August Komendant）在 1952 年所著的《预应力混凝土结构》一书中写道，“没有预应力混凝土设计的一般性原理可以遵循；迄今为止，很多在建的预应力结构的静力计算只是一种粗略的估算，它们既不符合材料的实际特性，也不符合基本的静力计算原理。”[1] 伊利诺伊州公路局意识到预应力结构工程领域内的这种严重缺陷，便在伊利诺伊大学厄巴纳分校赞助了一个研究项目，目的是考察长跨公路桥梁设计中，预应力混凝土结构方案的潜在优势。这个项目的背景来源于：传统的钢筋混凝土存在抗弯性能差以及容易出现弯曲裂缝的问题，而钢结构对于超载和振动则非常敏感，另外，其抗腐蚀的维护成本也很大。因此，预应力混凝土结构有望成为一种经济的替代方案。

考虑到法兹勒对巴基斯坦预应力混凝土桥梁设计所表现出的浓厚兴趣，富布赖特奖学金项目便选择了伊利诺伊大学作为他的研究生目的地。这所大学是全美顶级的混凝土研究中心之一，并于 1951 年就开始了由伊利诺伊州公路局赞助的相关项目，该项目旨在探讨预应力混凝土的基本特性以及设计参数对构件应力的影响，并基于试验结果，提出实用的分析与设计方法。由于涉及的变量过多，所以一直以来，预应力混凝土设计遵循着一种冗长的迭代过程。对于一个给定荷载工况的梁，在设计时可以先假定混凝土截面尺寸和预应力钢筋面积，然后再计算应力值；如果超出允许值，则改变参数重新计算，这便是该试错法的反复过程。一旦得到了某种荷载工况下合适的设计结果，则还需进一步验算是否满足：在预应力钢筋松弛及最大使用荷载等条件下，构件截面上的应力值是否满足各受力阶段下的容许值。以上设计方法带来的后果是：一根梁，为了满足所有的设计准则，其截面尺寸或钢筋面积往往非常保守，设计没有得到优化。对此，某工程文献解释道："如果工程师试图满足每个限制条件而不存在超标准设计，那么，他的设计工作将会非常繁重和耗时。"[2] 由于情况复杂，以及缺少行业标准，预应力混凝土的容许设计应力往往都由个别部门自行决定，其中的安全系数只是与构件的应力有关，而不取决于构件强度。

43 法兹勒的学位论文旨在提出一种预应力混凝土受弯构件的有效设计方法，并提出"优化设计"和开裂与极限弯矩安全系数之间的关系。通过分析试验数据，他首先甄别出那些非影响性变量和荷载分级的影响，然后剔除无关变量，找出相关变量，其目的是构建出尽可能少的计算公式，在不过度设计的前提下来满足主要的设计准则。当他在考察不同变量对应力和安全系数的影响，以及根据使用荷载作用下容许应力所得到的设计准则与极限荷载作用下的安全系数之间的关系时，他采用了由比利时教授古斯塔夫·马格内尔（Gustave Magnel）的图形化说明方式[3]，这个技巧使设计公式便于理解和简明化，可以在没有计算机的条件下大大简化分析过程。法兹勒在他以后有关结构特性的研究中一直利用这种图形化方式。

1955 年夏，法兹勒完成了他的优化分析，推导出了矩形截面构件的有效设计准则。他获得了博士学位，并在同年夏季学期，作为助理研究员留在伊利诺伊大学继续研究工作，主要内容是将学位论文成果的应用范围进一步推广与扩展，将矩形截面的计算公式推广到非矩形截面；另外，他还着手建立相关准则，以简化等翼缘或者非等翼缘工字形截面构件的设计。在夏天结束时，他在一份综合报告中写道，自己愿意去解决这些问题，而

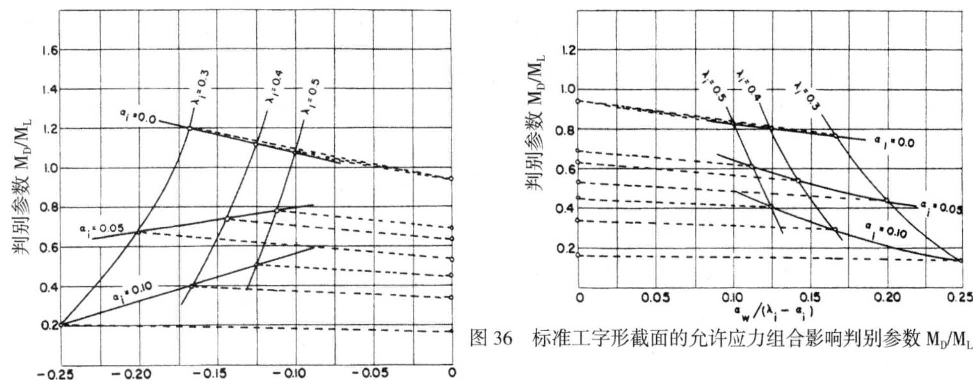

图 36　标准工字形截面的允许应力组合影响判别参数 M_D/M_L

通过博士工作，法兹勒认识到了图形曲线的价值。他将图形化方法作为一种辅助设计手段用于后来的工作和研究［从 1955 年法兹勒、哈恰图良（Khachaturian）与西斯的“解析研究”一文中摘录］

不仅仅是思考它们。这些问题在夏季学期末的补充研究综合报告中均有所反映，在其中一篇措辞婉转的报告中，他写道：“一旦完成了矩形截面的研究，就可以考虑解决更实用、更复杂的一般非对称截面问题。”[4] 44

在法兹勒的学位论文及补充研究工作中，他将重点放在有关分析的计算公式上；尽管如此，法兹勒在试验上也花了大气力，并对试验研究游刃有余。在他的职业生涯中，对试验的重视成为制胜法宝之一。

在夏季学期期间，他一边完成额外的分析工作，一边为秋季的就业开始去接受面试。许多大型工程公司都相中了他，然而他却对这些公司所提供的职业规划感到彻底失望。这些公司欣赏他的研究生成果，但对他的博士学历并不感冒。另外，这些公司往往只会给他安排琐碎的任务，与那些没有经验的工程师别无二致。这是因为，按照一般的行规，新来的只能慢慢处理一些简单的设计问题，并不会让你挑大梁。

这些繁文缛节、条条框框对于法兹勒毫无吸引力。

在芝加哥，与一位大学校友的会面为法兹勒找工作带来了转机，这位校友提供的职位信息契合了他的兴趣。原来，这位名叫汉姆・古普塔（Hem Gupta）的机械工程师就职于 SOM 事务所，他告诉法兹勒：SOM 芝加哥事务所刚刚完成了科罗拉多州空军学院的总体规划设计，并且将在不久开始启动相关的工程设计项目，因此，公司的的确确急需一些天才的结构工程师。听从古普塔的建议，他与 SOM 事务所首席结构工程师安德鲁·J·布朗（Andrew J. Brown）进行了会面，结果非常好，两人都有一见如故、相见恨晚的感觉。更重要的是：布朗说出了一句魔咒般的话：“你将会负责美国空军学院的公路桥梁项目。”[5]

布朗信守着他的承诺。1955 年 9 月，法兹勒开始了 SOM 事务所的工作生涯。显然，当他到来时，空军学院的项目并不是专门为他而预留的，而此时的布朗也正将自己在混凝土设计方面的专长投入了另一个项目中：位于伊利诺伊州五大湖地区的美国五大湖海军培训中心。因此，法兹勒便在布朗的引见下为这个项目工作了数月。他乐于这样的设计工作，欣赏工程团队的工作氛围，因此他小心翼翼地不使自己与其他工程师之间产生隔阂；而布朗先生对他也非常尊重，常常鼓励他应当挑战自我[6]。

45 当时由于事务所仅法兹勒有预应力混凝土方面的经验，因此，他便欣然接受了负责海军培训中心餐饮中心长跨预应力混凝土屋面结构的设计任务。作为该项目的一部分，他坚持要求进行预应力构件的足尺荷载试验。法兹勒对布朗强调道：预应力混凝土仍然是一个全新的工程领域，基于有限试验数据和材料性能的统计分析，所得出的设计理论并未得到充分证实[7]，而且，预制加工、材料特性以及现场的施工水平都需要进一步论证。虽然法兹勒的要求并不符合常规，但他提出的荷载试验方案还是通过了 SOM 事务所与甲方的认可，并成为施工承包合同的一部分内容。法兹勒的这次工作经历为其在公司的设计创新竖立了一个标杆。他认识到，每个重要设计项目都对提高工程知识水平具有重要意义，而这些提高很大程度上将取决于知识积累、现有成果以及专业领域内的相互讨论。[8]

美国空军学院

当空军学院项目开工时，布朗与法兹勒讨论了该项目的工程范围。通往学院的公路需要使多处拟建桥梁与 85 号和 87 号公路相连；另外，规划的铁路桥梁将与丹佛和里奥格兰德西部铁路、艾奇逊 – 托皮卡 – 圣菲铁路发生交叉，而后两个著名线路都要穿过 27 平方英里的项目场地。[9] 起先，SOM 事务所打算让专门从事铁路桥梁设计的咨询公司来处理这两座铁路桥梁的工程问题，但在法兹勒的要求下，布朗坚持认为，SOM 事务所的结构团队既然能够胜任公路桥梁设计，那么就一定有能力设计铁路桥梁。

在这期间，布朗对法兹勒工作能力所表现出的信任对他的影响深远。1967 年，当法兹勒成为 SOM 事务所首席结构工程师后，他知道应当如何像布朗那样管理一支工程团队。“我用一种强烈的，甚至具有侵略性的眼光来对待年轻人，”他后来回忆道：“我感觉我们应当尽可能地启用最优秀的工程师，给他们最好的配置，不要拖他们的后腿，他们将迅速崛起……我想安德鲁 · 布朗就是这样对我的。”[10]

法兹勒学以致用，将他的论文成果应用到公路与铁路桥梁的设计中。四座公路桥梁长度从 240—600 英尺不等，两座铁路桥长均为 144 英尺。在研究了各种浇筑方案，并权
46 衡了制作与结构材料成本后，他决定所有桥梁均基于一个标准的梁断面并采用简支结构。统一的梁尺寸便于模板再利用，也有利于施工详图的重复使用；而简支跨更有利施工，因为每一段梁均可在桥一端的地面上浇筑后再吊装到位。对于铁路桥，最佳梁跨为 72 英尺；公路桥则为 120 英尺，将近 90 吨，另外，120 英尺也是安装就位的最大尺寸。梁在地面上浇筑 6 天后开始进行预应力钢索的张拉，随后再进行套管灌浆作业。在某些方面，法兹勒的设计比标准规定还要保守；而有时，他却充分利用结构的材料特性，甚至超出了标准施工方法规定的程度。当考虑斜拉（剪切）裂缝时，他将美国联邦公路局的准则放到了一边儿，有意把箍筋的间距缩短到推荐值的一半[11]；另一方面，还将预制梁和现浇

位于科罗拉多州斯普林斯（Spring）的美国空军学院。除了公路和铁路桥梁设计外，法兹勒还参与了行政大楼、实习生营房以及小教堂的设计工作［摄影：阿罗（Arrow），承蒙SOM事务所允许］

两座公路桥被分成了双车道路面，并支撑在T形桥墩上（摄影：佚名，承蒙SOM事务所允许）

板设计成具有组合作用的结构；为加强两者之间的连接作用，法兹勒引入了抗剪栓钉和 47
加强钢筋，并且将梁的翼缘加厚了3英寸并嵌入板内。

按照以上方式形成的有效T形截面可以使板既具有桥面功能，也成为支撑结构的一部分。然而，在20世纪50年代后期的工程领域，由均质截面现浇顶板与预制梁形成的组合结构体系的可靠度还是会令人质疑的。法兹勒认为，考虑到施工方法与结构的截面有效性方面都存在不确定性，那么，就必须进行加载试验。由于设计计算严重依赖伊利诺伊大学的研究成果，因此他强烈建议，通过试验来检验所有工况下的设计假定。他制定了从梁截面开裂到组合截面屈服的试验方案。结果表明：改进后的 T 形截面梁具有足够的抗剪承载力，同时，试验结果也为不同荷载条件下，梁的中和轴位置以及构件开裂与破坏时的安全系数提供了丰富信息。

所选的梁形状是妥协的结果，这种妥协的设计过程为法兹勒提供了建筑和结构设计相互依存的宝贵经验。在确定了跨中采用更为有效的窄腹板 T 形截面后，他便调整这种梁的形状以适应建筑要求。为了更加美观，设计合伙人沃尔特 · A · 纳特施（Walter A.
48 Netsch）希望将底部的窄腹板加宽，于是，法兹勒调整了截面形状，并且进而利用了这种更宽的截面形状，为施工中的电缆布置创造出了方便条件。正如纳特施后来所描述的那样：“在这个过程中，设计人员共同努力，根据美学要求建立起来了相应的技术结构特征和轮廓。”[12]

从进入事务所的第一天起，法兹勒就表现出忘我的工作热情，经常通宵达旦地工作，无论是在办公室或者是在家中。从他后来的私人信件中，我们可见一斑。法兹勒从不认

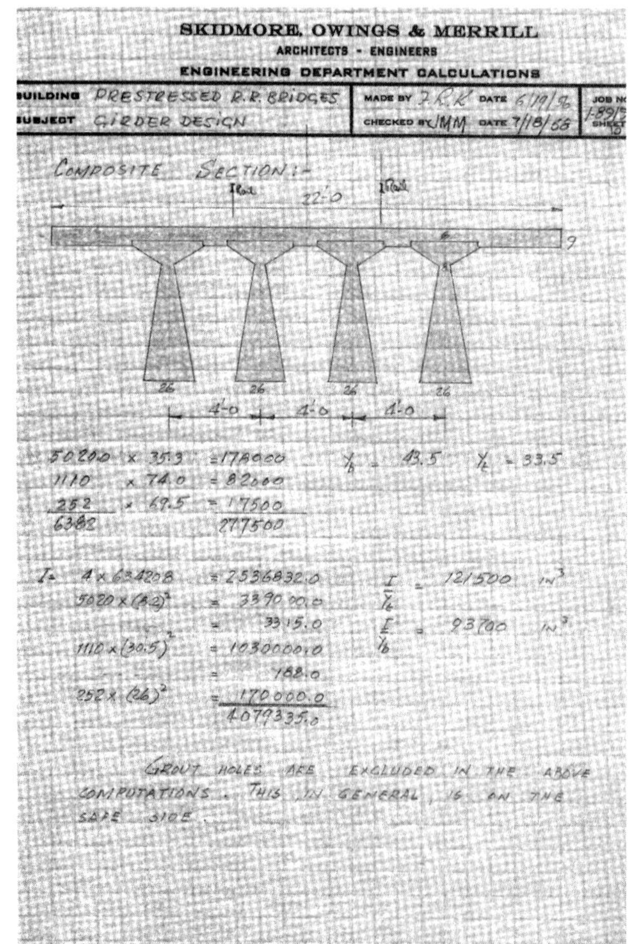

一张 1956 年用以计算预制梁与现浇板构成的组合截面的计算纸。由于 20 世纪 50 年代这类组合截面的有效性还不能够确定，所以法兹勒开发了荷载试验（承蒙 SOM 事务所允许）

为工作压力是一种负担，恰恰相反，那只是进一步学习的机会。他很乐于受到信任去承担设计责任，并非常高兴去参与施工监理工作。

1957 年 2 月，法兹勒乘坐落基山火箭号列车从芝加哥至丹佛开始了他的首次参观并
监理空军学院施工工地之旅。起初由安德鲁·布朗陪同，并将他引见给客户与承包商， 49
之后，布朗就不再陪同，而是让法兹勒独立行动并自行返回。在参与施工管理和与承包商协商过程中，法兹勒学到了许多东西，仿佛又给自己上了一课。一次，在讨论重要工程变更通知单时，他坚持认为：既然施工图纸已经明确标注，因此承包商提出的要求是没有根据的。法兹勒的坚持让承包商无法获得额外收益，虽然如此，他与承包商的关系依然很融洽。“我感觉非常好……我并非有意要与他们作对……我认为一个人该通情达理时就要通情达理，该坚持原则时就要坚持原则……对我来说，这是一个良好的经历。”[13] 在此期间，法兹勒发表了就职 SOM 事务所以来的头两篇论文，均是与布朗合著。论文陈述了空军学院项目的设计方法的先进性，以及相关的桥梁足尺试验过程。其中一篇刊登在《美国混凝土学会期刊》上，另一篇发表于《工程新闻记录》(Engineering News-Record)。

这次 SOM 事务所提供了一次绝佳的且法兹勒的学生签证允许的培训经历，是对其博 50
士成果的实践检验。我们可能认为“天上掉馅饼”的事儿都让他赶上了：其所研究的正是令人兴奋的新型预应力混凝土，各方面的良好配备足以应付对他提出的要求，得到了

80 号高速公路南入口。“感谢 SOM 事务所设计与工程团队间的密切合作，” 1958 年 4 月，美国的《建筑实录》杂志写道：“通往美国空军学院的引桥以它们那优美的曲线体现出了其结构的合理性，成为主校园建筑群合适的前奏。” [摄影：威廉姆斯 – 迈耶公司 (Williams & Meyer)；承蒙 SOM 事务所允许]

主管上司的支持。然而，机会总是留给那些有准备的人，当机会来临时，法兹勒认准了并充分利用了。

联合航空公司行政办公楼

1957—1960 年，法兹勒没有在芝加哥的 SOM 事务所工作。在此期间，SOM 事务所接受了一个为联合航空公司设计办公楼与培训中心的项目。工程地点位于伊利诺伊州德斯普兰斯西北（今，埃尔克格罗夫村），距离奥黑尔・菲尔德只有几英里。奥黑尔在 1955 年开通了商业航线，1962 年完成了综合航站楼，此后，奥黑尔国际机场便成为世界上最繁忙的机场之一。在这个高速增长阶段，联合航空公司新办公楼项目的基本要求就是要有一个灵活的内部空间。为此，设计团队决定将二层建筑物的柱网尺寸定为不寻常的 60 英尺 ×66 英尺。

联合航空公司行政办公楼模型。在施工过程中，该建筑又再次扩充了 3 个开间（从模型的最左侧）以容纳项目面积的增加 [摄影：哈勃・亨利（Hube Henry），海德里希 – 布莱辛图片社（Hedrich–Blessing）；承蒙 SOM 事务所允许]

对于结构高度小且大跨的建筑结构施工而言，预应力混凝土具有经济节约的特点，
51 因此，这一新技术受到设计团队的青睐。然而，预应力混凝土的设计却要求专业工程知识与设计经验，而此时的 SOM 事务所却找不到能够处理这类问题的工程技术人员。认识到这一局限性，SOM 事务所便外聘了这个领域的著名设计顾问公司——林同炎工程事务所，林的工作范围包括：设计预应力混凝土楼盖结构体系，审查经林同类设计并被纳入 SOM 事务所的施之文件，以及参与施工现场监理。该楼盖结构体系的组成为：双向后张法预应力框架梁、间距 12 英尺、高 30 英寸的混凝土托梁及其间 4 英寸厚的板。

SOM 事务所为了完成施工文件，对林同炎提供的标准详图必须进行变更，然而在这一过程中，可能有一个设计环节被忽略了。靠近支撑柱的托梁底部低张力钢筋（非预应
52 力钢筋）从功能上独立于预应力钢筋，但对托梁端部的混凝土截面却是必需的。林同炎

基于他的“经验和判断”，在图纸上标注了这些钢筋，但希望 SOM 事务所根据自己的计算来确定这些非预应力钢筋的面积，也就是说，在林同炎的详图上并未标注这些钢筋的直径或类别。然而，SOM 事务所这边却认为林同炎工程事务所在细部详图上已标注了所有钢筋，包括预应力和非预应力钢筋。[14] 这样的误解导致非预应力钢筋配筋不足，并且该纰漏在施工过程中并未立刻被发现。在此期间，联合航空公司又并购了另一家更小的航空公司，这样一来，就要求扩大原有办公楼的设计面积。[15] 因此，设计人员以原有主楼为基础，在其一侧又增加了相似的附体楼。当然，没人会怀疑原设计存在任何问题，所以 SOM 事务所进行附体楼施工图设计时，便重复使用了主楼楼盖结构体系的详图。

联合航空公司行政办公楼的双向板肋梁楼盖（摄影：法兹勒·汗）

当附体楼进行后张法预应力钢筋张拉时，剪切裂缝出现在靠近伸缩缝区域的托梁上。起初，设计人员猜想该裂缝是由于不适当的预应力夹片所致，但是当法兹勒回到 SOM 事务所后，与安德鲁·布朗（现已退休并为 SOM 事务所的顾问）一同检查了相关材料，他们发现受拉裂缝依旧出现在相同的区域，这些不明裂缝给柱帽底部的施工带来巨大麻烦，于是，两位工程师赶紧通知总承包商马上停止正在进行中的顶棚安装工作。

回到办公室后，设计合伙人布鲁斯·格雷厄姆立刻质问法兹勒这个停工的决定。法兹勒解释道，目前，他也不能对这些受拉裂缝给出合理解释，但也强调，如果在问题弄清之前就将塑料顶棚扣在托梁上将是非常不明智的。此时此刻，法兹勒非常焦虑是否是在设计或混凝土结构施工中出现了严重问题，同时，也感到迷惑不解，因为这个设计基本上就是第一阶段施工的一个翻版。法兹勒认为自己应对设计过程中出现的任何问题负责，虽然从 1959—1960 年主体建筑设计期间他并不在事务所，但自己毕竟参与了附体楼施工详图的前期工作。

接下来，他花了一周时间仔细研究施工图与计算过程，最终找到了问题的根源。伸
53 缩缝区域处柱帽配筋不足导致钢筋屈服和混凝土开裂，他总结道，这个薄弱环节有可能导致结构破坏，并且，如果节点详图中配筋不足的结论是准确的，那么，不仅是附体建筑，包括主体建筑都有可能超应力限值而出现裂缝。不幸的是，塑料顶棚现在已经扣在了楼盖上，因此，为了让 SOM 事务所对整体建筑结构进行重新评估，伸缩缝周围的顶棚都必须全部拆除。

法兹勒将他认为的欠安全设计的详细情况通报给该项目的责任经理威廉・哈特曼及格雷厄姆，并建议应当检查每个可疑节点的相邻区域，用以判断是否存在结构薄弱环节。建议批准后，法兹勒开始了自己的善后调查工作，并打开了他怀疑的伸缩缝周围的每一条裂缝。

与此同时，林同炎也开始关注这个问题。由于距离和时间安排的原因，法兹勒与林的会面经历了不少麻烦。林同炎在从加州经纽约到罗马的行程中，特地在芝加哥停留了几个小时，赶到施工现场。与林的这次会面给法兹勒留下了深刻印象，他们共同检查了
54 结构，然后，法兹勒一直陪同林返回机场，并一同飞到纽约，这样，他们便有更多时间来讨论结构问题以及补救措施。抵达纽约后，林飞往意大利，法兹勒则再次返回芝加哥。由此可以看出，在有限的时间内，法兹勒能够通过思考，以一种典型的美国务实主义方式去运用技术处理问题。[16]

在确认了建筑物所有伸缩缝附近的结构缺陷后，SOM 事务所开始着手进行建筑结构的加固或补强。法兹勒选择了补强方案，并设计了 36 个关键部位的钢柱补强方案，从而能够释放薄弱节点处的应力到钢柱上。在实施前，他又和以前的切斯特・西斯教授交换了意见，而后者在检查了施工文件及施工现场后，欣然同意了法兹勒的方案。

接下来的几个月，法兹勒的心思都花在了施工补强上。他非常重视施工现场经验，喜欢和建筑工人交换心得，并了解他们对项目的看法，同时，也很关心施工行业的就业问题。加固补强工作为他在设计团队的进一步发展提供了机遇，畅通了他与格雷厄姆、哈特曼等高管的沟通，这些人的信任成为法兹勒成功的关键，并对他在其他建筑项目上的初期设计工作提供了很多支持。后来，他与格雷厄姆成为非同一般的设计合伙人关系；而从哈特曼那里得到的巨大帮助足以使他后来 20 多年的工作硕果累累，从高层建筑的结构创新到中东地区的建筑规划，都与他们之间良好的人际关系密不可分。

一个创新的环境

20 世纪 60 年代早期，法兹勒的作用在于维持 SOM 事务所对设计技术的投入。1961 年，迈伦・戈德史密斯（Myron Goldsmith）是法兹勒在 SOM 事务所许多项目，包括联合航空

联合航空公司行政办公楼，它“朴素但充满着朝气与力量，建筑的春天来自强大的芝加哥”。1962 年，艾伦·特姆科（Allan Temko）在《建筑论坛》中写道（埃兹拉·斯托勒，© Esto 图片社）

公司办公楼项目的设计合作人，介绍他到伊利诺伊理工学院工作，而戈德史密斯本人也在那一年开始在该校执教。他让法兹勒与一位建筑学研究生一起工作，这个进入建筑学院的提议很快就有了更进一步的效果：每个星期六早晨，法兹勒都开讲结构课程，并且被聘为结构方面的论文导师。

在密斯·凡·德·罗的影响下，伊利诺伊理工学院倾向于基于构造或结构现实的建筑学研究，本科生的教学计划强调学生对材料和建筑体系的理解应先于建筑理论探求及建筑设计。这种方式正合法兹勒的胃口，在开始指导硕士论文时，他鼓励学生应认识到建筑的现实解决方案，应找到理想主义建筑与结构逻辑性之间的平衡点，他提出了自己 55
关于结构或建筑体系创新的想法；与此同时，也力劝学生们不要太在意那些设计方案中的数字，而应关注“结构的直觉尺寸”[17]。

工程设计人员加入建筑学院既有益于设计者、设计公司，也使学院和学生受益匪浅。像法兹勒这样的设计人员会带给学生们从实际出发的意识，同样，学生们也将有机会去研究在设计项目中能够成为现实的方案，而这会给他们的学习创造出一种令人兴奋和自信的氛围。设计人员与学生的联合使法兹勒可以参与到学术讨论中，并施展他深入浅出的能力，也为他提供了一个场合，可以卸去实际工作的压力，更详细地检验自己的一些设计理念。通过学生的理论分析和模型研究，法兹勒确认了许多建筑体系的有效性，从而使他敢于将其应用于 SOM 事务所的主要设计项目中。

迈伦·戈德史密斯与学生们，约 1961 年左起，陈英欣（Ying-Hsin Chin）、戴维·夏普（David Sharpe）、菲利斯·兰伯特（Phyllis Lambert）、戈德史密斯、金振焕（Jin Hwan Kim）（承蒙位于蒙特利尔的加拿大建筑中心的菲利斯·兰伯特档案馆同意）

20 世纪 60 年代早期，法兹勒除了涉足伊利诺伊理工学院外，还促进了 SOM 事务所计算机应用水平的提升，倡导了试验促设计的理念。在那个年代，只有少数设计公司拥
56 有他们自己的计算机系统，建筑设计中的新型计算机应用技术也刚刚开始起步。在伊利诺伊大学使用计算机后，法兹勒便尝到了这种新型计算工具带来的甜头。计算机的应用使工程设计人员避免了大量琐碎和重复性的计算工作，让他们有更多时间去进行概念设计，并易于检验自己提出的新想法。于是，法兹勒劝说 SOM 芝加哥事务所的合伙人购置了 IBM 1620 型计算机，而芝加哥的合伙人们则又去说服其他大股东们。[18] 计算机硬件的花销以及用早期机器语言去开发软件所耗的工时是巨大的，那时，甚至一个标准型钢的截面属性都需要人手工输入，可想而知，公司的投入是惊人的。那时的计算机的确是一件昂贵的工具，你不得不投入大量的时间，直到你编写出来一些最基本的应用软件。这对于那些能够降低施工材料成本的创新结构体系的应用至关重要。法兹勒还为 SOM 事务所员工开设了一个为期 6 周的计算应用“夜校”，他很高兴，有超过 20 人一节不落地听完了每次两小时的课程。

在法兹勒回到 SOM 事务所的头几年，他参与了很多类型的项目和活动。当事务所着手开始预应力混凝土技术探索时，他已经做好了学以致用的准备。然而，他的兴趣广泛，当 SOM 事务所开展室内环境设计时，从会议桌到储藏柜，他都喜欢指手画脚，因为他热衷于任何结构问题。与此同时，他非常渴望能将自己置身于某个重大设计项目中，能够从头到尾，从方案设计到最后的施工图都来上一遍。

他不必久等了。1961 年，SOM 事务所接受了位于芝加哥卢普区（大约可以定义为中
央商务区，即 CBD）37 层的布伦兹维克大厦（Brunswick Building）的设计项目。[19] 这个
项目标志着一次建筑大跃进的开始，这次来势凶猛的大发展持续了十年时间，也代表着
法兹勒的职业生涯。在此期间，他再也没有机会在其他设计项目中运用他的预应力混凝
土技术，但他明白，博士论文的基本目标是相同的：创造一些改进方法，以便能够有效 57
利用结构材料，而这将成为他后来工作的中心环节。在法兹勒的首个大型高层建筑设计，
即布伦兹维克大厦设计项目中，他重塑了自己对构件优化设计的追求，并拓展了自己的
一些工程设计原理。将要呈现给我们的是：法兹勒一生对高效高层建筑结构体系的探求
以及对建筑设计的全面优化。

1957 年，位于芝加哥卢普区的内陆钢铁大厦引入了现代建筑美学，法兹勒在该项目的非常规梁、柱设计方面作出了自己的贡献 [摄影：霍华德·N·卡普兰（Howard N. Kaplan），HNK 建筑摄影公司，承蒙 SOM 事务所允许]

第 3 章
20 世纪 60 年代早期的建筑结构创新

对于一个雄心勃勃的结构工程师而言，没有比 20 世纪 50 年代晚期或 60 年代早期的 59
芝加哥能给他提供一个更好的发展机遇了。虽然，建筑学与结构工程之间的分歧无处不在，但是建筑结构总是与建筑风格相伴的，两者形成了一个城市的建筑传统，人们对传统的持久认知与欣赏则淡化了建筑与结构之间的区别。众多杰出的建筑师提倡“在建筑中强调结构”，对于工程学的崇尚和建筑材料的有效运用成为建筑行业的共识。密斯·凡·德·罗是那个时代芝加哥无可争辩的最具影响力的建筑师，他所极力主张的理性建筑设计理论为 SOM 芝加哥事务所营造出了一种推崇工程问题的良好氛围。生气勃勃、口齿清楚、风度翩翩，法兹勒就是这种道明结构工程潜能之人。

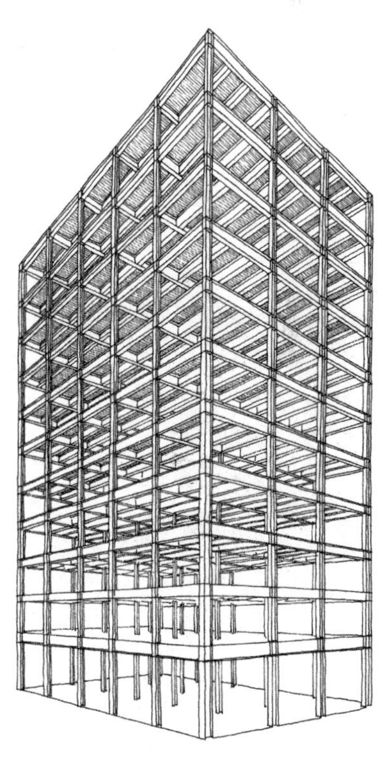

19 世纪，钢框架结构体系使得建筑的高度“摸到了天”，当建筑物高度继续增加时，风荷载作用下梁 – 柱框架的柔性造成了施工成本的陡然增加（绘图：戴维·冯）

1960 年前的建筑结构体系

1960 年，能够适用于高层建筑设计的常见结构体系并不多见。梁 – 柱框架或称龙骨框架便是一种基本结构体系，它是由间距规则的柱通过楼层梁相连而构成，这种结构体系最早出现在 19 世纪末的钢结构高层建筑中。在其发展前期，梁和柱（通常是指铸铁或者锻铁，而结构用钢开始代替铁则是在 19 世纪 80 年代后期）用于砌体承重墙结构体系，与砌体墙结合使用。完全梁 – 柱框架结构体系的优越性是巨大的：以前厚

重的砌体墙所牺牲的楼盖面积由于框架而得以解决。10—16 英尺的柱距是该结构体系的
60 典型平面布置，而外围梁与柱所形成的框架则支撑着幕墙。20 世纪初期，钢筋混凝土和钢结构相结合的建筑材料已经被用于梁 – 柱框架结构体系中了。

为了增加高层建筑框架的稳定性，梁 – 柱节点连接被设计成刚性（弯矩抵抗型）或者半刚性的，从而在结构构件中产生弯矩和剪力，也赋予了框架抵抗侧向力的能力。梁、柱与斜向支撑的共同作用则为高层钢结构提供了另一种提高稳定性的方法，而由斜撑所形成的垂直剪切桁架通常布置在电梯核心服务区或其他集中服务区的墙上。20 世纪 40 年代末，人们又开发出类似的钢筋混凝土结构体系，名曰“剪力墙结构体系”。剪力墙或剪力桁架的位置平行于风或地震作用，类似于一个悬臂构件来抵抗侧向力。

框架结构、斜撑框架结构、剪力墙结构的适用建筑高度为 20—30 层（取决于建筑类型和结构特征），但侧移过大以及构件应力可能过大的毛病使得以上三种体系无法适用于更高层的建筑结构。不仅如此，梁 – 柱框架是一种柔性体系，其框架柱的层间侧移很大。为了提高结构刚度，降低柱的轴向变形并控制构件应力，设计人员必须增加框架杆件的重量和截面高度，提高梁、柱连接的有效性，这些改进只换来了很小的性能提升；即便
61 在提高强度和刚度上投入了大量成本，对于提高建筑高度也是收效甚微。

随着结构高度的进一步增加，竖向剪力桁架或剪力墙结构体系的经济性也会荡然无存，这是因为当建筑物超过 30—40 层后，结构构件的高跨比将变得非常大。而且，剪力桁架或剪力墙体系都需要布置在大型服务核心区域内，且应尽可能地对称布置以便减小扭转效应。虽然一些附加的剪力墙或桁架也能够布置在服务核心区以外，但这限制了建筑物内部空间的灵活性；当然，如果出现在外墙上，则限制了外立面开窗。

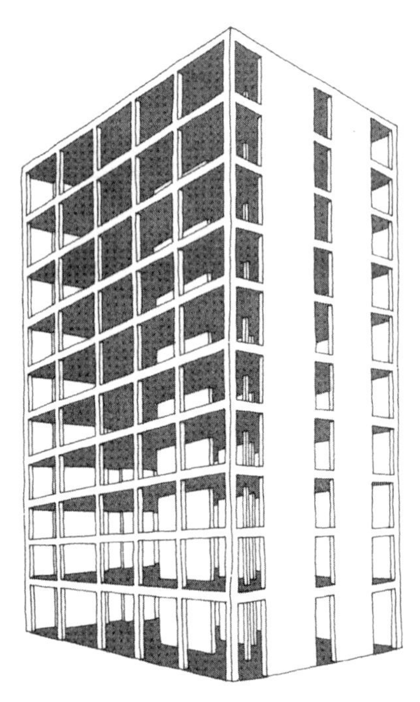

相对于梁 – 柱框架结构，剪力墙则具有更大的刚度，因此，通常工程师假定在混凝土结构中，剪力墙承担所有的风荷载（绘图：戴维·冯）

1960 年前后，可以接受的设计假定为：在框架梁 – 柱体系内，剪力墙或竖向剪切桁架将作为建筑物的一个完整抗风支撑。这个简化假设源于当时有限的分析计算能力、便于设计和对已有方法的使用习惯，使结构工程师能够用实用的方式进行内力分析。只有少数工程师发表了一些理论文章用以说明框架与剪力墙共
62 同工作来抵抗侧向荷载，但这些理论与工程实际应用之间还存在巨大差距。设计中考虑一种以上的抗侧力结构体系的方法并不普遍，如果采用上述方法，那么，假定的侧向力分布往往不符合实际力的分布情况。[1]

由于对结构体系的改进只能节约很少一部分成

本，所以很少有人愿意去考虑“建筑结构设计中抽象的准则”，或者去为先进的设计制定一套实用的指导方针。当被问及有关高层建筑结构创新的前景时，迈伦·戈德史密斯回答道：“创新的基础是自 1900 年以来我们所取得的进步，可以想象，就算到了 2000 年时，建筑的世界也将与现在非常相似。”[2]

20 世纪初期，人们已经意识到超高层结构因高度所产生的额外材料开支。许多为了满足建筑风格或特色的非结构构件为结构受力提供了帮助，比如砌体隔墙、占总表面积比例很小的窗洞以及在结构构件上的石材覆面（cladding）。结构体系中砌块或石材可以为建筑提供必要的阻尼、增加质量和有效刚度，从而降低了建筑的侧移。[3]

然而，60 年代初期的建筑却完全遵循着经济和建筑学的要求。隔墙通常是轻质的、活动的，轻质金属板或轻质混凝土墙板通常被用于外墙覆面，建筑物内柱的间距更倾向于超过 20 英尺，以便于灵活有效地使用空间。因为新的隔墙和墙体覆面材料对刚度的提高作用非常小，现代建筑结构不得不依靠结构构件自身来抵抗侧向力，控制建筑的震动与变形。在工程实践中，这种变化在以下两个方面影响着结构设计。首先，当时的理论分析只能依靠对结构作用更精确的描述，而不像以前那样，当非结构隔墙和覆面构件参与框架受力时，满足承载力的条件则可以放得更宽松；其次，在风荷载作用下，对结构框架的要求则更严格了，即便是由此会产生更大的结构费用。

20 世纪 60 年代初，城市对于办公空间的需求日益增加，此时，一个全新的高层建筑设计方法至关重要。

布伦兹维克大厦

伴随着 20 世纪 30 年代经济大萧条的结束，芝加哥的大规模开发又缓慢恢复了。业主和金融家们对投资办公楼心有余悸，他们更愿意在建设新项目前留住自己的承租人。40 年代的建筑物高度限制更进一步制约了芝加哥卢普区的高层建筑发展。因此，到了 1950 年，办公空间一房难求，随 63
之出现了新的商业地产需求。1955 年，芝加哥新市长选举时，理查德·J·戴利（Richard J. Daley）向市民承诺将复兴卢普区。当选后的市长戴利委托制定了一个市中心发展规划，并提供相应的政策和资金支持。位于卢普区边缘的芝加哥第一幢大型新办公塔楼——41 层的保诚保险公司（Prudential

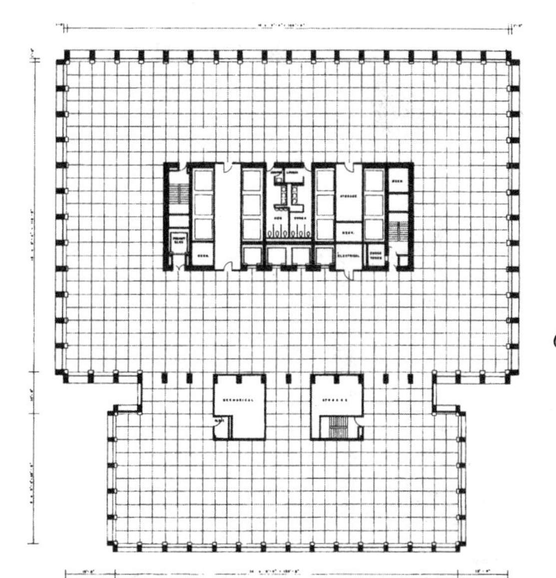

布伦兹维克大厦底部几层的楼盖平面布置图，低层结构与主塔楼相连从而获得了更大的楼面面积（承蒙 SOM 事务所允许）

Insurance Company）总部大楼便于 1955 年完工了，而位于区内中心地段的 19 层内陆钢铁大厦也于接下来的 1957 年建成了（参见第 32 页）。

50 年代后期 SOM 事务所开始了布伦兹维克大厦（现为库克县行政大楼）的概念设计，初步方案是一个每个方向开间为 25 英尺、边长为 180 英尺的方形平面，然而，在 SOM 事务所的客户亚瑟·鲁布洛夫房地产开发公司（Arthur Rubloff & Company）寻找核心租户过程中，这个项目的工作放慢了。当 1961 年鲁布洛夫代表华盛顿 – 迪尔伯恩房地产公司与布伦兹维克公司进行谈判时，设计团队重新评估了建筑规划。

在走访了布伦兹维克公司员工以及其他潜在租户的基础上，规划师认为 3 万平方英尺的楼板面积更适合于底部 8 层的建筑物，而其他层的楼面面积则应该缩小，因为这样会增加更多外露的窗子，所以较小的楼面对于租户更具吸引力，事实上只有少数公司会有必要占据整个楼层，而且，建筑师还了解到，那些潜在租户认为当楼面开间大于 25 英尺时才能做到畅通无阻。

在总建筑师布鲁斯·格雷厄姆和资深设计师迈伦·戈德史密斯的领导下，建筑师与开发商决定了一个新方案：高层塔楼附带低层裙楼。这种平面方案为底部八、九层的裙楼提供了更大的楼面面积，而不必使整个塔楼建在一个巨大的底盘上。遵循该总体方案，设计团队开始在众多竞标方案中寻找令人满意的结构方案。工程师们倾向于在大跨楼盖
64 中使用钢梁，这对创造出无障碍的楼层空间来讲十分必要。然而，大梁跨的钢结构梁 – 柱框架却不能胜任 37 层塔楼的有效结构，而布置于建筑中央服务区的混凝土剪力墙则被认为是一种更有效的抗侧力体系。在那个年代，单位楼面面积的混凝土施工成本也低于钢结构。对于外立面而言，建筑师则认为一种新型钢覆面材料，即美国钢铁公司的考顿钢（Cor–Ten steel）是钢框架的合理面层材料。

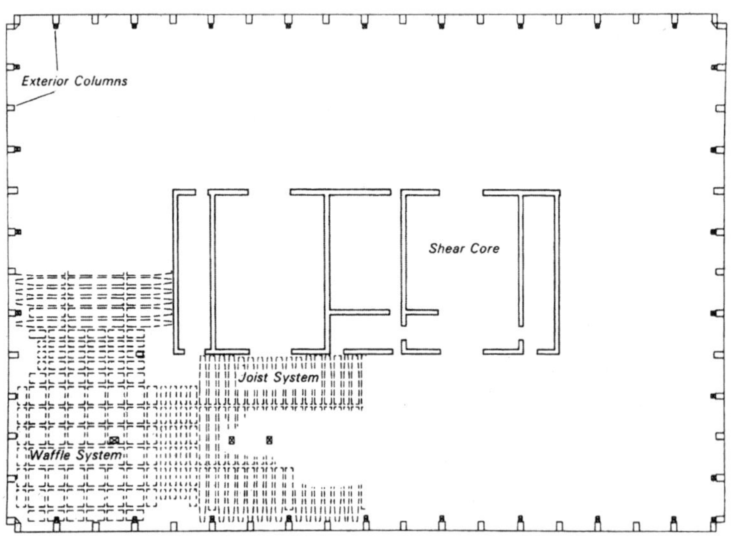

肋梁楼盖和井字形楼盖形成了结构楼层平面布置图（摄影及制图：威廉姆斯 – 迈耶公司，承蒙 SOM 事务所允许）

虽然，此时的法兹勒还只是一位青年工程师，并且是SOM事务所的新人，但首席结构工程师E·阿尔弗雷德·皮卡迪（E. Alfred Picardi）还是决定让他作为该项目的结构工程师来负责设计工作。机会来之不易，法兹勒投入了百分之百的精力。他认真研究了项目概要以及建造问题，并与设计团队共同制定了一套钢筋混凝土结构体系的设计方案。为了满足中央核心区与建筑外围之间的大跨要求，设计人员细化了肋梁楼盖体系：在角区采用井字形楼盖——这是一种新型楼盖体系，正处在向实际工程应用的推进过程中。为了承担大跨肋梁端部的巨大荷载，法兹勒在建筑周边布置了混凝土柱，其柱距远小于常规值。他与建筑师协调了柱距与室内空间平面布置的关系：办公空间选用4英尺8英寸的模数，最小开间为9英尺4英寸，这样一来，建筑外围的柱距即为同样的9英尺4英寸。

混凝土结构构件的优点在于：既不需要进行防火处理，也不需要外围的玻璃幕墙。而常规做法的封闭式幕墙骨架具有如下作用：作为一个次要的竖向平面体系，起到了保护结构及室内空间的作用，为窗户玻璃提供支撑，可以作为建筑外立面。但由于此刻外立面的柱距只有9英尺4英寸，因此，布伦兹维克大厦的窗玻璃可以直接固定在混凝土框架内，无需玻璃幕墙。工程师咨询了承包商，并被告知9英尺4英寸的柱距只带来了 65
施工成本的略微增加，而相对于以前的幕墙则节约了大量成本。法兹勒后来在报告中写道：作为窗墙体系的一部分，外围结构框架为开发商节约的成本是显著的，从全部幕墙结构的每平方英尺立面面积的7.00—7.50美元缩减到4.50美元。[4] 尽管有造价上的优势，将布伦兹维克大厦结构外立面裸露在外的决定还是经过了一年时间才最终确定，当建筑师和业主深思熟虑一个光秃秃的混凝土结构外立面时，其立面特征仍然是个悬而未决的问题；一个未加修饰的混凝土框架暴露于芝加哥城市环境中的前景同样是令人关注的问题。

一看到头顶的楼盖施工，便可以清楚地辨认出布伦兹维克大厦的肋梁楼盖和井字形楼盖结构（摄影：佚名，承蒙SOM事务所允许）

在仔细研究结构框架的过程中，法兹勒意识到，相对小的柱距将会影响剪力墙的结构特性。他并没有立刻怀疑梁－柱框架对结构强度及刚度的巨大贡献，但与其他工程师仔细分析两种结构体系，即服务核心区的剪力墙与 9 英尺 4 英寸柱距的外围框架时，他们发现当梁－柱框架体系平行于风荷载时，其有效侧向刚度与同向的剪力墙大体相当。认可了关于建筑结构实际特性研究成果的重要性后，法兹勒决定让框架参与结构受力体
66 系并设计相应的结构构件。

当时，框架与剪力墙之间的相互作用没有一个清晰的理论解释用以指导工程师的结构设计，法兹勒后来回忆道：布伦兹维克大厦的结构“建造得像一块手表”[5]，他考虑到了所有可能出现的荷载工况，并绘制了大量的图表来反映建筑的受力特性。他的结构设计谨小慎微、重视细节，大量复杂的、具有挑战性的工作激励着他，事实证明，他对设计风险具有非凡的承受能力。其创新的可行性更多地来源于他对创造力与理论分析能力的完美结合，以上精神也同样体现在他合理而又深思熟虑的试验研究方面。

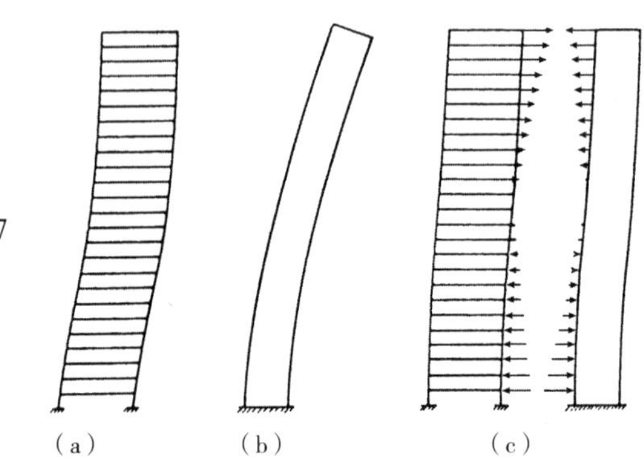

承受风荷载时的挠度曲线：（a）梁柱框架体系中各层楼盖的水平“阶梯形”侧移；（b）类似于一根竖向悬臂杆的剪力墙的弯曲变形；（c）建筑将框架与剪力墙连成了一体，两种结构体系相互约束（绘图：法兹勒·汗，“承重墙”，1966 年）

可能与大多数人猜想的正好相反，忽略刚性框架参与剪力墙建筑结构的抗侧力作用并不是一种保守的方法。刚性框架参与侧向受力是一个无法回避的现象，既影响剪力墙，也影响
67 框架本身的受力性能，因为这两种结构体系相互制约对方的自由变形，如图所示：当承受侧向力时，我们往往假定梁－柱框架与剪力墙的变形曲线是不同的。但在建筑结构中，它们通过楼盖连接在了一起，因此，两个结构体系被迫必须服从单一的变形曲线。在结构的底部若干层，剪力墙将框架往回推，并承担大部分水平剪力，这一点与传统分析方法相吻合；然而在建筑顶部，随着高度的增加，悬臂墙的相对刚度却在减少，框架体系限制了剪力墙的变形，因此参与了抵抗水平剪力的任务。相对于只考虑剪力墙而言，两种体系的相互作用减少了这种组合结构的侧移。对于布伦兹维克大厦来说，这种降低是非常明显的。与此同时，不考虑框架与剪力墙之间的相互作用将导致框架体系结构构件的设计偏于不安全。

法兹勒提出了一个实用方法用以分析布伦兹维克大厦中框架与剪力墙之间的协同工作，他希望将这个实用方法变为完整的文字，既可用于 SOM 事务所的未来项目，也能用专业报告的形式记录在案。法兹勒与安德鲁·布朗在合著文章方面没有什么困难，他们以前曾经共同发表过两篇由法兹勒为美国空军学院设计的预应力混凝土梁的相关论文。然而，当开始尝试发表一篇自己独创的关于强制收敛迭代算法的论文时，他被拒稿了。

审稿人的评论如下：论文应显示出更多的变量，最好能说明这种迭代算法与已有解析方法的区别。法兹勒对此评论及拒稿感到失望，但是并没有气馁。

星期天郊游时，父亲和女儿在芝加哥海军码头

意识到自己的计算方法对于工程实践人员的实用性，并且自己也对这个选题饶有兴趣，于是，他扩大了研究范围，从剪力墙与框架组合结构的解析方法到对其全面综合研究，为此， 68
他将约翰·斯巴努尼斯（John Sbarounis）也拉了进来。后者以前也是SOM事务所的一位结构工程师，现就职于波特兰水泥协会（PCA）——这是一个国际组织，旨在提高混凝土的应用水平。法兹勒和斯巴努尼斯潜心理论研究，考察了一系列设计工况：结构的扭转、非常规的半高剪力墙、框架柱的轴向变形、剪力墙的基础转动。当他们的论文被美国加州专业会议录用时，他们的研究题目是："地震作用下任意层剪力墙的屈服问题"。另外，两人还讨论了剪力墙与无梁楼盖的构造设计问题。其中，无梁楼盖是指楼盖不再通过梁来作为支撑条件，而是直接与柱相连。此前，工程师已经知道：当楼盖与梁现浇在一起时，楼盖的一部分就是梁的翼缘，但用来抵抗弯矩及提供刚度的有效翼缘宽度却还是个未知数。法兹勒和斯巴努尼斯开发了一个数字化模型，用以计算楼盖的有效宽度，并且，在波特兰水泥协会的试验室里，用一种简化的实体模型进行了实验论证。

他们将剪力墙与框架协同工作的研究成果浓缩成一篇论文，内容涵盖了初步结构方案的实用测评工具和框架剪力墙组合体系的建模方法[6]，并指出了在传统剪力墙结构设计时，忽略弯矩抵抗型框架参与抗侧力体系的谬误，描述了该组合体系侧移的迭代计算方法及详细迭代过程。1963年8月，法兹勒和斯巴努尼斯到旧金山参加了美国土木工程师学会（ASCE）举办的结构工程会议，提交了他们的研究成果，并在ASCE期刊上发表了相关论文。在接下来的几年内，他们的"剪力墙与框架之间的相互作用"一文得到了业 69
内的好评及广泛认可。[7]由于其研究成果已经应用于布伦兹维克大厦的设计中，所以，他们特别强调混凝土剪力墙与框架的相互作用关系。另外，通过接下来的进一步分析，法兹勒和其他工程师发现，论文中的影响曲线也同样适用于钢结构建筑。

1961—1963年间，法兹勒同时还在进行着框筒结构的研发，这种结构体系首次出现在德威特·切斯纳特公寓（DeWitt Chestnut Apartments）中（详见第4章）。最初，他将剪力墙与框架协同工作体系与框筒体系分开考虑，原因是：他所明确阐述的相互作用过程中的框架并不必布置在建筑周边的剪力墙上，从而形成一个框筒的形式。另外，他相信，筒体的特性必须依赖比布伦兹维克大厦 9 英尺 4 英寸更小的柱距。在德威特·切斯纳特公寓设计中，他采用了 5 英尺 6 英寸的柱距。直到后来，框筒体系用得多了，他才意识到框筒结构体系中柱的布置可以更加灵活一些。[8]

高度的罚金

更高的建筑必然导致单位楼面面积更高昂的建设成本，这是业内的共识。对高层建筑而言，在很大程度上，结构材料的增加源于需要额外强度与额外刚度去抵抗侧向力，即风荷载和地震作用。20 世纪 60 年代早期，法兹勒提出了一种评价方法，用以评估结构分别受实际荷载与重力荷载时材料用量的差别，他给这种差异命名为“高度的罚金”。

法兹勒意识到，如果工程师不主动控制由于高度而产生的额外费用，那么，更高的建筑不可能比低层建筑在经济上更具优势。对于开发商而言，大量土地投资及资金压力，迫使他们必须以最低的建设成本换取最大的租赁空间。当我们对使用空间的要求不断增加时，当城市核心区变得更加拥挤时，成片的街区都将会被笨重的中等高度建筑物填满，这种趋势在所难免。

有个因素可以帮助设计人员减少高度的罚金，但是我们好像还并未充分利用，这就是在偶然荷载工况下，每个结构构件都具有的应力强度储备。由于风荷载或地震作用的
70 瞬时特性，所有建筑规范都允许结构构件在上述荷载条件下的内力超过容许应力（美国规范可达 33%）。这样一来，对于已经满足重力荷载设计条件的结构构件，如果在侧向力作用下构件的应力增长不超过规范允许值，则说明结构杆件的截面尺寸满足要求，即无需开出罚金。当然，设计时还必须保证侧向力作用下建筑的摇摆幅度在一个可以接受的范围内。

在不增加额外结构费用的前提下，如何设计结构体系使其能够抵抗风载，这是个挑战，但法兹勒愿意投入热情去迎接。工程设计的一个首要原则是，为实现特定目标而需的最少材料用量。法兹勒对此坚信不疑，并努力做到社会资源浪费的最小化。为此，额外费用与建筑高度之间的关系曲线提供了一个评价高层建筑的结构合理性的指标。

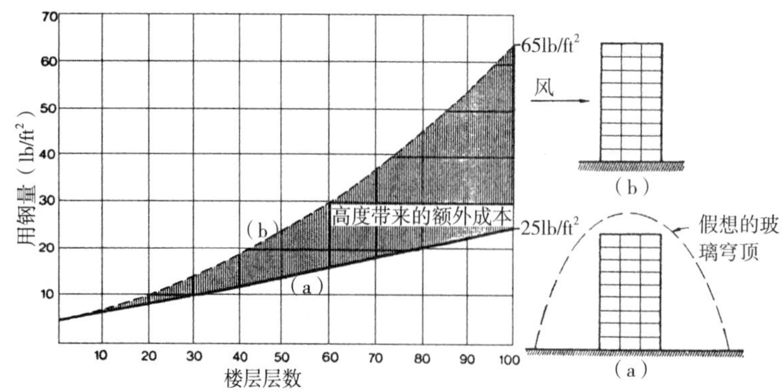

钢结构建筑的额外费用与建筑高度之间的关系示意图。下部曲线（a）表示 20 英尺开间的建筑物仅考虑重力荷载时；法兹勒在考察既有建筑的基础之上得出的上部曲线（b）；设计时考虑了为抵抗风荷载所需的额外结构材料（绘图：法兹勒·汗，“现代结构体系”，1970 年）

法兹勒对于结构工程领域最具影响力的贡献之一，就是他致力于所有建筑结构的优化设计。当意识到了工程专业内的薄弱环节，并且充分理解了高层建筑结构与构造的相关问题时，法兹勒便有了自信与决心去扛起大旗，指出专业发展的正确方向。于是，他和一些建筑师共同提议：建筑设计要富有社会责任感，一些无效的、不充分的设计应进行全面、彻底的重新评估。法兹勒相信高成本、不经济的建筑不应成为设计的前提；只有当甲方心甘情愿时，设计者才能如此为之，适用于所有建筑物的单一解决方案是不存在的。的确，如果每个项目都单独考察，并立足于项目需求和工程技术条件，那么，整 71
个建筑结构的合理概念就会跃然纸上。法兹勒已经清晰地认识到建筑结构优化设计就是自己追求的目标，而且相信自己一定能够沿着这一目标取得成功。

法兹勒在布伦兹维克大厦设计中所做的工作具有重要意义，使得他坚定了关于建筑设计的初期理念：结构体系中的材料应当有效地、自然地利用；设计者不应忽视自然审美、合理结构形式下的强度以及合理的运用材料；对结构特性以及由此而产生的建筑形式应有一个清晰的理解；为使建筑师和工程师设计出的建筑物既具备结构与技术上的美学品质，又具有社会与建筑学上的价值，建筑只有与结构相互融合才能让建筑更具时代感。[9]在法兹勒的整个职业生涯里，技术、艺术、文化和物质条件及其对人们生活的影响，这一切正是他的浓厚兴趣所在，也是他非常鲜明的特征。

布伦兹维克大厦受到很多观察家的欣赏，将其作为城市发展新方式的代表。在早期建筑行业迅猛发展的年代，所谓的城市开发，就是指鳞次栉比的建筑物所创造出来的美国式城市“大峡谷”；1909 年建筑评论家蒙哥马利·斯凯勒（Montgomery Schuyler）对于那些场地消耗型的高层建筑进行了如下描述：“高楼正将它们之间的街道狭缝化为了极黑暗的、刮着风的沟壑。”[10] 当然，也有一些成功的案例，比如像纽约洛克菲勒中心广场那样的开放式空间，但我们一般却不愿仿效，原因在于高昂的地价以及建筑业主不愿意牺牲可出租的楼面空间。

今天的旁观者或许对 37 层 474 英尺高的布伦兹维克塔楼不会留下太深印象，然而在设计它的那个年代，很少有哪座钢筋混凝土结构的建筑能够超过 30 层。仅仅两年前的 1959 年，亨利·米勒（Henry Miller）的米勒工程公司设计了一幢 374 英尺名曰“行政公寓”的大楼，并号称“它是芝加哥最高的钢筋混凝土建筑，并且也会是美国同类型建筑结构的最高楼。”[12] 行政公寓设计中利用了剪力墙作为抗侧力构件，而全部楼层平面的柱距大约为 20 英尺。

20 世纪 60 年代初期，不断增长的关于开放式街道广场的价值意识推动着人们去寻找一种更经济的结构体系，以便建设更高的塔楼。如果通过增加层数可以使更小的占地空间获得更多的楼面面积，那么，建筑业主就能够留出非建设用地。为了提倡这种做法，城市分区条例着手将最大建筑楼面面积（允许容积率）的增加与从建筑红线或公共街道算起的建筑收进线联系在一起。许多建筑公司（SOM 事务所便是其中之一）都在呼

一张约 1915 年名曰“百老汇大峡谷”的明信片（经纽约摩天大楼博物馆允许）（左）
1965 年完工的布伦兹维克大厦，前景为芝加哥市中央广场（摄影：海德里希－布莱辛图片社，经 SOM 事务所允许）（右）

那个广为人知的、与 SOM 事务所隔街相望的芝加哥第一国家银行广场，引起了法兹勒对于建筑学与城市规划学科之间关系的思考（摄影：法兹勒·汗）

吁提供广场和类似于公园的区域以改善城市环境。这种城市设计理论所产生的实际效果是多样的，有一些广场变成了光秃秃的风道，但另一些却很繁华：成功的开放空间为疲倦的行人提供了一个小憩场所，或者为办公一族提供了舒适的午餐环境；建筑收进线和广场起到了分散人流的作用，所以沿着建筑红线上视觉打断的心理感受是令人放松、使人兴奋的。1966 年，伊利诺伊大学芝加哥分校建筑系主任唐纳德·D·汉森（Donald D. Hanson）在他的《进步的建筑》一书中作出如下结论：“对于我们这些必须生活和工作在城市中心的人们来说，这些新的结构形式是受人欢迎的发展方向。”[13]

布伦兹维克大厦的选定方案在新塔楼和芝加哥教堂大楼（Chicago Temple building）之 73
间开辟了一个 51 英尺宽的广场，并且，场地上的新楼与旧结构将共享同一道界墙；另外，建筑师还为这个狭长的广场构想了水池、树木和其他植物以及公共艺术品等。但这些规划一点也不切实际，广场并未像设计者预想的那样受人欢迎；更不幸的是，这个狭窄广场的走向遮挡住了阳光而不能形成一个温暖的空间。过了大约 20 年，一件由胡安·米罗（Joan Miro）设计的雕塑作品才使得这两幢建筑物之间的空间重新获得了生机。[14]

进步设计的特征

对于低层建筑而言，结构外部温度变化的影响并不重要，因为它们不能左右结构构件的应力；然而对于高层建筑来说，这些影响却被从基础到屋面的结构柱的累积伸长或缩短给放大了。设计人员认识到，由于布伦兹维克大厦周边暴露于变化的气候环境中， 74
外围柱将比建筑内部的剪力墙具有更大的竖向位移，结果会产生扭转效应，并在柱、墙的跨内肋梁体系中产生弯矩。

温度变化影响结构构件内力的现象，这一点在 20 世纪 60 年代早期就已经成为业内共识，但是既没有一个通用的理论，也没有一个实用的设计方法可以处理这个温度效应。当时，没有建立最小和最大日均气温的统一标准，也没有用于设计或荷载组合的等效稳态温度。然而，可以肯定的是：建筑结构设计必须考虑温度效应。法兹勒利用自己的过往研究和对结构性能的深刻理解解决了这个设计难题。他首先着手进行柱的温度分析，其中，考虑了楼盖体系对柱的约束作用，以及暴露在外的混凝土构件带来的热流现象：在计算结构响应时，环境温度逐渐渗透到混凝土构件的时间滞后效应，会使计算过程变得异常复杂。为此，法兹勒利用土力学中的流网技术来加以处理。

他再次请求波特兰水泥协会来帮助进行理论分析，以求研究结果获得更广泛的应用。协会资深结构工程师马克·芬特尔与他一道分析了建筑物的温度效应，并提出一个综合性实用方法来处理温度带来的不均匀位移问题。为了确保理论进展的可靠性，他们调查了芝加哥 15 幢含有外露柱的混凝土建筑，从中掌
握了由夏季到冬季温度效应的影响。法 75
兹勒与芬特尔也因此成为好友，并持续了数年的共同调研工作，从 1962—1970 年，两人共同发表了 10 篇论文。

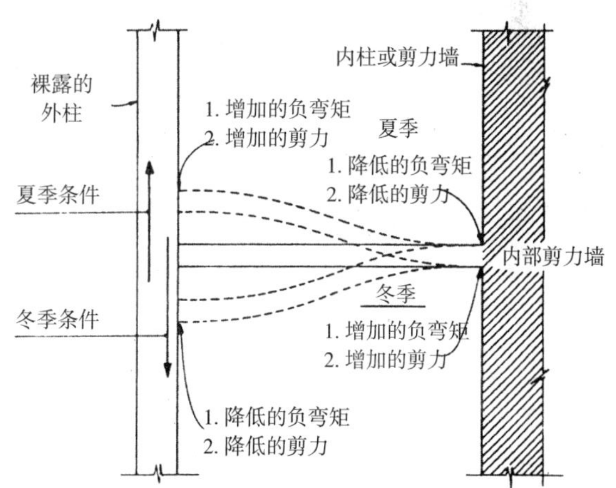

在冬季，暴露于外界的柱相对于内部剪力墙产生向下的位移；夏季则向上位移，这种不同方向的位移将导致肋梁楼盖产生弯矩和剪力，在设计时必须加以考虑（绘图：法兹勒·汗及芬特尔，“概念设计”，1970 年）

法兹勒与芬特尔关于温度位移的论

文，以一种实用方法解决了无隔热幕墙覆面的高层建筑施工中的棘手问题。他们提出了一种方法来估算不均匀位移引起的构件应力，并对两种计算位移的协调方法进行了区别。一个建筑结构在设计时需满足所有的诱发位移和应力，而以上两者则是温度效应、重力和侧向荷载三者内力组合后的结果，当然，结构中的温度应力也能够通过柔性节点或“铰”来释放。

对于布伦兹维克大厦而言，法兹勒的计算结果显示：顶层楼盖外围与内核的最大位移差大约 1.25 英寸，对于 40 英尺的跨度而言，这种程度的位移差并不会在楼板内产生不利弯矩。因此，他最初采取的结构设计方法是承认位移差所产生的附加应力。然而，通过对现有建筑的调研及其他理论研究，法兹勒认为，更稳妥的做法是消除楼板和剪力墙节点间潜在的过载，阿尔弗雷德·皮卡迪同意他的判断。

巨大的不均匀位移会引起弯矩和剪力，但工程师们并没有让结构直接去承受，而是释放了最高几层楼盖体系的弯曲应力，因为那里的不均匀位移最严重。另外，法兹勒在第 29 层至顶层的板 – 墙连接处设计了一个有效的铰，将楼盖肋梁端部搁置在氯丁橡胶（一种合成橡胶材料）垫上，并且，将连接处的加强钢筋握裹入允许楼板转动的高弹性材料内。[15]

这种结构构造与隔断构造相结合的设计是一次创新，旨在应对可能出现的不均匀垂直位移。由于首次采用，板 – 墙接合处铰的细部详图引起了施工监理的警觉。一天下午，法兹勒的电话快被打爆了，他被告知，肋梁楼盖存在“巨大裂缝”，结构垮塌迫在眉睫；闻听此言，他一溜烟儿跑到了工地，边跑边琢磨是哪里出了岔子。到现场一看，便长出
76 了一口气儿。法兹勒告诉现场监理稍安勿躁，并解释道：这是有意预留在楼板角部的现浇槽缝，目的在于释放温度应力。[16]

布伦兹维克大厦的底层设计也值得一提。建筑设计要求这座塔楼的正立面与芝加哥市政中心大楼（现名：理查德·J·戴利中心）的立面相协调、设计风格相一致，两个建筑物在街面高度上采取了相似的处理手法，从而使这两座城市中央广场两侧面对面的建筑具有某种微妙的联系；从街面望去，每幢大楼的入口玻璃幕墙都有意凹陷下去，创造出一个位于塔楼周边内侧的建筑平面，这是一种 30 年代就开始流行的现代建筑设计风格。这两座建筑物均拥有宽大的正立面，并且正立面上仅有四根柱子延伸到广场的地面，为了创造出引人注目的底层空间，布伦兹维克大厦二层巨大的转换梁必须能够支撑住其上 9 英尺 4 英寸柱距的框支墙。由于地基土的原因，设计人员不得不将转换梁的截面尺寸放大到了空前的程度。

芝加哥地区周围的地基条件并不优良。商业区的地基土状况是：软弱的、可压缩的粉质黏土及人工回填土（包括 1871 年芝加哥火灾后所产生的瓦砾、残渣等垃圾）；其下依次为：硬粉质黏土层、砾石层、砂土层、内含一个可压缩硬粉质黏土层的花岗岩卵石层（学名：硬质地层）；再向下则是白云石基岩。当上部荷载很大时，这样的土壤条件并不适合扩展基础或桩基，主要原因是土层障碍物会阻碍基础施工；相比较而言，延伸至

布伦兹维克大厦（左侧）的建筑模型与芝加哥市政中心大楼隔街相望，其中间便是新广场（摄影：海德里希－布莱辛图片社，承蒙SOM事务所允许）

7英尺方柱的钢筋被脚手架包围着，而此脚手架则是用于支撑第二层楼盖标高处24英尺高、8英尺宽的转换梁的（摄影：法兹勒·汗）

硬质地层或基岩的灌注混凝土沉井（caisson）基础是一种可选方案。设计人员决定，布伦 77

兹维克大厦的基础必须采用基岩上的沉井基础，其底标高位于地面以下110英尺。[17]这样一来，巨大的沉井必须人工开挖，木制挡土板以及半圆形钢环也必须手动安装。除了这种劳动密集型和耗时的施工流程外，开挖基坑时的抽水作业还可能使相邻建筑物产生沉降。综上所述，减少置于基岩上的沉井数量所带来的经济成效将会抵消巨型转换梁的成本。

为了完成每个立面上的荷载转换，即从9英尺4英寸间距的柱向大约56英尺间距的底柱进行荷载转换，设计人员将8英尺宽、24英尺高的转换梁支撑在7英尺宽的方形混凝土柱上。设计团队意识到：这个非同寻常的尺寸不经意间就创造出了“世界上最大的混凝土梁”[18]。提交的建筑设计方案认定，该梁是能够施工的，然而，最初并不能够确定结构方案的可行性。这是因为布伦兹维克大厦的转换梁和一般的深梁结构存在着巨大差异，主要表现为，其跨高比异常的小，以至于可以将其看成一个多跨刚性梁，而非许多试验研究中的单跨深梁，梁的巨大高度使其必须采用多个混凝土浇筑层，并且，必须高度关注由于使用大体积混凝土而导致的水化反应放热问题；另外，弹性深梁理论也不再适用于这个特殊结构。

考虑到设计分析及转换梁关键特性的复杂程度，他们雇用了四个独立咨询公司来负责布伦兹维克大厦的设计审核工作，其中，三个由SOM事务所聘用，分别是保罗·魏德林格公司（Paul Weidlinger）、切斯特·西斯公司、汉森霍利比格斯公司（Hansen，Holley & Biggs），另一家由融资机构委派（迪斯塔肖－范布伦公司，Di Stasio & Van Buren）；另外，法兹勒还咨询了美国波特兰水泥协会的工程师。汉森霍利比格斯公司是一家由麻省理工

1962 年，伊利诺伊大学的转换梁试验研究（摄影：法兹勒·汗）

学院的教授所组成的咨询公司，他们审查了混凝土结构的可行性，并在一些关键技术环节上与 SOM 事务所的意见相同。然而，咨询专家给出的建议仍是：如果不再进行深入的实验研究，便很难给出结论性建议，假如仅从已有的研究数据来看，这种梁的结构性能无法得
78 到可靠预判。而且，可以确定的是，那些普遍认可的设计准则明显不适用于该案例。整个建筑物的外围柱都支撑在转换梁上，在结构破坏前是否会产生巨大的不可知变形？这种设计能够保证构件延性吗？这些问题都画上了一个大大的问号。以任何方式对建筑物外围构件的弱化设计都将是不可取的，无论是延性还是非延性方式。[19]

为了进一步掌握转换梁的结构特性，教授们建议在伊利诺伊大学结构研究试验室进行模型荷载试验。于是，法兹勒立刻与切斯特·西斯联系。这个深梁研究项目引起了西斯的兴趣，并且也在该试验室测试项目的范围之内，所以，伊利诺伊大学同意为 SOM 事务所进行荷载试验。接下来的测试证明了法兹勒转换梁设计方案的有效性：基于 12 ∶ 1 缩尺比、两跨连续梁的模型试验，安全系数大约为 3.0，屈服破坏为弯曲型，并未出现不
79 良的剪切型破坏，水平施工缝对于构件受力性能几乎没有影响；另外，由于《钢筋混凝土建筑设计规范》（ACI 318–56）并不涉及深梁，所以这次试验结果还建议：梁顶部及底部应正常布置主要受力钢筋，而梁腰则应放置次要的加强钢筋，这一点既合理又关键。[20]

在整个施工期间，法兹勒和芬特尔一直密切关注着转换梁的结构性能以及 7 英尺宽的方柱，安装在结构上的仪表读数验证了这些结构构件的整体性，并为相关理论分析方法与观测到的实际结构性能提供数据。

并非所有 SOM 事务所人员都认可法兹勒的设计方案，因为他们担心由于缺少现成经验，而要为此支付额外的调研费用。然而试验结束后，建筑师和业主最终都十分满意。并且，法兹勒也为自己在前沿的理论和专业实践方面的潜质感到振奋。

布伦兹维克大厦项目的深层意义在于，它加深了法兹勒关于建筑学与工程设计自然结合的理念。通过在伊利诺伊理工大学的研修经历以及与 SOM 事务所建筑师的讨论，法

施工中的布伦兹维克大厦，[摄影：弗兰克·韦斯（Frank Weiss），经 SOM 事务所允许]（左）
在它开发后的 10 余年，法兹勒在 1963 年提出的玻璃厚度示意图仍然被应用于一些设计指导类书籍中，例如《办公建筑设计》（麦格劳－希尔图书公司，1975 年），用以说明工程师和建筑师在幕墙设计中应考虑的风压变化情况（右）

兹勒对芝加哥丰富的建筑传统渐渐有所了解，并观察到从结构特性中演化出的强大建筑表现形式。事实上，布伦兹维克大厦只是那个时期众多结构形式外露的建筑物之一。

如同所有具备巨大窗格玻璃的现代高层建筑那样，布伦兹维克大厦的窗玻璃选择需要
非常谨慎，对于预先提供的玻璃品种要精挑细选。玻璃“已经不再只是一种装饰物件，”法
兹勒在 20 世纪 60 年代强调道：“它已经变成了结构构件。”[21] 合理的抗风设计源自对玻璃 80
将承受的风压概况的掌握，然而设计者得到的信息往往却是粗糙的、非结论性的。虽然，
建筑规范推荐使用平均（某个时间间隔内的平均值）风压进行结构设计，但这并非针对玻
璃幕墙；建筑结构与玻璃板的设计风压不必相同，对前者而言，某个小区域上遭受的高风
压值对于整个结构来说其实是微不足道的；与此相反，对于单块玻璃，局部面积上的高风
压却会影响整个相关构件。60 年代的建筑设计规范，相关的抗风设计方法不断取得进步：
最初，计算风压时，按地区取值，风压区域与距地面的高度有关；后来，设计风压按所处
地区的不同地理位置分别取值；再后来的抗风设计中，窗户与建筑物又有了不同的设计准则。

为了得到更加合理的建筑窗玻璃设计方法，法兹勒联系了美国气象局，请求提供风
速的统计数据；然后，又在芝加哥周围的气象站，利用传统的风压测量方法研究了设计 81
用风压。当然，这个过程有其固有的不准确性：测点仅限于市中心外几个待建建筑物，
地形对风压影响的因素也知之甚少。虽然已经认识到场地条件对风压影响显著的事实，
但当时还没有完全理解或实现量化。

另一个没有解决的问题是，超越历史基本设计风压的最大值出现的概率是多少。同时，还有个悬而未决的难题——建筑物表面的风压分布情况是怎样的。对此，很多技术文献给出的建议是：在建筑物表面，角部的风压大于立面中部。法兹勒有同感，于是，他仔

细研究了 SOM 事务所正在进行的一些风洞试验，这些试验是在联合飞机公司研究实验室进行的（即纽约的大通曼哈顿大厦项目），目的是确定一个合理的参数，用以提高建筑物角部的设计风压。

确定窗玻璃所需厚度的难度，并不比选择设计风压简单。玻璃抗拉强度和脆性破坏的不确定性使设计变得异常复杂。玻璃的强度不仅与玻璃板的尺寸和厚度有关，而且还受到表面划痕和切割边缘质量的影响。既然玻璃边缘与其表面不完美的特点是无法避免的，那么，找到基于安全系数来估计玻璃破坏的一套统计方法是合理、必要的。虽然这个方法得到了玻璃制造商的认可，但在所有建筑设计规范中却并未提及。一个过度保守的安全系数将会导致经济上的浪费甚至奢侈，而且也未必能够真正减少破损的概率；而一个过低的安全系数则会导致玻璃破坏并对用户的生命安全造成威胁。一般来说，玻璃厚度的推荐值往往来自制造商基于专业测试的、有待商榷的图表。有些制造商建议安全系数取 2.5，并强调建筑师或者工程师可以根据自己的判断来调整这个系数。法兹勒根据自己对预期风压值的研究，以及风洞试验和 SOM 事务所汇编的施工现场监测数据，决定芝加哥商业区的安全系数取 2.0，而非 2.5 的建议值；另一方面，他取风载体形系数为 1.5，高于以前建筑物角部附近的玻璃设计取值。

82 当法兹勒的玻璃设计实用准则在布伦兹维克大厦付诸实施后，芝加哥市政中心大楼也随即采纳了该标准。虽然 SOM 事务所不负责市政中心的结构工程，但却与 C · F · 墨菲联合设计事务所（C. F. Murphy Associates）及勒布尔 – 施洛斯曼 – 班尼特事务所（Loebl, Scholssman & Bennett）联合进行了建筑设计。由于法兹勒的综合分析和设计建议代表了最先进的设计理念，因此，项目团队决定启用该建议作为市政中心窗玻璃的设计规程。1962 年 10 月，在向项目经理、C·F·墨菲联合设计事务所的建筑师雅可·C·布朗森（Jacques C. Brownson）提出建议时，法兹勒写道：“在没有任何一本相关规范的前提下，本报告完全是基于本人的判断，但我已经努力利用风速数据和玻璃的实际特性将观点具体化。”[22] 法兹勒明白，他所提供的设计指导原则及由此应承担的责任，已经超出了当时的芝加哥建筑设计规范所规定的范围。

当市政中心大楼的玻璃开始出现问题时，你一定能够想象得到法兹勒那惊慌失措的样子。项目竣工后不久，9 英尺见方的玻璃板便经常性地随机开裂，虽然绝大多数玻璃并未脱落，但还是有两块从窗框上跑了出来，一块飞入了街对面的办公室，另一块则碎落到下面的广场上。[23]

83 起初，调查人员怀疑温度应力是玻璃破坏的原因，因为，芝加哥市政中心的玻璃是一种新开发的青铜色吸热平板玻璃，但后来北立面玻璃的破损说明了温度应力不是单一原因。试验和检测都针对性地指向了罪魁祸首之一：表面损坏和玻璃板边缘附近的碎裂。垫圈的构造可能增加了玻璃应力，而垫圈周围的考顿钢覆面所产生锈蚀颗粒的积累则加剧了问题的严重性。

法兹勒不是个容易焦虑的人，但毫无疑问，在得知自己的玻璃厚度确定原则未牵涉其中，还是长出了一口气。SOM 事务所继续利用他的综合分析能力来负责后来的项目，包括数年后的约翰·汉考克中心。正如法兹勒已经说明的那样，影响窗玻璃破坏的大量不确定因素一定能够圆满解决。

在回到 SOM 事务所的头几年，法兹勒的设计经历对他的职业生涯具有重要影响：20 世纪 60 年代的大体量高层建筑方兴未艾，他参与的重要项目在芝加哥具有地标意义；SOM 事务所设计师在把握细节与大胆构想上极具声望；他与资深而坦率的建筑师以及知名结构工程师建立起了联系，他对于自己的大胆设计理念极力争取并获得了支持。安德鲁·布朗虽然已经不再担任 SOM 事务所的首席结构工程师了，但一如既往地鼓励他勇挑大梁；当然，阿尔弗雷德·皮卡迪也是如此。

对于那些天生执着的人来说，20 世纪 60 年代的设计事务培养了人们的热情和想象力，这些早期经历让法兹勒走上了通往建筑设计创新的道路。

建设于 1964 年的德威特・切斯纳特公寓是第一座框筒结构体系的高层建筑（摄影：海德里希－布莱辛图片社，承蒙 SOM 事务所允许）

第 4 章
高层建筑设计的新纪元：框筒结构体系

20 世纪 60 年代早期，当人们发现郊区生活也有许多不便，正如城市生活那样，于是， 85
高层公寓开始受到青睐。回归城市运动刺激了联排住宅和多家庭楼宇的建设，特别是像纽约和芝加哥这样人口稠密的地区。经济学家厄内斯特・M・费舍尔（Ernest M. Fisher）在《建筑论坛》（Architectural Forum）一篇论文中预测：到 1962 年，公寓将占总住宅建设的 1/3，这意味着，50 年代中期的单一家庭住宅偏好将会呈现重大转变。[1] 城市住宅与办公空间需求的激增相辅相成，从而进一步增大了市中心地区高层塔楼的需求。然而，正如 1961 年《工程新闻记录》指出的那样：增加高度的需求“不仅源于地价上涨了，更关键的是由于先进的工程设计降低了建设成本。”[2]

法兹勒在布伦兹维克大厦中采用的剪力墙－框架相互作用体系是上述先进性的形式之一。在接下来的十余年发展过程中，他将以此为契机，开发出一系列创新结构体系。其中，首屈一指的框筒结构便是为独立式住宅塔楼应运而生的。而 1964 年芝加哥 43 层的德威特・切斯纳特公寓楼则开创了用外围筒体来抗风的先河。

德威特・切斯纳特公寓

1961 年底，SOM 事务所接到了一个相对大型的住宅塔楼设计任务，该项目位于芝加哥卢普区北侧的湖畔地段。这个新楼盘的开发者——都市结构公司（Metropolitan
Structures）曾于 20 世纪 50 年代在此建设了 4 座公寓，当时，这些项目均归属于赫伯特 86
地产及建筑公司（都市结构公司成立于赫伯特・格林沃尔德去世的 1959 年）。其中，湖滨路北路 860—880 号的两幢公寓楼位于拟建塔楼的正东方向，是由密斯・凡・德・罗设计的极简主义风格建筑（芝加哥湖滨公寓）；另外两幢公寓建筑也是由密斯设计的，它们与前者位置接近，位于湖滨北路 900—910 号。规划中的第五座建筑在 60 年代被称作德威特・切斯纳特公寓（现名“德威特广场”），由于面临街道的交叉路口，所以，大家希

20 世纪 50 年代，位于芝加哥湖滨北路 860—880 号和 900—910 号的公寓楼（两者都在中间）强烈地改变着湖畔地段的地产开发前景［摄影：比尔·恩格达尔（Bill Engdahl），承蒙 SOM 允许］

望新楼与附近这四座具有前瞻性的塔楼能够相互呼应。[3]

位于 860—880 号的湖滨公寓，其平面图是一个 3×5 的网格，每个网格的长和宽均为 21 英尺，而 900—910 号的两幢塔楼在宽度上与前者相似，均为三个开间，但其中一座与德威特·切斯纳特公寓场地平齐的塔楼在长度上则有 10 个开间。密斯建筑的开间比例与层高对新楼设计具有重要指导意义。然而，由于一些原因，使得项目设计合伙人布鲁斯·格雷厄姆倾向采用有别于 21 英尺开间、26 层的密斯设计方式。如果按最初建议的那样，新楼与邻楼亦步亦趋，那么，它将触及沿切斯纳特大街和德威特广场的建筑红线，
87 造成街面的拥挤感；反之，其建筑轮廓将由于距离德威特广场过近而受到限制，对此，楼层面积必须进行调整以补偿较小的楼层平面，这种调整可以通过略微增加建筑宽度和增加高度来实现，从而恰好超过它 26 层的邻居们。一个更高的建筑结构将能够满足开发商全部的规划项目面积，使得这幢公寓鹤立鸡群，确保高层居住者的视野开敞。

在设计过程的早期，阿尔弗雷德·皮卡迪和法兹勒·汗与建筑师们共同讨论了备选的建筑设计方案。他们知道，对于一幢大约 40 层的超高层建筑而言，以剪力墙作为抗侧体系的钢筋混凝土结构比钢结构更经济，而且，混凝土结构同样能够赋予建筑一种鲜明特色。然而，布置在狭小服务核心区内的剪力墙将很难控制建筑在强风作用下的侧移，因此，额外布置剪力墙是必需的，但楼层的平面布置却不适于较长内墙的存在。

公寓塔楼的室内平面布置特点影响着结构体系必要的利用方式。由于房间平面布局
88 追求每一套公寓的采光，因此这类住宅塔楼通常都有着纤细的侧立面。这样一来，建筑巨大纵立面上的强风作用则必须通过较弱的、短边上的结构构件来承担。

在办公建筑中，所有服务功能可以组团形成一个大型的集中核心区，便于剪力墙在此周围布置。但对于公寓楼来说，公共服务功能只包括仅有的几部电梯和楼梯，结果导致服务核心区上的剪力墙截面高度相对较小，效用较低，当建筑高度超过 20—25 层时尤

德威特·切斯纳特公寓的楼层平面布置图（承蒙SOM事务所允许）

为突出。高宽比的增加令剪力墙柔度过大，而巨大的倾覆弯矩则使墙底出现拉力。更糟糕的是，越高的立面位置风压集度越大，并且，其产生的倾覆力矩也随着建筑高度增加而放大，因此，加强建筑抗侧力体系的强度与刚度是必需的。

当室内剪力墙沿着建筑短向布置时，为了满足每层走廊的功能需求，剪力墙必须开洞，而且洞口尺寸一定小不了。设计人员倾向于利用楼板底面作为顶棚，这将意味着走廊的开洞尺寸几乎等于层高。沿着剪力墙高度方向上的大尺度连续开洞会使整截面墙变成两段较小截面面积的墙肢。法兹勒考虑了多种途径来处理这种由于连续开洞造成的剪力墙不连续问题。他的建议之一是：将电梯厅与其走廊的延伸部分进行调换，使两者交替偏移，形成一种“翻来倒去”的走廊。他发现，通过将剪力墙的洞口偏移，可以维持结构构件的整体性；墙体虽被洞口削弱，但在风载作用下，它仍然具备连续剪力墙的结构功能。建筑师确信，如有必要，法兹勒的这个方案是可行的；与此同时，设计团队也继续寻找着其他可替代结构方案。

将剪力墙布置在公寓楼两端的山墙上也不失为一种加强侧向刚度的良策，但塔楼的两个立面将因此无法开设很多窗洞，这对于独幢式高层并非是个好主意，当然也不会被德威特·切斯纳特公寓项目团队所考虑。

对于40层的高楼来说，框架结构显然也不是一个好的选择，因为它将带来超额的费用。虽然，弯矩抵抗型混凝土框架可以作为高层建筑设计方案的考虑因素，就像其在布伦兹维克大厦中的作用那样，但设计人员认为，类似的框架剪力墙体系没有足够的抗侧能力来满足这样一座纤细的住宅塔楼的结构要求。 89

即便是改进后的框架体系，用于更高的结构中时也会受到阻碍，这部分源自工程师对传统框架结构体系固有的设计理念。当梁–柱框架抵抗侧向荷载时，梁、柱弯曲和节点转动导致本层楼盖相对于下层前移，但仍保持水平位置不变，因此，设计者可以视建筑为平板的集合，板与板之间相互叠合，其间是跨度为层高的柱；密斯将这种多层建筑有目的的重复特性形容为“层状楼盖平面”。按照多层建筑的这种观点，通常在实际分析时，可以将沿建筑表面变化的风压转化成为施加在每层楼盖处的集中力。

上述观念限制了工程师对高层建筑结构特性的理解，但对于结构分析来说，将多层框架简化成多个跨度等于层高的构件却是必要的，因为在计算机辅助分析出现之前，用于描述多层刚接框架结构的大型联立方程组是不可能求解的。工程师们确信，由于简化分析，结构作用的某些因素可能是被忽略了。其中一个因素，即梁–柱框架的悬臂作用（cantilever action）及由此在柱中产生的轴向变形只是在专业文献中偶尔提及。由于传统梁–柱框架或低矮结构中的悬臂作用被忽略了，因而缺少工程计算，从而在实践中无人问津。

悬臂梁概念

当法兹勒深思熟虑着德威特·切斯纳特公寓的推荐方案时，他需要一点儿刺激去推定高层建筑抗风设计的规范方法是否有改良空间，当然，他已经朝这个方向行动了。设计中的结构方案，例如，龙骨框架结构适用于10—20层的高度范围，但很明显，不同的建筑规模要求不同的结构类型。

为了以一种全新视角去处理高层建筑设计中的问题，在考虑细节之前，法兹勒必须抓住问题的本质。于是，他脑洞大开，努力想象着将建筑结构作为一个整体去抵抗风载。
90 法兹勒的注意力不再停留在个别楼层的侧移或室内剪力墙的布置上，而更关注结构产生的重要水平应力，“结构骨架的侧向刚度，”他观察道：“可能是影响多层建筑设计的最重要因素。”[4]

相对于重力荷载而言，高层结构的风载应力更为重要。认识到这一点，法兹勒便能洞悉建筑结构的本质属性。他坚信，高层结构在侧向荷载作用下都会呈现出悬臂梁的特性，在结构分析时，忽视建筑的悬臂作用不仅会导致计算结果不准确，而且这种悬臂作用的反应方式也正是每位设计者必须掌握的。

扎实的知识储备使法兹勒意识到悬臂作用的重要性，而他对荷载作用下结构的内力反应所产生的共鸣则是对知识储备的补充。“我把自己置身于建筑中，去感受结构的每一部分，”他向《工程新闻记录》的理查德·基拉尔（Richard Kielar）解释道：“我可以在脑海中勾勒出建筑结构所承受的应力和扭转效应。”[5]

仿佛自己又回到了伊利诺伊大学，法兹勒听到了哈迪·克罗斯（Hardy Cross）教授的告诫，“你必须学会像结构那样去思考。”许多工程师认为这句话很搞笑，并以此取笑克罗斯教授，但法兹勒讳莫如深。[6]

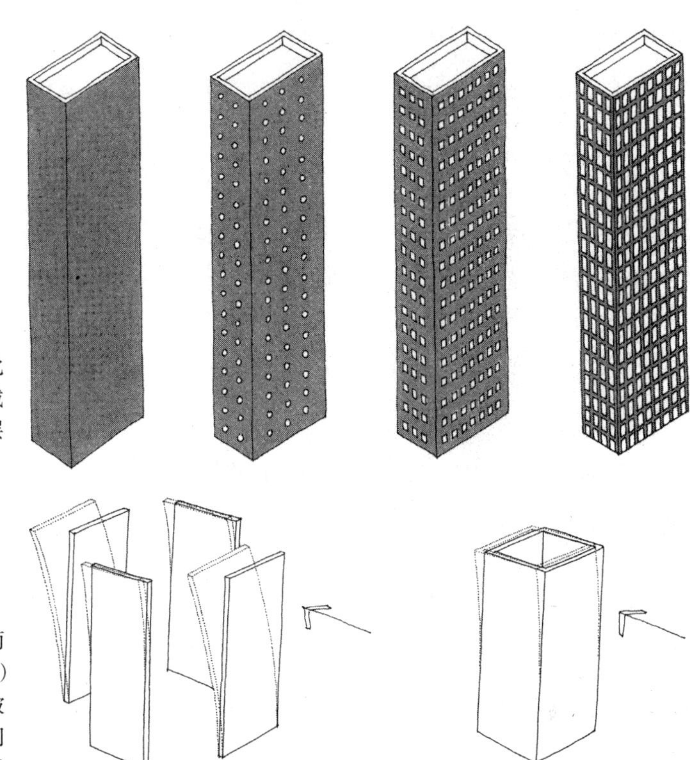

从实体周边墙到梁、柱周边网格的变化过程中演化出了框筒概念（绘图：戴维·冯，根据法兹勒·汗的原图，“高层建筑”，1974 年）

承受风荷载的四面墙：（a）分开时，两面墙关于其弱轴弯曲，抗力最小；（b）但连接起来成为筒体结构时，弱墙肢被迫参与抗风。通过将平面结构变成空间结构，四面墙总的有效抗侧能力显著提高（绘图：戴维·冯）

将结构体系的工作原理转化成思维图像的能力是一个人的天赋，法兹勒拥有它并将其深耕细作。为了有针对性地找到适用于问题特点的解决方案，他能够通过直觉去感知；当然，首先需要全面掌握问题的本质。另外，他善于抓住前沿问题的关键，并有信心提出一些开创性的解决方案。[7]

在反复思考德威特·切斯纳特公寓项目中结构悬臂作用技术问题的同时，法兹勒也偶尔与同事谈及建筑设计。在谈话中，他对自己的设想总是信心满满：高效的抗侧力体系应当是一个垂直中空的箱形建筑，其中，所有的结构材料都尽量集中在周边，并悬臂于地面。他画了一个沿建筑周边的连续实体墙作为理论上的理想结构模型，由于实体外墙内部空间的不可居住性，因此墙上必须开洞，于是，建筑立面上密集的梁、柱网格便形成了规则洞口。[8]

建筑外墙上的矩形窗洞有可能使箱形的有效性大打折扣，虽然如此，作为理想的结构理论与工程应用可行性之间的一个联系，这些墙上的洞口可以进行必要的折中。法兹勒的分析显示出，即便是折中后的结构形式也仍然能够为抗侧力体系提供巨大改善，并且其作用远远超过了传统梁－柱龙骨框架结构及核心剪力墙体系。  91

箱形结构的概念绝非臆造，其截面具有优越的结构特性。其一，初等梁理论指出，在弯矩作用下，截面越远离中性轴，其应力越大，利用率越高；反之，离中性轴越近，

92 应力越小，材料的利用率越低。闭合的箱形截面比相同材料用量下的开口形式具备更高的弯曲和扭转刚度。圆形和箱形构件之所以经常被用作结构形状是由于其固有的结构特性：在受压和多方向受弯时它们更高效，具有很高的强度重量比。然而，对于工程师和建筑师来说，箱形结构形状却是个新鲜玩意儿：法兹勒猜测这些新玩意儿可能会改变建筑设计。通过将大量主要的柱子布置在远离楼层平面中心，也就是每个方向上的结构中性轴的位置，从而在建筑周边创造出一个紧密的结构壳，这样便可以得到建筑最优的弯曲刚度与强度。

创新依赖于对概念的洞察力。结构工程已经站在了复杂的计算机建模与分析的门口，但是此刻工程师们还没有任何计算工具能够处理建筑结构在荷载作用下的内力反应问题。如果将建筑的四面外墙作为离散的结构构件，那么设计计算是可行的；相反，将结构作为一个筒体体系，如何分析还值得仔细推敲。

法兹勒深入研究了框筒结构体系方案，当他对此有足够自信时，便将这种结构类型推荐给德威特·切斯纳特公寓的设计负责人格雷厄姆以及团队其他人员。并向他们解释了框筒的概念和为形成框筒而所必需的密柱深梁结构形式。法兹勒预感到，对于一个如此高度和体量的建筑物，框筒体系将能够更有效地利用结构材料去抵抗风荷载。

从建筑学上讲，这个方案提供了大量令人期待的特性：消耗或者阻碍楼层使用面积和功能的室内剪力墙可能不复存在；依赖外围柱保证侧向稳定从而使承担重力荷载的内柱柱网具有更大的灵活性；建筑周边由密柱所定义的空间与楼层平面内分散的柱所构成的空间形成了对比；对于立面而言，密柱与相邻塔楼的垂直线条相互呼应；同时，规则的柱距也和邻楼 21 英尺的开间截然不同，新楼比密斯风格的大楼更宽，但又不冒犯其已有的标准式三个开间宽度；另外，这座混凝土结构还在东侧圆滑光泽的钢 – 玻璃塔楼与
93 邻近砌体墙建筑之间形成了一种过渡；最后，密柱深梁所形成的网格数量可能是窗 – 墙体系的两倍，与精心设计的布伦兹维克大厦有异曲同工之妙。

从相邻建筑方向眺望建筑工地，这个工地原本是湖滨北路 860—880 号公寓的地面停车场（摄影：法兹勒·汗）

设计团队着手开发这个框筒结构概念，并将建议方案提供给了开发商，其间，法兹勒提供了许多详细图表、楼层平面布置和造价对比数据。其后，都市结构公司同意了SOM 事务所的设计建议，并授权设计人员进行后续工作。法兹勒心知肚明，虽然得到了开发商认可，但工程师仍然要对这个未经试验论证的结构体系负责。在办公室的一份备忘录中，他总结了基于筒体概念进行设计的原因，他写道：

> 为了抵抗风载，要求在两个方向提供巨大的侧向刚度，从而满足最大位移小于建筑高度 1/600 的要求。
>
> 这个问题的常规解决方案是利用足够数量的剪力墙，然而这将意味着：在建筑短方向上至少有两道剪力墙应沿着建筑全长布置，而且，剪力墙还必须间层开洞，从而导致楼层平面的不合理。
>
> 从结构角度讲，理想的方案是做一个覆盖全楼的剪力壳，而不是孤立的、布置在建筑不同位置上、通常没有效率的剪力墙。这种剪力壳能够以建筑周边的小间距柱和与其紧密相连的大刚度托梁来实现，从效果上讲，这是一个凿了窗洞的实体剪力壳。[9]

法兹勒继续寻求其他可能的剪力墙布置方案，并在权衡各种被选方案的利弊后，最 94
终得出了框筒结构的最优答案。

有重要意义的概念往往是从对某种需求的理解中推演出来的，并且必须得到一个契机才能实现，因此，法兹勒非常尊重布鲁斯·格雷厄姆为框筒结构体系开发所作出的贡献。在建筑方案设计阶段，格雷厄姆就很快开始与法兹勒交换意见，并被两人之间创造性的沟通所鼓舞。[10] 法兹勒具备独到的建筑美学，同事们惊诧于在缺少正规建筑学训练条件下，他的这种美学功底是如何培养起来的，当然，这与格雷厄姆之间的合作关系也许是个重要因素。在许多方面，法兹勒分享着格雷厄姆的建筑美学倾向，并坚持贯彻 20 世纪 60 年代早期现代主义运动的许多设计理念。随着两人之间默契的加深，一种良好的设计伙伴关系便油然而生，它既存在于办公室内，也包括了专业方面。到 1962 年，他们持久合作关系所带来的成效已经初露端倪。

“工程师仅仅是建筑师的仆人，这在业内是一个司空见惯的事实，”一位观察家悲伤地评论着当时的建筑行业。与此相反，SOM 事务所非同一般地对设计学科进行了成功整合，其对合作理念的提倡，在很大程度上应归功于法兹勒的影响。[11] 当陶醉于结构工程详图和数学理论的同时，法兹勒的视野已经超出了工程领域，其所具备的开放式架构是各学科间搭起桥梁的关键。他善于和同行进行富有成效的交流，能够忍受知识探求过程中的无知，并乐见自己在新方案创新中所发挥的作用，这是一种互相合作和互相激励的作用。他能够抓住格雷厄姆理性建筑的设计概念，并将结构的地位在理性建筑设计中完美体现出来，而不让其在建筑面前总是显得慢了半拍，同时，结构创新对法兹勒也是一次个人挑战。

德威特·切斯纳特公寓楼与密斯的公寓楼设计风格大相径庭，却有着相似的视觉韵律（摄影：虎丘工作室 / 约翰·T·希尔）

95 法兹勒的工作热情、技术天赋和良好的沟通能力，都有助于营造出一个伟大设计公司的工作氛围。在热衷于重要的、先进的建筑艺术过程中，他感受到了来自建筑师和工程师们的大力支持，同时也使 SOM 事务所的结构团队蒸蒸日上，并以极大热忱将理性引入设计流程中。[12] 结构工程师哈尔·延加回忆道，每当找到一个适用于设计任务的合理结构方案时，格雷厄姆便会在第一时间将相关工作分配给工程师，这使得建筑学与结构工程之间的合作和信任营造出了一种和谐的设计氛围。[13]

密斯·凡·德·罗极力主张从结构中提炼建筑形式，这是很多建筑师都试图遵循的一种原则。然而那时的密斯却自觉或不自觉地加强了梁 – 柱框架建筑的结构现实性，用以满足其内心世界的建筑表现形式。在湖滨北路 860—880 号公寓的案例中，中间窗梃和实用的工字形截面梁创造出了一种强调竖向线条的建筑外立面网格；虽然德威特·切斯纳特公寓楼不再需要中间实体的窗梃，但依然通过明显的结构网格来与相邻的密斯风格的建筑交相辉映。遵循这个思路，设计人员最初喜欢以外露的、具有建筑效果的混凝土材料作为单一的外立面，虽然，整个建筑结构最终以洞石覆面，但至少这也是一种与混凝土相似的材料。对此，设计人员解释道，与邻近的金属材质的建筑立面相对应的自然应当是混凝土材质，反之亦然。

隔热洞石覆面缓和了工程师对于由季节性温度变化造成结构竖向位移过大的担心。与此同时，为了满足高层结构顶部若干层楼盖的位移要求，工程师也颇费周折，例如，
96 像布伦兹维克大厦那样的楼盖与剪力墙铰接的方案则不再需要。事实上，联邦住房管理局（FHA）正打算颁布一项禁令，用于禁止任何抵押担保的多家庭住宅建筑中，外露柱和墙的高度超过 70 英尺。[14] 联邦住房管理局相信，设计中不考虑结构位移的裸露混凝土结构，如果高度超限，必然会造成温度诱导结构位移差的负面效果，最明显的就是隔墙开裂。设计师路易吉·芒福德（Luigi Mumford）回忆道，导致混凝土外表面加盖面层的次要原因是，涉及该项目的联邦住房管理局代表本人不喜欢刚刚竣工的芝加哥马利纳城那种裸露的混凝土建筑结构风格，当然，你也不可能说服这位代表支持德威特·切斯纳特公寓上运用具有建筑效果的混凝土材料作为外立面。[15]

框筒的结构特性

当承受侧向荷载时，框筒结构体系以一种混合方式作出反应，类似于第 3 章所讨论

的剪力墙和框架之间的相互作用。当结构是一个实体墙筒时，其主要侧移方式类似于悬臂构件那样的弯曲变形，但由于墙体上窗洞的存在，将实体墙分割成了梁、柱框架的形状，因此，框筒既表现出“筒作用”又呈现出“框架作用”。通过柱的轴向力，筒作用能够抵抗结构的倾覆弯矩。在这个过程中，有的柱缩短，有的柱伸长，从而形成了总体侧移形式的一部分，结构两侧平行于侧向荷载的框架作用是用来抵抗每个楼层的层间剪力，而这又是通过梁的弯矩和剪力以及每层柱底和柱顶的弯矩来实现的。

由于框架构件的柔性，楼层剪力无法有效地分布在梁 – 柱框架的所有柱上，由一个柱到另一个柱上的剪力传递不完全的现象称作“剪力滞后”(shear lag)。这个现象将妨碍平行于侧向荷载方向上两片墙理想直线应力分布图形的形成。类似地，垂直于荷载方向上墙的应力分布也不可能达到均匀的程度。角柱的轴向应力增加，而中柱的应力将减小(与理想筒的应力图形相比较而言)，这将阻碍筒体结构的有效性。在垂直于风荷载的方向上，平面内的中柱的确无法全部参与形式上的抵抗倾覆弯矩的工作。

在平行于风荷载方向上的框架中，柱和梁的柔度是引起框筒水平侧移的主要因素。 97
在研究了 1966 年前后的许多框筒结构之后，法兹勒计算得出，框架作用承担了大约 30% 的总剪力，悬臂梁作用则承担了其余部分；然而，这 30% 的总剪力却造成了大约 70% 的结构总侧移。[16]

虽然框筒有它的弱势，但这种结构形式却代表着传统高层建筑结构体系的决定性进步。作用于建筑外围的重力荷载具有抗倾覆及举升力的作用，从而使这种结构类型成为维持建筑强度和刚度的有效方式，同时也建立了一种可进一步扩展功能的结构组织形式。虽然，这种外筒体系能够适用的建筑高度达 40—50 层，但之后其效果就会逐渐降低。当然，法兹勒那个自律性的目标——最小化因建筑高度所产生的附加费用，激励着他继续接受挑战，即精细化其结构体系以满足更高的建筑高度。

为了将框筒体系应用于德威特 · 切斯纳特公寓楼项目上，法兹勒必须设计出一套分析方法，使其既能考虑框架的作用又能考虑筒体效应。基于当时的计算机技术，直接对一个三维结构进行分析是不可行的，工程团队只能将这种框架与筒的双重作用分别对待。平行于风荷载方向上两片墙的框架特性按照传统方式计算，利用迭代的转角位移法或者修正的弯矩分配法，设计人员便能够以合理的精度计算出框架柱的弯矩并估算出框架作用产生的位移占总侧移的比例；而为了估算悬臂筒作用对

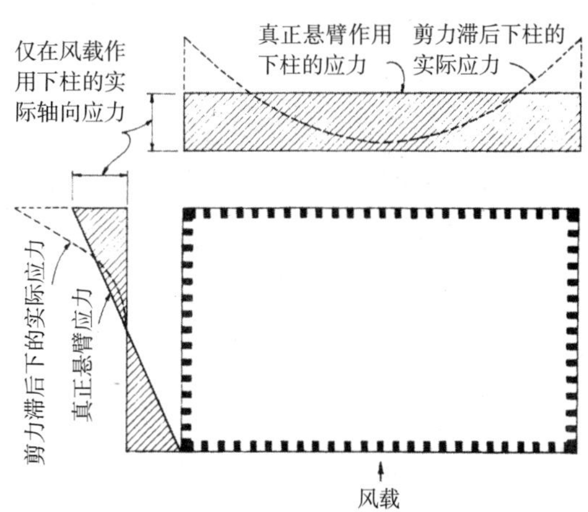

框筒结构与理想筒体结构的应力分布图，以此来说明剪力滞后效应的影响（绘图：法兹勒 · 汗，“承重墙”，1966 年，承蒙 SOM 事务所允许）

98 总倾覆弯矩的贡献，工程师将筒的截面形状简化成两个平行于风荷载方向上的槽形截面（详见第 236 页图），同时忽略垂直于风荷载方向上建筑长边中央位置的几根柱子，即假定这些柱子由于剪力滞后效应而不参加工作。[17] 通过将筒体简化为两个槽形截面，工程师就能够计算出柱子轴力及与之相连的梁中剪力，然后，将框架作用和筒体作用的计算结果进行汇总分析，从而得到所有结构构件的内力和建筑总变形。

在接下来的几年中，法兹勒提出了一套用于估算筒体作用的无量纲影响曲线，这种方法比等效槽形截面法更精确。学以致用，博士学位研究过程中的模型降阶技术和无量纲分析方法帮助了法兹勒。他分析了不同参数的 10 层框筒结构，其中的变量包括：柱的轴向刚度、窗裙梁的剪切刚度、建筑平面的长宽比。通过分析这些参数，法兹勒提出了一系列无量纲曲线，用以评估不同结构构件特性及不同建筑平面比例的条件下，筒体作用对结构总侧移、总弯矩及抗剪力能力的贡献。在使用上述曲线时，工程师仅需要将实际结构方案转换成一个与真实建筑高度相同的等效 10 层框筒结构。虽然 20 世纪 70 年代的工程师已经着手寻找用于施工图设计的结构分析计算机程序，但法兹勒所发表的这些影响曲线还是能够极大地帮助人们在初步设计阶段对各种被选方案作出有价值的评估。[18] 通常，一个项目的结构体系会在初步设计阶段且在没有计算机辅助的情况下作出决定，而这个初期决定在很大程度上决定一个结构体系的经济效果和表现能力。而且，随着对复杂的计算机分析依赖程度的增加，更需要有一种简化方法来对计算机结果进行比对。

建筑设计的共同发展

大约在 1960 年前后，工程界和建筑界就在探讨一个话题，就是基于建筑外围结构的
99 高层塔楼设计新模式。设计人员开始探索外墙作为承重构件的可能性，使其既承担自重又承担内部肋梁楼盖传来的重量。结构外墙理念意味着 20 世纪初期就已经弃之不用的建筑方法又要旧瓶装新酒了。1939 年，建筑师及历史学家托马斯 · E · 塔尔马奇（Thomas E. Tallmadge）在描写早期建筑结构类型的外立面时，形容道：“平平的砌体墙上带着均匀凿出的窗洞。”[19] 然而，就是这种原本只适用于 5 层及 5 层以下的建筑技术却成为早期摩天大楼的指路明灯。砌体墙非常适合于低层建筑结构构件，但对于高层塔楼而言，其自重却变得不可理喻；砌体墙结构无法与框架结构相提并论，而由结构钢所组成的梁 – 柱框架结构则在 19 世纪 80 年代就已初露端倪。接下来的 70 年，框架结构与非结构外墙的建筑形式则始终受到建筑师和工程师的青睐。

在整个 20 世纪前半叶，没有人会将那种过时的承重墙结构与钢和钢筋混凝土这种现代结构材料联系起来。然而，到了 50 年代后期，个别建筑师和工程师开始意识到将建筑外立面作为结构部件的可能性，其中一位建筑师便是迈伦 · 戈德史密斯。在其研究生学
100 习期间，他承认现代大尺度建筑需要新体系以满足结构和建筑平面要求，并认为“每一种新的结构体系都将使新的建筑表现形式成为可能。”[20] 1953 年，在关于某混凝土办公塔

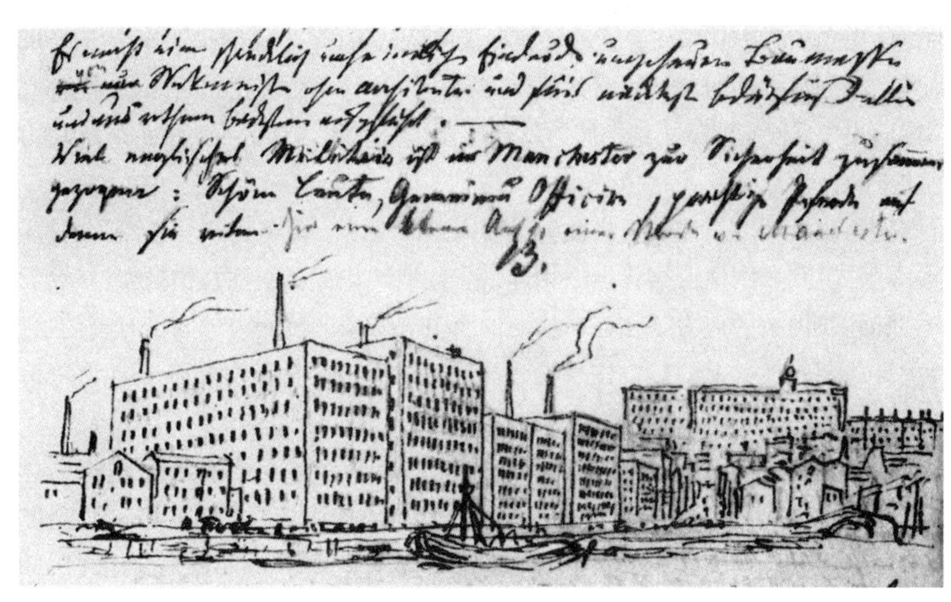

开窗洞的砖墙为多层建筑提供了围护结构，1826 年，卡尔·弗里德里希·辛克尔（Karl Friedich Schinkel）在他的旅行笔记中描绘的对曼彻斯特工业建筑的印象（由柏林普鲁士文化遗产视觉档案基金会提供）

楼设计的硕士论文中，戈德史密斯同时进行了一系列钢结构高层建筑研究，他的许多建筑渲染图都描绘出了具有斜向网状组织结构的建筑外墙，并将其作为主要结构构件。

根据这位建筑师 1986 年的回忆，他不曾希望这些纸面上的方案能够在高层建筑设计时原封不动地变为现实。[21] 戈德史密斯的示意图被设计者以不同角度进行着阐释——虽然总是以孤立的平面框架——适用于 10—20 层的建筑：比如，可以理解为建筑两边或四边的通高空腹桁架，或钢结构建筑的斜向构件网格。在水平荷载作用下，小间距斜向构件体系减小了传统框架的柔度和杆件的弯曲变形，然而，密集的斜向网格也催生了一些特殊问题：建筑结构不便于施工，内部空间不便于业主使用，竖向荷载的支撑体系和材料利用不经济。

纽约的基普斯湾广场。虽然建筑的柱距也很小，但建筑外立面网格中却没有最基本的窗裙梁，而这恰恰是框筒结构体系的基本要素

1959—1961 年间，由建筑师贝聿铭（Pei，I. 101
M.）和工程师奥古斯特·科门登特共同设计完成的两幢公寓综合体又重新将钢筋混凝土结构平面作为了建筑的外立面。[22] 他们的公寓建筑结合了常规的肋梁楼盖框架体系与外立面上的结构墙，贝

聿铭的设计理念来源于联邦住房管理局那种被广泛认可的“开窗洞、加钢窗的砖墙建筑”设计范式。根据贝聿铭的设计思路，他旨在寻找一种城市公寓建筑重建过程中标准外立面的替代形式，这便是混凝土结构墙的目标所在。[23] 这两个项目分别是纽约的基普斯湾广场和芝加哥的大学公寓楼。

在布伦兹维克大厦设计中，法兹勒又前向走了一步。他将建筑外立面上的柱间距设计得更小，并且利用刚性窗裙梁与之相连，将柱墙转化成了刚性结构框架，然后，再将外围框架和建筑内核的剪力墙相连，从而形成整个塔楼的抗侧力体系。有趣的是，布伦兹维克大厦二层转换梁上的扩口柱成了芝加哥蒙纳德诺克大厦（Monadnock Building）的视觉参考，而后者则通常被认为是“砖墙承重时代最后的伟大丰碑。”[24]

在设计布伦兹维克大厦时，法兹勒将建筑外立面作为梁–柱框架而非框架式承重墙来对待，因为他要利用门厅标高处的转换梁来承担不连续的框架柱荷载。直到多年后，当设计休斯敦贝壳广场大厦和位于罗彻斯特的美国海丰银行（Marine Midland Bank）时，他才利用穿越多个楼层的拱效应，将荷载传递到其他竖向构件上，这个过程类似于承重墙的传力路径。法兹勒非常兴奋地发现这种结构设计技术能够通过压应力，实现在混凝土结构中的直接力流。在他看来，这种结构形式恰恰满足了他的建筑表达要求，通过“完美的细节与有效的结构形式”传递出“自然的柔美与理性”。[25]

20 世纪 60 年代，墙式构架的转变带来了结构冗余度的提高，实现了龙骨式框架结构中不可能完成的荷载重分布。柱距 20 英尺以上的龙骨框架中，当某特定支撑柱变弱时，该柱上的荷载无法传递至其他柱上，然而，在材料紧密交错分布的墙中，比如框筒墙，荷载却可以传递到相邻的柱中，这样一来，即使某根柱损坏了，也有修缮的机会。[26]

法兹勒并未表明，他的筒体结构形式来源于被逐渐认可的承重墙建筑外立面这一概念。
102 然而，布鲁斯・格雷厄姆回忆道：有一次，威廉・哈特曼（William Hartmann）展示了两张设计图纸，其一为贝聿铭的基普斯湾广场方案，另一个是不久之后法兹勒开发出来的框筒结构体系。[27] 从中大体可以看出，基普斯湾广场和芝加哥大学公寓楼的视觉表现形式可能的确影响到了法兹勒的结构设计理念。到了 1962 年，考虑到大学公寓楼的立面网格不可能再提供更多的方便，法兹勒和莉泽洛特便搬到了一幢 10 层综合大楼的顶层公寓。

无论有意或无意，法兹勒将混凝土结构中的直线形网格与戈德史密斯在钢结构中所倡导的刚性外立面进行了完美结合。法兹勒的成就来源于他对隐藏在具有刚性外围结构
103 中的基本原理的认知，并将这种认知转化成为实用且优化的结构体系。

43 层的德威特・切斯纳特公寓楼是创新型框筒结构体系的初次尝试，5 英尺 6 英寸的柱距和深窗裙梁（截面高度大约 2 英尺）形成了筒体结构的墙。在没有因高度而产生额外成本的条件下，避免了一些高层建筑结构设计的通病。对法兹勒而言，德威特・切斯纳特公寓项目的顺利竣工证明了其在高层建筑设计中创意的可行性。

框筒的结构高效性为高层结构和建筑设计带来了深远影响，粉碎了高层建筑在经济

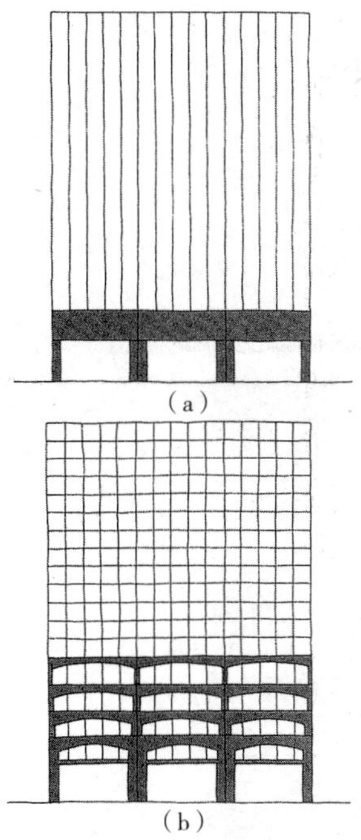

底层大空间上不同的柱支撑方式：荷载转换通过（a）梁作用，比如布伦兹维克大厦中的刚性转换梁；或者（b）拱作用，类似于承重墙结构体系（绘图：戴维·冯）

休斯敦贝壳广场大厦是法兹勒结构设计的灵感来源，他将建筑外立面按承重墙对待，并利用相邻较远的柱之间的拱作用来传力（埃兹拉·斯托勒，©Esto 图片社）

在德威特·切斯纳特公寓楼上，沿着切斯纳特街向东看，1966年（埃兹拉·斯托勒，©Esto 图片社）

方面的壁垒。不久之后，密柱深梁的构造便成了高层建筑规划中尽人皆知的范式。在芝加哥，1136 英尺高、钢结构的印第安纳标准石油大厦（现名“怡安中心”）落成于 1973 年，它使得框筒结构的设计高度达到了令人炫目的程度。[28] 而 1972—1973 年先后竣工的纽约世贸中心双子塔同样也采用了钢结构筒体体系，其更密的柱距进一步吸引了大众的眼球。截至 20 世纪 70 年代早期，框筒在高层结构中的表现已日臻完美，几乎成为筒体结构的代名词。与很多开创性的想法一样，一旦当我们恍然大悟，这种结构体系仿佛必定就是合理的、显而易见的，它仅仅是站在那里等着某位开拓者去认知，去表现它的价值。

约翰·汉考克中心的南立面。该建筑的新颖形式及相应的交叉斜撑结构骨架成为其建筑表达的特色。（摄影：海德里希－布莱辛图片社，承蒙SOM事务所允许）

第 5 章
桁架筒：约翰·汉考克中心

1965 年，当 SOM 事务所宣布完成了 100 层的芝加哥约翰·汉考克中心设计时，专业 105
人士立刻认识到它所代表的成就。这个设计之所以杰出，不仅仅是因为建筑的高度，而且更重要的是结构工程师和建筑师之间所体现出“极大的相互理解与协作精神”[1]。建筑设计中的结构清晰度确保了结构工程创新在高层建筑进步过程中的能动作用。约翰·汉考克中心这座桁架式塔楼拥有活力四射的节奏感，既亲切又让你眼前一亮，富有可识别性的外表使其立刻变成了芝加哥的城市图标。

约翰·汉考克中心的建设对于法兹勒个人有着无可比拟的重要意义。除了不寻常的规模——280 万平方英尺的项目面积、1127 英尺的建筑高度，深达 190 英尺以上的沉井基础，更重要的是，该结构体系将仍处于起步阶段的筒体概念以一种全新方式初次呈现于世人面前。在法兹勒看来，这种未曾尝试过的结构体系的成功运用是依赖于自己的决心，以及对实现结构概念的忘我精神，作为结果，约翰·汉考克中心成为他职业生涯里“最大的情感投入”[2]。

拆迁前的建筑场地，低层银行建筑前面的大部分场地被用于地面停车场（摄影：比尔·恩格达尔，海德里希－布莱辛图片社，承蒙 SOM 事务所允许）

1964 年，当开发商杰里·沃尔曼（Jerry Wolman）找到 SOM 事务所讨论其所拿到的北密歇根大街一宗地时，法兹勒已经 35 岁了。这块地的附近拥有规划中的公共交通——一条只有方案但未建成的快速线路；地面不动产的价值巨大，具备高密度开发的可行
106 性。SOM 事务所鼓励沃尔曼将住宅和办公楼同时开发，因为其场地位置非常适用于以上两种人群，并且，这种公共空间开发（60 年代的萌芽理念）还将能够满足人们 24 小时不间断的日常生活和从水路转陆路的交通要求。所以，建筑被划分为大约 100 万平方英尺的办公空间，另外 100 万平方英尺的公寓空间以及 80 万平方英尺的商业与停车空间。

布鲁斯·格雷厄姆和项目建筑师罗伯特·戴曼特（Robert Diamant）连同阿尔弗雷德·皮卡迪及法兹勒对办公和公寓空间的两个备选方案进行了仔细研究：一个是将不同性质的用户集中在独幢塔楼中；另一个则是将两者分居于两个不同的塔楼上。对于单塔方案来说，住宅设计在办公、商业、停车空间之上，从而变成一座超高层建筑。按照初步计算的结果，如果将这样的单塔设计成剪力桁架结构体系，则其经济性不如双塔方案。在双塔方案中，设计人员分离了办公与公寓空间，两幢建筑要么生根于街道标高，要么生根于可容纳商业和停车空间的低层裙楼。法兹勒研究了大量可能的建筑平面布置，包括十字形平面的公寓楼方案；并且和格雷厄姆及设计团队的其他同事比较了钢结构和混
107 凝土结构的优缺点和造价。对于办公建筑，他更倾向于钢结构剪力桁架体系；对于公寓楼，混凝土框筒加内部剪力墙可能更为适合。[3]

1964 年，当 SOM 事务所开始着手约翰·汉考克中心项目时，他们研究了双塔楼方案。除了占地面积很大的商业裙房外，停车空间也在考虑范围内（摄影：威廉姆斯－迈耶公司，承蒙 SOM 事务所允许）

从经济角度上讲，双塔方案明显更具吸引力，但其他的问题也应运而生。在格雷厄姆看来，建筑场地的尺寸并不足以给分离的双塔提供舒适空间，用户的日照和视线均会受到限制，私密性也将大打折扣。与此同时，塞满整个场地的两座低层建筑将会使街面标高处的室外环境变得纷繁拥挤。设计团队越是对双塔方案进行深入审视，他们就越是欣赏单一塔楼的诸多优势。

洞察到单塔方案更值得推敲，但同时也必须引入新的结构体系，于是法兹勒决心向皮卡迪和格雷厄姆展示一种适用于超高层建筑设计的新概念。

法兹勒向他们介绍，近期自己已经证实并具体化了一种筒体结构体系，它有可能非常适用于拟建的单塔方案。他把该结构类型

命名为“优化的柱－对角桁架筒”，这不仅是传统弯矩抵抗型梁－柱框架的一个突破，也
有别于已经在德威特·切斯纳特公寓楼上初次启用的框筒结构。虽然，新体系也是一个 108
竖向悬臂筒，但这种结构形式不再要求框筒的密柱深梁。的确，优化的柱－对角桁架筒
或简称“桁架筒”，是利用跨越建筑数层外立面的巨大对角斜撑构件创造出的一个刚性周
边骨架。与框筒所造成的窄窗相比，桁架筒的窗框尺寸可以非常大，当然，巨大的斜向
结构构件也将有可能穿过其中的一些窗玻璃。如果建筑师能够接受窗洞几何形状的改变，
法兹勒有理由相信桁架筒在经济方面完全胜任这种下部办公、商业、停车，上部住宅的
超高层建筑的结构要求。

法兹勒之所以敢大胆地提出这个新型建筑结构概念，是与他在伊利诺伊理工学院的研究经历有关。1963—1964年，研究生佐佐木干夫（Mikio Sasaki）对强风和地震荷载作用下钢结构高层建筑的有效解决方案颇感兴趣，于是，在其设计项目中便选择了对角斜撑体系，而这种结构构件正是其建筑学导师迈伦·戈德史密斯在1953年自己论文中深思熟虑的结果。法兹勒作为佐佐木在结构方向的论文导师，曾建议采用一种建筑外围的支撑筒体形式。而他们所开发这种结构体系将用于一幢168英尺见方、700英尺高的高层建筑，其特点是：建筑外立面框架由跨越多层的斜撑、框架柱及托梁共同组成。在这种集成化的框架结构中，斜撑有别于传统的支撑构件，在其中，斜撑可以约束梁－柱框架在风荷载下的侧移，但却不能承担重力荷载。新体系中的斜撑将作为能够承担重力荷载和侧向荷载的框架体系的一部分，并且，斜向构件还有助于将荷载分散至各榀框架的竖向柱上。就整体结构而言，X支撑具有良好的转换效果，通过支撑在建筑角部的连接，将建筑四个外立面框架统一成一个筒体体系。这种结构组织形式大大减少了剪力滞后效应，节约了材料用量。

当然，一个学生的论文注定研究范围有限。由于没有完整的理论分析，因此，这种
新体系结构内部实际的荷载传递或力流方式还是个未知数。然而，理论计算和简单模型
试验表明，他们的初步设计方案是正确的：当外墙平面引入最少数量的刚性斜撑后，侧
向刚度的确得到了加强，与框架或桁架结构不同的是，塔楼更类似于一个悬臂筒体。在
风荷载条件下，这种体系非常理想（法兹勒后来得出的结论是，在地震高烈度区，交叉
斜撑系统刚性过大而延性不足）。当法兹勒的直觉得到初步确定后，他对这种新型结构体 109
系充满了信心。

在初步计算结果让自己满意之后，他劝说SOM事务所的合伙人，然后是开发商，保证在项目限制条件下，桁架筒能够实现大约1100英尺的结构高度。这里的限制条件之一就是设计进度——设计阶段应在一年内结束，并且结构用钢范围的投标文本应保证在施工图完成前几个月备齐。[4] 比较了单塔与数个多塔设计方案后，最终的决定是围绕着不同初步设计方案的经济性展开的。正如法兹勒预料的那样，桁架筒体系有着其他结构方案无可比拟的优势。在优点与结构高效性的说服下，杰里·沃尔曼同意了这个代表着进步

方向的设计方案，并授权SOM事务所进行设计开发工作。

虽然SOM事务所的合伙人已经同意启动法兹勒提出的结构方案，但是他们还对这个概念是否的确能够转化为合理的、适用于100层塔楼的结构体系深表忧虑。由少数非SOM事务所工程师负责的设计审查制度已纳入了SOM事务所其他项目的设计流程，并显示出这个制度是有功效的。因此，对于约翰·汉考克中心而言，SOM事务所也正在寻找独立的评审机制，审查的重点就是建筑结构概念的正确性及结构体系的分析方法。据称，有些工程师起初对法兹勒的结构概念持怀疑态度，然而在法兹勒看来，他们的反应还不是最令人不悦的。真正出来“砸场子”的是两家设计公司提出的建议，即，要求全部或部分负责该项目的结构工程。让法兹勒最懊恼的是，有些结构顾问甚至叫嚣道：与其负责审查工作，还不如直接承揽结构设计。

以上这些建议肯定包含着正当的部分，也使SOM事务所设计团队有点儿踌躇不前了。一家负责纽约世贸中心的设计公司声称：经公司研究，并由老板报告给SOM事务所，对于100层的塔楼而言，空腹桁架体系比法兹勒提出的桁架筒更具经济和实用优势；而且，他们公司已经委托开展了建筑摇摆（building sway）对人居影响的研究项目，而这一点恰恰是任何从事灵活的、现代化的高层建筑设计的工程技术人员最为关注的议题；如果他们的公司能够全面负责约翰·汉考克中心项目的结构工程，那么，由纽约及新泽西港务局赞助的这个昂贵的调查研究成果就可以拿出来与该项目的设计团队分享。[5]

110 法兹勒困惑于SOM事务所的犹豫不决，一会儿打算将他所提出的桁架筒方案交给一家结构顾问公司去负责设计，一会儿又打算放弃这个方案而改由其他公司重新设计。于是，他向SOM事务所的合伙人进行了强烈争辩，并质疑道：如果不打算让他们这些人施展自己的拳脚，承担他们能够承担的责任，那么，为什么还要把这些天才的工程师留在这样一家由建筑学与工程专业主导的设计事务所。法兹勒下定决心，如果这次事务所把结构设计外包给其他顾问公司，那么，他就选择离职，这样的强硬立场是他在SOM事务所24年职业生涯中唯一的一次。

他要求SOM事务所的合伙人能否作出一个哪怕是痛苦的决定，从而让这个潜在的、有价值的创新体系可以再向前推进一步，即便这个创新仅仅是依赖一位年轻工程师的预判。虽然经过了冬季的6个星期，事情还是没有最后敲定，但传来的消息是，项目执行股东比尔·哈特曼（Bill Hartmann）和其他合伙人并不倾向于更信任其他的初步结构方案，SOM事务所将保留对该项目结构工程的控制权，并谢绝事务所之外的其他顾问公司参与结构方案设计。法兹勒将能够全面领导工程设计，从概念规划到最终的施工图完成。

回过头来看，法兹勒觉得他的决心、关注和对结构概念的信念是这个项目能够走上正轨的基本保证。其对结构体系形象化的理解以及对力流大小的直觉预判，使他在面对设计顽疾时能够坚持到底。

结构分析

紧张的设计进度、前无古人的结构体系、直入云霄的建筑高度、深不见底的基础位置，这些困难无一不在考验着设计团队作出的承诺。作为沃尔曼项目（1965 年后称约翰・汉考克中心）的结构工程师，他坚持集结一支能够打硬仗的工程团队，来对付设计进度的紧张压力和项目创新的不确定性[6]；同样，建筑师也必须充分调动资源，付出百般努力，以实现这个新型的建筑结构体系。

单体塔楼的两类不同适用人群要求不同的建筑比例，这是设计初期就应当明确的。塔楼底层的办公空间更适用于大面积无障碍的楼层布局，而上层公寓则要求相对窄小的楼面面积及最大化的外窗采光。对于这类具有挑战性的、复杂的建筑单体而言，常规的设计准则是采用阶梯形的建筑立面；但是，这样的处理又无法满足 100 层的有效建筑结 111
构要求。为了适应结构方面的纲领性目标，格雷厄姆、法兹勒及设计团队的其他成员开发出了一种坡形外立面，利用从底到顶的缓坡锥面，使建筑的横截面面积能够逐渐且明显的收缩。

通过佐佐木干夫在伊利诺伊理工学院的论文项目，法兹勒认识到，为了使结构最为有效，斜撑的水平夹角应保持在 45° 左右。按照这个准则，SOM 事务所对建筑主要构件的初步组织方式为：沿每个斜坡立面上，均匀统一的重复交叉支撑带。然而，这种布置必须进行调整，因为筒体作用的基本要求为：相邻立面上的斜撑应与角柱及裙梁相交于建筑的角点。设计人员意识到，为了满足这些附加条件并维持斜撑带的大致均匀高度，那么，每个斜撑构件的水平夹角必须不同，沿着任意立面的高度方向有着略微变化，但宽立面与窄立面上的斜撑夹角则有明显区别。另外，为了满足锥形的建筑形式，还应作以下调整：
比如，层高不可能固定，在斜撑与裙梁 112
构成的模块范围内，层高的变形范围是，公寓层 9—10 英尺、办公层 12—13 英尺。[7] 基于大量的结构与建筑项目要求，设计人员试验了许多几何形状，以确定一个合适的建筑物底面尺寸及斜锥角度，最终的方案为：地面标高处的结构平面尺寸为 165 英尺 ×265 英尺（约 44000 平方英尺的项目面积），距地

1965 年 4 月向公众发布的 100 层塔楼的早期模型（摄影：比尔・海德里希，海德里希－布莱辛图片社，承蒙 SOM 事务所允许）

1107 英尺的塔楼主檐口标高处的平面形状为 100 英尺 ×160 英尺（16000 平方英尺），突出屋面顶楼的结构标高达 1127 英尺。

比较原先的方案与实际建筑立面（参见第 69 页和第 64 页图片），就会发现一个显著的几何形状上的区别，即斜撑延伸到了斜坡角柱处。这是结构的必然要求，也体现出设计者对建筑结构现实的认可与欣赏，通过重视建筑体系的结构逻辑，建筑获得了完整性与事实根据。显然，这是一种来自结构体系的、具有清晰认知的建筑学叙述手法。

113 起初，巨大斜撑给玻璃窗带来的麻烦影响了桁架筒的应用前景，但进一步考察后，设计团队发现情况没那么糟糕，相反，还非常乐观，这一点后来也得到了建筑评论家和用户的印证。斜撑的存在并未造成建筑外观的突兀，相反，立面对建筑结构的表现恰恰体现出结构与建筑学整合的芝加哥传统风格，是对传统的承载。并且一般情况下，室内空间斜撑对窗子的干扰也未让用户感到不悦，这应归因于斜撑带来的雕塑效果，以及创造出不同寻常的角部空间感。在“几近天堂的空中生活”一文中，建筑批评家罗布·库斯卡登（Rob Cuscaden）描写道：约翰·汉考克中心的公寓窗户图案“远比方盒子般的城郊住宅中盒子般的窗洞来得更有趣”[8]。许多住宅单元都拥有更大、更优美的视野，人们能够坐享一直延伸到东方的湖泊和天空，能够呼吸到来自四面八方的城市气息。

为了进行风载作用下的结构分析，法兹勒取得了美国气象局的数据并建立了超过芝加哥建筑规范推荐值 20% 以上的设计风压。他的这个提高值引起了巨大争论，然而独立的、恒康人寿旗下的汉森霍利比格斯公司却主张更高的风压设计值。在与 SOM 事务所自己的设计顾问多次讨论后，法兹勒同意将风压设计值提高至比规范值高出 25%。为了更进一步满足咨询公司的关切，他检查了当风压上升 40% 后，构件的应力仍低于允许应力

约翰·汉考克中心第 82 层的一处公寓。斜撑成为公寓内部空间表现形式的一部分（埃兹拉·斯托勒，© Esto 图片社）

值。除了这些措施外，他还引入了第二种风载工况，这也是几年后便得到大家认可的一种极限水准，在这个水准下，风压设计值为芝加哥建筑规范推荐值的 2 倍，同时还考虑了重力荷载；内力组合后，要求在此高应力水准下，结构构件既不屈服也不屈曲。最终，依赖桁架筒结构的高效性，结构杆件的风载应力影响可以忽略不计。

布伦兹维克大厦设计后的数年中，办公室的计算机还只是仅仅被用于复查手算结果，但 SOM 事务所却开发了大量内部程序，并将这个强大工具广泛应用于约翰·汉考克中心的设计工作中。结构工程师研发了许多计算机程序以及子程序，其中包括：研究这个另
类建筑形式所必需的几何构造与施工过程分析、研究结构杆件之间的关系从而优化其形 114
状尺寸、进行初步风载计算、柱的荷载计算。为了研究外筒结构，工程师将 100 层的塔楼分割成多个支撑层段从而便于计算。利用的分析技巧与法兹勒引入框筒概念时的计算方法相似，即把结构缩减成一个易于分析的等效模型。虽然，这一过程无法提供静态风载工况下的“精确”解，但工程师希望其结果是合理的，特别是在初步估算构件尺寸方面。设计团队还深入研究了外墙框架的构件比例，以期优化总体材料用量。为此，与法兹勒在该项目上朝夕相处的哈尔·延加和约瑟夫·科拉科（Joseph Colaco）还编制了一个计算机程序来进行辅助分析。[9]

一旦确定了结构构件的尺寸，更精确的结构分析工作就必须依赖 SOM 事务所旗下结构咨询公司的大型计算机来完成。保罗·魏德林格建议：为了慎重起见，应当获得不止一个数值计算结果。他在 1965 年 3 月写道：“我非常仔细地审核了风载支撑体系，在我看来，所提计算方法十分优秀，但考虑到所分析的问题非常庞杂，为了保证可靠性，必须利用两种独立的方法分别开展计算工作。”[10] SOM 事务所乐见这种重复性的工作方式，因为它将消解很多人对桁架筒结构体系挥之不去的不安。

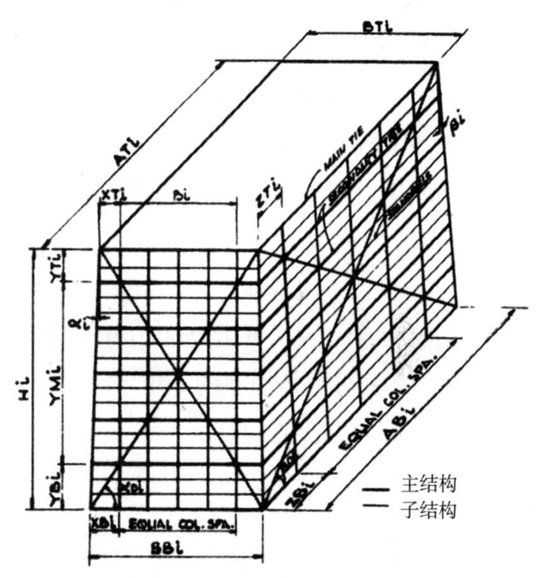

用于分析的简化层模块(经 SOM 事务所允许)

利用代表建筑结构的四分之一模型，普渡大学的约翰·E·戈德伯格（John E. 115
Goldberg）和保罗·魏德林格进行了独立空间框架及空间桁架分析，伊利诺伊大学的史蒂文·芬弗斯（Steven Fenves）和麻省理工学院的罗伯特·洛切尔（Robert Logcher）用一款名叫 STRESS 的软件也进行了内力计算。[11] 设计人员要求不同的计算机程序对结构体系能够得出一致的解释，直到不同软件对力流和外筒构件应力的计算结果取得了一致，结构杆件的设计才算真正的完成。[12]

新的计算机技术能够以非常快的速度得出数值结论。最初的桁架分析忽略了斜向杆件的弯曲刚度以及斜向构件与垂直柱之间本质上的刚性联结，虽然这些引起了一时关注，但最终均得到了解决，因为不同计算机分析结果很少出现矛盾之处，并且杆件的应力计算结果也非常一致。通过严格验算，证明桁架筒体系是正当的、有效的。斜撑与角柱相交处主裙梁的环箍作用是至关重要的，它使得交叉斜撑能够表现出柱构件特性，并且有助于在相交于建筑物四角的各个斜撑之间传递轴力，从而使建筑周边结构形成了三维筒体作用；而跨越中间斜撑与竖向柱交点的次级裙梁对结构体系也起着重要作用，它迫使斜撑所承担的重力荷载与风载分散至沿着建筑四个立面的中间柱上。由于这种效果，中部的竖向柱子合起来就犹如一道有效的承重墙，按其横截面面积来分担使用荷载，而不仅仅只是一个个独立的受力构件。与框架结构中的柱所必须承担较大弯矩不同的是，桁架筒中的柱，无论是垂直的还是斜向的，均承担较小的弯矩。

桁架筒结构体系的效果能够通过最终的设计数据来说明：虽然建筑内部楼盖的长向跨度从 30—58 英尺不等，但其每平方英尺楼盖的平均结构用钢量小于 30 磅，这个单位用钢量与传统四五十层建筑的经济含钢量大体相当。反之，法兹勒为德威特·切斯纳特公寓楼开发的框筒体系却由于剪力滞后而显得低效，其主要原因是窗裙梁的柔度所致。风载作用下约翰·汉考克中心柱的应力分布“非常类似于一个真正的悬臂筒体结构”，这是一个非常伟大的成就。[13]

116 办公楼区域 12—13 英尺的层高便于吊顶，其楼盖下方空间能够布置电力、机械及水暖管道。如果钢梁进行了防火处理，并且布置在公寓空间内，那么 9—10 英尺的公寓层高也能够满足必要的吊顶要求。然而，设计时的基本关注点并未放在每个私人公寓室内布置的灵活性上，建筑师决定创造出一个具有奢侈感的高顶棚大空间。通过楼盖结构的肋梁与室内布置相协调可以免去必需的房间吊顶，这样一来，就要求钢梁应与隔墙或具有功能性的房间分隔体处在同一个平面内。

为了满足大跨楼盖的要求，工程师设计了一种轻质混凝土组合楼盖体系，其既适用于公寓也适用于办公楼层。为了满足混凝土楼板与钢梁的组合作用，从而有效形成 T 形

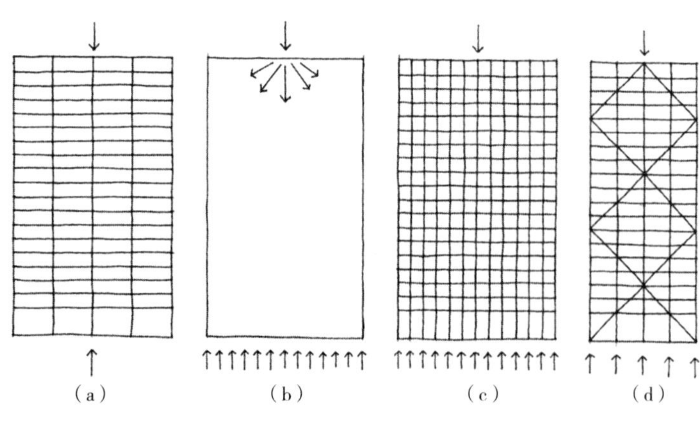

（a）传统梁 - 柱框架中一个集中力的局部支撑；（b）承重墙基底反力的均匀分布，承重墙对力的分散作用可以通过以下 c、d 方式来模拟；（c）框筒中的密柱深梁结构体系；（d）桁架筒中柱、梁、斜柱的集成（绘图：戴维·冯）

截面梁，在钢梁上翼缘处焊接了许多抗剪栓钉。而公寓层楼盖结构的底面则充当了顶棚表面的角色。

如果再过20年，设计人员将会认为混凝土楼盖与钢梁的组合作用是理所当然的。但是在20世纪60年代，虽然钢框梁上的钢制连接件确保了混凝土楼板的组合作用，并且已经有了工程应用，但这种楼板体系还处在完善过程中。1963年，美国钢结构协会（AISC）的《钢结构建筑设计、制造与安装规范》提出的组合结构设计推荐方法的早期版 117
本中，并没有考虑部分组合作用、变形、楼盖振动或轻质混凝土的特点。[14]虽然允许设计经济型组合楼盖框架结构体系，但该体系必须满足必要的结构特性。法兹勒沿着该思路，计划对提出的楼盖体系进行测试。

角节点设计是确保斜撑、裙梁和柱成为一体，即一个筒体的形式，是设计人员极为关注的要害。法兹勒深知，100层桁架筒结构体系中节点传力的重要性，特别是每个立面上两个斜撑柱与角柱的连接，及其与相邻立面上两侧主裙梁的连接更是异常复杂，这将涉及两个面上的应力集中问题，不仅设计时需要慎之又慎，而且施工成本与难度也会极为可观。为此，在设计初期，他便同两家钢结构制造公司的技术代表进行了磋商，主要议题是如何进行节点设计，以满足易于加工、易于结构安装的目的。为了实现这个目标，斜向支撑柱、垂直柱以及裙梁均采用装配式，材料为美国材料与试验协会定制的A36型H型钢，主要节点在工厂加工。[15]预制节点允许采用工厂焊接厚钢板，因此减少了整体的用钢成本，并且便于焊接残余应力的检测与矫正。而现场主要采用螺栓安装就位，从而 118
大大提高了钢结构的安装速度。

SOM事务所委托联合飞机制造公司研究实验室进行了一次静态风洞试验项目，用以确定约翰·汉考克中心建筑结构的风压分布。基于此项信息、气象观测数据以及由计算机求解的静风作用下结构前几阶振型的自振频率，工程师便能够开展结构的拟动力计算机分析。在假定结构为单自由度体系的前提下，他们研究了风载作用时的结构反应，计

1965年4月，组合楼盖试验期间的法兹勒

这张施工照片展示了主要预制节点的规模尺寸（经SOM事务所允许）

算机分析提供了在给定时间间隔下，结构位移、速度、加速度以及加速度变化率的数值结果。[16]

法兹勒明白，除了结构强度的考虑外，这幢建筑还必须评估风载作用下居住者对建
119 筑摇摆的反应，特别是塔楼顶部的公寓用户。然而，如何评价建筑摇摆下人的反应却是一个难题，因为缺少人类感知与舒适度的评判准则。一阵狂风作用下建筑的移动是能够忍受的吗？正如结构工程师威廉·勒梅热勒（William LeMessurier）所指出的那样，“虽然我们每天越来越能够计算任意荷载作用下结构的变形和振动问题，但我们却对它们令人期望的方式知之甚少……没有建筑风载设计的权威标准，也没有建筑移动和振动的设计准则。”[17] 不仅没有现成的规范，1965 年，有关建筑位移的研究也乏善可陈，更甭提根据用户感知与不舒适程度来衡量建筑的摇晃程度。实验心理学家相信，人类对水平直线或圆周运动的感知是来自内耳流体的运动和压强的变化，而后者与运动加速度和加速度变化率有关。不幸的是，已有的实验都是针对航空飞行耐受力和高频振动而非高层建筑的摇晃感。为了评估高层建筑预期的运动，就必须首先建立运动与运动感知之间的关联，只有认清了两者间的关联性，才能依据人们耐受水平来评测结构性能。

运动感知的研究属于心理学的一个特殊范畴，而心理学实验并非建筑或工程企业的常规涉足内容。在纽约世贸中心项目中，一个生理学家小组正在进行运动感知的详细研究，预计将涉及许多学科领域，但如此大规模的调查研究不可能仅仅服务于芝加哥的一个单体塔楼。[18]

在对约翰·汉考克中心摇晃感知进行初步论证时，工程人员还比较了其他高层建筑的结构特性，有限的数据结果说明，它至少可以与已建的大多数高层建筑表现得同样好。然而，项目小组还是想掌握更有说服力的证据，用来说明风载作用下建筑的摇晃程度是用户可以接受的。

当法兹勒琢磨着设计团队用怎样的实用装置来评测建筑结构的运动舒适度时，一个偶然的周末家庭出游提供了意外契机。在参观芝加哥科学与工业博物馆时，一个展台是用来介绍洗衣机工作原理的，房间中部是一个由美泰克（Maytag）洗衣机公司提供的大桶， 120
透明的桶壁从直径 20 英尺旋转楼面中央位置的底部升起，站在平台上观看大桶时，法兹勒感到有点儿眩晕，仿佛旋转的楼面就是一个运动模拟器。[19] 那一周的后几天，他仔细研究了旋转楼板的控制装置，并决定采用开关方式来改变加速度至其感兴趣的范围。

法兹勒利用博物馆展台开始了他的建筑物摇晃研究。他从维斯 – 詹尼 – 埃斯特纳联合事务所（Wiss，Janney，Elstner and Associates）获得了两个加速度计，并招募了包括自己在内的 8 位实验志愿者来进行摇晃感知测试。在楼板的不同位置相对于旋转方向上，参加实验者或站，或坐，或躺，通过调节平台的运动，记录每个人的反应。法兹勒制作

在一个特别的周末，莉泽洛特与亚斯明一道参观了施工中的约翰·汉考克中心

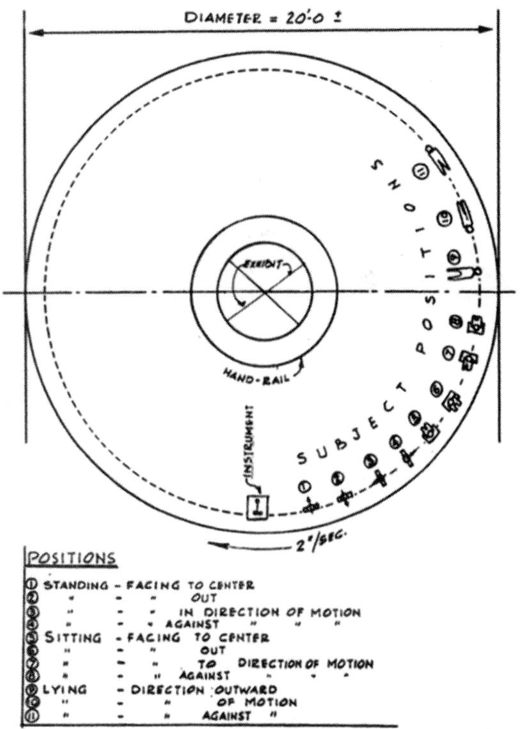

利用“一只木桶的故事”展览，法兹勒说明了运动感知调查的实用研究技巧。这个平面图表现了实验对象在展览旋转平台上的位置，对可疑振动的感知是基于相对于运动方向的头和身体位置（绘图：法兹勒·汗）

出了每位实验对象的运动感知水平与相应线性加速度成分之间的关系图表，结论如下：人类有感的最小加速度在 0.004g—0.0075g 之间；一旦有感后，对运动变化的耐受力因人而异，幅度较大，但普遍适用的不舒适度阈值是可以找到的。[20]

作为对博物馆实验结果的校核，法兹勒又测量了现有建筑的加速度值。他从曾经的
121 学生菲利斯・兰伯特那里得知：强风荷载下，湖滨北路 860 号公寓塔楼会出现明显摇晃感，而这位学生恰恰居住于此。法兹勒问兰伯特是否有意加入自己的研究，她欣然同意了。接下来，法兹勒将一个运动传感器安放在她的顶层公寓上。当她再次感知到建筑摇晃时，便开启了设备，记录下这次感知，同时传感器也记录下建筑的瞬时运动过程。1965 年 8 月，一次适时的风暴导致这座 26 层的建筑结构出现了显著摇晃，从而给法兹勒提供了与有感建筑侧移相应的最大加速度数据，这个测定结果同他从已知建筑中所得标准是吻合的。[21]

这些原始实验结果是定性的，额外的运动感知及风工程研究才是获得定量信息所必需的。法兹勒的成果给设计团队与开发商都吃了颗定心丸，使他们对约翰・汉考克中心的预期表现充满信心。

沉井基础

由地下室底板及下方格构板所形成的空间，内部填土夯实，其目的是用来将塔楼的水平荷载传递至黏土层，而格构板下方则通过 239 个沉井来承担竖向荷载。其中，支撑
122 塔楼的 57 个沉井生根于基岩，另外 182 个直达硬质土层。如果从施工规模及沉井安装所遇到的障碍来讲，则可以让我们更好地理解这个项目的难度和复杂程度。1965 年，芝加哥大商业区的基岩深度纪录为地面以下大约 145 英尺，这对沉井施工是一个巨大的数字。约翰・汉考克中心项目场地的初步地勘结果表明：其基岩深度为 120 英尺左右。然而，由于存在不期而遇的局部突变地质条件，要求其中一个 6 英尺 6 英寸直径的沉井必须延伸至创纪录的地下 191 英尺的坚硬基岩上。沉井安装包括穿越黏土层的旋挖、长距离不利岩层的人工挖掘、滚刀嵌岩、沉井排水以及混凝土浇筑时大型钢套管的装卸。

在机械化钻孔设备发展之前，沉井施工必须进行人工开挖以及手工安置带钢圈的承垫木以确保沉井模板的形状。开始于 20 世纪 50 年代早期的大型钻孔设备为有限直径的沉井提供了另一种施工方法，其中最主要的挖掘机械是螺旋式或回转斗式钻机。为了维持沉井孔洞的轮廓尺寸，必须将伸缩式钢套管插入钻井内，而混凝土的浇筑则在钢套管内进行。如果土层相当稳定，那么在混凝土初凝前可以撤去少量钢套管。60 年代的施工文件表明：由于沉井设计中的钢套管价格不菲，所以通常是允许钢套管反复使用的，这是因为工程惯例中并不考虑沉井中的这部分用钢成本，无论其是否保留在了原位。撤掉钢套管的时机掌握至关重要，如果此时混凝土开始初凝，那么它有可能随着钢壳一起向上跑。另外，钢套管不能移动过快，因为，必需足够的混凝土压力头以防止土和水灌入钻孔内。约翰・汉考克中心的深基础施工是依赖机械开挖并结合手提钻人工挖掘共同完

成的，其间还包括钢套管的放置与回收。

基础施工结束后，在安装首层结构钢框架时，一个意外中止了项目的快车道进程。1966年仲夏，SOM事务所工地代表发现一处直径8英尺的沉井顶端出现了移位，而起因仅仅是一根较轻钢柱的施工荷载，这个莫名其妙的情况被立刻上报给了法兹勒，法兹勒马上召开了施工现场会。难以置信的沉井位移引起了大家热议，许多项目参与者相信这 123
可能只是一次测量读数错误，并非基础的实际垂直位移。法兹勒在巨大的心理压力下，也愿意相信任何似乎有道理的解释，以便施工能够继续进行。这是因为，如果拖延施工进度或进行基础检测都将耗资巨大，而且，相继的法律责任问题也将不可避免，这对工程师来说，的确是个非常艰难的窘境，是一生都不愿意遇见的麻烦。

虽然压力山大，但法兹勒坚持认为SOM事务所别无选择。他和事务所必须凭良心、公平地甄别问题，搞清出现沉降的原因。虽然他也不喜欢对抗，但一旦下定决心，便会反应神速。那个7月的星期五，他叫停了问题沉井的上部建筑钢结构安装，以便进行沉井混凝土取芯。样品检测结果恰恰证明混凝土施工是不符合规范要求的。后来，法兹勒回忆道，当时，他对自己的高程测量和启动审查程序的决定也有些惴惴不安，然而到了周末，他判断的合理性便得到了印证。

令所有人感到惊愕的事情还是出现了：在外柱沉井内57—71英尺标高处发现了一个14英尺长的孔洞，很明显，这是混凝土正在开始凝结时成形的，并附着在钢套管上，当从沉井上部抽出套管时，混凝土骨料也被带出，以致沉井截面出现了蜂窝麻面。[22]

一旦发现了一处混凝土孔洞，所有的沉井混凝土浇筑便都成为怀疑对象。于是，钢结构安装停止了，随之而来的是开始于8月份的大规模施工审查，直到来年春天，这项工作才告一段落。其间，最小直径2英寸的钻芯实验样品长度累计达20000英尺左右，而补充的检测手段还包括混凝土芯孔内的声波信号探伤法。位于一处6英尺直径沉井内的第二个孔洞相继又被发现，并且大量沉井还出现了水土污染。为了处理这些问题，他们对存在主要缺损的两个沉井的上段进行了全部拆除和替换；对于另外三个问题不严重的沉井，则通过临时检修井，对可疑断面进行人工清理及修补；57个基岩沉井中的26个均接受了不同程度的校正。虽然，这些耗费巨大成本和时间的检测工作确保了基础结构的整体性，但留给法兹勒和其他设计人员的不祥之感则是：约翰·汉考克中心项目必将受到相关方面滚雪球似的各种诉求，其中，重要的花销来自施工审查、沉井维修及耽误 124
原定沉井安装所产生的附加费用。法兹勒的感觉最终得到了印证：这些施工问题最终导致开发商杰里·沃尔曼出现了财务危机。虽然沃尔曼热衷并敢于使用这个杰出的超级结构设计方案，但财务危机迫使他在1966年12月把该项目的股权转让给了约翰·汉考克互助人寿保险公司（John Hancock Mutual Life）。

每当回忆这段往事时，很多激烈意见交换的细节都历历在目。尽管在没有把握的最初几天里，广泛的审查是不恰当的，但法兹勒始终保持着冷静的态度，并转变了意见交

维修沉井破损区域的方法之一就是开挖一个 4 英尺直径的检修井至破损标高处（承蒙 SOM 事务所允许）

换的口吻。而且，承包商也未曾抱怨过这个来自遥远工程指挥部的意见。在正常施工期间，法兹勒就会定期到工地巡视，出了问题更会如此。虽然，这回必须下潜到又深又窄的检修井里，但他还是坚持察看沉井维修工作。凭借自己的主动、勇气及对结构材料的工程经验，他劝说承包商接受了自己的工程判断。法兹勒对可疑结构进行全面排查的决定、面对阻力时的决心、发现重大问题时所体现出的聪明才智为他赢得了尊敬，这种尊敬来自承包商，也来自设计参与者。[23]

拆除钢套管所导致的施工质量问题也曾出现在芝加哥及其他地方（据报道，纽约拉瓜迪亚机场项目中一个混凝土孔洞的长度超过了 31 英尺）的许多项目中，但能够引起高
125 度重视则应拜托于约翰·汉考克中心所出现的问题。[24] 这个项目竣工后不久，芝加哥建筑规范便对此做了修订：通过区分一个沉井是否拥有永久性钢套管，来鼓励基岩沉井施工中保留原位钢套管的做法；其他的提倡措施还包括，对沉井设计中，永久性钢壳的材料给予补偿；另外，还要求沉井施工时，必须由建筑师、结构工程师或地基基础工程公司的代表负责全面监理，并应提供详细施工日志和审批手续，以上条文均写入了 1971 年版的芝加哥建筑规范中。

结构美学

约翰·汉考克中心的设计百分之百生根于结构现实，生根于那个时代、那个地域，折射出“思维与行动的清晰度”，高耸刚毅的摩天大厦体现出了焦点和目的性的鲜活特色。设计师别出心裁的建筑“雄辩地发出了我们这个时代的最强音”，这正是法兹勒所诠释的现代建筑的追求目标之一。[25] 与此同时，纤细的塔楼拥有成熟设计所必备的持久实用性，交叉斜撑暗示着坚固，建筑的比例尺寸赋予了塔楼优美的形状，这一切都满足我们尊重自然法则的本能愿望。

法兹勒并不避讳建筑和艺术的哲学理念，而是追求通过建筑与结构设计的一体化来

实现建筑的潜质。只有当建筑基于结构现实之上，才能够“体现出水到渠成的美学，才能拥有超凡价值与品质”[26]。工程师必须分担建筑设计的责任，与建筑师共同完成设计过程，这些都应是不言而自明的。法兹勒展望的创新精神的本质就是，每位设计师的视野应该超出他或她自己的专业领域。

在那个年代里，很多工程大腕儿都诟病只专注于本学科而视野狭隘的现象，他们呼吁工程专业教育的知识面应当更加宽泛。法兹勒也持此观点，但在实现自我创新之前，他不会坐等结构工程专业会有个 180° 的大转弯儿。他不能理解那些很有竞争力的工程师为何会容忍不合结构逻辑、武断的创新。除了自己的设计哲学之外，法兹勒的个人兴趣并不适合扮演一位优秀的设计者角色，他已经对结构和建筑美学形成了明确观点，对设计整体性的自信往往影响着他的决定——有时甚至超出了自己专业领域可以接受的范围。

沿着建筑工程而行的设计溪流，总会包含许多值得回味的历史时刻，法兹勒的这个 126
时刻便是为约翰·汉考克中心项目所作的设计决定。16 年后，当追忆这段往事时，他想起了建筑师和业主对塔楼顶部周边支撑的关注，因为那里集中了最高档次的公寓、餐厅、电视演播室以及观景台。所以，在设计开发过程中，业主决定对高租金、无视线遮挡、高能见度的顶部几层进行了重点装修，毕竟壮观的湖畔和城市景观都属于建筑地段的有形资产。可想而知，那里自然应成为斜撑的终点；最高的 X 支撑应成为立面上最后的斜向构件，而留下的顶部数层再无支撑遮挡之忧。

斜撑一直延伸至建筑顶部，立面呈封闭菱形而非最初设想的开口 X 形式。观看模型者，从左向右依次是：法兹勒·汗、布鲁斯·格雷厄姆、艾伯特·洛基特（Albert Lockett，管理总监）、美国钢铁公司的路易斯·布鲁纳（Louis Bruner）以及理查德·伦克（Richard Lenke，项目经理）（摄影：K&S 影像公司，承蒙 SOM 事务所允许）

法兹勒的美感和理性受到了结构体系不合理中断的干扰："无论从哲学观点或结构的
127 视觉连续性方面来看，"他在 1981 年写道，"斜撑的突然中止必将是一个悲剧。"[27] 从结构上讲，在大约第 90 层楼面处交叉支撑的不连续将使整个建筑结构分成两部分，下部为筒体，上部为无支撑的梁－柱框架结构。虽然这种不尽人意的设计也还能够继续，但绝非是结构上的明智决策。他强烈感到，斜撑的过早中止将使清晰的结构形式荡然无存。法兹勒无法让自己说服建筑师和业主，便转而通过有意夸张它对结构的影响，来力争反对这种设计方案。他声称：中断斜撑将导致体系的效率降低、成本增加，非常重要的顶部楼层柔度和侧移增加。如此力争的结果是，最终设计又回到法兹勒所坚持的全高度交叉支撑方案上了。

如果斜撑未到顶部而截断，那么，其上部楼层在视觉上是不完整的，并且更重要的是，斜撑自身的作用也将很难得以发挥，而建筑背立面上的 X 图形而非菱形形状也显会得更加突兀。虽然同为一种审美情趣，X 图形虽庄重但缺少完整菱形形状所能传达出的优雅。通过延伸斜向构件到其交点处，冠冕的视觉形式变成了闭合的对角线形状。

法兹勒苦苦追求的"结构的视觉连续性"可以理解成建筑学叙事手法的流畅性。芝加哥市民愿意接受这种结构体系的建筑表达方式，许多观察家都被这幢建筑的情绪反应所感染，体会到了设计师对于生动表现力的追求。一次偶遇，令法兹勒极为兴奋：当注意到翘首仰望的两位女士谈论约翰·汉考克中心的创新时，他凑过去偷听到了她们的谈话。在对话中，一位女士自信地解释着建筑师处理正立面的艺术企图。法兹勒在心里想，她的解读简直就是对结构生命力无与伦比的致敬，这位崇拜者如此欣赏塔楼的清晰结构，以至于她毫不怀疑它是出自建筑师的生花妙笔。

128 起初令人沮丧的广场融入了一处倒影池 / 溜冰场（埃兹拉·斯托勒，© Esto 图片社）

与公众的评价相反，一些建筑师和批评家更愿意鸡蛋里挑骨头。例如，建筑底层的处理手法就遭到了非议，通高石灰华覆面的底层，为商业零售剪裁出的橱窗，对结构斜撑的隐蔽处理，街面以上结构体系视觉上的抬升，这些都成了污蔑的内容。其他的指责还包括：在创造三段式高层结构的底部元素时（从摩天大厦诞生之日起，就根深蒂固的处理手法），设计者干扰了其结构表现的清晰度；另一位评论家对底层设计的抱怨是："与塔楼上部极不搭调"；《芝加哥论坛报》的建筑批评家布莱尔·卡明（Blair Kamin）也观察道："汉考克中心跌跌撞撞地走到了大街上。"[28] 除设计方向外，项目的规
模和地位也受到了批评。而许多城市规划师则正确估计到，这幢 280 万平方英尺的摩天 129
塔楼将为北密歇根大道的开发规模提供了无限想象空间。

很多建筑学专业人士相信，在开发密歇根大道的过程中，许多人选择对约翰·汉考克中心的负面进行报道，并拒绝为其授予美国建筑师学会（AIA）奖长达 30 年。直到 1999 年，美国建筑师学会才给约翰·汉考克中心颁发了"25 年成就奖"——这是一个为具有持久重要性的建筑项目所设立的奖项。美国建筑师学会表彰了它的"结构成就……这是一个简单、优美的设计，为约翰·汉考克中心和 SOM 事务所赢得了多年的尊重。"美国建筑师学会设计委员会负责获奖建筑的提名工作，卡尔·J·亨特（Carl J. Hunter）是该委员会成员之一，在他眼里，约翰·汉考克中心"以一位竞选者的身份骄傲地站立在那里，这是建筑学与结构工程之间杰出的合作成就，是对芝加哥城市建筑遗产的贡献与诠释。"[29]

虽然法兹勒·汗未能听到美国建筑师学会颁奖的掌声，却听到了塔楼竣工后接下来几年内的大量好评。他丝毫不怀疑自己对这座塔楼所做的一切：在他眼里，这的确是一幢优美的建筑，它完美有效地诠释了建设项目与建筑场地，沿着塔楼街面的开放空间提供了令人愉快的放松环境，从建筑一直延伸到了人行道，成为芝加哥天际线的优美建筑标识之一。约翰·汉考克中心生动的建筑表达形式直接体现出那个时代的精神——乐观、活力四射、技术先进，同时，又承载着芝加哥城市环境的永恒传统，即生命力与实用性。

第二部分

扩展的设计语汇：结构形式的变化

在安放毕加索雕塑之前的芝加哥市政中心广场［摄影：华伦·迈耶（Warren Meyer）承蒙 SOM 事务所授权］

芝加哥的毕加索

在约翰·汉考克中心设计期间，法兹勒·汗还参与了另一个别具特色的项目设计。 133
这是一座50英尺高的公共雕塑结构工程，将坐落于芝加哥市政中心广场，穿过华盛顿大街，正对着布伦兹维克大厦。设计内容简单明了：大比例复制那个时代最著名的艺术家巴勃罗·毕加索（Pablo Picasso）的一件作品。

1960年，SOM事务所受芝加哥公共建筑委员会（Public Building Commission）委托，作为联合设计单位参与芝加哥市政中心的建筑设计工作。这个委员会设立于1956年，是芝加哥市长戴利倡议的城市复兴计划的一部分；旨在建设一座市政中心综合体，用于州、县、市的办公甚至还包括若干个法庭。与建筑综合体相左的是，联合设计单位建议采用单体方案，从而迎合内部平面灵活性及建筑用户便利性的目的，同时，还能给街道广场留出一块空地，而这正是建筑师们用心良苦之处，通过这个项目，提倡公共艺术的复兴。

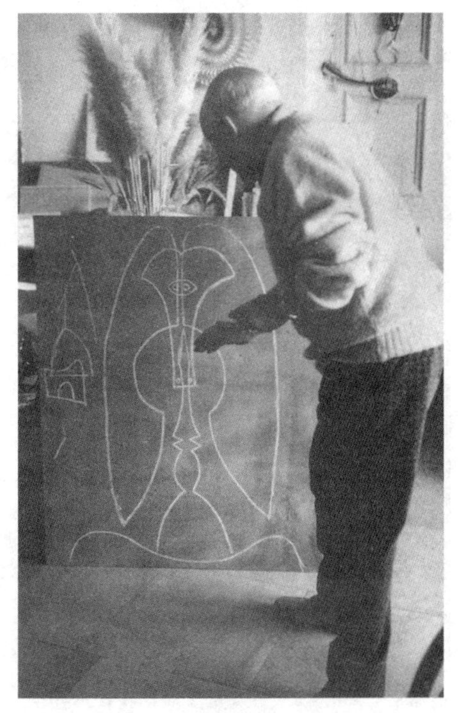

毕加索及其在木板上为雕塑而创作的粉笔画（摄影：佚名，承蒙SOM事务所授权）

比尔·哈特曼承担了寻找永久性广场雕塑方案的工作，他的艺术爱好使其成为完成这个任务的理想人选。遵循着“一步到位”的原则，比尔竭力想与巴勃罗·毕加索会面。[1]功夫不负有心人，最终这个愿望实现了。1963年，在位于法国南部毕加索的家中，由哈特曼安排，一个三位建筑师组成的代表团会晤了这位艺术大师。三位“求贤者”向大师介绍了市政中心的建筑模型、一些芝加哥名人及城市风光，目的自然只有一个，说明这里的环境值得树立一座具有高度声望的公众纪念性城市雕塑，从而激起大师的兴趣。[2]

134 毕加索爽快地同意为广场设计雕塑。在接下来的两年里，哈特曼又多次往返法国与大师会面。他们讨论了如何让这座雕塑更能与建筑物相协调，并取得了很大的一致性。建筑团队倾向使用与考顿钢相似的雕塑材料。而碰巧的是，毕加索过去的几年里，一直在从事金属切割艺术，这次的金属雕塑恰好赶到点儿上了。

离最初会面过去了近两年后，毕加索送给哈特曼了一个雕塑模型。这个钢板焊接的初步设计模型，长 27.5 英寸、宽 19 英寸、高 41.25 英寸，虽然在材料类型、基本风格、现代美感和几何精细度等方面与市政中心大楼都基本一致，但前者还是给人产生一种对位效果。对于这样一个密斯建筑风格的、钢与玻璃塔楼脚下安静、柔和的广场而言，艺术家为其相伴了一座镂空的雕塑。多个平面、纤细的长弦杆和透明而非实体的造型构成了雕塑的全部。

135 在 20 世纪 30 年代，考顿钢就已经被用于铁路货运车厢；但直到 50 年代，当它的性能得到改进并被重新提出时，才用于了桥梁及非工业建筑的覆面材料。在初期氧化过程中，考顿钢会形成一层保护膜，从而避免进一步氧化，而表面也将因此呈现红棕色颗粒状纹理。由于这种钢无需表面喷漆处理，所以又被称为自风化钢[3]。改进后的考顿钢有许多结构应用方面的优势：与普通结构碳钢相比，它的强度可以提高 40%；具有引以为豪的、更高的抗拉和抗剪屈服强度；与美国材料与试验协会 A7 或 A36 号钢相比，抗疲劳性能更好。当然另一方面，高强钢比低碳钢易脆断，并且同样会出现变形与屈曲。

毕加索呈现的 41 英寸高的金属初步设计模型，它将被用于 50 英尺高的广场雕塑设计（摄影：海德里希 - 布莱辛图片社，承蒙 SOM 事务所允许）

基于市政中心大楼的体量，要求雕塑必须与之协调而非喧宾夺主，最终广场雕塑的高度定为 50 英尺。然而随着雕塑设计的进展，工程师越来越感到必须对原有雕塑方案进行一些必要的变更：其后部两块长钢板会导致更大的风载，所以应当加强；前挡板与面板的受弯和屈曲问题也值得关注，因为这些薄板之间仅通过纺锤形细杆连接。理论分析并结合风载与振动试验表明，遵循大师设计的雕塑结构有可能无法抵御强风压作用。

大比例复制雕塑初稿模型是一件令人高度敏感的事。设计团队竭尽全力不使毕加索的雕

136

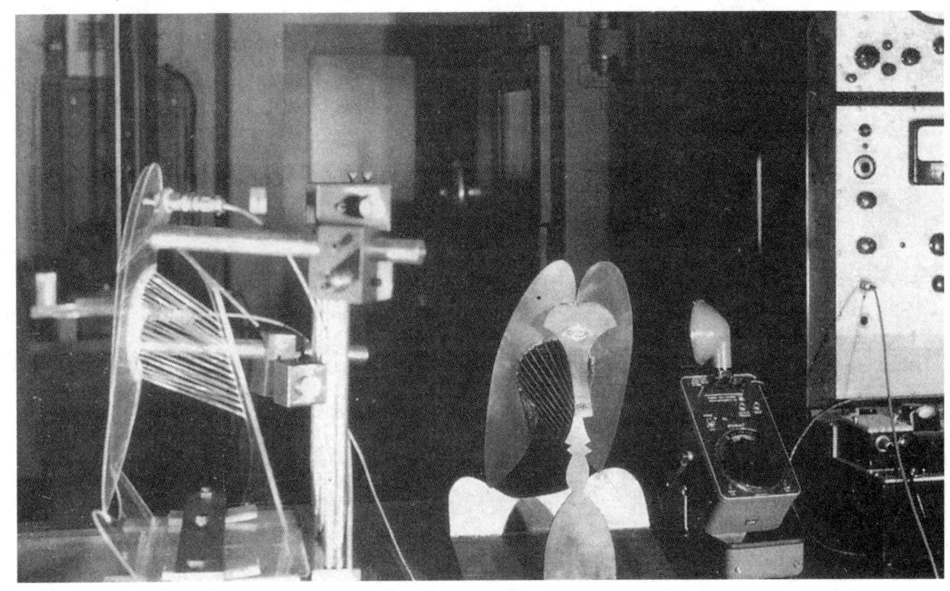

风载试验的模型之一

塑原型走样，但基于结构安全对雕塑做出必要调整，以及对这个非常规结构进行保守分析还是必不可少的。为了满足强度和刚度要求，设计人员加厚了按雕塑模型等比例计算的钢板厚度，而且自作主张地在拉杆和平板的连接处增加了加劲板。负责结构计算的约瑟夫·科拉科在雕塑背部翼板的开口处设计了加强环板；在与前挡板和面板相连的拉杆处，增加了一块三角形垂直钢板以增加前挡板的刚度，另外还设计了一个紧固构件用来连接拉杆及传递风荷载至基础。

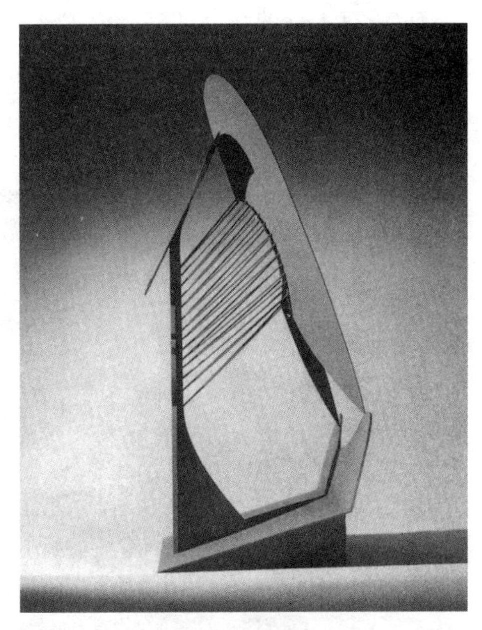

SOM 事务所的雕塑模型。连接拉杆的左侧前挡板上多出了一块加劲板，当然，它必须和毕加索的设计原型相互协调（摄影：休伯·亨利，海德里希－布莱辛图片社，承蒙 SOM 事务所允许）

虽然以上这些均出自结构安全的必要，但对雕塑外观的改变必将冒犯到艺术家原有设计。对此，哈特曼表达了否定的态度。科拉科回忆道：哈特曼通知他与法兹勒，他们可以夹着铺盖卷儿走人了，因为你俩都被解雇了。法兹勒从容地接受了这位管理合伙人的强硬言辞，他劝科拉科不必过分焦虑，继续干自己的活，他们能够找到出路。法兹勒确信能够使这座雕塑的结构现实与美学追求相系包容、相得益彰。[4]

的确，他们做到了。这个令人讨厌的前部加劲板被巧妙工整地设计到了前挡板的后侧，从而大大减少了对原设计的干扰，并且经过法兹勒的倒角设计后，它由一个丑陋的加强构件变成了雕塑设计必不可少的一部分。[5]

1966 年夏，哈特曼到法国向毕加索呈现了 SOM 事务所的雕塑施工模型，以便得到大师首肯。这位艺术家将 SOM 事务所的工程模型和自己的初步设计模型摆在一起仔细端详，最后大笑道 ：“我认为这真是太美妙了，你说呢？我可以这么说，它比原先的更好。”[6]

毕加索对自己所花费的时间也同样表现出慷慨，他拒绝了芝加哥市政府经哈特曼提供的工作报酬，坚持说，这是自己送给哈特曼的礼物，并且这位艺术家还请求将这件 SOM 事务所已经为之工作一年之久的雕塑原型捐赠给芝加哥博物馆，而不必返还给他。

为了确保这件雕塑品每个构件的细节准确以及现场安装前的加工到位，钢结构承包商，即美国钢铁公司桥梁工程部（American Bridge Division of U.S. Steel），首先在印第安纳州加里市的工厂里将雕塑建造好，然后再把雕塑结构进行拆解并运输至芝加哥市政广场，最后，在一个巨大的围挡内部进行现场安装就位、喷砂除锈，竣工后再用帆布遮盖，只待官方揭幕庆典时才可见庐山真面目。

1967 年 8 月 15 日，市政广场和周围的街道上人潮如海，大家都想在第一时间目睹这
138 座城市雕塑的真容，甚至还给它起了一个响亮的名字，叫作“芝加哥的毕加索”。芝加哥交响乐团的 90 位音乐家为揭幕庆典进行了半个小时的演奏 ；市政官员及艺术界人士表达了这件艺术品对这个城市的重要性。庆典还进行了祈祷仪式并宣读了艺术大师毕加索及林登 · 约翰逊（Lyndon Johnson）总统的贺词，国家艺术理事会（National Arts Council）的代表宣布，联邦政府从今日起将为许多城市的公共艺术提供作为配套款的财政补贴。[7]

尽管有大众的热情期待，但“芝加哥的毕加索”还是因其特别抽象的形式而遭到严厉批判。由于雕塑形象类似于对女人头部的知觉改变，以致许多人怀疑选择毕加索进行公共艺术品设计是否明智。[8]另外，在考顿钢亮光的鲜橙色笼罩下，高大的雕塑与市场中

1967 年 5 月，威廉·哈特曼（中间指手者）访问钢结构加工厂（摄影 ：法兹勒 · 汗）

心大楼外墙之间的对比让人感到不愉快，并且雕塑的颜色好像已经开始加深，呈不明显的红棕色。然而，正如芝加哥市长戴利（以及其他一些不欣赏这个设计的人）在揭幕仪式上预计的那样：随着时间的流逝，大多数最初的怀疑主义者逐渐熟悉了这个设计，并慢慢承认了这件艺术品对芝加哥所作的贡献。

这件城市雕塑为一个原本非常大的开放式广场提供了吸引眼球之处，创造出了一个
可辨认的元素，并充实了这个空间。对法兹勒来说，通过当代技术与艺术成就的融合， 139
广场雕塑的出现代表着建筑环境的丰富。他毫不怀疑，这个项目的竣工足以说明美学追求与工程现实是如何缠结在一起的，无论对于结构艺术还是公共雕塑这个纯粹艺术，“芝加哥的毕加索”都满足了美学和情感的无形要求。

虽然一些芝加哥人和建筑评论家并不为这件冰冷古怪的雕塑所动心，但其他许多人却为之激动，他们认为这是对芝加哥公共空间的补充。毕加索的创造是将“无比冰冷的钢板转化为轻快的、极具亲和力的材料”（金德）（摄影：无名氏，经 SOM 事务所允许）

20 世纪 60 年代，休斯敦正处于迅速发展时期。1969 年，贝壳广场大厦（照片中左侧最高的建筑）成为休斯敦最高的建筑（埃兹拉·斯托勒，© Esto 图片社）

第 6 章
筒中筒：休斯敦贝壳广场大厦

兴高采烈和小心谨慎交织在一起构成了 20 世纪 60 年代建筑大繁荣的特点。作为针 141
对 1960—1961 年经济萧条的反应，肯尼迪政府刺激经济的广泛举措之一就是将资金集中用于建筑与城市复兴计划上，于是一个剧烈转变接踵而来。到了 1965 年，《工程新闻记录》社论发出欢呼“扩张已成为每天的生活”，引用麦格劳 – 希尔集团经济学家的话：“这完全可能是我们从未经历过的最长时间的和平扩张……将会变成美国有史一来最大一次商业浪潮的真正开端。” 1967 年，办公楼的建设规模几乎为 1964 年的两倍，而大都市地区的房屋空置率却在持续下降。[1]

能够给建筑工业光明前景降温的是几项糟糕的经济指标：正在显著增加的通货膨胀和高起的银行利率，而且，美国的建设成本增加率同步且超前于国家的通货膨胀率。1967 年的利率水平达到了 20 世纪 20 年代以来的顶点，再加上与之相伴的信贷紧缩，这些都使得经济活动普遍低迷。“随着国防开支的飙涨和可能失控的通货膨胀危机”，整个国家经历了一个阶段的“经济内乱”，这便是《工程新闻记录》社论当时的悲观论调。[2] 然而，经济却很快就反弹了。虽然，逐步扩大的通货膨胀像瘟疫一样依旧笼罩着国家，但建筑行业却生机勃勃。1970 年，尼克松政府强推财政紧缩，试图抑制通胀，却仅仅起到了“令经济窒息”的副作用，国家经济萎靡不振的程度较 1966—1967 年更加严重。而当来年放松紧缩后，经济再次强劲反弹，在接下来的三年里，建设合同的薪金收益增长了 10% 以上。[3]

法兹勒 · 汗的设计工作受到经济大环境的影响，其中，国家财政健康及建设成本是 142
最重要一环。美学追求、结构现实和经济条件三者交织在一起决定了此时 SOM 事务所的建筑设计问题。如果说 60 年代是财源滚滚、无节制消费的时代，那么，节约的必要性就显得不是那么实用。虽然，寻找有效性是工程和高层建筑设计应当遵循的原则，但其优先级别却因时制宜。[4] 在 60 年代，有限自然资源和经济节约的初级意识是高效结构设计的保证，而承认材料特性则是探求建筑设计新思路的中心环节。

经济繁荣不仅要求大规模建设，而且还必须以具有竞争力的创新方式来塑造建筑空间，这种繁荣的二重性鞭策着法兹勒，体现在他为之奋斗的每一个具备先进结构体系的建筑项目中。法兹勒为布伦兹维克大厦和德威特·切斯纳特公寓开发的结构体系只适用于特定的建筑类型与建筑高度，虽然框筒结构体系具有明显广泛的应用范围，但他并不指望这种体系能够应用于超过大约50层的建筑高度，因为那将无法满足他最小化建筑高度的额外开支。另外，法兹勒的早期研发也只是作为深入创新的一个跳板，他谋求着能否揭示出一些新型的、相互作用的结构体系，为此，他思考着如何实现框筒与其他结构体系的联合应用。

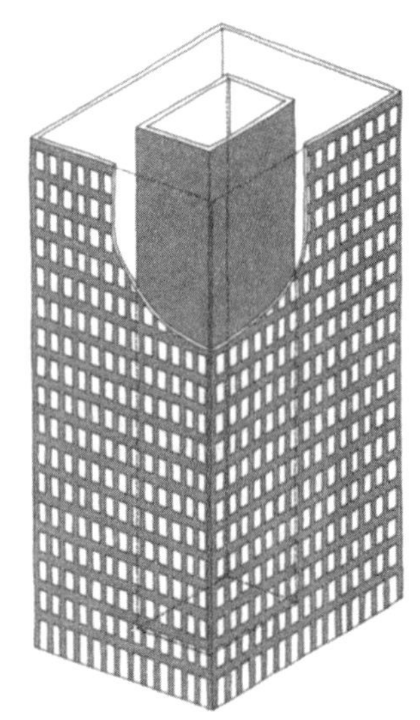

筒中筒结构体系由核心剪力墙结构与外围框筒组成（绘图：戴维·冯）

法兹勒探究了几种可能方案。首先，他从一个矩形框筒入手，通过沿短边插入全高剪力墙来加强两个周围长向平面的刚度（详见第136页图），这些内墙不仅加强了外筒的长边刚度，同时也起到了连接作用。以上这种研究方式只是一个常识性概念，它有助于解决如何提高大体量框筒建筑的刚度。然而，正是基于此，法兹勒提炼出了一个更强大的结构类型，即“模块化筒体”，而这一体系则被用于后来的西尔斯大厦结构设计中。

在此期间，法兹勒还认真考虑了第二套相互作用的结构方案，这种方案正是基于布伦兹维克大厦中剪力墙与框架之间的相互作用体系。通过对筒体结构特点的理解，法兹勒认识到，布伦兹维克大厦的外围与内部体系均可能，而且不可避免地成为筒体，这是由于现浇混凝土结构所造成构件之间的连续性。外围框架形成了外筒，沿着内核布置的非独立剪力墙形成了内
143 筒，通过内外相连，他便能够利用两个筒之间相互作用创造出一种新型有效的结构类型——“筒中筒”。这种结构构造具备优越的抗侧承载力，而且，其几何构造所具备的“海量冗余自由度”提供了一种重要的结构属性。此刻，一幢休斯敦即将上马的办公塔楼项目将为法兹勒开发这种结构概念提供了千载难逢的机遇。

贝壳广场大厦

20世纪60年代的休斯敦是一座即将开始腾飞的城市。1962年，美国航空航天局（NASA）宣布将建造它的载人航天器中心，这项发展计划包括大约45幢建筑，而且全部位于休斯敦附近。休斯敦的深水港口是全美第二繁忙的港口，新的国际机场已经纳入规划，世界最大的穹顶体育馆也指日可待；丰富的地下水、广袤又可扩张开发的土地以及包括石油在内的自然资源足以支撑当地经济。预期未来发展而在开始十年的超额建设，导致短期办公空间供大于求及相当高的空置率：1963年，休斯敦办公建筑的空置率达到令人堪忧的26.9%（相比之下，纽约只有2.9%，芝加哥为7.5%），由此带来的基建放缓反而

使空置率问题有所改善。与此同时，城市人口持续增长，截至 1965 年，休斯敦已成为美国第 6 大城市，而同年 5 月其空置率已降至 15.6%。[5]

对于建筑投资商杰拉尔德·D·海因斯联合公司（后称杰拉尔德·D·海因斯投资公司， 144
现名海因斯公司）而言，房屋租赁市场的好转标志着土建行业高速发展时期的开始。早在 1963 年，公司就谋求在休斯敦建设一座大型办公建筑，并着手与有意购楼的大客户——海湾石油公司进行约谈。公司雇用一名建筑经理和多位设计顾问为海湾石油公司准备了一套设计方案，并选择 SOM 芝加哥事务所负责建筑设计，这是杰拉尔德·D·海因斯联合公司第一次委托得克萨斯州以外的知名建筑事务所，当然，这种方式也变成了该公司的一个显著特色。自 1961 年起，杰拉尔德·海因斯与布鲁斯·格雷厄姆就一直保持良好的私人关系，当海因斯要求为休斯敦的公寓建筑规划提供建议时，SOM 事务所就展出示了其在设计方面的专长。

在海湾石油公司大楼规划阶段显露出的客户偏好，折射出 20 世纪 60 年代现代商业开发的方向，也为海因斯一贯秉承的质量发展信条提供了线索。许多有意向的客户建议：与其对场地进行过分挤压，还不如让建筑把场地占满；建筑高度不是 17 层而应为 20 层；与其固定隔墙，还不如设计成在不破坏顶棚的条件下，房间能够自由分割。这些意向客户可望让这座塔楼成为一流的办公建筑，并且，由于相信休斯敦的办公空间将不再充足，所以他们建议是否有可能建一座具备额外承载力的建筑，以便将来可以从 17 层扩建至 20 层。[6]

同海因斯公司事与愿违的是，海湾石油公司最终决定维持自己现有的租赁办公场所而非新建一座总部大楼。这样一来，在没有大客户承租主要面积的条件下，海因斯公司也无其他良策，只能将该项目暂时搁置。

当 1965 年项目重启时，建筑规划已和前些年大相径庭。在此期间，当地的房屋租赁市场已经大为改善，使得一定数量的投机性办公地产项目成为可能。原来 20 层、50 万平方英尺的办公空间已经不能适应形势需求，新方案的办公面积超过 30 层、近 100 万平方英尺，而地段也十分理想，处于城市中心商业区的心脏，毗邻另一个新建项目，面对一处很长的景观公园，并和市政厅的倒影池贴连，但有意向租购的大客户则变成了壳牌石油公司。

建筑师、结构工程师和施工经理均与以前一致，只是当地的机械、电力与管道（三 145
者合称 MEP）咨询服务公司切诺尔特及布雷迪顾问公司（Chenault & Brady）加入了项目团队。建筑的概念设计受到结构和地质条件制约，要求这个超级刚性结构必须能够抵抗飓风荷载，同时，其基础形式也必须满足休斯敦相当软弱的地基土条件。休斯敦的持力土层包括多层超固结黏土，以及散布其间的砂土层，其深度超常。[7] 在使用荷载下，这种土质易于出现大的体积变化，并且承载力有限。在这类土层和巨大的建筑垂直荷载作用下，浮筏或深片筏基础是最具成本效率的解决方案；当荷载相对较小时，预制的预应力混凝土桩基也是一种选择；基岩沉井则不适用于休斯敦，可不予考虑。

由于垫层施工需大量移土，从而有助于减少更低层土的过载。而过载问题则会带来基坑底部的受力不平衡（造成明挖基坑的坑底隆起）。当附加的建筑自重等于移土重量时，基础压应力又会回到原来的水平，上部荷载可以超过这个平衡水平，但土的持续净压力必须根据岩土工程师估算的最大允许土压力和地基变形加以控制。基于工程计算与休斯敦的施工经验，对于海因斯的这个项目，55—60 英尺的最大基坑深度是比较符合实际情况的。

根据基坑深度限制和估算的允许土压力，杰拉尔德·海因斯计划将大楼建成满足经济实用的最大高度，这个高度大约为 35 层。由于在当地市场条件下，钢筋混凝土比钢结构的建设成本低，所以这幢建筑拟采用正常自重的普通混凝土，并利用传统剪力墙来抵抗侧向荷载。当时的混凝土结构设计方法已经得到改善，但比三年前的幅度小，因为那时美国混凝土学会（ACI）刚刚发布了 1963 年版的 ACI 318 规范——《混凝土建筑规范要求》，它与 1956 年版的规范出入明显。1956 年版规范只在附录中简述了极限强度设计方法，而 1963 年版则将此方法纳入正文中。如今，强度设计方法同以前的工作应力设计方法具有同样的效力，这种新方法将计算出的内力与极限强度而非混凝土的屈服应力相
146 关联。由于应用几乎统一的安全系数，所以，将更进一步发挥出钢筋混凝土的优势，这个新的建筑结构设计规范提升了钢筋混凝土结构在经济方面的竞争力。[8]

起初，SOM 事务所的结构团队并未计划参与这个项目。然而当建筑师向壳牌石油公司展示概念设计时，法兹勒觉得他该出手了。这是很自然的，因为他在布伦兹维克大厦、德威特·切斯纳特公寓和约翰·汉考克中心大厦的项目上都有所建树，所以，大股东布鲁斯·格雷厄姆自然会同他讨论这个高层建筑设计任务。

格雷厄姆可能一点儿都不会感到惊奇，法兹勒已经有了自己关于强风作用下高层办公楼设计的概念，他的结构理念涵盖了最近五年内高层建筑设计的学习心得，他对 35 层范围内的外筒结构体系非常自信，而且十分确定：在相似的单位楼面造价条件下，采用内、外筒配对的方式就可以让楼盖得更高。法兹勒建议格雷厄姆利用筒中筒结构体系而非传统的剪力墙结构便能让海因斯的楼更高、刚度更大、自重更轻，而且建筑的轮廓还能够保持在规划红线内，同时，建筑周边还可以留出一定的空地。

除了应用筒中筒结构体系外，法兹勒还建议应解决材料自重问题。既然钢筋混凝土具有刚度大和经济性的特点，那么，为什么不利用与普通混凝土具有相似特性的轻质混凝土？常规骨料的混凝土重量为每立方英尺 150 磅，而轻骨料混凝土为 110 磅，这将导致在不增加结构总重的前提下增加建筑的层数。

事实上，轻质混凝土未被广泛接受的原因之一是，工程师与承包商对获得足够多、质量好且均匀的轻骨料混凝土的可能性表示怀疑。人们认为轻质混凝土的性质变化大，依赖于原料、轻质粗骨料的加工过程以及混凝土搅拌时骨料之间的和易性，现浇混凝土施工环境又带来了额外不确定性。轻骨料混凝土通常被用于预制构件及楼板，却很少用

于柱和剪力墙施工，从来也不曾出现于筏板基础。直到 1955 年 ACI 才引入了轻骨料混凝 147
土作为一种结构材料，而第一本介绍这种材料应用的《结构轻骨料混凝土使用指南》直到 1967 年才问世，比法兹勒推荐其应用于休斯敦的这个项目整整晚了一年。当 ACI 专业委员会力推轻骨料混凝土，并组织了一次题为“结构用轻质混凝土—— 一种被接受的建筑材料”的研讨会时，他们发现了壳牌石油公司的两份项目研究报告，委员会认为这简直是太对题了，“这么杰出的项目简直就是为研讨会主旨所打造的。”[9]

妨碍轻质混凝土作为结构材料广泛使用的另一原因就是，难以估算这类结构构件的变形。1960 年，人们首次提出了弹性模量的经验公式$E_c=33w^{3/2}\sqrt{f'_c}$，这个公式反映出了弹性范围内材料的刚度大小；三年后，这个公式被 ACI 318-63 规范采用；而之前的弹性模量推荐值为 1000 f'_c，这个值既与混凝土骨料密度无关，也同混凝土拌合物重量无关，它所代表的混凝土强度值大约为 3000 psi。由于轻质混凝土比常重骨料混凝土变形能力大，相应的弹性模量也会比后者小很多，因此，按照以前的规范来估算轻质混凝土构件的变形难免会有缺陷。

法兹勒没有被先进结构体系和材料的应用前景吓倒，他着手通过初步分析来确认其在经济上的可行性，有了预期结果后，他和格雷厄姆决意共同开始进行一段新的征程。法兹勒将向杰拉尔德·海因斯展示这个“筒中筒”的结构概念，如果后者能够接受这个新的设计方向，那么，当 SOM 事务所的结构工程师开始工作并准备相关文档之后，休斯敦当地的顾问团队才可以按计划完成工作。虽然，法兹勒对自己的想法信心满满，但对这个超前的结构任务和一些主要的设计变更心存疑虑。

法兹勒飞到休斯敦面会投资商、施工经理以及当地的结构顾问，他高度强调筒体的强度及其对于 45 层塔楼的可行性，并解释道，框筒和剪力墙框架相互作用体系已经分别成功地应用于布伦兹维克大厦和德威特·切斯纳特公寓，而筒中筒方案简单地利用了两者的优点。当然，他的这个结构方案也意味着先前的建筑平面尺寸必须加以调整：35 层 148
窄小的 112 英尺 × 224 英尺矩形平面不再适用，结构平面长宽比应保持在 1∶1.5 以下，相应的建筑平面需调整为大约 132 英尺 × 192 英尺，并且，这个尺寸也已经得到了建筑师的首肯。对于利用框筒结构来抵抗休斯敦强风作用而言，上述几何尺寸的变化是必要的，而且，这对于控制场地土不出现过载也是重要的。筒体结构应满足的第二个条件就是建筑外围的密柱深梁，对此，海因斯并未反对，因为，更小的窗地比将有助于降低建筑机械系统的空调负荷。

总而言之，杰拉尔德·海因斯相中了这个项目的推荐备选方案。其优点在于：这样的设计既满足项目目标又符合预算要求，在楼面单价不超支的条件下，能够获得更多办公空间，而且，有效的筒中筒结构概念使得一个普通高层建筑变成了夺人眼球的超高层建筑；除了拥有更多租赁面积外，不同寻常的高度与出众的外观都将提升建筑的声誉和租赁潜能。

然而，同意这个 45 层建筑的先进结构设计就意味着对常规安全性意识的破除。当然，我们这位建筑投资商杰拉尔德·海因斯是位“偏好循规蹈矩而非行事鲁莽”之人，他必须自己主动意识到法兹勒所提方案的优越性及其设计团队的卓越才能。[10] 一个有过第一手验证记录的结构体系肯定是具有吸引力的。为了找到“其结构理论的可靠证据”，SOM 事务所必须依靠布伦兹维克大厦和德威特·切斯纳特公寓[11]，然而这两幢建筑却都出于自家设计，而且都是刚刚竣工不久。虽然缺少了其他先例，海因斯还是决定启动这个建筑方案，它的确是包含了很多个第一：第一幢全轻质混凝土建筑、第一个筒中筒结构、密西西比河西侧最高的建筑，并且也是世界上最高的钢筋混凝土建筑。在整个项目过程中，海因斯一直保持着对法兹勒及其设计团队其他同事工作能力非同一般的信任。十年后回头再看，法兹勒对海因斯的信任评说如下：“从杰拉尔德·海因斯那儿，我得到了从未有过的
149 尊重，这是对我专业知识的最大尊重……你想带领一个团队，并且如果觉得别人尊重你、信任你，那么，你就去尽全力把活儿干得漂亮点儿。”[12]

新的结构和建筑概念已经得到了开发商的认可，现在是时候将其呈现给壳牌石油公司了。壳牌石油公司的代表对这个先锋式的结构概念和其将成为休斯敦最高建筑持开放态度，事实上，他们是喜欢这幢塔楼的垂直线条感。

至此，格雷厄姆和法兹勒才都松了口气儿，并在石油公司代表偏好的鼓励下，努力表现出建筑的垂直构件以体现其高度特点。法兹勒分析了承受巨大荷载的建筑外围结构中柱的力流分布，并在对此力流的审美认知基础上，完成了竖向构件的设计工作。在每层肋梁楼盖体系的转角处，从双向角板的板带或“柱带”传来的集中荷载将导致支撑柱产生巨大的局部轴力和弯矩。对此，法兹勒并未采用增大周边柱钢筋用量的方法，而是采用逐渐扩大柱截面尺寸以求支撑更大的楼面荷载，其目的在于，使周边角柱与中柱的应力水平基本一致，均衡各柱之间的应力水平，并且还能起到另一个结构作用：就是降低了相邻柱之间的徐变（混凝土在持续荷载作用下的变形）差异。这样一来，建筑外立面上的柱尺寸将不再统一，允许某些柱超出外墙线，从而创造出了略带韵律感的外墙。这样的外立面成为那年春天新闻稿的关注焦点，对此的评介如下：“这个建筑的外观形式反映了结构内力的自然特点，体现了对先进工程原理的清晰表述。”[13]

尽管法兹勒与格雷厄姆在这个设计中追求现实主义的建筑表达，但并非教条式贯彻；虽然，他们想传递出现浇混凝土的可塑性特性和周边框架的承重墙特征，但并不会以结构构件设计成不切实际的几何形状作为代价，而是把外围框筒柱设计成便于施工的矩形截面，并将阶梯形柱的延伸部分进行了圆滑过渡，再通过额外的覆面元素加强了底部的承重墙效果。

在确定建筑外平面时，设计团队考虑了诸多准则，为满足外柱间距符合典型的办公建筑模数尺寸，设计人员考察了 4 英尺和 8 英尺两种柱距。小柱距可使筒的效果更加明显并减小空调负载;但另一方面，站在建筑学的角度，大约 4 英尺的柱距给人一种局促感，

并增加了施工的人力成本。海因斯倾向于 8 英尺柱距，显然，这是办公建筑外观的实用网格尺寸。但法兹勒却不敢苟同，他更喜欢柱子靠得近一点儿以创造出更有效的筒体作用，并且，也能够避免楼板托梁支撑在柱间的窗裙梁上，从而导致窗裙梁出现扭矩。最后的折中方案是 6 英尺的外筒柱距，它便于协调灵活的建筑内部平面布置及 2 英尺宽的顶棚镶板。跨度 6 英尺的肋梁能够直接支撑在周边柱上，令窗子的成本最小，这是由于更大的洞口要求更厚、更贵的玻璃来抵抗飓风荷载。

150

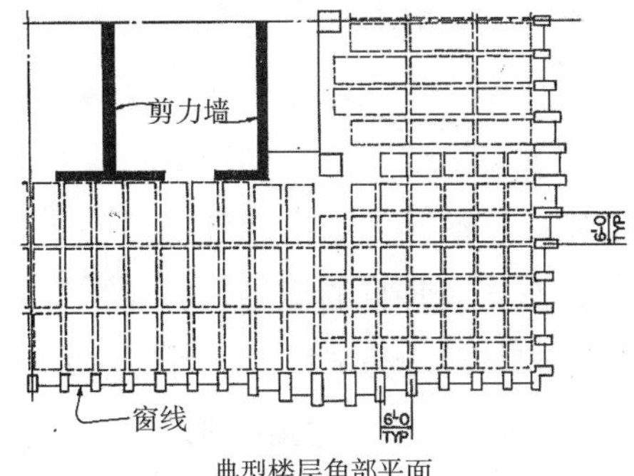

楼层角部的平面示意图说明托梁及密肋板楼盖（承蒙 SOM 事务所允许）

轻质高强混凝土

对于高层设计技术的进步而言，壳牌石油公司项目的意义体现在：它不仅引入了一种新型结构体系，而且还广泛应用了一类特殊的混凝土，即轻质高强混凝土。法兹勒选择将这两类混凝土的高品质结合起来：对于肋梁楼盖体系，使用 4500 psi 规定抗压强度的轻质混凝土，而其他所有结构构件的混凝土强度则为 6000 psi。

轻质高强混凝土的优点是明显的：更高的抗压强度使柱和墙能够承受更大的荷载，从而减小了混凝土用量；与高强度相应的更大的弹性模量为控制挠度、轴向压缩变形和侧向位移提供了更大的刚度，并且更高的早期强度使施工拆模时间更短。轻骨料混凝土的应用可大大降低结构自重，同时具备更好的隔热和防火性能。虽然轻质高强混凝土较常规混凝土的成本高，但其用量的节约抵消了这些额外开支。

选择整个建筑结构为轻质混凝土的本质在于控制建筑总重。岩土工程师计算表明，筏板下的压强高于预估值，因此，必须降低结构材料的数量与自重。更糟糕的是，建筑方案又增加了几个楼层，起初只是两层，接着又多出了额外的 3 层，

151

周边框筒柱高的变化，从 2 英尺到 4 英尺，既具有视觉价值，又具备结构目的（摄影：佚名，承蒙 SOM 事务所允许）

虽然这个变更不会危及塔楼的结构设计，但却影响基础设计。

如今，建筑设计中使用普通重量的高强混凝土已经不再稀奇，然而在20世纪60年代中期，超过3000—4000 psi的混凝土使用范围却很有限，轻骨料高强混凝土更少见。[14]稳定品质的高强轻质混凝土需要全阶段的质量监控，从搅拌到养护。不同类型的混凝土都具有许多各自的敏感性，如果将其混合，会加剧敏感性。正如在《建筑学论坛》中有关结构材料的特别报告中所描述的那样，混凝土“更像是一个工艺流程而不是一种材料，其工艺流程也是一系列错综复杂的决策与行动而非一个现成的工具”[15]。为了达到高强混凝土的正确配合比，混凝土供应商必须学习高强混凝土的制备工艺，并投资培训高级
152 技术人员及昂贵设备。而承包商也可能必须拥有一些特殊设备，例如，泵送和振捣设备，以便处理黏稠的高强混凝土，而且混凝土一旦送达施工现场，施工过程的协调也至关重要，这将保证混凝土的顺利浇筑和振捣。

虽然，钢筋混凝土作为结构材料已经在20世纪应用了75年，但这种材料的发展却相当缓慢。为了促进该领域的进步，1965年《土木工程》（Civil Engineering）期刊的一篇论文建议，有必要让科学家与设计工程师协同研究，这样一来，既可以促进科学探索，又有助于工程设计与实际应用。[16]

正是通过理论与实际相结合，才使法兹勒能够在贝壳广场大厦项目中对混凝土作出大胆尝试。在博士研究期间，他已经对混凝土材料有了全面的理解，并且，通过对高层结构中柱的微小收缩变形的调研扩展了知识。法兹勒工作在一座高强混凝土开发与应用前沿的城市，而其所加入的专业组织更让他对结构混凝土的研究现状有了最直接的接触。在设计项目中，他非常乐于同材料专家进行沟通，从材料工程师到大学教授，他都很有兴趣交往，也愿意和研究机构的工程师们开展一些科学项目。法兹勒不仅对科研有兴趣，比如，他在巴基斯坦启动了一个新的建筑研究试验室，而且更热衷于实际应用、建筑设计和施工过程。

1967年春，当杰拉尔德·D·海因斯投资公司邀请承包商投标贝壳广场大厦项目时，一场关于选择特殊混凝土材料是否明智的大讨论开始了。当地一家承包商的回复令人感到不安：他对该项目不感兴趣，并告诉海因斯，因为他不同意所选用的混凝土种类。这位承包商并不关心6000 psi的高强度混凝土，只是对推荐应用的轻质混凝土表达出强烈质疑，按照他的观点，轻质混凝土用于柱和墙并非是个好的施工作法，原因是这种材料的徐变和干缩（失水而导致的体积减小）都非常明显。为了说明轻质混凝土的负面影响，他提到达拉斯的一个建筑项目，该建筑的许多面砖已经开始从轻质混凝土结构墙上剥落，对此，一般的共识是轻质混凝土的缺陷所致。而如今，贝壳广场大厦的设计几近完成。
153 SOM事务所发现自己碰到了一个“难缠的客户”，海因斯要求法兹勒到达拉斯对墙砖剥落问题一探究竟。[17]

法兹勒首先咨询了波特兰水泥协会的工程师。在调查的基础之上，他们发现420英

尺高的达拉斯这幢塔楼外立面整贴墙砖，并无伸缩缝。因此，法兹勒与波特兰水泥协会的同事一致认为：下午阳光致使墙砖受热，而外面的墙砖比内部的轻质混凝土膨胀量大，在没有伸缩缝的情况下，面砖压曲剥落，一旦少量墙砖脱落后，压力就会得到释放，其他墙砖将不会再有脱落。

法兹勒的达拉斯之行是为了确认自己的观点是否正确：即，覆面设计而非结构材料是造成面砖破坏的原因，并且，无论是否由于徐变或收缩导致轻质混凝土变形，位于西立面上的外墙都将会因为日照而产生明显膨胀，必须为这种体积增长留出空间。他把自己的想法与相关承包商及海因斯本人进行了认真沟通，同时，也借此机会指出："对任何特定建筑所需结构材料的理解是至关重要的，对所有结构和建筑问题的开发设计都应本着协调的方式，以便在每个阶段对整个建筑及其特点都能做到了如指掌。"[18]

轻质、高强、筒中筒，如此多的结构亮点，却也成了烫手的山芋。鉴于此，业主和SOM事务所都同意让法兹勒带领工程团队全面负责整个结构范围内的设计工作。[19]同时，海因斯雇用了当地的威尔逊－莫里斯－科兰－安德森事务所（Wilson，Morris，Crain，and Anderson）完成建筑施工图并进行施工监理。实际上，SOM事务所的结构工程师并不习惯于由第三方进行建筑施工图设计，因为在SOM芝加哥事务所，不同专业已经习惯于协同工作了。与SOM事务所的这种跨专业设计氛围不同的是，许多其他事务所和设计公司的建筑师更愿意独立作出设计决定。

建筑师及少部分机械工程师认为，大量可能影响结构设计的变更并不必事先咨询结构工程师，因为设计和施工期间的变更都是被允许的，但这种观念却令结构设计团队大吃一惊[20]，因为，SOM事务所的业务流程特别强调工作关系的唯一性——是谁的事儿就必须由谁去完成。由于注意到了设计行业和他认为的创新整合理念还有很大的距离，法 154
兹勒便开始经常呼吁他的理念。他强调，建筑师和工程师必须像一个团队那样协同工作，应该克服眼下"建筑是一个人设计出来的错误思想"。他相信，协同工作是建筑元素协调设计的基础，而且也有助于避免建筑学的狭隘性，即"令人激动的创新美感是基于结构的自然形式[21]"。

筏板基础

法兹勒推荐给杰拉尔德·D·海因斯投资公司的塔楼方案采用了筒中筒结构体系，修订后的塔楼尺寸有助于满足基础筏板的允许土压力值，而更进一步的措施则是需将塔楼荷载分散到更大的基底面积上。为此，设计人员将8英尺3英寸厚的筏板沿塔楼周边外挑了20英尺（由于地基土的净反力，外挑长度太大将导致筏板结构产生过大的弯曲应力）。为了充分利用塔楼至建筑红线的空余距离，并作为额外的停车及商业空间，地面以下的准独立结构成为一个不二之选。这部分扩展结构的楼盖体系一端支撑于沿筏板边缘的柱或墙上，另一端搁置在钻孔桩上。

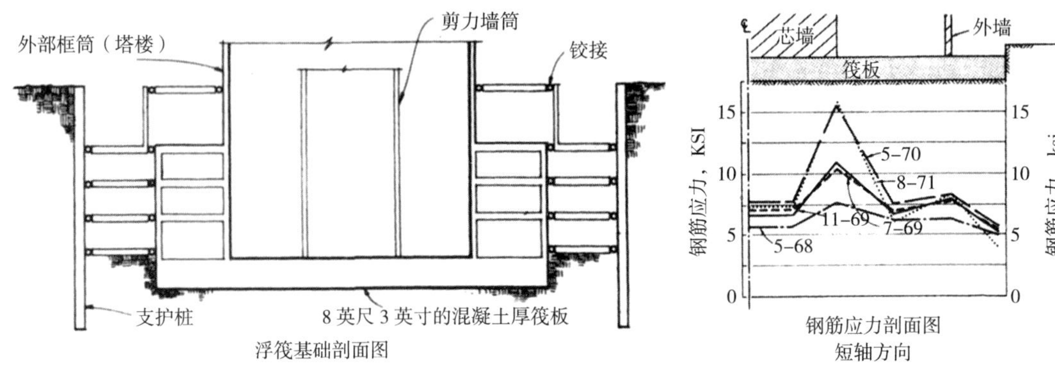

厚筏板基础超出了塔楼的外墙但并未延伸至车库边缘，地下室的结构骨架允许基础出现不同的沉降量（绘图：法兹勒·汗，“轻质混凝土”，1970 年）

检测筏板的钢筋应力、承压力及位移，以便结构和岩土工程师比较理论方法与实测值（承蒙 SOM 事务所允许）

在 20 世纪 60 年代，筏基设计时一般假定土的反力是均匀分布的，在休斯敦以这种方式进行基础设计的经验是没问题的，地基变形也在合理范围内。然而，如果仅仅按照结构上部荷载产生的均匀土压力对贝壳广场大厦进行初步分析，将会导致筏板内产生相当大的弯矩[22]，这让法兹勒开始质疑这种分析方法的有效性。他注意到，这幢建筑上部结构的实际刚度变化规律为：从中心内核到外围结构再到超出建筑轮廓的车库结构，刚度在逐渐递减，如果再考虑到土的可压缩性，将会导致筏板产生变形与内力，这个计算结果与地基土反力均匀分布的假定不同。在和贝壳广场大厦项目的岩土工程师——麦克利兰工程咨询公司（McClellnad Engineers）的约翰·A·福赫特（John A. Focht）就基础分析问题进行讨论后，法兹勒认定之前的理论分析方法应当改进，必须考虑土的可压缩性以及建筑上部结构的刚度影响。

155 在缺少现成的能够考虑土与结构共同作用的分析方法条件下，结构与岩土工程师提出了一种近似迭代方法。这种分析方法要求多次交换作为迭代过程一部分的计算机结果。对此，福赫特假定筏板下部多个区域的土压力分布不均匀，并将此假定作为迭代过程的初始条件，在筏板和土体位移叠加的基础之上，这种协同迭代方法让工程师能够估算出用于结构设计的合理土压力、筏板变形及筏板应力。

尽管工程师对他们的分析方法都很自信，但还是渴望通过现场观测来验证其关于土和上部结构共同作用的假设。法兹勒对于基础和上部结构共同作用这个地基与基础工程学科中的新生事物表现出接纳的心态，并与福赫特一道向塔楼业主呼吁在筏板内安放检测设备，因为只有通过这种观测方式，工程专业才能确定更好的分析步骤及此类基础的设计准则。“考虑到此结构的重要性，”他在向为杰拉尔德·D·海因斯投资公司服务的施
156 工项目经理约翰·哈里斯（John Harris）的信中写道：“应当保留一部分应急资金用于应变仪和计量测定的花销。”[23] 法兹勒非常感激投资商的长远眼光，愿意赞助用于将来基础设计的研究型项目。测量设备安装在筏板内部及下部，用以提供土的反作用力、筏板的

性能表现以及上部结构构件相对刚度的影响等多种信息。[24] 1980年的检测结果表明：虽然不均匀沉降差比估算值小，但总沉降量接近工程师的预测。其他大型筏板基础的长期观测表明：12年后的地基沉降仍会继续，但将以非常低的速度，并且沉降差的增加量也已经非常小了。

徐变和收缩分析

“所有建筑，”1971年，美国混凝土学会期刊论文指出：“都非把自己撕裂不可”，其原因在于徐变和收缩效应以及由温度变化导致的位移。[25] 无论是由于内部或外部原因，结构组件之间的都可能出现位移差，这不是什么新鲜事。早在19世纪60年代，建筑及历史学家维奥莱－勒－迪克（Viollet-le-Duc）就观察到由内部金属柱和外围砌体墙支撑的楼板骨架会产生这种不利效应，其原因就在于两种不同支撑材料的沉降差异特性。为了避免这个问题，他建议把外墙设计成“仅仅具有围护作用，除了支撑自重以外没有其他功能。”解决位移量不同的最简单方法就是分离相应的建筑组件。[26]

20世纪60年代的新问题在于结构位移差的涉及范围：支撑巨大荷载的、非常高的柱和墙；遭受环境温度剧烈变化的暴露外柱，并且，外柱与内部框架整体施工。法兹勒意识到温度变化对高层混凝土建筑影响的重要性，在设计布伦兹维克大厦时他便开始研究温度导致的膨胀和收缩问题。对现有混凝土建筑中的相关问题及隔墙开裂的观测，使他认识到：除了温度位移外，设计中徐变和收缩位移也是必须估算的。当然，对于像贝壳广场大厦这样一幢50层的建筑而言，上述问题的考虑势在必行。[27]

然而，轻质混凝土的徐变和收缩特点还很不明确，大量实验结果表明：轻质混凝土的徐变和收缩比正常混凝土更加严重。这也导致对轻质混凝土应用时不分青红皂白地指责，比如，达拉斯大楼的外墙破损问题。而另外的研究则表明，轻质混凝土的徐变是能 157
够控制并保持在正常混凝土的范围之内。1978年，一个有关徐变、收缩和温度效应的技术委员会指出：“轻骨料混凝土可能比正常骨料混凝土的收缩严重得多。”然而，又有人写道：“相比较正常混凝土而言，只要精心选材及配合比设计合理，轻质混凝土的干缩问题在很大程度上是可以控制的。”[28]

试验结果的分歧看似既与许多影响混凝土特性的因素有关，又同轻骨料混凝土的内在质量有关。这里面的主要因素为:混凝土拌合物中水泥浆的质量、含量以及孔隙含水量；其他因素则包括：水化反应率、养护条件、含水率、骨料、钢筋、体表比、厚度、温度变化和空气湿度。弹性模量高、强度大的骨料好像能够抑制收缩和徐变；水泥含量高则收缩量可能增加。因素之一的含水量影响效果最为明显：含水量越高，坍落度越大，收缩与表面开裂程度越大。[29]

法兹勒坚信：轻质高强混凝土的优点是值得为其进行冗长的混合料筛选以及严格质量把控的。为控制构件挠度，结构设计文件要求：混凝土供应商必须使用膨胀页岩骨料，并且，在生产具有徐变与干缩特点的混凝土拌合物时，其弹性模量应与高标准的正常自重混凝土相当。就贝壳广场大厦而言，这无疑是一个雄心勃勃的目标。但法兹勒在文章中也承认："对于大多数有经验的工程师来说，满足贝壳广场大厦项目要求的轻质混凝土所应具备的特性显然是难以达到的。"从一开始他就认识到了这个困难，但他坚信，作为结构材料的轻质混凝土有必要得到额外关注，这包括：骨料成分的选择、配合比设计、浇筑以及养护过程，这些是实现目标所必需的。[30]

建筑内部结构构件的所在位置使贝壳广场大厦的徐变分析变得更为复杂，因为这些构件处在建筑难以对付的一个核心区域，6 个巨型钢筋混凝土柱支撑着角部区域密肋板的柱带，而这 6 根柱子又接近于服务核心区的剪力墙。由于柱的应力远大于剪力墙上的应力，因此，前者的徐变也将大于后者；另一方面，钢筋将从周围的混凝土上分担相应的荷载，有助于减小应变和徐变。巨大的角柱配筋率高达 4%，而剪力墙却只需 0.25%—0.75%。计算显示，柱的缩短量小于剪力墙，这是因为前者竖向钢筋的配筋率更大，两种构件的最大徐变位移差超过了 3 英寸。[31]

法兹勒意识到，柱与剪力墙之间不同程度的收缩差会导致核心区周围楼板产生巨大的扭转，薄板将应力超限而开裂，这个区域的隔墙也将如此。为此，他决定将 6 个巨型
158 柱与剪力墙筒体结构之间以深连梁相接。其作用在于平衡柱与墙之间的收缩差，反过来，也会降低板中应力。在抵抗位移差的过程中，连梁会将荷载传递到缩短量小的垂直构件上，即从配筋率小的剪力墙传递到配筋率高的柱上。同时，刚性连梁还有着另一个结构目的：既然建筑抗倾覆能力是通过重力荷载配合结构布置而获得的，那么，将承受巨大荷载的柱与剪力墙内核连接起来必然会更加有效地抵抗侧向荷载。

正如高层结构新规模所带来的其他结构问题那样，眼下的问题是没有现成的方法来分析连梁中的应变。基于实验与当时提出的理论，每道连梁将从核心区剪力墙向相邻柱上传递巨大的荷载，但究竟是多少？粗略分析沿 6 根柱的每个柱高将传递 1000kip，即，按照弹性分析计算出的总荷载将会超过 6000kip 这个惊人的数字。[32]

法兹勒考虑着基于现有实验研究数据所进行的高层建筑底层柱设计的有效性。以前的徐变试验仅限于简支受弯构件且一次性满载，而高层建筑中的柱所经历的荷载历程却并非如此，与一次加载相反的是，柱上的荷载是随着施工过程而逐渐增加的；与此同时，在持续养护条件下，下层柱截面的混凝土强度也在渐进式提高。随混凝土强度和龄期的
159 增加，徐变量会逐渐降低，这一点是人所共知的。因此，施工速度、施工顺序以及加载历程都是确定实际竖向位移差的重要因素。当法兹勒对高层建筑中的柱构件看得越是透彻，就越是觉得有必要建立这类徐变方式的典型理论，而且这个理论好像也是显而易见的。

法兹勒就一个试验项目的想法与波特兰水泥协会进行了接洽，在这个试验中，他有意将柱试件做分级加载。[33] 与此同时，他和波特兰水泥协会的马克·芬特尔着手开始研究合理的计算基础。法兹勒认为柱的收缩变形与时间有关，即和柱所受的荷载历程有关，

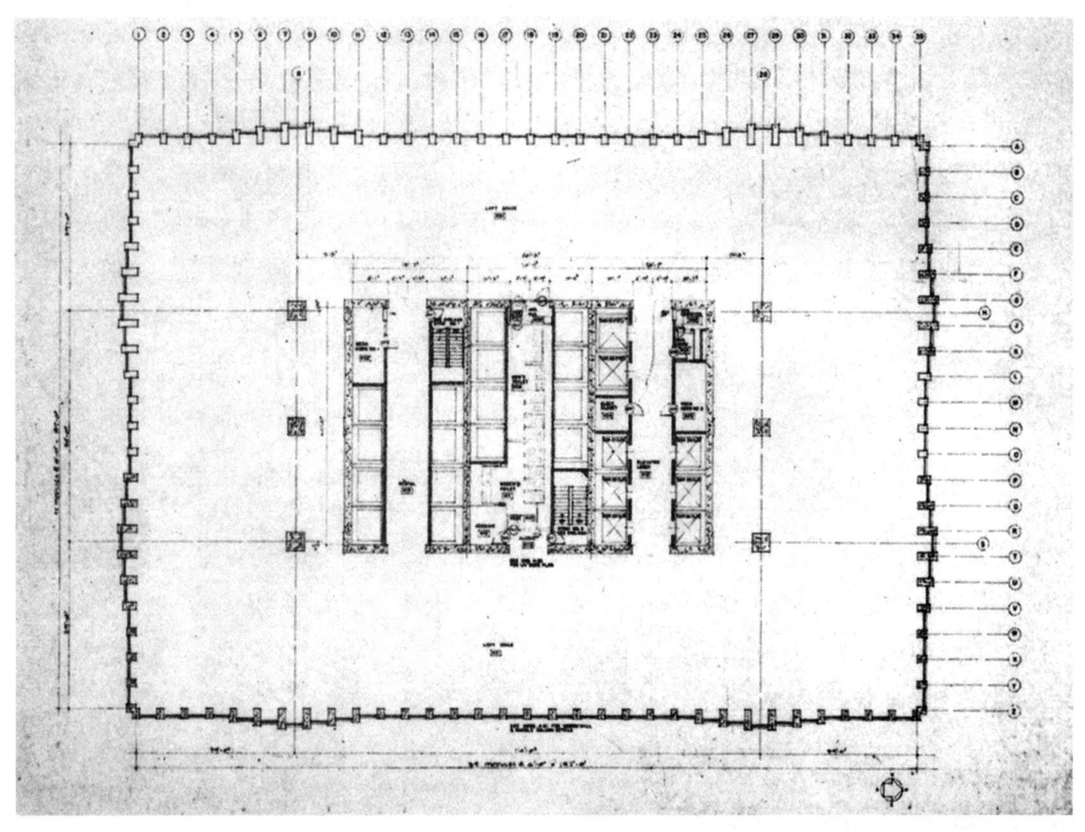

变大的外墙柱用于承担更大的荷载，而这个荷载则是来自角区密肋板；在建筑内部，一个截面很大的柱是密肋板边缘“柱带”的支撑端。刚性连梁连接着内柱与剪力墙（承蒙 SOM 事务所允许）

波特兰水泥协会实验室意识到他的这个观点意义重大，因此，立即启动了试验项目。柱试件的加载方案为：在 50 周内采用增量加载，用以模拟 50 层建筑的施工荷载。试验结果证明：当试验加载类似于柱的实际受力方式时，混凝土的徐变收缩量相当小，其原因在于：按层施工时，柱的荷载增量很小，而且混凝土的强度随龄期在增加。虽然其他高 160
层建筑的经验显示出：高层建筑的位移差是不可忽略的，但轻骨料混凝土柱的徐变特征既不像以前公式估算得那么大，也没有与正常重量混凝土那么大的差别。

虽然，复杂的徐变分析往往会耗费很长时间，但 SOM 事务所在贝壳广场大厦设计时应用了一种基于荷载历程的处理方式，这也是该项目首屈一指之处。约瑟夫·科拉科回忆起写计算机程序以助其计算的过程：每增加一层楼面荷载（代表每施工一层），结构计算模型都要修改一次，以便能够考虑该层以下混凝土弹性模量的同步增加。[34]

法兹勒和芬特尔继续进行着有关高层结构中的徐变和收缩效应的研究工作，在两人合作的后五年内，他们合著的 10 篇论文中有 3 篇都涉及这个问题。多年后，他们有关高层结构中柱的温度、徐变和收缩效应的一系列论文均在相关的工程结构教科书中被提及。估算徐变时，荷载历程的相关性得到了工程界的广泛认可。

然而，分析方法的广泛接受还是受到了某些因素的拖累，其中包括，冗长乏味的计算以及缺少计算机软件来辅助计算。后来，在与波特兰水泥协会的S·K·高希（S. K. Ghosh）合著的论文中，芬特尔描述了这个困难："由于多层建筑中，每个层高的柱段所承受的荷载增量都与该柱以上的层数一样多，因此，问题的解决就必须通过大量的手算与总结；对于每一次荷载增量，每个柱段都有些依赖与时间有关的新属性……以及一个新的转换截面尺寸和新的配筋率。"虽然，这个效应对高层建筑结构非常重要，但鉴于其复杂性，实际上只有少数建筑进行了徐变与收缩分析。[35] 当然，现如今的相关计算软件唾手可得，徐变效应的计算已不再是问题。

贝壳广场大厦设计对于提高工程结构材料和结构体系的应用水准具有重要意义。尽管高强、轻质混凝土的应用具有一定的复杂性，但其在该项目中的广泛使用是一个成功
161 的案例。[36] 法兹勒很高兴地看到，这个设计标志着轻质混凝土时代的到来，许多工程应用表明，这是一种超级结构材料。这个建筑的结构形式也不只是孤立的，而是代表了现代结构技术的希望，是混凝土结构垂直线条的建筑学阐释。在承认结构现实和优美地强调外墙力流方向的同时，每个立面之间的协调性也缓和了单调乏味的趋势，增加了大体量矩形建筑的流动感。

贝壳广场大厦外立面上的起伏效果赋予了塔楼独特的辨识度。图片背景里贝壳广场二期依稀可见（左侧）（埃兹拉·斯托勒，© Esto 图片社）

对贝壳广场大厦设计项目来说，筒中筒结构体系被证明是50层办公建筑的高效形式，其由于建筑高层而产生额外成本几乎可以忽略。而且，结构体系同材料特性的结合，使其在满足结构的低成本施工条件下实现了很小的摇摆系数。1971年，当其马上竣工时，ACI期刊向读者报道如下："贝壳广场大厦将是世界上最稳定的高层建筑之一。"[37]

不久之后，法兹勒不经意地停止了在其他项目中对轻质混凝土的广泛应用。在为杰拉尔德·D·海因斯投资公司设计的下一个项目中，法兹勒再一次结合了两种类型材料的优势，即结构钢与钢筋混凝土。通过将混凝土和钢结构结合在一起形成一种有效的、通用型结构体系，他设计了一种可以降低混凝土用量的刚性超高层建筑结构方式，削弱了追求将轻质混凝土作为结构材料的工程公司的初期动机。[38] 在其竣工后的30年里，贝壳广场大厦仍然保持着世界上最高的轻质混凝土建筑，这个地位无"楼"能及。

约 1972 年的法兹勒·汗

第7章
隔震概念与带状桁架

在20世纪60年代期间，法兹勒一心扑在高层建筑结构上，努力开发新体系，完 163
善自己在结构类型和结构材料特性方面的知识储备，专注于设计项目的施工过程。SOM事务所的高层充分认可了法兹勒的能力与贡献，并于1966年任命他为公司的初级合伙人；次年，当阿尔弗雷德·皮卡迪离职后，法兹勒又被委任为结构与土木工程部门主管，1970年再次提拔为普通合伙人。[1]

此时的法兹勒热衷于提升SOM事务所的计算机应用水平，积极协调各事务所之间的IT业务。20世纪的整个六七十年代，公司一直保持着设计专业计算机应用与软件开发的领军形象，由法兹勒和哈尔·延加编写的结构工程软件形成了事务所程序库的核心，相继研发的其他应用程序还涉及建筑学、机械、建筑体系选型优化、技术规程、预算、办公管理、计算机图形图像等，到了70年代末，计算机图形学已应用于施工图设计。

法兹勒是多个专业组织如美国混凝土学会、美国土木工程师学会（ASCE)、美国焊接学会（AWS）的成员；60年代中期曾任ASCE伊利诺伊州分会主席，并是AWS顾问委员会的活跃成员。60年代末，法兹勒的技术论文和设计成就得到了这些专业组织的广泛认可。1972年，法兹勒当选第七位《工程新闻记录》的建筑业年度风云人物奖（Construction's Man of the Year award)；1973年又获得了美国钢结构协会的J·劳埃德·金布罗奖章，成为第五位在35岁前就拿奖之人。荣誉为法兹勒赢得了众多国际组织和大学机构的青睐，他的身影时常出现在主旨演说的讲坛上，出现在学生社团的人群中。[2]

法兹勒没有在花环的簇拥下止步不前，相反，更加全身心地投入了研究和技术开发。因致力于钢筋混凝土高层结构长期性能的细节分析，所以，他保持着与波特兰水泥协会
的工程师们，特别是马克·芬特尔的密切往来。1967年，两人将有关多层结构特性的讨 164
论话题转移到结构工程的其他方面；1964年，阿拉斯加的大地震以及整个60年代接二连三的地震破坏促使他们开始反思强震作用下的结构性能问题。

地震工程的进步

地震灾害引起了人们对地震活跃区多层建筑结构的重视。世界范围内的强震导致巨大破坏、建筑倒塌和数以万计的人员伤亡。很明显，设计与施工方法并未对结构失效和生命丧失提供足够保障。为了很好地改进结构设计准则及建筑构造要求，工程师首先必须弄清楚强烈地面运动下结构是如何反应的。震害为理解建筑性能提供了契机，使不同类型结构的抗震性能得以记录与分析。美国钢铁协会（AISI）、波特兰水泥协会和其他专业组织开始赞助工程团队到震区考察，作为波特兰水泥协会委派成员，马克·芬特尔考察了前南斯拉夫东南部城市斯科普里（Skopje，现为马其顿共和国城市——译者注），1963 年的地震夺去了那里 1100 多个生命，四分之三的城市建筑遭到无法修复的破坏；四年后，芬特尔再次带队到委内瑞拉首都加拉加斯进行震后考察，对于工程师而言，经过之前的数次地震后，本回震害调查变成了一次对设计与施工现状的令人不安的评估。

整个 20 世纪上半叶，发展迟缓的抗震设计令人焦虑。考虑到建筑结构的抗震性能还未被很好理解，联邦住房管理局也只好做如下报告："更为复杂的、有关高层建筑抗震设
165 计的问题在很大程度上都被回避掉了。"[3] 例如，洛杉矶的法律限制建筑高度不能超过 13 层，因为这被看成了引发臭名昭著的城市无序扩张的条件之一，简直就是欲加之罪何患无辞。[4] 然而到了 1958 年，这种回避抗震问题的方式发生了改变，加利福尼亚州结构工程师协会（SEAOC）颁布相关设计规范，规定了最小侧向等效静力设计荷载和最大允许设计应力，SEAOC 容许建筑盖得更高，但超过 13 层或 150 英尺时，必须采用完整的弯矩抵抗型钢结构框架。"希望应用成熟的材料……能够展示出结构良好的延性和耗能特点，" SEAOC 地震工程委员会主席威廉·惠勒（William Wheeler）解释道，言下之意在于：提高了钢结构在高层建筑中的地位。[5] 然而由于混凝土行业人士的反对，导致该委员会认识到以上表述限制了混凝土结构的发展，随即将相关章节的内容修订为：既允许使用延性材料（钢材），

从左至右：莉泽洛特·汗、马克·芬特尔、哈里·斯塔夫里德（Harry Stavrides，芝加哥市政府建筑部门的结构工程师）及斯拉瓦·芬特尔（Slava Fintel），1982 年（摄影：法兹勒·汗）

也允许使用延性组合材料，即钢筋混凝土。

加利福尼亚州结构工程师协会修订后的设计建议并入了 1961 年版的《统一建筑规范》（UBC）。直到多年后，地方性标准才接纳了 SEAOC 的设计建议，并在基底剪力计算公式 166
中引入了两个参数：一个是建筑的基本周期，另一个是建筑的结构体系。但由于当时人们还不了解地基土对基底剪力的影响因素，所以并未引入有关土的参数，而像淤泥质这类软土能够加重地震效应的证据还处在搜集和整理说明之中。

基于 SEAOC 的设计建议要求、建筑地震反应观测以及结构延性的研究成果，波特兰水泥协会出版了用于指导工程实践的详细指南《多层钢筋混凝土建筑抗震设计》。该指南坚持认为，延性与耗能而非建筑高度是控制地震破坏的关键[6]，钢筋混凝土构件应通过变形来耗能，并在非弹性阶段提供强度储备，从而确保大震时的结构稳定性。这本 1961 年的设计指南非常有用，它规范了延性构件的钢筋构造，工程师可以依此进行地震地区的钢筋混凝土结构设计。

日益增加的延性重要性意识与现代结构设计理念的出现相得益彰，“可靠度与安全问题概率方法”的相关应用是这种理念的具体体现。[7]概率意味着不是每一种荷载工况都能避免破坏，因此，结构设计的目标是将结构失效和丧失生命的风险降到最低。在地震工程中，实现这个目标的技术措施依赖于整个结构构件与节点足够的非弹性变形能力，变形的过程就是构件吸收能量与内力重分布的过程。虽然这种方法不能使变形能力足以对付最大可能出现的地面运动效应，却在极大程度上可以避免建筑倒塌的风险，而为此付出的代价则是整个结构骨架必须能够抵抗巨大的地震力，由此产生的额外负面效果是：当结构体系刚度很大时，它吸引来的地震作用也会变大。

即使到了 20 世纪五六十年代这种风险控制的抗震设计方法已经成形，但两个基本因素仍然含糊不清：一是耗能体系的结构；二是最大可信地震作用的确定。前者相信可以在钢结构中得以解决，伴随着 ASTM A36 这类可焊接钢材的出现以及摩擦型螺栓连接的开 167
发，耗能问题已经不在话下。利用直接抗弯连接方式，梁翼缘便可通过全熔透焊缝连接至柱翼缘，在接下来的 30 年里，这种方式被普遍应用于钢结构的抗震设计中。[8]

然而，混凝土结构就另当别论了。许多工程师相信，混凝土结构中的抗弯节点不是很可靠。梁－柱框架的节点构造要求使得局部配筋过密，导致现场的钢筋布置往往与施工图纸不符。而且，很多工程师还对受业界逐渐认可的、替代工作应力的混凝土强度设计方法忧心忡忡。旧金山的工程师亨利·德根科尔伯（Henry Degenkolb）质疑道：“他们是否学过了头，以至于现在柱子的强度几乎降低了一半……？”[9]虽然强度设计方法使单个构件更精确地符合可靠度标准，但却放弃了工作应力设计方法中固有的、额外的安全系数（在一些构件中很重要），这种做法好像也并非是明智之举。

抗震设计的第二个问题是如何切合实际地估算地震力大小及在建筑结构中的分布情况。虽然精确分析可能给人以安全感，但对剧烈地面运动的荷载估算根本就是含糊不清的，静力设计荷载是结构分析的传统方法，却无法模拟地震作用的动力效果。由地面摇晃所造成的振动序列和振型是如此复杂以至工程师们还无法掌握，特别是在复杂的计算机辅助设计到来之前。

60 年代的工程界谋求着如何控制结构的地震反应方式，由于受到这些设计关键性问题的困扰，业界便无心追求适应强烈地面运动的、更好的创造型结构体系。

虽然法兹勒与约翰·斯巴努尼斯在 1963 年就把地震作用下剪力墙的屈服问题作为他们墙 – 框架结构研究内容的一部分，但法兹勒在 60 年代早期的工作重点并非抗震设计。然而，随着职务的提升以及着手发展公司的计算机应用能力后，法兹勒与 SOM 旧金山事务所的接触越来越频繁。与此同时，与芬特尔的讨论主题以及在混凝土学会 442 委员会的身份，都让法兹勒开始关注地震工程发展的最新动态，因为 442 委员会的主攻方向就
168 是“侧向力作用下的建筑结构反应”。毫无疑问，一切结构问题都是法兹勒的关注焦点，不同结构类型的地震表现当然更令他着迷。在与芬特尔讨论 1967 年加拉加斯地震中各种建筑结构的地震反应时，他们得出的结论是：现有的抗震设计值得重新评估。与作用于高层结构外立面上的风压不同，地震力是地面运动时结构的惯性力反应，同结构质量与加速度的大小有关，由于地面运动所产生的力与位移的特殊性，因此，对于某种特定的结构类型，其抗风与抗震设计时荷载的计算方法也将不同。

吸震软弱层概念

回顾了芬特尔关于加拉加斯和斯科普里地震的建筑反应评估，以及其他考察者的研究报告后，法兹勒与芬特尔对于多层建筑的震害表现取得了一致意见。除了无筋砌体建筑只是简单地分崩离析之外，其他多层建筑的地震反应有两种方式：要么是底层出现较大的扭转变形，既而导致底层毁灭性破坏；要么是建筑沿高度均匀侧移，从而呈现相当大的整体损伤。由于建筑底层存在很大的商用或车用洞口，因此，出现扭转的底层结构往往侧移刚度很小，同时，结构的竖向不连续也会带来刚度突变。虽然建筑底层扭转明显、破坏严重，但与那些从上到下都在剧烈摇晃的建筑相比，其上部楼层的震害却明显降低，而后者在整体上的非结构损失则往往意味着惊人的维修成本且具有潜在的伤亡风险。

1963 年震后，南斯拉夫东南部城市斯科普里的建筑，这类建筑的特点是底层薄弱，因此下部楼层存在较大扭转，而上部楼层则较小（摄影：马克·芬特尔）

法兹勒与芬特尔继续关注着那些底层薄弱的结构抗震性能。在二人看来，该层起到了有效塑性铰的作用，当其屈服时，减缓了地面运动对上部结构带来的内力。这种有意

弱化结构底部抗剪能力的隔震措施并不是什么新鲜事儿，几十年前就有人提出过：20年代末到30年代初，人们想象着能否在基础与上部结构之间安装一个弹簧式机械装置，从而隔离上部楼层与高频的地面运动，因为大家相信，向上传递的地震力能够被限制在首层屈服剪力值以内，并且“底层结构越柔，施加给建筑的侧向力就会越小”；当然，这也 169
只是一家之言，还有很多人不以为然。[10] 在30年代，底层柔性耗能结构是不切实际的，而且，其中复杂的数学分析方法也难以实现，于是，这个研究方向便淡出了人们的视线。

“软弱层”的概念简直就是为高烈度区的建筑结构量身定做的。沿着这条线索，法兹勒与芬特尔决心提出一种抗震设计的合理方式，这种方式强调结构耗能能力对地震反应的重要影响。他们的构思是：在接近结构底部的某个标高处，人为设置剪切断面，从而避免其余楼层遭受更大的地震作用。与正统的设计方法相比，把变形和耗能集中于较低的软弱层是更为有效的抗震方式，而且，通过把上部结构和高频震动的基础分离，使得震后维修主要集中在耗能机构的截面处。

一旦通过吸震机构使上部结构从高烈度地面运动中解放出来，法兹勒与芬特尔解释道：满足风载工况的结构体系即可用于上部楼层。软弱层之上的塔楼应被设计成在小震作用下处于弹性阶段并有足够的刚度以避免建筑破坏。他们建议作用于上部楼层的最大地震荷载应与设计风载相关联。

20世纪上半叶人们就开始尝试将不同功能和规模的结构与周围环境相互隔离，例如， 170
纽约市地铁隧道旁边的建筑，就是通过安装于建筑柱底的铅/石棉隔振垫来部分隔离地铁振动与噪声的。20世纪60年代，天然或合成橡胶支座成为一种有效的隔振措施。对于抗震而言，球支座销键连接已经被成功应用于单层建筑隔震设计中，由于球支座允许转动与水平侧移，使得上部结构与基础的振动分离。然而，当其运用于多层建筑时，却因结构自重与高度所带来的大荷载与大位移问题而被挡在了应用的门外。很显然，高层建筑不允许侧移不受控制，而且隔震装置还必须具备耗能作用（大阻尼），以控制位移幅值并提供恢复力。

为了研究耗能体系的性能，法兹勒与芬特尔设计了一个模型结构并按单质点体系对其进行了理论分析。他们假设在大震条件下，该结构底层混凝土柱的变形与屈服发生在柱两端，通过屈服，柱提供了一种耗能机制并增加了有效自振周期。接下来，他们在底层中央位置布置了被认为是可以起到稳定作用的混凝土墙，上部结构和墙之间的氯丁橡胶隔振垫能够变形并传递恢复力。那么从理论上讲，在小震作用下，柱开始摇晃同时隔振垫变形，变形反应将给结构体系提供恢复力；当地面运动剧烈时，柱开始出铰。[11] 然而，他们的这个模型与计算机分析完完全全只是一个概念，因为工程师既无法设计出软弱层的结构构件，使其在吸收、耗散地震能量时逐渐损坏，也无法获得具有必要力学性能的橡胶材料。

他们把这个基础方案模拟成单质点体系，并为其输入了一个线性加速度时程记录——

171

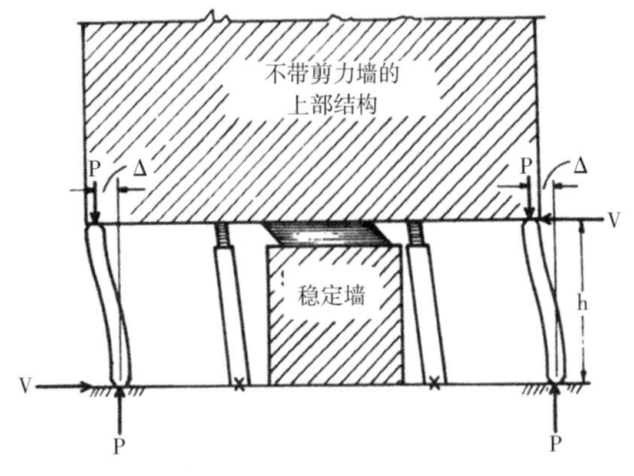

地震时首层吸震的构想图：柱和氯丁橡胶隔振垫以期提供恢复力（绘图:法兹勒与芬特尔,“首层吸震”,1969年）

1940年加利福尼亚州El Centro地震波的南北分量，这也是当时能够获得的最高烈度的地震记录。地震记录的数据量大得惊人，大约有1000多对儿。在哈尔·延加和SOM事务所其他工程师协助下，他们对这些读数进行了整理，验证了许多参数的影响因素，其中包括，结构的刚度和阻尼比以及氯丁橡胶隔振垫的特性。分析表明，对结构特性影响最大的并非振动周期或阻尼比，而是吸振连接构件的最大恢复力，即柱和氯丁橡胶隔振垫的效果。这个结论意义重大，它说明了有可能根据软弱层的抗剪能力控制传递至上部刚性结构的最大作用力。

“一个不值得研究的项目结束了，”工程师布鲁斯·约翰逊（Bruce Johnson）在他关于里海大学的研究试验活动中写道：“除非这个项目能够发表并且其成果可以详细展示给工程专业人士。”[12] 当然，法兹勒与芬特尔坚信，他们的研究代表着抗震设计领域前沿知识的重要一环，并希望将成果展示于业界。1968年3月，ACI第64届年会在洛杉矶召开，两人匆忙发表了一篇与会论文，并大声疾呼自己的设计理念“完全不同于现有的设计哲学”，他们从结构柔度的角度，讨论了多层结构的地震反应，提出了将建筑结构从高地震加速度幅值中隔离开的概念，并热情洋溢地指出，耗能体系的优势在于其可以控制结构反应特性，是地震地区的不二之选。[13]

在论文《多层结构抗震设计新方式》中，法兹勒与芬特尔强调，与提高结构整体刚度来抵抗预期荷载的传统方法相反的是，这种隔震体系能够控制施加于结构上的动力作用。在开展进一步研究之前，两人提出了多个结构详图和设计目标，并打算亲力亲为完成第一阶段的工作。然而，SOM事务所的工程项目却使法兹勒分心，他无法全身心地投
172 入隔震研究，更甭说将其应用于抗震设计，而缺少行业支持也令他们灰心丧气。

上述“新方式”一文以《多层抗震结构的吸震软弱层概念》的标题发表于ACI期刊，美国混凝土学会认可了该文的品质及开创性成果，并于1971年授予论文“最值得称赞论文华生奖”。然而，多数工程师和学者对此却莫衷一是。虽然多层结构缓解地震效应的方式从概念上是可行的，但概念的实现却过于复杂和不切实际。的确，结构抗震仍然会依靠上部结构的加强，只要在实际工程中能够满足规范给出的强度和延性要求，那么，开发其他途径抗震方式的动机就显得软弱无力了。

法兹勒与芬特尔对隔震建议所受到的怠慢感到震惊和失望，而同事们给出的解释更让他们诧异，因为大家都只认可两人提出的隔震构造思路而不接受那些隔震概念。第四

届世界地震工程会议技术委员会对其研究成果所作出的反应也令二人不安，因为大会决定，在 1968 年的国际会议上不对他们的隔震建议给予评述。[14]

正如亨利・德根科尔伯和罗伯特・汉森（Robert Hanson）在 1969 年所观察的那样，当时的研究缺少“广泛支持的必要性，不存在满足抗震设计学科的提升要求[15]”。然而接下来几年中，隔震体系的理论研究和实用开发却在新西兰、亚洲、欧洲及美国遍地开花，势头越来越猛烈。业界不再追求沿层高方向上多重结构构件的隔震技术，而将主要研究焦点放在了整合所有基础隔震的预期特性于单一装置上，希望这些装置能够被安装在基础与上部结构之间，例如，用于增加水平运动阻尼的球支座与铅芯合成橡胶组件。随着合成橡胶组件成为研究及工程热点，许多橡胶制造商在满足具有特殊材料属性的制造能力方面也有了重大进展。为了达到基础隔震的目标，人们利用合适的橡胶材料制成了一种多层支座隔震垫组件，其内在的力学性能如下：巨大的垂直刚度以承受竖向荷载，较低的水平刚度以满足水平位移要求，能够减小上部结构的最低频率，控制水平振动所应 173
具备的阻尼特性。[16] 通过将系统整体要求集中于隔震垫组件，可以避免耗能软弱层在施工和反应控制方面的困难。[17]

法兹勒与马克・芬特尔的动力源于二人相同的信念，这种信念促使他寻找更为先进的抗风结构体系：情况不同，合适的解决方案也将不同，由强震引起的力和由重力与风荷载引起的力在强度、出现频率和特征方面都有所区别，因此，处理方式也应不同。法兹勒并不循规蹈矩地依赖标准和现成的建筑体系去满足其他类型的荷载要求；他主张设计专业有责任去迎接挑战，为了更高效的设计和提升建筑的表现力，必须细化相应的设计计算方法。对法兹勒来说，责任及创新赋予他结构设计每天的兴趣和持久的意义，这些已经超越了完成某个项目的意义所在。

墨尔本的必和必拓大楼

法兹勒在与芬特尔合作有关软弱层的论文期间，还同时关注着在伊利诺伊理工学院的教学活动、SOM 事务所的新项目及在建项目，比如，约翰・汉考克中心和贝壳广场大厦。虽然日理万机，但 1968 年初，当被要求协助完成澳大利亚的一个建筑项目时，他欣然同意了。

20 世纪 60 年代的澳大利亚与美国有些相似，市区的人口密度和经济增长刺激了建筑开发。大都会的欣欣向荣使更多人涌入了这个国家最大的两座城市。截至 1967 年，墨尔本的人口已经超过了可观的 200 万。对这个国家的乐观情绪部分来源于强劲的资源导向型经济增长。经历了 70 年的铁矿石出口禁运后，政府的解禁引起了矿业公司的跳跃式兴起，而石油的发现又促进了商业活动的迅速增加。

作为澳大利亚国内的一家矿业公司，必和必拓公司（BHP）发迹于 19 世纪 80 年代的布罗肯山镇，公司在那里开发着世界最大储量的银、铅和锌矿，不久又加入了铁矿石生意，

法兹勒·汗在澳大利亚的假期中

174 然后是钢铁产品，公司拥有自己的鼓风炉和轧钢厂，从而使其能够加工各类成品钢。必和必拓还将触角延伸至造船、煤矿和天然气，并在1967年开始了石油勘探。[18] 当时，公司计划在墨尔本建设一座新的总部大楼，并且已经获得了城市中心商业区一块场地的租契，雇用著名的云肯·弗里曼建筑事务所（Yuncken Freeman Architects）进行方案设计，而另一家墨尔本的欧文·约翰斯顿联合事务所（Irwin Johnston & Partners）则被聘作结构工程师。

必和必拓公司与顾问公司初步商讨确定了建筑项目的基本目标：办公空间应当是高规格的，塔楼的建筑面积应控制在10000平方英尺，以便建筑周围留出巨大的广场面积。为了负担土地租赁费并使场地业主同意资助新建项目，必和必拓公司授意建筑师在设计时应包括能够产生收益的商业楼面，这部分比办公空间大出一倍。虽然40层的高度是满足这些要求所必需的，但必和必拓公司还是希望塔楼的设计能足够吸引人，并能够融入这个城市的天际线。同时，建筑还应传达出公司的技术特色，这一点对必和必拓公司极为重要，因为
175 总部大楼必将属于必和必拓公司的一件产品，一件钢结构作品，一件致力于提升高层建筑钢结构的艺术品。20世纪60年代的墨尔本建筑主要为钢筋混凝土外加预制混凝土覆面的形式，必和必拓公司将改变这一状况。[19]

云肯·弗里曼事务所以其结构的连接方式和具有密斯风格、顺畅、清晰的简单线条而知名，其高级设计合伙人巴里·B·帕滕（Barry B. Patten）曾因许多友好的、创新的建筑或结构解决方案而获得大奖。例如，悉尼梅尔户外音乐台（Sidney Myer Music Bowl），而该项目的结构工程师则为W·L·欧文（Irwin）联合事务所。但这些人却没有设计40层塔楼的经验，无论是在建筑或结构方面。这是可以理解的，因为整个墨尔本都没有超过30层的建筑。也就是近10年，随着城市建筑高度限制的放松，才有了超过132英尺的“摩天大厦”。

在澳大利亚，外国设计师经常参与建设项目。在这种情况下，澳大利亚人对于来自国外的设计建议是慎重的，特别是有关建筑结构方面。为了挑选结构顾问，帕滕列出一个负责世界上最高的、可圈可点的钢结构高层项目的工程师名单，然后着手联系他们。首先是斯基林－赫勒－克里斯琴森－罗伯逊事务所（Skilling, Helle, Christiansen, Robertson）的设计师，他们是纽约当时在建的世贸双塔的结构工程师；接下来，帕滕飞到了芝加哥，与负责约翰·汉考克中心的工程师见了面。

法兹勒后来这样回忆他们第一次见面时的情形：1968 年的某天，帕滕事先没打招呼就来到了 SOM 芝加哥事务所，并要求与自己会谈。[20] 帕滕介绍了矿业与钢铁公司总部大楼设计任务的特点，他问 SOM 事务所是否有兴趣为这个建筑项目开发结构体系？法兹勒深感兴趣，也非常高兴通过自己的工作能够获得澳大利亚的信任。但与此同时，法兹勒的答复却是：SOM 事务所通常不会以顾问身份为事务所以外的建筑师提供工程技术服务。

于是，帕滕提出了另一个约定：SOM 事务所将和云肯・弗里曼事务所协同进行结构与建筑方案设计，一旦完成初步设计，再由云肯・弗里曼事务所与澳大利亚的结构工程师及其他设计顾问以他们习惯的方式完成这个建筑项目。在某些情况下，上述合作方式将成为行业常态，在接下来的多年里，SOM 事务所的许多项目也遵循着这种模式。然而，最终的约定却与帕滕的方式略有不同：当地的建筑师将从一开始就与 SOM 事务所共同进行概念设计。和 SOM 事务所达成临时协议后，巴里・帕滕返程，法兹勒则开始构思这个项目的结构方案。

“每天都有新体系可不是容易事儿，”法兹勒幽默地告诉《工程新闻记录》的编辑。[21]
在不断扩展认识及追求进步的努力过程中，法兹勒已经习惯在脑海里仔细斟酌自己的想 176
法。这种习惯来自他在伊利诺伊理工学院的学习和工作经历，因为，那里给他提供了一个交流和探求新理念的论坛，而这些新理念往往在设计事务所里是不可行的。当帕滕告知法兹勒这幢钢结构建筑时，他正和研究生共同开发一种钢结构新型相互作用体系。这位名叫赫尔穆特・扬（Helmut Jahn）的学生，其硕士论文内容是 45 层建筑的桁架抗侧力结构体系。法兹勒建议他研究一种复杂的、相互作用的桁架结构体系，这种体系所涉及的桁架包括：位于建筑服务核心区的垂直剪切桁架、一个标高或多个标高处跨越建筑内部的单层通高伸臂桁架、与伸臂桁架同标高的建筑周边单层通高带状桁架，这三类桁架组合在一起的目的在于加强建筑外侧的结构刚度。

高截面伸臂桁架连接着核心区桁架体系与周边结构，有助于提高外柱的轴向刚度，增加整个建筑形状的力臂长度，从而控制支撑核心体系的弯曲效应。当时，这类横向刚性构件鲜有使用于建筑设计中。1964 年，蒙特利尔竣工的 47 层维多利亚广场建筑中使用了钢筋混凝土伸臂构件，用于连接 4 个巨型角柱与核心区剪力墙；与必和必拓公司项目更相似的则是 1969 年完工的 56 层的多伦多道明银行塔楼，其在两个标高处设有钢结构伸臂桁架，用于充当核心区剪力桁架体系的锚臂。[22]

法兹勒建议必须至少设置二道伸臂桁架来拉住外墙：一道在半高附近，一道在建筑顶部。他推测，和伸臂桁架在同一标高处的外部骨架也同样重要，必须加强刚度以提高其在相互作用体系中的功效。如果不加强外围框架的刚度，那么，只有少数框架柱直接和伸臂桁架衔接，其余外立面框架的潜在约束效果显然未被利用：当只有少数连接柱起到对核心结构的锚固作用时，大量其余柱将不可能与伸臂桁架连接节点产生相对位移。因此，他的主意是，在每个伸臂桁架标高处的周边立面上设置层高高度的“带状”桁架，

177

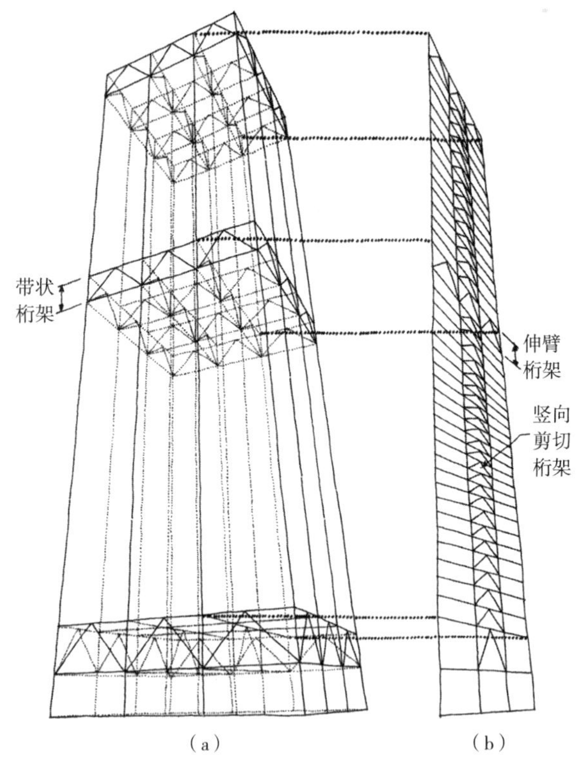

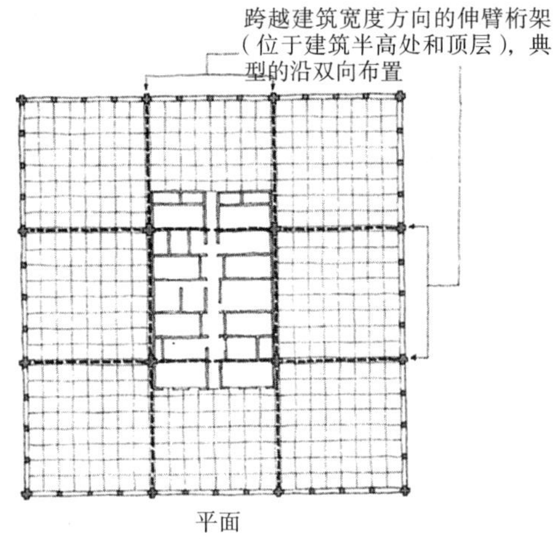

带状桁架体系中包括了三种类型的桁架结构：（a）结构透视图中的带状桁架和伸臂桁架体系；（b）一个典型的（核心区四角）内墙平面中的竖向剪切桁架和伸臂桁架体系（绘图：戴维·冯）（左）
在必和必拓公司大楼的设计中，伸臂桁架将楼面三等分并与核心区的竖向剪力桁架连接起来（绘图：戴维·冯，采编于云肯·弗里曼建筑事务所，必和必拓公示大楼项目）（右）

178 其作用是迫使每榀外部框架全部参与核心结构的抗弯工作。

虽然，法兹勒期望两层伸臂桁架和带状桁架体系能够与核心剪力桁架结构相互作用，以降低侧移并增加建筑结构的抗侧力，但就连当时的自己也未意识到这种共同作用体系的重大意义。即便赫尔穆特·扬对此的研究结束于该相互作用体系被认可之前，法兹勒也还是对该体系在40—50层建筑高度的应用优势充满了自信。[23]

显然，带状桁架相互作用体系特别适用于BHP项目，因为它既满足了高层钢结构的经济性要求，又给建筑带来了一种新鲜的美感。外立面上主要结构构件的连接方式将是吸引眼球的钢结构，并且将充分显示出这种桁架体系在高层建筑中潜在的令人兴奋之处。

1968年5月，法兹勒到墨尔本会晤了项目团队。在讨论建筑设计的过程中，他不仅充分展示了SOM事务所的高质量水准，也体现出了自己的才华。布鲁斯·格雷厄姆在随后的几天也参与其中。在10天的行程中，法兹勒工作于云肯·弗里曼建筑事务所，与巴里·帕滕及其团队绘制了设计方案。第一天，澳大利亚的设计师审察了他们事先提出的设计想法；第二天，法兹勒陈述了结构相互作用体系的概念及合适的建筑学表达形式，建筑师对这个创新的带状桁架热情颇高，不久便开始了建筑方案。“回顾了许多基于法兹勒结构方案的草图，”法兹勒在随身的笔记本中写道，“看起来非常好。”有一个时期，墨尔本的房屋可以用建筑师罗宾·博伊德（Robin Boyd）的话来形容：“只要建筑师能够证明他们的设计想法能够直接具有经济优势，那么，这个建筑方案就可以被容忍。”带状桁架结构体系则提供了无可辩驳的引人注目的建筑美学。[24]

设计团队确定三层带状桁架能够满足美学、结构以及商业运营这三个明确目标，当然还有很多问题必须深耕细作。过高的设备层符合带状桁架的定位，既可以满足有效的桁架几何形状，又可容纳高大的机械设备。桁架设备层及送风口的定位将带来一些无足轻重的外立面窗面积损失，同时也使得设备层与办公层在外立面上存在视觉差异。多个设备层可将建筑运营功能划分为两个 20 层的区域。这样一来，建筑系统，比如电梯、电力（通过必 179
和必拓公司的天然气发电）、管道以及供热通风与空气调节将服务于两个分区。相似地，无论搁置在中间层或底层附近的带状桁架上的柱也将仅服务于半个建筑高度，即支撑 20 层而非全部 40 层的楼面，这将有助于减小柱的截面面积，从而创造出更加期待的建筑效果。

法兹勒预计，中间层和顶层的伸臂与带状桁架与抗剪桁架所形成的相互作用体系将会大大提高建筑的侧向刚度。顶层桁架对限制核心区结构的转动作用巨大，而中间层桁架对整个建筑上部侧移曲线的走势影响明显。这种相互作用体系的附带好处就是限制了柱子因温度引起的不均匀变形。

根据欧文·约翰斯顿事务所关于该项目的一份报告，工程师还将四榀外立面框架整合成一个框筒结构，并对没有伸臂桁架和带状桁架的建筑结构进行了分析。虽然框筒在风荷载作用下有着不错的抗侧移效果，但它无法像桁架那样提供必要的约束作用。而且，一个通高的刚性周边框筒预示着柱的截面尺寸必将大于已经确定的建筑设计方案中
柱的尺寸。伸臂和带状桁架的加入则降低 180
了框筒角部的剪力滞后效应，也使建筑的摇晃程度减小了大约 15%。[25]

法兹勒在墨尔本初次逗留期间，不仅会晤了必和必拓公司的甲方代表、建筑师和结构工程师，而且还与岩土工程师、钢结构制造商、钢结构安装公司以及机械工程师进行了广泛交流，因为他想尽可能多地了解当地的工程建设实际与相关的法律法规。根据他与当地岩土工程师的交谈，以及他从贝壳广场大厦项目中获得的筏板基础设计经验，他建议必和必拓公司大楼可采用当时并不常见的深筏基础，事后证明，这是个明智之举，可为业主节约大量的建设时间与施工成本。[26]

除了满足结构设计的兴趣，必和必

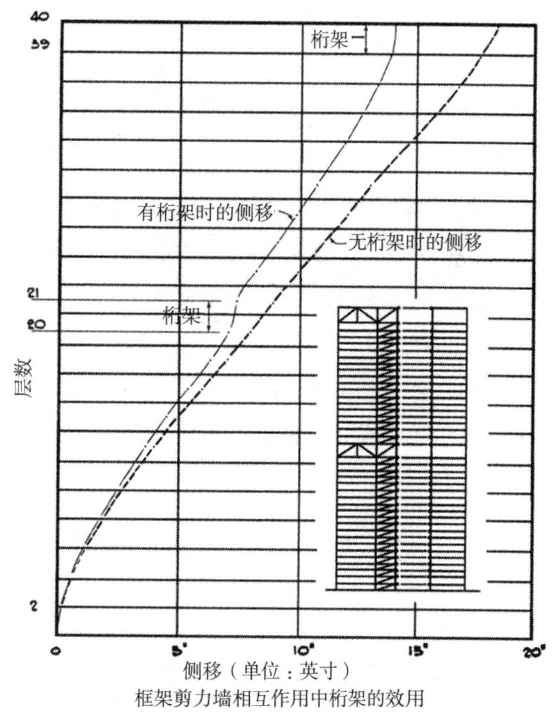

侧移曲线显出两个标高处带状 / 伸臂桁架体系的约束效果。在竖向剪力桁架出现反弯点处，水平桁架体系将弯矩从核心结构转移至外围结构（承蒙 SOM 事务所允许）

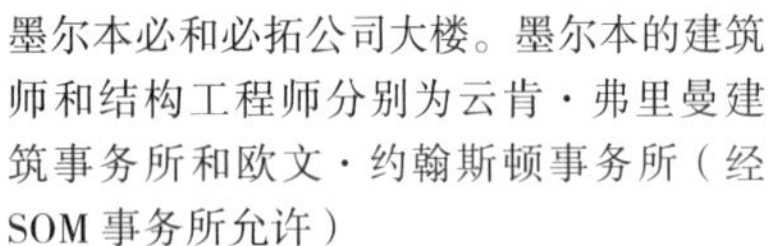

墨尔本必和必拓公司大楼。墨尔本的建筑师和结构工程师分别为云肯·弗里曼建筑事务所和欧文·约翰斯顿事务所（经SOM事务所允许）

仰视中的必和必拓公司大楼立面（经SOM事务所允许）

181 拓公司项目还在许多方面对法兹勒有着特殊意义：帕滕造访SOM事务所是基于其在结构工程方面的成就，也将法兹勒推到了能够代表SOM事务所的位置上，并在该项目的设计过程中担当领导的角色；通过设计方案的开发与合同条款的制定又提供了同布鲁斯·格雷厄姆紧密工作的机会，从而进一步加深了两人之间的相互尊重和携手合作。除这些专业经历外，法兹勒也享受着澳大利亚的时光，那里的人们十分友好，帕滕让人一见如故，并邀请他在家中共进晚餐，其他朋友也非常好客。

建筑方案与SOM事务所的工作范围确定后，法兹勒和格雷厄姆返回了芝加哥，澳大利亚的设计团队也随后到达，并与SOM事务所的建筑师和工程师一同工作了10个星期。芝加哥的工作成果是施工图的基础，而最终的施工图则在墨尔本完成。

法兹勒很高兴自己开发的这种经济型结构体系，它精制优雅却不张扬。随后几年帕滕也同样愉快地回忆道，这个项目是“一个巨大的成功”。即使设计已经完成了30年，他依然认为这是“最靠近心底”的设计项目之一。[27] 而且，这样的设计经历“改变了我们
182 结构工程师的观念”，使我们从一个问题的解决者转变为“制订概念的参与者”[28]。带状桁架相互作用体系在建筑中的首次应用，就使得结构用钢量节约至每平方英尺楼面面积22磅的低水平，这意味着建筑高度产生的额外附加费用可以忽略不计。法兹勒在一次建筑用钢会议中指出，这种经济型结构体系可以为“出色的建筑表现力”留出足够的项目预算。[29]

1972年项目竣工后，塔楼的独特设计风格得到了澳大利亚建筑圈儿截然不同的两种反应：虽然与20世纪60年代墨尔本的建筑氛围不和谐，但必和必拓公司大楼的活力与先进性还是得到了许多同行的赏识，澳大利亚皇家建筑师学会（RAIA）在1973年和1975年分别授予其荣誉奖和铜奖。与此同时，也因其不妥协的现代主义而遭到很多年轻

建筑师的批评。在70年代，对大公司的厌恶、对大开发的不屑都转嫁到对建筑设计的负面评价上:高层建筑被看成是必和必拓公司的丰碑，这可是澳大利亚最大、最有钱的公司，总部大楼象征着公司的权力和财富。

这类负面的指责已经烟消云散了。按照现代的标准，这样的设计几乎不能称作是建筑的浮华，如今，它被认为是墨尔本最复杂的现代主义建筑案例之一，也是最受当地人欢迎的高层建筑之一。“在澳大利亚，没有其他高层建筑”，2001年菲利普·戈德（Philip Goad）写道：“试图做得更多，美学的精炼、结构的创新、机械服务的完善以及整体企业环境的设计，必和必拓公司面面俱到。”[30] 1998年，澳大利亚历史遗产委员会的一个大举措就是列出了遗产名录中的建筑常青树，与此相应，必和必拓公司大楼在维多利亚历史遗产名录中的记录是：“维多利亚州最具文化遗产重要意义的地方和标志。”[31] 1994年，必和必拓公司大楼获得了国家信托奖（National Trust Citation）并被纳入澳大利亚国家遗产名录（Register of the National Estate），这是由澳大利亚历史遗产委员会编写的自然和文化历史名胜的清单汇编。清单中有如下记录:“必和必拓公司大楼是高层建筑新美学的先驱,”它不同于20世纪五六十年代的带形幕墙，“很多有关规划与布局方面的基本观点,”例如无遮挡的内部楼层空间，“一直是后来数十年高层办公建筑的标准化特点。”[32]

1969—1970年，法兹勒和格雷厄姆进一步研究了带状桁架体系。他们在密尔沃基第一威斯康星中央银行（First Wisconsin Center Bank）与办公大楼项目中也同样使用了带状桁架 183
结构体系，但其节点连接方式却与必和必拓公司大楼有着显著的不同。必和必拓公司设计中主要柱子的粗线条强调钢构架的垂直感，柱截面尺寸的变化增加了立面的视觉兴趣，而水平方向的带状桁架却分散了立面的垂直感。在第一威斯康星中央银行的设计中，格雷厄姆和法兹勒重新分配的结构网格的比例，确保柱线与斜向构件不交叉；在桁架层凹陷的窗玻璃突出了桁架构件之间的衔接效果，这样一来，对水平方向桁架的强调则是对建筑垂直感的一个补充，起到了帽冠的效果。

“的确很令人兴奋，”1972年法兹勒写道：“因为发现每一种新型结构都有着自身的强度和活力。”[33] 对结构内力及其相应结构形状的欣赏与理解，能够整合结构工程与建筑学两个不同的视角：在第一威斯康星中央银行和必和必拓公司大楼的带状桁架体系中，桁架杆件令人信服的表现力恰恰正是结构工程与建筑学两者对话的结果，而约翰·汉考克中心的桁架筒也有着异曲同工之妙，同样满足美学和结构目的。

格雷厄姆与法兹勒认为第一威斯康星中央银行的带状桁架值得突出表现，42层的该楼竣工于1974年（埃兹拉·斯托勒，© Esto图片社）

美国新奥尔良的贝壳广场大厦（摄影：海德里希－布莱辛图片社，承蒙 SOM 事务所允许）

第 8 章

混合结构体系：新奥尔良贝壳广场大厦

在 1967 年准备麻省理工学院的演讲时，法兹勒·汗挂念着如何解决结构工程中的计 185
算机应用问题。以前处理不了的复杂分析如今已经能够通过计算机来完成，而以前无法成为现实的新理念也可以由计算机来慢慢摸索。约翰·汉考克中心的桁架筒概念就是计算机辅助设计的鲜活例子，如果不借助计算机完成初步计算，他就不可能向开发商提出结构方案，也就无法用 1 亿美元去实现 100 层的高楼。

然而，在推进计算机工程应用的同时，法兹勒也认识到其局限性和作为工具的使用目的。一种工具，不应以实现自我为目的，换言之，如果仅仅因为计算机能够处理冗长的分析而去容忍复杂的、没有逻辑性的结构体系，那么，便是对结构工程人工技能的否定，对常识的把握和创新作用仍然是设计师所独有的。虽然计算机便于结构构件的优化设计，但毕竟只有工程师与建筑师才能一道创造出最佳、最优美的结构形式。

法兹勒方式的结构体系开发顺序为：首先寻找一种合适的结构组织形式，尽量利用建筑结构的几何构成来抵抗荷载；接着，研究并理解其特点及有效性，此时，计算机将在很大程度上帮助他更好地理解这种体系；然后再去优化单个的结构构件。这种设计方式是他个人经验的写照，代表着对传统设计顺序的颠覆。[1]

伴随着新型结构材料和高级计算技术的发展，19 世纪与 20 世纪早期工程专业领域开
始了必要的专业化进程。伴随着对工程师严格技术培训要求的增加，建筑结构优化设计 186
的焦点从结构形式转向了具有独立功能的单个结构杆件。复杂计算的可行性首次出现于 20 世纪 60 年代，这使得工程师能够深入研究构件设计的细节问题，当然，其动力来自他们对新型计算技术的着迷和理想化的自信。但是，当工程师注意到这种倾向时，他们不只是将“结构艺术”转化成美学设计的确切任务和工程计算，而且还面临着忽略了只适用于某个特定要求的结构形式所带来的风险。[2] 在以优化为目标的过程中，不可避免地会妨碍结构体系的有效性。

法兹勒洞察到设计初期可能存在的分歧，即一些人会寻求有效的结构形式，而另一些人则会寻找有效的结构构件，然后再相应调整他们的设计过程。法兹勒认为，在决定采取某种分析方法前，应从结构现象的广泛视角去仔细检查一个设计问题的特性，这将使工作受益无穷。

在法兹勒从事高层结构设计项目的初期，正是通过对风载作用下建筑响应的反复推敲，才确定自己要去找寻有效结构体系的；而正是意识到在抵抗侧向力时，建筑高度将会产生结构的额外成本，于是便着手去开发能够最小化额外成本的结构类型。如今很多年过去了，如果用一句话总结他的追求，那就是，最小化建筑高度的额外成本。以那个时期的术语来形容他的结构体系开发工作，即“系统优化”或“系统方法”。60 年代，伴随着经济压力及计算机技术的成熟，最优化渐渐成为一个热点，有的设计公司购置了自己的首套计算机系统，有的则从服务商那里租用计算机的使用时段，这样一来久而久之，最优化便具备了实际的可操作性。

系统方法

20 世纪 60 年代末，SOM 事务所以一种“建筑优化程序”拓展了计算机的应用至建筑体系分析，这个程序通过综合考虑一系列设计要素和建筑标准，意在简化初步概念设计。
187 利用这个工具，项目团队能够比较许多设计选项，包括不同建筑高度、楼面面积、机械系统类型、施工方案、维护成本等。

对于变化，甚至相互冲突的项目因素的同步优化措施反映出正在美国和欧洲兴起的大规模建设计划的方向。其中，美国最著名的建设计划就是州际公路项目。为了发展全美州际及国防公路系统（National System of Interstate and Defense Highways），1956 年国会批准了一个 41000 英里长的公路建设项目。这个联邦项目在全美各地一经推出就毁誉参半，公路附近的居民会因这个所谓的项目变成受害者而非受益者，因为项目规划者只将注意

在 1958 年 4 月的《建筑实录》的一篇文章中，作者刘易斯·芒福德公开反对美国城市开发中汽车所获得的优先权（绘图：艾伦·邓恩，经帕梅拉·D·埃利斯允许）

力集中于工程建设方面，而忽视了公路对所经区域的影响，要知道，有时候这些区域就可能会被路给毁了。

交通运输部认识到上述方法的错误，便决定在巴尔的摩以及少数几个州和城市，包括芝加哥尝试一种新的建设方式。于是，一个由建筑师、工程师、景观设计师、规划者、社会学家、经济学家及其他专家所组成的“概念团队”便应运而生，他们的目标是寻找高速公路与其服务城市之间的冲突解决方案。[3] SOM 事务所则受雇于州公路委员会，并尽其所能来领导这支第一个由联邦批准、服务于主要城市高速公路的多学科团队。虽然法 188
兹勒并未参与巴尔的摩项目的细节，却对此议题格外关注。此时，他正在参加华盛顿特区召开的一个会议，议题为某项目中桥梁和堑式公路设计以及系统评估程序的建立。

1966—1968 年期间，法兹勒广泛地思考着设计过程和系统方法。在与 SOM 事务所在巴尔的摩的工作团队联系的过程中，他收到一本关于城市高速公路设计的书，书中对系统方法的定义为：“其本质上是一个决策过程，在满足相应的已知准则前提下，它考虑了总体设计（或一个问题）的多种可选方法以使系统达到最佳性能表现。”[4] 为协调城市面貌的设计要素，一个专家群体的协同工作是必不可少的。

法兹勒将系统方法拓展到大规模建筑项目开发上。他相信，与城市环境设计相似，建筑设计的复杂性要求将各分支的多学科设计整合成一个最优的整体设计，现代的总设计师不是一个人而是一支团队，团队内部的协同工作促进着设计过程，这个理念已扎根于法兹勒的内心深处，如今更被当前的潮流所加强。

“作为结构工程师的我们，”法兹勒向同僚们呼吁：“必须参与整个体系、整个建筑的设计过程，”以及与机械系统、美学、环境、人居因素和节能交织在一起的结构任务，“对于一个给定的建筑项目来说，结构工程师的最终目标不仅是实现一种最有效的结构体系，而且还应制定出一个总体最优的结构体系，”并且，“应保证建筑的整体是最经济的。”每个专业领域都存在很多最优解而非唯一的最优解，这将极大地便于不同学科之间的协调，协调的重要性表现在对项目的共同愿景上，或至少对于整个体系的纲领性目标可以有一个基本理解。他认为，沿着这条思路更进一步讲，优化设计将迫使每位专家在他或她的专业领域内以及领域外都拥有一个更宽广的视角。并非必须依赖于根深蒂固的方式方法，优化和发展的建设目标要求设计师不断改善他们的思维惯性。[5]

单一思维方式的建筑设计其后续成本是高昂的，澳大利亚之行给法兹勒提供了一个鲜活的例证。一直以来，1959 年开始兴建的悉尼歌剧院就备受非议，这源于巨大的超预 189
算外开支以及远超计划的漫长工期。[6] 仅由建筑师而未经结构工程师指点的具有雕塑感的帆形屋面是上述双超的主要原因：结构工程师花了整整三年时间试图以壳的解决方法来实现建筑方案，但最终他们不得不放弃这种努力，改用肋梁而非壳。工程师奥韦·阿鲁普（Ove Arup）形容歌剧院设计“与其说是一项工作，不如说是一场战斗”[7]。毋庸置疑，从美学角度讲，建筑师的最初方案是令人赏心悦目的，然而如果在方案设计期间，设计团

190 汗的口袋记事本上有关系统方法的记录，1968 年

队内部的分工界限能够松动，这个建筑的美学质量也必将不会消失，对此，法兹勒深信不疑。[8] 在他看来，建筑学的孤立发展则更像是一门雕塑艺术而非建筑艺术，是不合理的；无论出自建筑师或工程师的自我态度，都是对社会专业责任的漠视。

反对将系统方法引入设计过程的实际理由包括：多学科、多专业之间相互沟通所必需的时间，以及如何理顺学科和专业之间的关系。例如，当设计过程包含许多相互独立的环节时，管理这一过程所必需的技术和工作。然而，花了多年的设计时间，只是为了完成悉尼歌剧院屋面的一个不可实现的结构方案，这恰恰说明了在没有协同工作与整合设计的方式下，一个项目所必须付出的代价，在时间、金钱和品质上的代价。

正当系统方法和最优化理念萦绕在法兹勒脑海之时，贝壳广场大厦的开发商杰拉尔德·海因斯与法兹勒进行了一次长谈，前者带着极大的热情鼓励他将这些理念在新的结构类型中付诸实施。法兹勒后来回忆道：海因斯请他放心，他本人对贝壳广场大厦项目非常满意，但过长的混凝土施工进度还有待于在以后的项目中得到解决。在施工现场，内部肋梁楼盖、内柱以及核心区剪力墙的模板工程和混凝土浇筑消耗了大量时间。在多年施工期间，如果没有募集到足够的租金去抵付当时的高利息贷款，那么，背负庞大的施工贷款将会是一个越来越困难的事儿。而且，直接建设成本已经不断攀升，工人工资迅速增加，钢材价格也已上涨，大宗的波特兰（现称硅酸盐）水泥价格也从 20 世纪 60 年代中期的谷底慢慢上行。1967 年 6 月—1968 年期间，新奥尔良的建设成本蹿升了 10.4%，而那里正是海因斯的规划项目所在地。[9]

尽管混凝土施工中的模板与浇筑必须耗费大量时间，但相对于钢结构而言，其在高层建筑的某些方面仍然具有优势。混凝土的优点表现在：无可比拟的结构刚度、梁－柱节点处固有的连续性、相当低的材料成本、承受巨大竖向荷载时的经济性、内在的防火特性以及隔热品质。当然，钢结构也有其自身优势：钢结构较混凝土结构的自重小，这通常意味着基础的成本也低，钢梁的大跨度可以实现无障碍楼面，现场施工周期短。

法兹勒根据当时的材料和经济条件，力求寻找一种能够实现最优性能的结构体系。当他将注意力集中于钢结构和混凝土结构的特性上时，一种结合了这两种材料（钢和混凝土）的组合结构体系便跃然于纸上：建筑外围布置混凝土承重墙以提供足够的刚度来

抵抗侧向力；在建筑内部，则利用轻质的钢结构框架来承受重力荷载。这样一来，混凝 191
土墙既可以形成框筒，又能够作为建筑学上窗墙体系的一部分，从而使这种结构组织的有效性最大化。

这里还有许多细节工作要完成。在建筑结构的施工中，钢结构安装和混凝土浇筑分别由两家公司负责，而且它们并不习惯于协同工作，因此就要求钢结构构件与混凝土构件之间留出足够的工作面，以避免相互干扰。假定钢结构安装先于混凝土施工，则可以在建筑周边设置小型钢柱，以便连接内部楼盖结构。接下来，混凝土分项承包商会毗邻钢结构柱子进行钢筋绑扎；最后，两者作为一个整体再进行混凝土浇筑。当钢框架先于混凝土周边结构施工时，由于外部的钢柱被设计用于支撑由上部数个楼层传来的施工荷载，因此，在结构设计时工程师必须确定钢结构安装和混凝土浇筑时间间隔的上限。

虽然内部与周边框架的间隔施工特点对承包商是具有吸引力的，但这种错时施工的进度计划也会产生另外一个问题，即超前于混凝土结构的那部分钢框架的稳定性问题。由于建筑结构依赖于混凝土框筒来抵抗侧向力，因此，就必须通过临时支撑来抵抗风荷载。当然，在确定钢与混凝土的施工间隔上限时，已安装构件的稳定性问题也值得深思熟虑。

从图中可以看出，在组合体系中，建筑外围混凝土结构中的钢筋被放置于钢结构柱的外侧（摄影：法兹勒·汗） 192

左起：唐·贝尔福德（Don Belford）、哈尔·延加及法兹勒·汗。贝尔福德和延加参与了 SOM 事务所的初期组合结构体系设计工作（承蒙 SOM 事务所允许）

在结构团队里，法兹勒和其他工程师讨论了这个组合结构设计方案的细节，哈尔·延加回忆道：法兹勒总是愿意倾听不同方面的声音，并以一种开放的态度调整着自己的思路。[10]有些工程师提出另一种结构布置方案，即将混凝土抗侧力结构布置在建筑内部的服务核心区而非建筑外围，这种结构布置方案对于建筑设计具有明显优势，因为其建筑立面将更少地依赖于结构要求，然而在20世纪60年代这种方案仍属于非主流，当然，后来也就时过境迁了。在此值得一提的是，如果结构刚度集中于建筑核心，必将削弱结构的抗扭性能，并降低组合体系中混凝土的利用率，而且，为增加核心区之外的侧向刚度，建筑外围的“简支”连接也有可能被设计成弯矩抵抗型的连接方式，从而导致建设成本的增加。权衡各种结构方案后，法兹勒选择将外围混凝土筒体结构开发成一种新型组合体系（也被称作钢筋混凝土钢框架结构）。[11]

起初，他将这种组合体系应用于建筑项目的请求被客户和施工经理拒绝了。当然，他们的反应是可以理解的，因为从一开始，摩天大楼的建设要么依赖钢结构，要么就是钢筋混凝土结构，但从未将两者混合使用过。[12]把两种不相似的材料组合起来既复杂了设计，也复杂了施工，而且，协调与之相应的两家建筑公司，貌似也是不明智和不现实的，特别是当这个项目牵扯庞大的财政支援时。

然而，在与伯利恒钢铁公司（Bethlehem Steel）和美国钢铁公司桥梁工程部的技术代表讨论后，法兹勒坚信了这种组合体系的合理性。因此，在起初的建议被拒绝后不久，他便将其推荐给另外两家有意接受他主意的开发商。在芝加哥，他建议36层高、28英尺开间的钢框架结构的联合车站大楼[即盖特威中心3号楼（Gateway Center Ⅲ）]使用混合
193 体系。这座建筑内部设柱，外围采用混凝土筒体并补充龙骨框架；同期，法兹勒又向杰拉尔德·海因斯展示了这种组合体系，并力求将其应用于楼面无内柱遮挡的框筒结构中。海因斯同意了法兹勒的建议，在单一结构体系中可以具备两种结构效果，即混凝土筒体的刚度和降低的施工成本。在一个充满前卫特色的贝壳广场大厦项目中的经历，使得海因斯对设计新理念保持着开放的心态，于是，海因斯建议法兹勒把这种结构体系应用于两个建筑项目中，首先在一个小体量的项目中试用。

数据控制公司

法兹勒组合体系概念初次试水所选择的项目是位于休斯敦的一幢24层办公塔楼，塔楼的最大承租人是一家名曰数据控制公司（CDC）的高速计算机制造商。由于项目开发的要求工期非常紧迫，对于一座24层的建筑而言，采用传统结构形式所带来的结构超支将是不可避免的。为此，海因斯要求SOM事务所利用组合结构体系，一来可以获得更多的
194 经验，二来也能够证明该体系完全胜任于更多的建筑结构。

为了满足项目要求的经济性和短工期，设计团队为外立面设计了一种有效解决方案。与外围混凝土结构的覆面不同，预制墙板被设计成用于外柱和裙梁的混凝土模板，同时

1970 年，位于休斯敦的数据控制公司大楼（摄影：佚名，承蒙 SOM 事务所允许）（左）既是预制墙板又是混凝土模板（摄影：法兹勒·汗）（右）

还具备外墙覆面元素的双重身份，这种模板 / 覆面构件的第三个功效则是有助于提高建筑结构的刚度。

施工过程中，预制墙板而非混凝土分包商的标准模板应用又势必牵扯到关键进度的管理问题。在混凝土按进度进行现场浇筑之前，墙板必须安装就位，任何延误都会威胁施工进度并导致额外开支。十年前，为完成计划各分包商之间的必要协调还是难以取得的，但到了 1969 年，出现了一种新的施工管理工具，即"关键路径"法，该项措施令错综复杂的行业协调问题变得简单了。

施工计划本身就包含了系统方法的成分。曾经用于管理和进度目的传统横道图仅仅显示出一个项目中的不同工作任务；与此相比，新的关键路径法将各种工序整合到一条能够描述各工序内在联系的线路图中。利用基于这类进度图表的计算机分析程序，业主和施工经理就能够确定哪些项目工序是最关键的一环，即哪些工序影响着项目的竣工日期。有了这个信息，他们就可以因地制宜，订购一些具有较长前置时间的商品，比如，多功能预制墙板，从而在必要时可以保证其提前运抵施工现场。

尽管这个项目施工过程中引入了一些非典型的协作要求，但这些都是高层建筑设计中组合结构体系应用的良好开端。1971 年，杰拉尔德·海因斯宣布数据控制大楼是公司最经济的建筑。[13]

贝壳广场大厦

位于新奥尔良的 50 层贝壳广场大厦得名于它的大客户——壳牌石油公司，也是组合结构体系应用的第二个案例。后来发现，贝壳广场大厦的设计工作甚至在"试验性的"
数据控制公司大楼竣工之前就已经开始了。幸运的是，这种新型结构体系与该项目是极 195
为相称的，并且也无须重新审视其在更高塔楼中的合理性应用问题。

与这个国家的许多城市类似，20 世纪 60 年代的新奥尔良也经历了井喷式的发展。例如，在休斯敦，那里有美国国家航空航天管理局的经营运作以及其卫星产业，从而极大地促进了人口的流入，并刺激了商业活动。全新的南北线州际公路系统更加便捷了城市汽车和卡车的通达性，并且城市的国际港也是美国最繁忙的港口之一。在保护组织力求保护该地区历史根基的同时，重新开发的引擎则朝着城市现代化的方向前行。1966 年，商会精心将修整拓宽后的普瓦德拉（Poydras）大街打造成通往市河及拟建中的河边高速公路的汽车长廊[14]，沿普瓦德拉大街的破旧办公大楼和港口仓库都会被拆除，以便为新的办公塔楼留出场地。

正如《工程新闻记录》所报道的那样："商业繁荣和高昂的地价将持久地迫使城市天际线上移，最后一个摩天大厦热的城市就是新奥尔良。"仅仅在一年之内，新奥尔良的地价就攀升了 10%—25%，新开工项目推升了地价与建筑高度之间的螺旋效应。[15]然而，摩天大厦热却面临着两个重大障碍：飓风和格外薄弱的场地土。如果说休斯敦的地基条件是对设计人员的挑战，那么新奥尔良的情况则要糟糕得多。自从 19 世纪初以来，这座城市就反复遭遇着密西西比河洪灾。早在 1723 年，人们就开始修筑堤岸以保护城市。到了 20 世纪中叶，一个由防洪堤、地下运河以及泵站构成的广泛系统便用于使城市保持干燥。正是这种有效的排水系统催生出了一个特殊状况：城市的大部分区域位于密西西比河水面以下数英尺，中央商务区的地下水位悬停于接近地表的位置并随着河水水位而上下波动。

1921 年，23 层的爱尔兰银行大楼顺利完工。在其后数十年间，就有一种传闻：新奥尔良的软黏土地基无法承载高于这座大楼的建筑。伴随着 60 年代早期要求更高建筑的呼声甚嚣尘上，人们进行了多次土壤普查，以确定上述限制是否属实。调查结果表明，更大的荷载可以选择地表以下 150 英尺的硬质更新世黏土作为持力层，同时，建筑的上部结构还必须具备可靠的强度和刚度，从而能够抵抗本地区猛烈的飓风荷载。组合结构体
196 系非常理想地适用于上述这两个条件，混凝土外筒能够提供抵抗风载的刚度，而内部钢结构框架则具备相对较小的结构自重以满足基础设计的要求，而且，在当时的金融环境下，预估的建设费率也使该项目经济可行。

SOM 事务所制订了贝壳广场大厦的结构和建筑设计方案，并起草了建筑设计范围的合同文件。事务所本意承揽全部的设计开发任务，但海因斯更倾向于让休斯敦的事务所介入建筑及机械、电力与管道的施工图开发工作。[16]可能部分见于此，部分因为这个项目并非是同时期事务所最感兴趣的建筑设计，因此，该项目没有被纳入 SOM 事务所同时期的主流设计作品而记录在《SOM 事务所建筑作品集，1963—1973 年》里，在事务所的结构工程档案中，这个项目却被浓墨重彩了。更为重要的是，贝壳广场大厦项目对于将来的超高层设计具有里程碑意义，通过这个 50 层塔楼证明了组合结构在超高层建筑中的适用性。

贝壳广场大厦的外表相当朴素，但却有着亮色的石灰华覆面，并且清晰而比例适当的网格赋予了建筑非同一般的精致（详见第 120 页）。“晶莹剔透”，便是这座高层塔楼竣工时来自新奥尔良商会热情洋溢的赞许，它被冠以 1974 年城市“最杰出的建筑结构”并荣获了商会奖，以认可该项目的业主与建筑师“在设计、施工和美学考量等方面的优异表现”[17]。

与数据控制公司大楼不同的是，贝壳广场大厦之所以选择石灰华覆面，既有建筑学方面的考虑，又有施工进度方面的因素。塔楼的施工内容包括内部钢结构安装、外围钢骨架的钢筋混凝土封包、楼板浇筑和石灰华外墙砖安装。各结构构件先后完工的时间间隔必须做到合理规划，以便确保不同建设单位的错时施工，不致相互“打架”。因为整个建筑构架的稳定性均依赖筒体构件，所以，每道工序都与外围筒体结构的混凝土浇筑息息相关。钢结构框架允许攀升至混凝土外围结构之上最大 12 层的高度，而压型钢板上的混凝土楼板则只允许高出外围结构 6 层；虽然外围小尺寸钢柱上的混凝土楼板自重必须给予重视，但楼板结构的存在却有助于钢结构框架的稳定。

1971 年 8 月，当新奥尔良进入了飓风季节，并且钢结构框架也施工到了接近最高楼层时，
卡车司机的罢工却令商品混凝土的运输停止了。考虑到有可能出现失稳问题，在工程师及 197
业主的支持下，总承包商格威斯·F·法夫罗公司（Gervais F. Favrot Company）果断暂停了第 44 层的钢结构安装工作，并立刻安装了防飓风支撑。当然，这并非是困扰该项目的第一次罢工——铺石工的帮工就曾在 5 月份进行了抗议，另外，反对轻质骨料供应商的罢工也曾威胁楼板混凝土骨料的供应。但这次的罢工却是对施工进展影响最大的。[18]

在一个月内，妨碍结构进展的并非过分的飓风，而是混凝土卡车司机的持续罢工及施工搁置；另外，中止作业以及由于其他罢工、天气和一次现场事故所造成的延误也放慢了施工的步伐。在各种作业中止严重影响该项目之前（在钢结构施工至第 36 层楼层之前），施工速度一直保持在每 4 天一层楼的水平，这几乎是同地区其他现有的外墙承重建筑施工速度的两倍。[19]

贝壳广场大厦。钢结构框架的安装就位提前于混凝土外框筒结构的施工（摄影：阿罗。承蒙 SOM 事务所允许）

为了支撑这幢新奥尔良最高的 50 层 697 英尺的塔楼，项目团队决定采用钢筋混凝土厚筏板外加深基础桩的组合方式。接近地表的 8 英尺厚筏板用于传递风荷载产生的剪力至黏土层，并控制柱的微小不均匀沉降；筏板下面 483 根边长 18 英寸的八边形预制预应力桩的设计间距为 8 英尺 6 英寸，其延伸长度为 210 英尺，这可能是当时新奥尔良最长和最高承载

198 力的桩；只有在1964年，该市出现过设计承载力为180吨的桩。而桩身长度则取决于沉降量的计算值和250吨的单桩设计承载力，由于获得了低于地坪150英尺及以下的地基土内的桩身表面摩擦力，所以，其安全系数远超2.0。[20]

在20世纪60年代，土力学及基础设计仍然属于一门新兴学科，法兹勒向开发商表明，这个领域存在诸多未知数。他请求通过抽样检测桩来更好地确定高承载力桩的实际表现、打桩造成的桩身垂直位置偏移、基础筏板与摩擦桩之间的荷载分布，以及沉降特征。在给海因斯的信中，法兹勒强调了这项仪器测量计划，"这不仅仅是我们对该建筑性能满怀自信的补充，也对未来的优化设计大有裨益。"[21]海因斯欣然同意了在贝壳广场大厦项目中追加测量设备安装及少数深桩监测的项目预算。

新奥尔良的居民自豪地指出他们的城市有别于其他城市之处。虽然六七十年代许多大项目剧烈地改变着城市的天际线，但这座城市的开发特征却比美国其他大多数城市表现出更广泛的特色。环抱于中央商务区现代化办公塔楼之间的是富有历史感的街区，其中的建筑充满着对新奥尔良过去根基的珍爱，亚热带气候的休闲方式渗透出这座城市的情绪，并且新奥尔良人喜欢这种时光倒流并能够散发出温情、耐心、偏执甚至狂热的环境。贝壳广场大厦则与其形成鲜明对比：市中心区的中央地带因其所代表的旧世界而闻名，而1972年竣工的摩天大厦的魅力却不为多数新奥尔良人所知，因为它明显地代表着未来的方向。

伴随着组合结构体系在贝壳广场大厦的应用，这种新型体系也逐渐变得广为人知，正如我们现在知道的那样，它引领着超高层建筑结构的方向。在经济型高层结构体系中，两种建筑材料——钢结构与钢筋混凝土的成功组合必然为无拘无束的结构组合方式敞开了大门，材料的严格界限原则失去了权威，60年代各种有效结构体系原型之间的混搭创造出许
199 多潜在结构构成。不久，工程师就探索着利用更大截面的钢结构柱（与轻质柱相反）来给外围组合结构提供强度和刚度，同样，也可以将起稳定作用的混凝土结构布置在服务核心区。在同一结构体系内，结构钢和钢筋混凝土"混搭和配合使用"的观点获得了"正位"。

SOM事务所设计的前三幢组合结构建筑均基于10英尺的外柱柱距及框筒结构体系。然而，设计人员认识到，即便"在更大范围的柱距和窗裙梁高度条件下"[22]，组合体系依旧可以很好地工作。对于高层建筑设计而言，虽然组合体系的全部概念还未得到认可，但其潜在的影响力却是显而易见的。自从1960年以来，工程技巧与施工技术的巨大优势是毋庸置疑的。

组合结构能够得到顺利应用，得益于建筑业主的支持，以及专业组织对他设计的监督。此时的法兹勒，则努力将这些相关工程知识进一步深耕细作并推广普及。60年代后期，他与芝加哥的同事们一道"为了实现高层建筑设计的更安全、更经济和更高效目标，积极地建立、制订、倡导及评估各专业学科的科研活动"。为此，他们成立了一个由25人组成的多学科委员会——芝加哥高层建筑委员会（CCHRB），其中包括建筑师、工程师、大学教授、承包商、开发商、官员、材料供应商以及行业代表。该委员会旨在以系统方

法为基础，进行建筑设计、施工和维护方面的创新。1970 年 3 月，由芝加哥高层建筑委员会赞助、美国土木工程师学会及西北大学协办了一次高层建筑风荷载效应的研讨会；1971 年，几家单位又共同主办了一次防火会议，会议召集了其他州的专家及全国性组织。由于建筑防火的相关规章条例仅仅是依据近期全美范围内多次火灾所造成的恐慌而拍脑袋想出来的，因此，制定“一部合理、实用以及有效的高层建筑防火规范”迫在眉睫。[23] 虽然芝加哥高层建筑委员会解决的只是芝加哥建设的相关问题，但其所赞助的会议论坛或研究项目却能够适用于整个建筑行业。[24]

当认识到需要一个国际协会来对当前的工程理论和实用指南进行文献记录，并倡导设计师、建筑从业者以及研究人员之间的国际交流。在创建芝加哥高层建筑委员会后不久，美国土木工程师协会同国际桥梁与结构工程协会（IABSE）所构成的高层建筑联合委员会（ASCE-IABSE）便开始组建了，芝加哥高层建筑委员会与高层建筑联合委员会为相 200
互协作关系，法兹勒也成为这个组建领导小组的成员之一。联合委员会的即时目标就是通过组织 1972 年的国际会议来倡导各专业之间的相互合作，并记录整理会议论文集以供国际交流。在这本《高层建筑体系与概念》论文集的前言中，法兹勒提出了他的个人理念：“作为一位专业的现实主义者和社会乐观主义者，”他写道：“我希望本书所包含信息、理论和概念的价值不仅仅只是为高层建筑设计的诸多领域提供必要的参考，而且更能为重塑我们当今的城市中心以及规划城市的明天产生强烈、正面的影响。”[25]

截至 1974 年，这个高层建筑联合委员会的成员超过了 70 个国家，并且得到了联合国教科文组织的承认。1976 年，联合委员会提出其永久性纲领为：促进国际专业领域内的相互交流与合作，并且更名为“高层建筑和城市住区理事会”（CTBUH）。从 1976 年到 1982 年，法兹勒先后担任了该理事会的副主席及主席一职。

法兹勒能够像在大学里对待同学那样和同事们一起工作，这样的天赋使他始终具备领导潜质，也有助于他与专业协会所开展的活动。正如美国钢结构协会高层建筑研究委员会成员们在 1982 年所记录的那样，法兹勒“可以很轻松地与人沟通，……他在技术方面思路清晰，……这让我们在委员会成立时便愿意投上他一票。”行业组织和协会成员非常欣赏他将技术关注融入人文关怀的高超能力，正如国际桥梁与结构工程协会的同事埃德蒙·哈波尔德（Edmund Happold）回忆的那样，法兹勒“活力四射”，他“表现出的宽容与道德观使许多人受益匪浅”[26]。

1971 年，作为美国混凝土学会“混凝土的 2000 年展望”委员会的 12 名成员之一，法兹勒提前 30 年就预计混凝土建筑将与整个社会一道加速技术进步。基于过往十年的惊人发展，该学会认为未来的 30 年必定出现巨大变革。在混凝土建筑方面，越来越多的轻质混凝土将被利用，并且抗压强度 20000psi 将会变得司空见惯，超过 60000psi 的混凝土材料也会用于某些特殊领域。他们猜想：超前于建筑行业的先进技术将会使很多结构形式变得过时，这就正如自动化系统对于日常清洁和家常杂务的必要性一样。他们推测：

201 

1980年高层建筑和城市住区理事会会议期间，法兹勒与林恩·比德尔（Lynn Beedle）在中国。比德尔是该理事会的创会主席

到2000年，由于电子化的交通管理措施，公路交通事故几乎是可以避免的，而工作效率的提高将使得每周平均工作时长降低至30个小时。

无论这些技术和生活上的剧烈变化是否一定会发生，美国混凝土学会都坚信，建筑行业内最重要的进步将是参与项目的所有方面的协同工作，设计师、承包商、材料供应商和业主将会以一个团队的方式进行工作，分享“技术进步所带来的骄傲”[27]。

对于那些受到20世纪现代主义强烈愿望熏陶过的人而言，协力和技术至上是更好且“直接可行的”将来的可靠保证。[28]建筑学特性与科学认知间的融合要求强调逻辑性和清晰度、规范与现实，理性和技术是取得进步的有价值工具，而建筑学层面上直率与坦白的表现形式则是负责任的追求目标。

当20世纪早期的建筑师依靠他们的前辈掌握建筑学本质和原理时——从编写建筑学基础知识的作家处得到指导，到维多利亚时代的批评家发出的说教——他们获得了材料自然利用、有效建筑技术和美学协调感的灵感。这里，结构理性主义的固有传统得到了充分利用，“完美，”维特鲁威劝告他的继任者，在于“被证明是独一无二的，如果受到挑战，能够根据原理加以解释，”他意在告诉我们：原理来源于自然法则。维奥莱－勒－
202 迪克在其19世纪50—70年代的作品——十卷本的《法国建筑词典》及《法国家具词典》和两卷本的《建筑讲义》中明确解释了建筑学层面上的创新应扎根于对结构理念与合理构造理解的历史基础。约翰·拉斯金在提到有关艺术表达的训诫时，暗指自然现实主义是“持久力的唯一尝试……我不能够把持住那种可以结成真理果实的赏心悦目，也不能够片刻确定它的存在，但我能感知到它强壮的枝干。”[29]

20世纪早期的现代建筑师根据当时的材料和社会现实去阐释事实与内含。这些人厌烦了19世纪末浪漫主义建筑的混乱，决心脱离战争与内战岁月所带来的极其严重的骚动，因为他们相信创新能够从无序中产生秩序，所以，对结构的协调性和逻辑性看得特别重要。一般来说，现代意识形态倾向于一种相似的成熟方式，并坚持世界的复杂性能够通过现

代组织体系来厘清，这些体系包括政治、社会或者建筑的。建筑学自觉地向前而不是向后看，并且寻找建筑的普遍理性原则，从而促进产生一个统一的和有益的效果。

但是到了 20 世纪 60 年代中后期，一些设计专业人士意识到发展本身正在诱导建筑学抛弃合理的结构。法兹勒向工程师建议，不要让不切实际的计算机人工智能分散了他们的基本结构概念。与此同时，很多建筑师也告诫他们的同事，在对先进技术的探求过程中不要失去对建筑学基本原则的把控。建筑师之一的霍华德 · 迪斯泰尼（Howard Dearstyne）预见到即将出现的必然改变，并警告：当建筑师“自由驾驭他们的幻想”时，建筑却正面临着变成一种武断形式的风险。[30]

“长久以来，技术已经成了建筑师的避难天堂，”建筑师菲利普·约翰逊（Philip Johnson）在 1973 年写道。建筑设计中不加鉴别地应用结构能力的趋势已经不断地反复出现超过了一百余年，而反对的声音也伴随着挥之不去。“我们的建筑师总是被他们技术的新奇魅力所蛊惑，”哈佛大学设计专业研究生学院的院长约瑟夫 · 赫德纳特（Joseph Hudnut）在 1949 年警告道。19 世纪 60 年代，维奥莱 – 勒 – 迪克也有过强烈呼吁：“我们的现代建筑师更像是个暴发户，一夜之间拥有了大量财富，但却不知如何调整他们的开支，因为那样的随意通常只属于已经习惯了奢侈生活的人。”[31] 203

当建筑师罗伯特 · 文丘里（Robert Venturi）在 1966 年宣告“少就是光秃秃”时，不尽使人回想起勒 · 柯布西耶（Le Corbusier）的争论性大作《走向新建筑》。文丘里的言论标志着公开辩论的开始，他鼓励拒绝现代建筑的价值等级制度，也反对现代建筑偏好于通过和谐而抽象的形式以及清晰的结构来获得视觉满足。文丘里断言：新建筑的真谛在于它承认生活是无法解释的。为了将建筑构想成“一种我们生活反映出它清晰图像的形式上的方案”，就如同建筑历史学家杰弗里 · 斯科特（Geoffrey Scott）曾经描述的建筑人性化模式，我们就必须否认而非表现出现代经验的复杂性和模棱两可。[32]

也许文丘里（和其他人）没过几年便会让他的宣言走得更远些，他们会主张：适合于现代文明步伐和特色的大胆沟通要求与现代建筑所偏好的控制表达做一个了断。虽然文丘里不提倡任意的、武断的复杂，却偏好强调沟通的建筑方式，以及通过回避限制，包括当今看来是抑制创新的结构决定论，来使这种建筑方式更符合当代价值。

在 1968 年，法兹勒 · 汗没有怀疑过正在酝酿中的保守建筑运动的力量，他没有受到建筑学专业中当代对话的困扰，也许很大程度上是无意识的，法兹勒让这些对话内容滋养着自己的思考。正是在这个阶段，当建筑纯粹性的概念遭到怀疑时，他形成了一套要求打破严格旧秩序的高层建筑设计基本结构体系。对法兹勒而言，罗伯特 · 文丘里所鼓吹的那些概念并未带来结构组织或建筑表达方面的模棱两可或冲突，那些概念的重点并不是矛盾的而是一种能够通过适合方案达到的设计协调方式。[33]法兹勒将混凝土或钢结构的传统概念放在一边的理念并非是对理性主义的转向，而是朝着高效且负责任的建筑设计又迈出的一步，这是热衷探索的一步。

束筒结构造就了西尔斯大厦清晰的几何形状（摄影：虎丘工作室 / 约翰·T·希尔）

第 9 章
束筒的诞生：西尔斯大厦 205

“正如我们经常提及的那样，”1964 年《建筑论坛》杂志写道：“当今生活中最关键的事实已然成了生命本身的增殖：世界人口现已经超过 30 亿，而且每 40 年就会翻一番。”[1] 如果按照 20 世纪五六十年代早期那种没有停止迹象的螺旋式上升方式来看，上述报道中的估计是完全站得住脚的。巨大的人口增长率必将影响城市面积，预测表明，到 20 世纪末，美国前十大都市的建筑面积所能容纳的人口将会介于 500 万—2300 万之间。就美国的建设规模而言，未来 30 年的预期人口激增意味着额外的空间需求，其总量等于之前三个世纪的建筑面积之和。[2]

一个拥挤的地球，这种感觉诱使我们寻找能够容纳更多世界人口的途径。在英国，一个设计特别工作小组建议在英吉利海峡上利用浮桥建设一个自给型城市；1970 年世博会美国馆的建筑师正构想着供月球居住者使用的充气外壳，“月亮上的建筑，”1964 年的《工程新闻记录》就曾向读者保证道：“并非是个离谱的概念。”[3] 在 60 年代末的纽约，毗邻曼哈顿金融区，一个接近 100 英亩、价值不菲的地产项目标注在了地图上的哈德逊河处，这个功能单一的开发项目名曰“炮台公园城”（Battery Park City）；在中国香港，人工开垦的土地面积远远超过了 1000 英亩。

对世界人口压力的焦虑并非是驱动我们重新定义待开发地区的单一因素，在这近十年的尾声，进入长期经济扩张周期后所产生的触手可及的压力促使我们产生了这种扩张
情绪。人们不仅没有通过节约来对资源紧张作出对策，反而是不断要求更大的生活空间，206
每位职员办公面积增长的同时，办公白领的比例也在增加。写字楼入住率没有走弱的迹象，而且近十年内，单位非住宅项目的平均楼面面积还在稳步攀升。[4]

除了对空间的强烈要求外，高昂的地价迫使建筑商将楼越盖越高，以便最大限度地回收投资。1965 年，当约翰·汉考克中心开工时，芝加哥的最高建筑只有不到 50 层；而到了 1969 年，当 1127 英尺高的结构竣工时，芝加哥则等待着另一处更高塔楼的破土——

1136 英尺高的印第安纳标准石油大厦。在纽约，港务局两座 1362 英尺和 1368 英尺高的世贸中心塔楼也在紧锣密鼓地进行着。整个国家对建筑空间和高度的要求好像有一种你方唱罢我登场的感觉。

设计师期望依赖筒体结构来对付他们的超高层建筑，然而，为了保证强风作用下不出现过大的动态反应，建筑的高宽比必须加以限制：在六七十年代里，虽然 8 ∶ 1 也是可以接受的，但 6 ∶ 1 是一个实用的限值。当高度增加时，建筑的轮廓尺寸也必须随之增加，从而维持合理的高宽比限值。但由于剪力滞后的负面影响，过大的平面尺寸则会削弱周边框筒体系的结构效用，即宽立面框架上的中央柱不能完全有效参与抵抗风荷载；除了剪力滞后效应外，当建筑高度超过 400—600 英尺时，框筒结构就劣势了，对于钢结构尤为明显，其表现为：大量与密柱有关的弯矩抵抗型节点；大量需要覆面的柱，以及可感知的摇晃。基于以上原因，法兹勒避免在超高层中使用简单化的框筒结构体系。

在为德威特 · 切斯纳特公寓开发框筒体系后不久，法兹勒将自己的注意力转到了大型筒体结构的受弯纵墙上。当考虑如何提高长外墙的框筒刚度时，一个符合逻辑的解决方案渐渐显现出来：给墙内部加支撑。法兹勒意识到，为了加强外立面混凝土框架的刚度，仅仅需要引入跨越建筑总宽度方向上的剪力墙，这些内部剪力墙“隔板”既能够抵抗风剪力又可以加强与连接过纵外墙，从而创造出一种高效悬臂筒体结构。这个方案看起来很实用，而接下来的问题就是如何分析这类框筒与剪力墙共同作用体系。法兹勒翻阅了
207 大量技术文献也没有找到有用的线索，于是，只有自力更生了。

上述体系分析方法的基础是对该结构特性的理解。如果一位工程师对于抵抗侧向荷载的剪力墙与框架之间的相互作用不感兴趣的话，就可能将焦点放在了刚度很大的内部剪力墙上了，并且，也会忽略周边柱存在的重要性。然而法兹勒相信，当墙弯曲时，墙和与之垂直的框架柱之间的刚性连接便会触发框架的作用，从而有效地增加墙的刚度。他推测，外围柱将通过形成剪力墙腹板的翼缘构件参与内墙工作，这有点儿像他利用等效槽形截面来进行框筒分析。

外柱内墙的结构相互作用因框筒构件中的柱特性而变得复杂起来。法兹勒决定首先

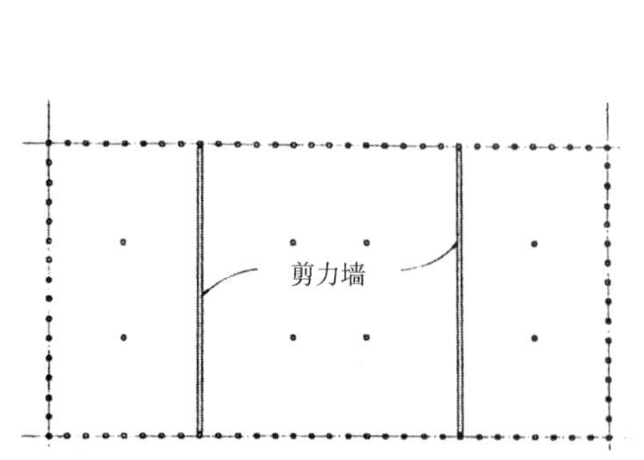

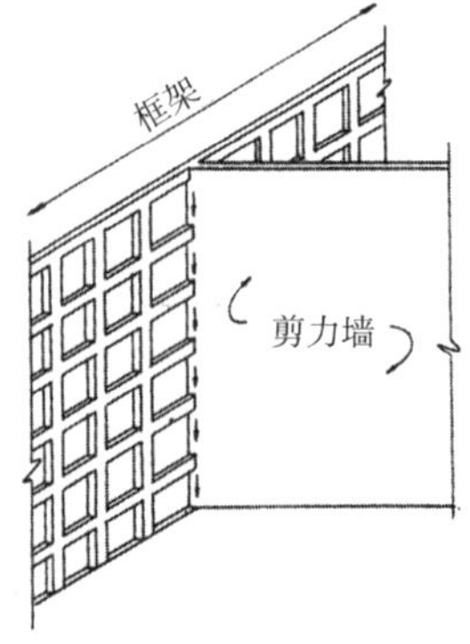

为了加强矩形框筒结构的纵墙刚度，法兹勒引入了内部剪力墙，从而创造出一个正交的剪力墙与框架相互作用体系（绘图：法兹勒·汗，“关于一些特殊问题”，1967 年）

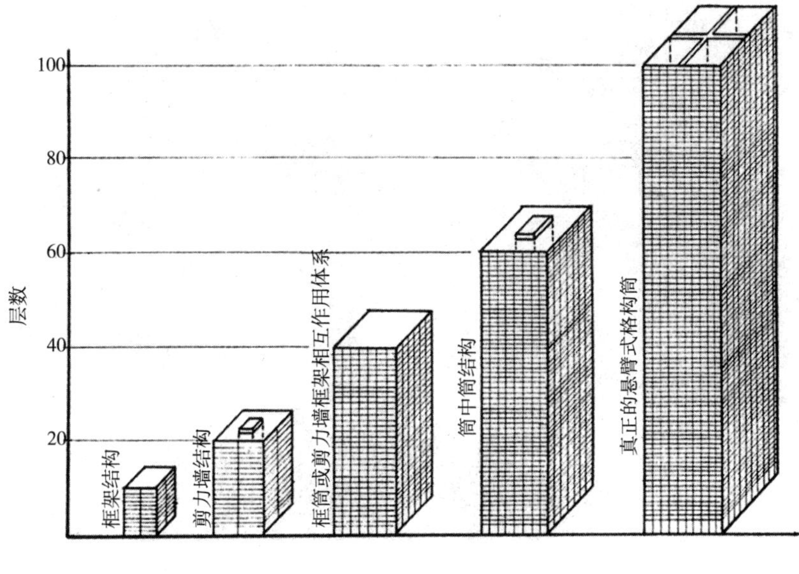

在 1966 年的高层建筑论坛上（会议论文集《高层建筑》出版于 1967 年），法兹勒说明了利用“完全悬臂网筒”结构体系可使建筑高度以经济的方式大幅提高

应简化分析过程，这可以通过将焦点放在框架和与之垂直的剪力墙上，并且忽略周边筒体的中柱作用来实现。1964 年春，他启动了这种结构体系的开发工作，并为此编写了一个计算机程序。研究表明，高层结构中的外围框架能够有效地参与“隔板”剪力墙的工作。

法兹勒将正交剪力墙与框架的相互作用体系推荐给伊利诺伊理工学院的建筑学学生 A · G · K · 梅农（A. G. K. Menon）。为了 1965—1966 年的硕士论文项目，梅农设计了一 208
幢细长的、812 英尺高的钢筋混凝土公寓塔楼，并用沿短方向上的通长内部剪力墙把塔楼的矩形外筒一分为三，从而创造出一个相互作用体系。梅农的论文成果说明，通过隔板剪力墙的协同作用，大尺寸筒体结构的有效性得到了大幅提升。因此，法兹勒对自己的建议结构体系充满了信心。

牛刀小试促使他进一步推想，如果横隔梁剪力墙满足了矩形结构弱向的要求，那么在大尺寸方形平面的两个主轴上同时引入该墙也必然会得到相似效果。当法兹勒构想着从这样一个网格平面中提取出立体框架的特性时，一种结构规模上的巨大跳跃便成为可能。很明显，通过这种结构组织方式，有隔板墙的筒体外围尺寸将不再受剪力滞后效应的限制。法兹勒的这些发现对于框筒应用于现代规模的高层建筑具有里程碑意义，他满怀热情地称这些结构类型为“刚性筒”和“完全悬臂网筒”。在 1966 年最早的高层建筑设计会议上，法兹勒首次提出了这个结构概念。而会议的论文集《高层建筑》也于次年问世了。[5]

法兹勒有心准备将该结构体系运用于建筑设计中，但适合的工程项目却并未马上出 209
现。虽然在芝加哥一处狭窄场地上的设计方案中应用了一组 3 个 90 英尺的方筒，也可被称为模块化筒体结构，但很可惜在设计过程中这个方案很快就被“枪毙”了。即便如此，功夫是不会白费的：在研究多筒连接的细节问题时，法兹勒开始构想将网筒内的网格单

照片拍摄于 1966 年南安普敦的专题讨论会期间。前排左起：法兹勒及莉泽洛特·汗、贝蒂·斯塔福德·史密斯（Betty Stafford Smith）、艾伦·达文波特、莱斯利·罗伯森（Leslie Robertson）；后排左起：托多尔·卡拉曼斯基（Todor Karamanski）、布赖恩·斯塔福德·史密斯（Bryan Stafford Smith）

元作为有区别的结构构件。法兹勒的新型结构体系一直未能得到施展，直到西尔斯·罗巴克公司（Sears，Roebuck and Company）总部大楼的出现，正是西尔斯大厦项目让他领悟了网筒或束筒体系对于多功能建筑体量的重要内涵。

西尔斯大厦

西尔斯·罗巴克公司兴旺于经济扩张的 20 世纪 60 年代。1969 年春，这家零售公司准备筹划将全美总部和芝加哥区域办公部门迁至市中心区，当时没有现成的大楼可以容纳公司这么多部门齐聚一堂，但公司令人羡慕的业绩却能使其凭一己之力兴建一座新的大楼。1970 年 7 月，据《芝加哥论坛报》报道，西尔斯·罗巴克公司 1969 年的销售净收入为 4.41 亿美元，而拟建中的公司总部大厦投资控制在 2 亿美元以下。[6]

西尔斯公司原本能够获得的两块大型商业建筑用地位于芝加哥卢普区边缘，两块地仅被一条小街所分割，小街末端的南沃克街是地块边缘。芝加哥市长戴利极力主张西尔
210 斯公司重返市中心。这样一来，有了市长的斡旋，公司便很快与市政府达成了更好的协议：西尔斯公司可以购买紧邻昆西街一处足够大的单块宗地。这是块 3 英亩的场地，其地理位置非常便利，与高架列车、公交和铁路车站以及艾森豪威尔和肯尼迪高速公路接壤，十分适合于开发总部综合体。西尔斯公司选择 SOM 事务所作为项目建筑师与结构工程师，并雇用了 JBB 公司负责机械、电力、管道和防火工作。

西尔斯公司代表的设计意图是：160 万—200 万平方英尺归公司直接使用，另外 11 万平方英尺的楼面面积作为将来的储备，并希望到 1973 年总部大楼的员工达到 7000 人；如发展顺利，1998 年能够达到 13000 人。为了能够容纳预期的用户增长，西尔斯公司的规划还包括 150 万—200 万平方英尺的生产收入型办公空间和商业空间，这将使其能够在未来的 25 年里给不断增加的员工留出储备空间，直至这座大厦人员饱和。另外，大厦的两个配套功能包括宾馆以及地区建设条例要求的停车场。

规划中超过 150 万平方英尺的可出租办公面积对西尔斯公司是一笔相当大的投资，

但1969年的商业氛围完全符合这个计划。而20世纪70年代折磨美国的经济危机至少目前还没有露出冰山一角，只有少数人预先听到了即将在许多城市发生的社会政治巨变的钟声。虽然，已有迹象表明商业活动开始从城市转移到远离城市喧嚣的郊区，但都市活动依然充满生气，而且商业办公的租金还是那样具有高度诱惑力。

塑造一个巨大空间的最简单方式，也是SOM事务所极力避免的，就是跟随芝加哥商品市场大楼（Merchandise Mart）的做法。这幢18层的简单结构、400万平方英尺的建筑跨越了整整两个街区，建筑内部的走廊长度超过了650英尺。尽管西尔斯公司偏好在项目用地上有一个巨大的建筑平面，但布鲁斯·格雷厄姆还是对将整个场地满满塞入这类大体量结构感到难为情。另外，当时的芝加哥城市规划条例中规定的允许容积率也不支持这种场地消耗型建筑。西尔斯公司另一个大底盘建筑的障碍是它不适用于租赁型办公空间，出租型办公建筑设计旨在提供一个“租赁跨度”，即从服务核心区至外墙的距离，范围从35—40英尺，最多为45英尺，这是一个可以有效利用的空间距离，同时，还能
够具备令人满意的窗地比。[7]为此，西尔斯公司提出了板式建筑的建议，并且采用多个台 211
阶设计，以便创造出各种不同的空间；另一可能就是早期超高层建筑非常流行的“婚庆蛋糕式”建筑总体方案，虽然这种形式无法解决街道标高处的体量臃肿问题，却为西尔斯公司及优质租户提供了多种变化的楼面空间需求。然而，这种二三十年代流行的台阶式平面构成无法运用现代高效结构体系，这是一个令其应用受阻的明确障碍。

受到100000平方英尺的楼面面积和场地消耗型建筑方案的困扰，格雷厄姆和项目建筑师威廉·德拉克（William Drake）询问西尔斯公司是否愿意接受一个较小的平面——可能是80000平方英尺甚至45000平方英尺，建筑师这个观点的理论依据是：在一个单体

跨越两个街区的芝加哥商品市场大楼提供了400万平方英尺的商业和办公空间（摄影：法兹勒·汗）

楼面内，长距离往来于不同的办公区域是一种低效率的表现；并且减小的楼面尺寸及雇员合理地利用垂直交通会更好地有助于经营。按照这个前提，他们建议要么是一幢小平面尺寸的单体高层，要么是两幢分开的、楼面面积都远少于 100000 平方英尺的建筑。为了说服业主高层建筑的经济可行，设计团队利用法兹勒的图表来说明不同结构类型的经济适用高度，既然设计就是利用“一种恰当的结构方案”去实现相应的建筑体量，那么就“没有必要为了追求高层建筑而受到经济上的惩罚，”SOM 事务所对委托人如是说。[8]
212 十年前法兹勒那个大胆的目标，即通过合理化的创新设计，使建筑高度的附加费用最小化，如今已经被他的建筑学同行们当成了常识性方针。

设计师考虑了相当传统的总体方案提供给项目面积上 350 万—400 万平方英尺的办公和商业空间。为了将西尔斯公司和租赁办公空间容纳在一个单体内，他们起初草拟了一座 50 层、建筑面积 80000 平方英尺的塔楼，接着又试图减小一些楼面面积并将一个矩形平面的短边缩减至 90 英尺，这样的狭长建筑平面极大地提高了楼层的采光效果，使建筑空间对优质租户更具吸引力。另外，设计师还考察了多体方案，将用户分散到两幢或三幢建筑中也是可取的，因为这样一来每座单体建筑更便于为不同类型的用户提供恰当面积的使用空间。但另一方面，这种方案却会让场地显得有些拥挤，迫使建筑用户能够相互窥视到对方的办公室，也不利于楼与楼之间的交通联系。既然西尔斯公司希望最终拥有全部租赁空间，那么，就必须坚持便于局内通信的原则，换言之，最小化建筑之间的分离感。为此，设计师考虑可以将两幢，甚至三幢建筑在平面上错开布置，以便容纳宾馆和停车空间，同时，用每座建筑的长边将其联系起来。虽然建筑的部分宽体连接将易于西尔斯公司雇员之间的沟通，但这种方案的部分楼面布置却是低效率的。

在规划和概念开发的过程中，法兹勒和工程团队回顾了他十多年前制定的各种结构
213 体系适用的建筑高度范围。西尔斯公司总部的初步方案更倾向于将不同建筑用户集中于一座超高层单体这个构思，因此，设计师面临的关键性挑战则是建筑平面下大上小的经济结构形式，在法兹勒认可的诸多高层钢结构体系中，显然，桁架筒结构更适合于 1000 英尺左右的这个建筑高度。如果将其设计成如同约翰·汉考克中心的锥形，则西尔斯大

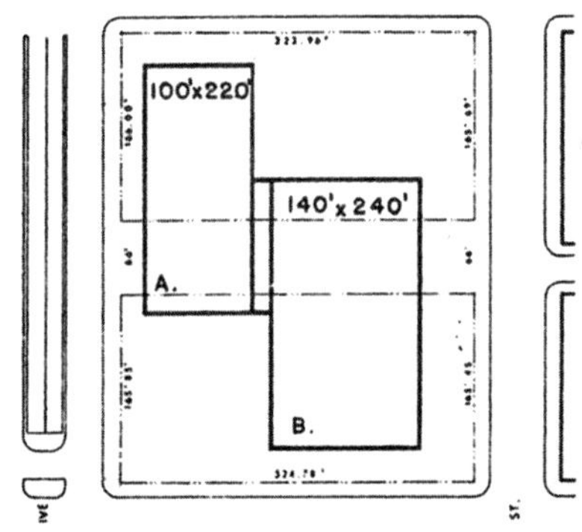

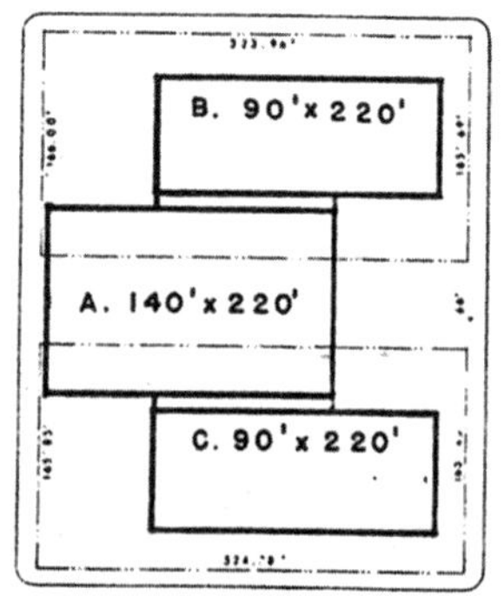

为西尔斯公司总部项目开发的两种总体方案（案例 13 及右侧的案例 14），将建筑连在一起以便于局内通信（承蒙 SOM 事务所允许）

厦建筑规划中的许多棘手问题都会得到化解；然而，无论是西尔斯公司的代表还是 SOM 事务所的建筑师都对将现成的约翰·汉考克中心复制到西尔斯大厦上不感兴趣。

转过头再来看那些钢筋混凝土结构体系，法兹勒认为完全悬臂的网筒，或者束筒概念值得一试。虽然，他希望将这些概念运用于钢筋混凝土中，但考虑到巨大的建筑高度、必须进行吊顶的办公功能以及为基础设计需要控制建筑自重等因素，钢结构显然是不二之选。为了把束筒概念应用于钢结构中，他仅仅需要调整一些结构构件：与在混凝土框筒中浇筑混凝土剪力墙不同的是，在钢结构中，他能够把垂直刚性桁架放置在钢结构外筒内。

法兹勒将自己这个修正的框筒结构体系概念与布鲁斯·格雷厄姆交换了意见，他相信这个高效结构体系最适用于西尔斯大厦的建筑方案要求。设计师可以在楼层而非建筑屋面处终止模块单元，或称筒体单元，从而能够获得期望的各种楼面面积。之所以允许减小向上的筒体模块，是因为当其高度相对较小时，更小平面尺寸的结构性能更为优越。只有当叠加剪力和弯矩的数量向下不断增加时，才有必要采用更大的横隔梁筒体结构；而且，封闭的筒体结构还将能够抵抗非对称建筑形式带来的扭矩，而错开的屋面标高还满足了另一个追求：提供了更多的角部办公面积。

此时，还必须细化，最成问题的是建筑内部刚性平面的结构。西尔斯公司反对穿越巨大楼面空间的垂直桁架，也不希望内部密柱网格框架妨碍建筑的平面布置。面对如何在内部筒体实现刚性平面的窘境，设计团队着手研究增加网格框架柱距至 15 英尺甚至 25 214
英尺后的结构效果，同时也初步分析了不同平面间距的内部框架。

法兹勒觉得 15 英尺甚至更大柱距的结构方案可能会更为有利，这是得益于此方案可以布置更多的加强构件。借鉴必和必拓公司大楼和第一威斯康星中央银行项目，工程师在少数楼层协同使用了带状桁架和伸臂桁架体系，通过合理化设计，两种桁架建立起了最为有效的楼层侧向刚度，并使楼层的柱间斜撑所造成的内部障碍降到了可以忍受的程度，例如在设备层中。束筒结构体系中的带状桁架起次要作用，因此不会像必和必拓公司大楼和第一威斯康星中央银行项目那样表现在外立面上。

建筑师和工程师共同完成了几个建筑体形，旨在找到适用于项目面积的最优方案。他们重点考量了两个或三个模块单元的线性组合，比如 3 × 3 或 4 × 4 个方筒模块平面布置。结构团队对每个方案进行了成本核算，其中，还考虑了结构构件的不同类型和不同柱距的影响因素，目的试图使构件数量和焊接数量降到最小。美学考量和建筑体量、提供变化的楼面面积和带角窗的办公区域、10 英尺 × 15 英尺的标准办公尺寸、经济结构下的最大楼盖跨度、最小的剪力滞后以及悬臂筒作用的效能，如此多的因素都向设计团队表明了一个最优的结构形式：3 × 3 的束筒结构体系，而每个 75 英尺见方的筒模块单元又通过 15 英尺的柱距围成。

建筑底部 3 × 3 的方形平面布局延伸至第 50 层，其上，塔楼的形式会经历一系列形

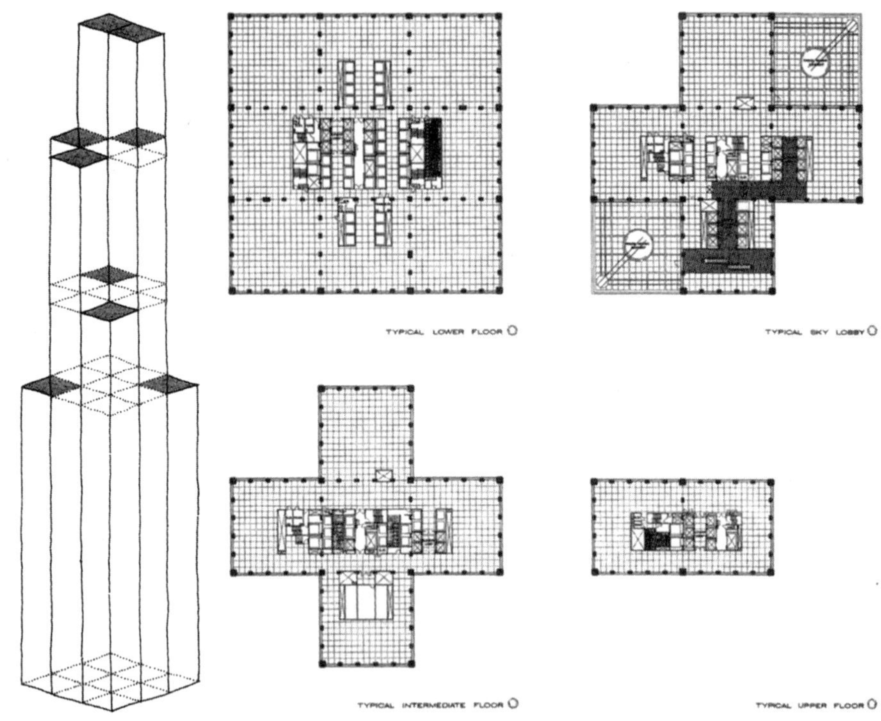

束筒略图（绘图：戴维·冯）

通过削去模块单元创造出变化的楼盖平面。两个角部筒体单元延伸至第 50 层，另两个则延伸到第 66 层，而其他三个则终止于第 90 层。楼面面积的范围从塔楼底部的 52670 平方英尺到顶部的 12283 平方英尺（承蒙 SOM 事务所授权）

状和尺寸上的变化。在第 50 层，两个角部筒单元被削去；到了第 66 层，另外两个角也到了终点，形成了一个十字形的塔楼截面。为了确定塔楼最顶层的截面形式，在第 90 层，又有三个筒模块走到了头儿，剩下一个柔度较大的矩形形体则由两个 75 英尺 ×75 英尺的模块筒构成。束筒结构的整体性确保了沿建筑高度任一区段的结构性能均可视为一根刚性的垂直悬臂梁。有趣儿的是：风洞试验表明，建筑顶部、由两个束筒组成的 19 层塔楼有益于风荷载作用下结构的动力反应，因为它有助于控制结构振动。

从某种意义上说，束筒结构可以被理解成是婚庆蛋糕形体的构成结果：一座 19 层 12283 平方英尺楼面面积的塔楼被搁置于一个 24 层 30170 平方英尺楼面面积的塔楼之上，
215 而反过来，后者又骑在 16 层 41420 平方英尺楼面面积的塔楼上，最下面则站着 49 层 52670 平方英尺的楼层平面。然而，建筑空间的造型却并非一种松散的规制——简单的层与层之间的堆砌，而是严格受到底层结构中交叉横隔板位置所控制的。

建筑层次已经集成于早期的高层中，并且几何体量也进行了分组。但是，正如路易斯·沙利文（Louis Sullivan）设想的摩天大厦那样，西尔斯大厦设计的背后动机是一个整体集成的高耸塔楼，它既没有松散建筑组织的风险，其外观也不会像以前超高层建筑方案中各色块体组合的“积木玩具搭配”的特点。[9] 格雷厄姆选择通过清楚表达从建筑推演

出的结构创意来定义建筑体量，并非采用像以前在框筒结构中暴露外柱的方式，他将每个束筒单元内的柱进行了遮挡以便强调出 75 英尺间距的柱控制线，这种建筑表达同时强调了结构方案的筒体单元和符合建筑尺度的比例。 216

这座摩天大厦明显的简洁体形和自然的结构形式往往会给人以错误印象，使一些评论家轻描淡写地抹杀了西尔斯大厦项目设计的建筑学功劳，甚至异想天开地认为塔楼设计是得益于建筑程序而实现的，但仅靠计算是无法精确判断束筒模块数量及其截止标高。有一种观点，要么结构工程，要么建筑学必须主导设计，反对两者协同设计。上述看法大概源于两个“怀疑论”：一是怀疑，可能存在根本区别的两个专业是否具备软化边界的可能性；二是怀疑，创意过程中的强烈个人色彩是否可以进行相互融合。而事实上，各种创意的混搭恰恰是 SOM 芝加哥事务所的一个设计基本要素，特别是在法兹勒・汗与布鲁斯・格雷厄姆共同工作期间。法兹勒时常强调，在愉快竞争的环境中，通过与格雷厄姆及其他建筑师的协同工作，他自己的创新也变得更快、更高、更有效。“新的结构体系正在源源不断地被结构工程师与建筑师共同发扬光大，”法兹勒高屋建瓴地写道：“为的就是满足时代变化着的需求。”格雷厄姆在描述他们之间的合作关系时，把他自己和法兹勒都称作“建筑学工程师”，不仅他提高了对结构工程的理解，让法兹勒也有了更深刻的建筑学意识，而且，更提升了二人共同工作的能力及获益良多的伙伴关系。[10]

据说，法兹勒和格雷厄姆后来都相信正是他们两人创新精神的相互影响才使得他首先构想出束筒的蓝图及交错的束筒模块高度。按照格雷厄姆的说法，他用了几根香烟比划着概念，向法兹勒提出了西尔斯大厦项目的设计创意。[11] 然而，法兹勒的束筒结构概念很明显早于这个时期。当然，有关西尔斯大厦的设计，法兹勒也记得九个束筒的点子的确是来源于格雷厄姆。尽管如此，格雷厄姆和法兹勒都将这一设计解决方案的发展进步归功于他们的精诚合作和开放对话。1964 年在接受采访时，沃尔特・格罗皮乌斯（Walter Gropius）对这样一个“运转顺畅团队”的作品进行了解释，并巧妙地描述了这个现象，“如果你带领的是一支不太稳定的团队，而团队成员正有意贯彻某些创意时，大家便会坐在一起热烈讨论这些想法，席间，一个人的话可能会激发出其他人内心深处的某些东西，以至于到了最后，竟然没有人知道那个创意的始作俑者了，这种创意是一个人到另

1974 年，当西尔斯大厦即将落成时，《建筑论坛》的总编总结过去 100 年芝加哥的建筑学观点及西尔斯大厦在其中的地位时，写道：“挑衅性的和讨人喜欢的……老芝加哥又回来了。”（摄影：吉米・海德里希，海德里希 – 布莱辛图片社，经 SOM 事务所允许）

217 一个的链式反应过程，从中必将产生更深更好的结果……如果大家的方向正确，定会彼此增进。”[12]

法兹勒和格雷厄姆都理解伙伴关系和相互激励的成效，同样重要的是，这种信任的触角已经延伸到了参与设计的其他成员。哈尔·延加回忆道，法兹勒决不会以首席结构工程师的身份将自己置之度外，相反，项目工程师总能在设计过程中分享创意开发并共同决策。约翰·泽尔斯也有着相似的记忆：法兹勒总是用一种合议庭的方式主持着会议，无论哪位的技术路线能够适用，法兹勒便会觉得，再无须按照传统的等级制度来安排一切了。[13]

一旦敲定了建筑和结构解决方案，设计过程则是立竿见影的。空间规划师和租赁代理已经在设计期间花了数月来研究商业开发的内容选项工作，最终达成的项目规划总面积远远超过了 400 万平方英尺。按照这个规划和束筒结构概念，项目团队制定了高达 1400 余英
218 尺的单一塔楼设计方案。设计师和建筑业主意识到这个高度与在建的纽约世贸双子塔非常接近，而后者正在力图斩获“世界最高”的佳绩。另外，这个高度也极具诱惑性地接近了联邦航空管理局规定的芝加哥卢普区建筑高度限值。一不做二不休，项目团队干脆又多加了几层，使西尔斯大厦直接延伸到了富兰克林大街路面标高以上 1450 英尺。

建筑高度的测量数值可以相对于平均海平面，也可以相对于芝加哥的城市数据或地面标高，但当时，行业内缺少相对于坡路面的建筑高度测定标准。而正如评论家描述的那样，美国联邦航空管理局（FAA）的建筑高度条例又过于复杂，所以始终都没有一个标准来规范西尔斯大厦建筑高度的引用值。[14] 富兰克林大街的路面低于瓦克尔路，因此，以前者作为参照系，西尔斯大厦的测量高度为路面以上 1450 英尺和 110 层；而相对于后者来说，虽然建筑在广场处看上去更高一些，但相对于路面的高度却少了 6 英尺，也低了一层。所以很自然，西尔斯大厦选择 110 层作为了它的标准指定建筑高度。

由于触及联邦航空管理局指定的最低超障高度，因此，西尔斯大厦的建筑顶部将不再被允许加装屋面天线，这一点设计者始料未及。然而，因为电视台害怕自家信号受到这幢摩天大楼的干扰，于是便说服西尔斯公司增加两项有备无患的措施：一是预留出屋顶天线的安装位置，二是将其中的三层办公楼面改成信号发射台。[15] 随着建筑钢结构框架的升高，电视台的担心成为了事实，西尔斯公司试图通过对上部楼层外窗进行特殊涂层处理来解决电视重影问题，但却无法改善塔楼遮挡信号的弊端。该事件促使联邦航空管理局承诺会重新评估实际飞行路径和飞行高度限制，并随即对此进行了修订，其结果令西尔斯摩天大厦的高度又有了新变化，允许安装双塔天线之后的相对路面高度达到了 1707 英尺。

风作用分析

坐在结构总工程师和普通合伙人这个位子上之后，法兹勒就不必对工程设计的细节问题事必躬亲了，放在 20 世纪 60 年代早中期，这些却是分内的工作。与过往不同的是，

法兹勒将自己的设计责任范围限定在关键性结构难点、问题诊断及审阅重要工程文件方面，当然也包括对设计整体的方向掌控上。以西尔斯大厦项目为例，哈尔·延加承担项目工程师，相关的其他专职结构工程师还包括约翰·泽尔斯和纳文钱德拉·阿明（Navinchandra Amin）。[16]

鉴于这座塔楼前无古人的高度和非对称的建筑形式，对其进行风作用分析是法兹勒 219
所必须关注的。塔楼设计的成败取决于两个风荷载问题：一是沿结构高度上的风压变化情况；二是结构对风荷载的反应如何。对于这样一座相对纤细且高耸的建筑而言，风的动力特性以及风与建筑相对运动所产生的作用力可能会放大结构内力。为了确定风压和相关设计参数，SOM 事务所雇用了一家咨询公司进行有针对性的工程研究和风洞试验，这家公司便是著名的加拿大伦敦市西安大略大学大气边界层风洞试验室（BLWTL），他们擅长开展综合性气动弹性研究，并能够考虑紊流边界层的重要影响。不同于航空风洞试验，边界层风洞技术旨在重现地表附近的风特性，这是高空风流量受靠近地面物体干扰后的结果。这家风洞试验室在 1965 年后才开始运营，但凭借着在风工程方面的技术经验，试验室的工程研究人员很快就得到了业内认可。[17]

在风洞试验前，一个基本任务就是要确立建筑场地区域内的平均风速概率分布模型。 220
芝加哥建筑规范提供了设计风压，虽然其值对于中、低层规则建筑是偏于保守的，却无法保证适用于超高层、大柔度的塔楼设计。因此，不同重现期内的平均风载预测必须通过以下三方面获得：统计并分析城市中心区域、距地 30 英尺高的风速记录；卢普区外的

逆气流视角上的大气边界层风洞试验全貌。紊流层形成于粗糙的风洞底板上部（承蒙以下单位授权：艾伦·G·达文波特风工程集团、西安大略大学大气边界层风洞试验室）

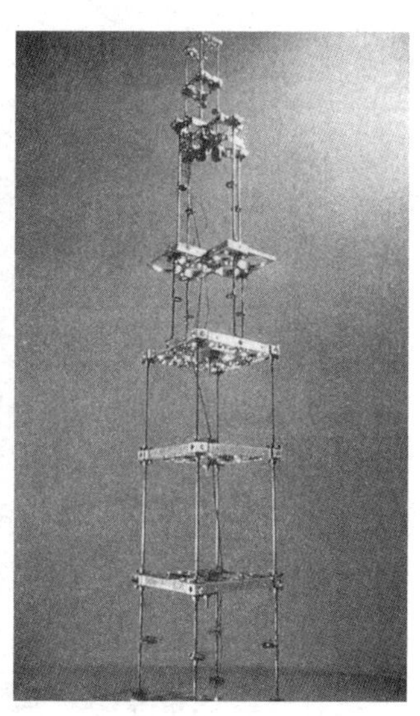

外立面“覆面”前的 1 ∶ 400 气弹模型。不连续的轻木覆面以确保其对结构的刚度没有影响（承蒙经以下单位授权：艾伦·G·达文波特风工程集团、西安大略大学大气边界层风洞试验室）

高空测量；可以提供场地风速廓线的 1 ： 2000 地貌模型风洞试验。

风洞试验前的第二个准备工作是确定如何用模型来代表足尺结构以及模型的气动特性。在风洞试验中，为了表现出高层建筑用于分析的、关于两个主轴的若干基本振型，一个带弹性支座的刚性悬臂模型通常是足够的。但相关咨询公司的初步分析结果却表明，高层建筑可能潜在风诱导下的扭转振动。西尔斯大厦的形状，特别是 50—65 层，其横截面的刚度中心与两个方向上的质心存在明显偏移，这种非对称导致自由振动的振型既包含水平侧移又包含扭转分量。因此，为了能够恰当地代表风洞试验中的真实建筑结构，咨询专家建议：采用一个并不常见的多自由度模型结构来进行动力特性实验，这个复杂的装配式模型包括：7 个集中质量、刚性楼盖隔板、具有轴向变形的柔性柱杆以及代表基础转动变形的柔性基座。与之前的模型试验技术比较而言，设计和加工这样一个具有 21 个自由度的模型代表了风作用下高层建筑研究的巨大进步。[18]

通过在模型柱构件上外覆黏性面层，可以减缓风激励下的结构振动。西安大略大学风洞试验室打算验证上述减振效果，但正确的模型结构阻尼值却还是个未知数。虽然工程师能够利用现有的文献资料来估算阻尼比，但相关的现代高柔型摩天大厦的阻尼数据却很有限。阻尼是显著影响动力反应的重要结构特性，在咨询顾问的协助下，设计人员计算了风激励下约翰·汉考克中心的动力反应，以求找到预测西尔斯大厦阻尼特性的基础。虽然四处寻找，但有关高风速下令人信服的资料还是一片空白。对于低风速而言，约翰·汉
221 考克中心阻尼大约为临界值的 0.5%[19]，工程师估计在强风条件下阻尼比可能会更高一些，然而鉴于没有强风条件下可靠的测量数据，他们也只能无奈地假定 0.5% 这个较低的阻尼比用以稳定性分析。

这种保守方法产生了令人咋舌的风洞试验结果：当模型结构的阻尼比略低于 0.5% 的临界值并且遭受超过每小时 100 英里（该数值由初步统计分析得出）的“最快”风速时，模型将触及气动不稳定的阈值，即结构变得不稳定了。这样的结果预示着，在最大风载作用下，束筒结构的设计是不安全的。[20]

面对如此不期而至的结论，工程师们急于找出提高结构刚度的途径。他们认为，建筑服务核心区的结构调整仅仅可以略微增加整体刚度。设计团队还考虑了在核心区外附加刚性构件的协同工作方法，但这种方法会破坏建筑内部平面的灵活性设计准则，因此必须另辟蹊径，寻找控制风载作用下建筑反应的更好方式。

222 机械阻尼装置的加入为解决问题提供了最切实可行的方案。在建筑结构变形的过程中，有选择地将非承载式黏弹性隔振垫（弹性意味着变形后材料能够恢复到原始形状）插入结构节点，能够起到吸振和耗能的作用，因此能够控制运动加速度。全部 20000 个此类阻尼单元被安置于纽约世贸中心以控制其摇晃。既然世贸双子塔正在兴建，法兹勒和延加便一起飞到纽约同厂商代表认真考察了隔振垫组件。虽然这是第一次在建筑结构中出现黏弹性阻尼器，他们二人还是认可了该方法的合理性，并决定将机械式黏弹性阻

尼装置引入西尔斯大厦的结构骨架中。为获得希望的阻尼效果，设计团队将竖向 X 支架安放在服务核心区的两片墙里，而黏弹性材料则位于每层楼板标高处的节点内。

这种折中的设计方式远没有想象中的那么好。在接下来与厂商的讨论过程中，延加了解道他们无法确保黏弹性材料的使用寿命，因为这种材料是一种全新的产品，只有几年的测试经验。虽然，试验室的加速磨损过程可以为材料的现场预期性能提供指导意见，然而试验结果却无定论。当 SOM 事务所强行要求确保黏弹性材料至少 20 年不能老化时，厂商变得犹豫不决了。设计团队认为，如果材料的长期稳定性无法满足，那么，建筑管理者就必须制定一个更为严格的程序，用于检测这 800 个隔振垫在建筑使用寿命内的实际性能，并在必要时加以更换。实际上，肉眼观察和即时更换是确保阻尼器这类结构构件正常工作的必要条件，因此，延加原则上反对这种设计方法，法兹勒也同样鄙视依靠这类“在最需要时就撂挑子”的减振体系。[21] 正如纽约世贸中心的阻尼器那样，如果这些装置仅仅是为了减小风载作用下建筑的摇晃并提高使用者的舒适度，那么，阻尼材料的长期性能就是关键因素。然而，将结构稳定性的重担放在一种长期表现并未确定的机械装置肩上，无论对于延加、法兹勒或设计团队的其余人员来说，好像都是个坏注意。

既然结果如此，SOM 事务所也就只好从阻尼减振的方案中全身而退了。与此同时，项目团队又设计了另一种黏弹性阻尼器系统，并敦促风工程顾问继续精细化束筒结构的 223
统计分析工作。几个星期后的分析结果显示，结构不稳定的重现期可能远远超过 1000 年。实际上，如今的分析表明，试验中的设计风载值大约为 1000 年重现期风载值的两倍；而 SOM 事务所设计标准中规定的 100 年重现期风压值已经比绝大多数建筑规范和标准的规定值还要高。[22]

由于给定周期内的最大风速估算值严重依赖统计分析和相应概率分布模型的选择，所以，对任一重现时间间隔的预估都存在一定程度的不可靠性；而且在推算千年一遇的风载时，根据的概率统计数据只是有限的风速记录。西尔斯大厦设计完成的 10 年后，大气边界层风洞试验室进一步发展了芝加哥风气候条件的统计模型（具有风速和风向特点），提高了理论研究结果和足尺试验的相关性，从而极大地方便了卢普地区建筑结构的风作用分析。一般看来，风工程领域迅速成熟于 20 世纪 70 年代和 80 年代，在模拟地形和代表实际条件的风特征的技术、精度方面大幅提升，分析能力更为先进。然而在 1970—1971 年，每一次试验就是“一次新冒险”，所涉及的大量数据都必须谨慎确定。[23]

在与项目顾问商谈后，安曼 – 惠特尼公司（Ammann & Whitney）的赫伯特・罗斯曼（Herbert Rothman）、保罗・魏德林格、法兹勒及延加共同决定去掉建筑设计中的阻尼集成套件。这个决定是基于两个因素：首先一个基本事实是，高层建筑耗能依赖于构件的应力水平和位移幅值，同样也与建筑底部尺寸有关，结构构件的节点内摩擦和滑移被认为是阻尼生效的主要来源。据此，工程师们推断，高风压导致结构运动大幅增加时，结构阻尼比将增长到超过 0.5% 的值，而以下因素更有助于提升西尔斯大厦的结构阻尼水平：

建成后的 30 年里，西尔斯大厦仍然保持着美国第一高的地位（摄影：虎丘工作室 / 约翰 · T · 希尔）

骨架构件的弯曲作用、通过组合作用在板与托梁之间形成的啮合力、大量螺栓连接的摩擦作用。虽然这些作用如今已经得到承认，但在 1970 年，阻尼、结构类型和位移水平之间的相关性还备受质疑（现在，使用荷载和极限荷载条件下的阻尼比分别取值，并且不同的结构类型取值不同）。再者，顾问专家的分析指出，相应于芝加哥的场地条件，重现期内每小时 100 英里的初步设计风速已经远超设计标准，工程团队有理由得出结论：基于 0.5% 临界值的阻尼系数所做出的稳定极限估算值和极限风速是过度保守的。[24]

尽管如此，设计师还是决定采用一种当时的非标准方法，虽然这种方法已经在约翰·汉考克中心上使用过：即指定一个极限水平的荷载条件。对于工作应力设计而言，工程人员开发的等效静力压强图表提供了风荷载下结构反应的效果，其值大约相当于 1.25 倍的规范推荐压强值；当检查构件屈服应力时，压强图表相当于 1.8 倍的芝加哥规范值。[25] 附加的荷载工况是，利用风洞试验建立的风压分布与方向风组合以模拟动力耦合后的性能。

考虑到风载分析的不确定性以及这样一个史无前例的大规模新型结构体系，项目团队觉得比传统结构体系或低层建筑更高的安全系数是必需的。哈迪 · 克罗斯，这位伊利诺伊大学院的教授曾写道："我们向往新的体系、新的方案，"但同时也必须承认"新型结构体系所带来的特殊优势在于它缺少前车之鉴的束缚，老的经验没有了警示作用，并且我们敢于割舍

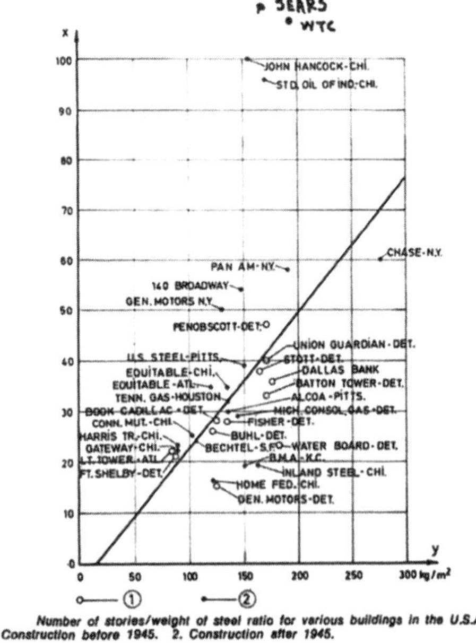

Number of stories/weight of steel ratio for various buildings in the U.S.A. Construction before 1945. 2. Construction after 1945.

伴随着束筒结构体系的引入，超高层建筑也不会因高度而产生额外的费用（承蒙 SOM 事务所允许）

安全的余地，用以点出后来经验的浅薄。”[26]感谢缺少这种类型、这种规模以及这种结构 225
形状的经验，它使得工程师必须选择以超越常规经验的荷载条件进行设计。

实际上，得益于建筑束筒结构体系的有效性和内在的抗扭能力，使其在无须额外结构成本的前提下能够抵抗苛刻的设计风载。每平方英尺楼面面积的结构用钢量低于33.0磅，完全符合西尔斯大厦项目预算设立的单位面积成本。相比较而言，类似的1450英尺高的框架结构，其单位面积成本大约为每平方英尺60—65磅，而1250英尺高、总面积275万平方英尺的帝国大厦，这一数值也超过了50磅。与其他摩天大楼相比，束筒结构的刚度也保证了其相对较小的风侧移。在每两年一遇的最大风速下，顶层摇摆幅值大约为6英寸，即使时速超过每小时100英里的风暴来袭，上述估算值也只有32—36英寸。[27]

1970年11月，随着沉井施工已经进行了两个月，结构稳定性的诸多问题终于有了定论，这给设计事务所带来了安慰。除避免了机械装置的累赘外，设计人员也不再需要仪器来不断检测和评判结构性能的优劣。施工期间的初步测量结果打消了人们关于结构阻
尼的疑虑：与0.5%的临界阻尼不同的是，实际阻尼水平完全达到了1.0%以上，相继的 226
量测数据说明阻尼比至少达到了1.25%。

西尔斯公司已经同意留出超过一半的建设场地，用于提供塔楼南侧和西侧的开放空间。设计团队期望营造一个用花架、瀑布、雕塑和长椅装饰成的广场，以提升大厦的使用氛围。为了确保这个惬意之所，SOM事务所恳请建筑业主提供一笔资金用于大厦广场的倒灌风和风的管道效应研究。虽然广场多风已经是个不争的事实，但人们对于来自建筑立面的风气流还是知之甚少，并且，有关多风条件下人们的舒适度水平研究也还是个空白。[28]为了启动该项研究，就必须测定现有建筑广场上的风速值，了解相关风气候的统计信息，制定出与行人活动相关的风速测算标准，最后才能提出西尔斯大厦的广场设计方案。然而，此刻进行大范围的广场风研究却有些不合时宜，因为人们对广场风气候的研究意识才刚刚起步，所以西尔斯公司不乐意去赞助这样一个还没有确定性效果的研究项目。

另一个有损于广场环境研究的原因是，业主的注意力被迫转移到公众集会和游行示威活动上了。此类事件几乎成了20世纪60年代中期至70年代早期的社会常态，越战和民权运动则是其导火索；对于民权运动而言，政府提出的机会平等论调成了焦点议题，既有支持、也有反对的声音。1969年，那些抗议政府调查排外性雇佣制企业的建筑工人集结在芝加哥市政中心广场，爬上了毕加索的雕塑作品，在雕塑面板上留下了两道深深的疤痕。为此，西尔斯公司决定拒绝提供这种以人为本的广场，并命令SOM事务所清除广场设施，限制通向广场的道路。用一位评论家的话来说，排除了街面儿活动，西尔斯大厦的底部就只剩下“保持距离的气氛”了。[29]

为了分析风载的影响并证明修正后的筒体结构中的筒作用，工程师建立了整体结构的三维计算机模型。截至1970年，SOM事务所已具备了多领域的计算机分析能力，然而，

西尔斯大厦结构模型所要求的运算量却远远超出了公司 IBM 1130 计算机的能力。

高成本计算机和精致复杂的软件是大多数设计公司自身无法取得与维护的，而计算
227 机服务商的分时计算则为此提供了良策。SOM 事务所已经在少数几个大型项目上利用了计算机服务，并且现已安排了西尔斯大厦的结构分析。在公司内部的计算机团队协助下，工程师们准备好了穿孔卡纸进行数据输入，其数据量大到难以想象。刚一开始，计算机服务商便很快掌握了运算规模，并即时通知了 SOM 事务所：解决问题将要花费的时间和金钱很可能远远超出了他们的预算。考虑到 SOM 事务所和西尔斯公司共同约定的项目预算限额，法兹勒别无选择，只好忍痛终止了整体结构的计算机分析。

西尔斯大厦的体量和不对称性带来了令人生畏的建模复杂度以及海量的数据记录。不同于可以用半结构或 1/4 结构来表征的对称结构，西尔斯大厦无法利用减小自由度的方式来建模。为了实现建筑结构整体分析的目标，工程师能够合理规划的最佳方法是：通过将多个楼层分组归并成等效框架层，从而使描述塔楼的 10000 个节点和 21300 个杆件缩减到 400 个节点和 9000 个杆件。然而，基本的建模问题仍然存在。从另一个角度来看，同时期的另一超高层建筑，即位于芝加哥 1136 英尺高的印第安纳标准石油大楼却可以利用 1/4 结构进行建模，且节点和杆件数量比西尔斯大厦的半数还少；另外，由于标准石油大楼的平截面恒定且双轴对称，所以，其模型只有 1856 个节点、3406 个杆件和 170 个有限单元；即便如此，它的联立方程个数也超过了 11000 个。[30] 设计西尔斯大厦前的仅仅 5 年，也就是 1965 年，在约翰·汉考克中心的设计过程中，STRESS 程序将现代软件开发的极限推至 307 个节点、570 个杆件所构成的 1/4 模型结构分析。

工程师们很快就意识到西尔斯大厦整体结构分析可能会无限复杂和高成本，于是便另辟蹊径了。他们创造了一种建筑分块叠加的模型分析方法，用于确定整体结构的性能和各杆件的内力：第一部分模型从基础到第 90 层；第二部分从 60 层至 110 层，通过强迫相容性原理，工程人员便能够获得一个代表全楼整体单元的解。这样一来，如果不可能实现整体结构分析，那么，综合以上两部分的模型分析结果也可以满足设计要求；反之，如果可行，那么这个集成化分析也将可以用于验证更大的模型分析结果。

228 随着设计的深入及钢厂加工定制图纸的就绪，设计团队继续寻找着计算机服务商，以求在项目预算内能够对整体结构进行有限元分析。恰好在一年前，数据控制公司扩大了它的数据处理服务业务范围并倾向于工程应用，公司的一位工程师对西尔斯大厦项目有着强烈的个人兴趣并同意利用公司的框架分析程序和数据处理网络为该项目承担计算工作。功夫不负有心人，计算机运转了几个星期之后，最终成功地取得了结果。

建筑结构的整体分析结果进一步证实了分块叠加模型的可行性，得出的结论是：侧向荷载作用下非对称束筒的结构反应类似于一个整体的竖向悬臂构件。虽然框架有着超常规的 15 英尺大柱距，但整体工作性能明显，其更像是剪力墙而非单独的柱构件，并且影响着整体结构的筒体作用。另外，分析表明，筒单元的横隔梁、伸臂桁架和带状桁架

对减小整个结构体系的剪力滞后效应起着至关重要的作用；而如果仅仅将西尔斯大厦按照一个 225 英尺基底尺寸的框筒来对待，剪力滞后效应则会大很多。带状桁架的另一个功能是控制柱的轴向变形差异，并释放巨大的重力荷载差异至一个无关紧要的水平。

为了优化模块化筒体结构，设计者将楼面荷载直接传至沿着每个筒单元的周边墙柱上。因此，在风荷载作用下，这些承受巨大重力荷载的主柱将不可能受拉，也无须更多材料来满足悬臂结构的强度和刚度，即不会产生因建筑高度所造成的额外费用。而且，主柱框架还为楼盖体系提供了一条有效的直接传力路径，并确保了钢结构安装过程的稳定与直接。最后，选择 75 英尺作为楼盖构件的最大实际跨度，反过来，这一尺寸又决定了每个筒体单元的尺寸。

在楼盖体系中，通过混凝土板和钢桁梁之间的组合作用可以形成刚性隔板，这对束筒的性能非常重要，它确保了横隔梁框架的挠度和平行于风载方向上的两片外墙相等；另外，组合作用还减小了长跨楼盖体系的振动，从而提高了居住者的舒适度。虽然完美的束筒体系是西尔斯大厦结构经济性的主要功臣，但其他一些因素，诸如高效的楼盖骨架体系、柱－梁单元的预制加工以及结构组织的规则性均有助于控制整体建筑的结构 229
成本。

建筑形式的意义

束筒结构体系的成功运用是法兹勒 1966 年网筒概念的具体体现，也是其对筒体概念深度思考的佐证。这种新体系实现了 100 层高楼的经济建造方式，是高层结构工程的巨大成就；同样重要的是，西尔斯大厦所采用的多种建筑形式是完全有别于基本的框筒结构的。

尽管框筒拓宽了方案设计的选项，但以方形或矩形为基本形态的单筒结构却促进了盒子状高层建筑在大城市中的泛滥。相比较而言，西尔斯大厦为超高层设计引入一种高效的结构体系并且有助于建筑体量的多功能性。束筒为建筑环境开发的个性化提供了强大工具，有时甚至成为唯一的必须，正如某评论家指出的那样，西尔斯大厦的“最美之处在于它是超高层建筑的原型结构”[31]。创新意识对未来发展的可能性影响深远，它决不仅仅只是完成了某次单一的应用，创意赋予了建筑足以弥补经济性的动态品质。

束筒结构体系的多功能性在西尔斯大厦项目上显露头角。在结构的初步方案阶段，设计师坚持采用均匀筒单元构成的规整形体；然而，当继续探索束筒结构体系特性时，他们发现即使筒单元不规则布置，单元本身也不会削弱整个体系的强度，只要柱和裙梁的比例能够形成悬臂作用以控制结构整体侧移，那么，任何设计方案将都是可行的。也就是说，筒单元可以是正方形、六边形、八边形等各种多边形，并且可以调整各个单元筒之间的相对高度以适应建筑项目的要求和美学表现，束筒结构允许进行楼面裁剪，同时，也可以将束筒的一部分引入现代建筑的大立面上以弱化它们的存在感。

230

背景右侧的西尔斯大厦束筒结构与背景中央的高层“板式住宅”截然不同，格雷厄姆和法兹勒十分高兴在西尔斯大厦设计过程中创造了一个新的建筑语汇，它融合了建筑体量与符合逻辑的、经济的结构形式（摄影：威廉姆斯－迈耶公司，承蒙 SOM 事务所允许）

法兹勒对于新型结构体系所表现出的极高热情可以用“几乎无法抵抗”来形容，约翰·泽尔斯二十年后依然能够回忆起，在谈到结构体系及其在 110 层塔楼中的应用时，法兹勒的语言极具“煽动性”，这一点触动了项目团队。虽然设计进度要求非常苛刻，但没有人对加班加点提出疑问。法兹勒散发出强大的决断力，并一如既往地对设计问题的复杂性和障碍保持着清晰思路，寻求有效结构和结构体系所激起的热情同样影响着项目组的其他同事。德威特·切斯纳特公寓设计师路易吉·芒福德还记得法兹勒对于结构艺术之兴奋和其特殊天赋的感染力，他能够用一种建筑师和工程师都愿意接受的方式去阐释所创造出的结构体系。[32]

布鲁斯·格雷厄姆既反对不必要的复杂形式，也不赞成内容与形象的脱节，他满怀热情地表明自己对合理结构体系下建筑表达的开放心态。[33] 格雷厄姆并不孤立，高层建筑设计中束筒结构的魅力广泛满足了结构创新重大进展的持续性。相比较其他大多数结构，束筒结构体系能够用非技术术语进行诠释：法兹勒更喜欢将束筒形容成一捆空芯儿的稻草，当然，拿一把铅笔来演示也许更为方便；格雷厄姆觉得把它形容成一包香烟更确切，因为这是他曾经用过的小道具。当然，如今的束筒已经是一个家喻户晓的名词，所以，这种新型结构类型也就变得显而易见了。

“竞争已经开始了，”一篇 1972 年的《土木工程》期刊论文耸人听闻地写道：“再高点儿，
231 再高点儿，结果飞走了！”[34] 20 世纪 60 年代末和 70 年代初的那些越盖越高的摩天大楼的业主和设计师们仿佛都很不坦诚，他们均否认曾经有目的地将建筑高度的记录一破再破。从某种方面来说，这样的断言的确是可信的，因为开发商仅仅是对高地价上投资回

结构因素的独立性。束筒的语汇释放了长期受盒子或板块模式束缚的建筑师的想象力。在堪萨斯州威奇托市的第四金融银行（Fourth Financial Bank）设计中，SOM 事务所利用 5 个 3×3 的网格模块创造出宏大的办公和商业空间，并留出了公共天井模块（摄影：哈尔，海德里希－布莱辛图片社，承蒙 SOM 事务所允许）

报感兴趣，只是对按需提供办公、商业或公寓空间感兴趣。如果节约型建筑的方式不可行，那么，臃肿的场地消耗型中层结构将反过来会成为城市中心区的主角。按照如今的标准，梁－柱框架或门式框架仅仅是由于太贵才没有成为超高层建筑的结构体系。尽管有过后二战时期的繁荣，但五六十年代的商业氛围还是比不过 20 年代，后者的建设大潮和高耸的摩天大厦达到了破纪录的顶点。1959 年，在走访了投资人、建筑业主和建筑师关于大规模开发的前景后，《工程新闻记录》得出的结论是“机会微乎其微，”而他们的采访议题则是“是否有人愿意再花钱盖一座帝国大厦，”事实上，多数人的基本观点是：“40 层是一个上限，除非存在什么非常好的条件。”[35] 232 

大约在 1973 年的法兹勒·汗（经 SOM 事务所允许）

唯有通过 60 年代革命性的结构开发，使摩天的建筑高度在经济上成为可行，那些开发商才会为了提供街头活动的广场绿洲而放弃部分建筑用地。为了更好地理解这些先进结构之于建筑环境的重要作用，我们不妨考虑一下中央商务区对办公和商业空间的需求：仅西尔斯大厦项目的总建筑面积就超过了 440 万平方英尺，而其中大约 390 万平方英尺是通过上部结构实现的。由于这个单体在经济和建筑上的巨大优势，使其巨量的空间能够容纳在 1.2 英亩的场地上。如果将它展开成单层建筑，则会消耗 16 个芝加哥街区或 101 英亩的土地面积。假设依靠丹尼尔·伯汉姆（Daniel Burnham）和爱德华·班尼特（Edward Bennett）那个年代的技术，那么，他们关于芝加哥城市发展中建筑超出红线的设想可能将是一个最合理的预言。

1930 年，“世界上最大的建筑”——芝加哥商品市场大楼以其实用性和经济性而扬名。与之相比，1970 年，最大零售商所拥有的世界上最大的私有办公建筑则是因为其向上的高度而闻名遐迩。当 1974 年落成时，西尔斯大厦便冠以“世界最高建筑”的头衔，并且这个为公司、为芝加哥、为美国带来卓越荣誉的头衔一直保持了 20 多年。

当马来西亚政府所有的大型石油公司，即马来西亚国家石油公司在 1996 年从西尔斯大厦手中夺取了世界最高楼这一称号时，有关建筑高度测定的争论便开始了。石油双塔
233 的结构高度比西尔斯大厦高 22 英尺，这个高度是指到无法使用的 150 英尺高的塔尖处；相比之下，西尔斯大厦的高度是指到最顶层的屋盖处。建筑高度的定义存在明显分歧：到建筑的屋盖立面，还是到最高的建筑楼面，或者至结构顶部，大家莫衷一是。于是在 1997 年，高层建筑和城市住区理事会推出了一些测量和比较高层建筑高度的补充标准：除了至结构或建筑的顶点高度外，建筑还可以根据以下三方面进行高度评判：最高可使用楼层、最高屋面和最高天线高度。如果按照上述三个补充标准，截至 2003 年，西尔斯大厦仍然保持着世界第一高的地位。

1909 年，丹尼尔·伯汉姆与爱德华·班尼特预想的芝加哥发展远景。到了 20 世纪 60 年代早期，建筑师和规划师希望高层建筑成为一种无须消耗整个城市街区的空间容纳方式（丹尼尔·H·伯汉姆与爱德华·H·班尼特，芝加哥规划，1909 年，图版 122，芝加哥艺术博物馆）

在 1974 年,法兹勒无法想象直到 20 多年后西尔斯大厦才被迫割让了世界第一的称谓，而他期望超高层建筑向上攀爬的脚步会越来越快。按照 20 世纪五六十年代的趋势，在未来的十年内，大都市区域的人口密度将只可能越来越大。在法兹勒看来，摩天大楼是保护世界资源、容纳世界人口最可行的途径。在他为高层建筑设计所开发的一系列先进结构体系中，束筒可谓是极致，它解决了先前大型建筑视觉臃肿的问题，确保了城市天际线的优美。法兹勒渴望着在富有想象力的、合理的建筑中，新型结构体系将会如雨后春笋般不断涌现。

1895 年落成的瑞莱斯大厦（Reliance Building），优雅地诠释着受功能和结构规制的实用设计这一现代理念（摄影：佚名，芝加哥历史学会）

第 10 章
建筑学的转型

20 世纪 70 年代是一个建筑史和社会史转型的 10 年。曾经自信于道德真实感和形式 235
绝对化的现代建筑，极力主张对建筑学科及其约束措施进行一次实践，而这些学科和措施却已不再适用于这个时代及经过上个十年发展后的水平。在认识到需要一个扩展的设计语汇后，法兹勒 · 汗在拓展束筒体系可能性的同时，也非常欣慰地确信，束筒的结构效力和结构布置已经得到了发展，筒单元的形状已经无须像初创时所要求的那样——必须规则了。他相信，束筒的广泛效力有助于实现建筑体形的多样性，从而使设计师能够扩展在大型建筑中视觉表达的范围。

然而在 70 年代早期，人们对现代建筑的失望契合了放弃现代性的社会潮流，迎合了社会整合的概念和确定性，并且，建筑专业也支持这种极端保守主义的运动。反对超越五六十年代期间现代建筑影响的力量，不允许以法兹勒预想的方式进行中等规模的调整，反而在建筑革新的过程中，现代建筑包括结构理性主义的大前提突然被束之高阁。在职业生涯的剩余部分，法兹勒力求在这种转变和不稳定的设计氛围之间建立一种理性平衡。

20 世纪现代主义

后二战现代主义的践行者起源于 19 世纪的建筑对话和建筑运动，他们将其解释为，
长期的、虽然时常被打断的理性传统和逐渐发展的一部分，而正是这部分导致了 20 世纪 236
“现代建筑”的出现。尽管 19 世纪的专业关注于历史的建筑元素及前工业特征，但个别建筑师已经开始欣赏新型钢铁建筑的结构逻辑。在他们的设计中，采用这种结构材料的桥梁和大型功利主义建筑，例如，火车站和展览馆总会给人以粗壮、设计新颖和自然简单的深刻印象。[1] 到了世纪中叶，大批建筑师甚至还未能认识到现实的前进方向时，就开始坚决主张对以前现成结构材料设计出的已有建筑形式进行重新评估，对当代材料和条件特点的表现形式进行重新评估。受到有广泛影响的生物类型与功能关系科学假说的启

发，理论家们也提出了有关建筑本质、诚实建造和功能与形式之间关系的新观点。

在 19 世纪的最后几十年里，有关形式和表现决定因素再评价的争论，在 1871 年大火后的芝加哥重建中有了用武之地。建设的要求是巨大的：虽然存在大火的破坏和开始于 1873 年的深度经济衰退，但 1870—1890 年间的人口却增加了两倍多。这个城市充斥着实用主义的范式和生机勃勃的工业，以诗人卡尔·桑德堡（Carl Sandburg）的语言来形容：芝加哥给人的感觉是趾高气扬的。19 世纪八九十年代的建筑开发追求着先锋主义的成就感[2]。与现有建筑中心的地理和文化距离使建筑师毫无保留地追求技术创新，同时又坚持技术与美学的统一。的确，正如建筑评论家亨利－罗素·希区柯克（Henry-Russell Hichcock Jr.）在 1929 年指出的那样，这个时期“最伟大的胜利”之一就是工程与建筑设计学科的统一。新型建筑结构，包括钢骨结构和现代超高层，以及“民主”的建筑方式满足了城市的大空间需求。[3] 虽然装饰对建筑设计仍然很重要，但梁－柱框架结构体系的使用使得表现结构骨架的建筑方兴未艾。

20 世纪早期，当建设的步伐放缓时，除了二三十年代装饰派艺术运动外，大多数芝加哥建筑又回归了学术理论的怀抱。同期的欧洲，有识之士断言，装饰挥霍和风格混乱
237 的世纪末欧洲建筑并没有反映现代生活，并且事实上是不负责任的。世界大战的灾难不久便开启了为社会改良这个额外目标的诸多运动。现代主义者设想的美学过剩、经济差异和社会孤立等因素成为国际侵略的重要口实，最终导致了世界范围内的动乱和死亡。在能够体现现代生活的建筑类型开发中，技术和工业具有重要作用，其合理性不仅得到了建造的诚信、抽象的视觉表现及最小的形式这些哲学论据的证明，而且经济、社会福利和国际协调也是原因之所在。提供居所的紧迫感、与之相应的拮据经济条件以及日益上升的工业化，这些都坚定了“新建筑”支持者的决心。

作为对时间和环境的诠释，这种新方式下的建筑将清楚表达出普遍性原理和共同的形式语言。19 世纪有关“恢复我们的建筑性格与时代方式之间的和谐”的道德论证得到了强力支持，于是，便出现了影响接下来半个世纪的密斯·凡·德·罗 1932 年的流行座右铭：“建筑是将这个新纪元转化成空间的愿望。”[4] 现代社会的实用特征要求清晰、直接的建筑问题解决方案，要求智慧灵感与情感激励的结合。现代的设计态度被反映在几何秩序与结构清晰的可理解性上。

伴随着二三十年代现代建筑运动得到了社会认可，他们要求在社会中扮演积极的角色。无论是在建筑学、文学或者艺术上，质量和进步都被认为是同等重要的，并有益于道德和表现艺术的提升；有组织的社会再创造是内战中的欧洲和俄罗斯的政治与社会氛围所固有的，社会再创造的初期共同目标更加深和补充了上述的道德使命。存在主义者认为 20 世纪的每个人都应对他们的行为和他们的时代负责，而更进一步的刺激源自 20 世纪解决问题的天性和迅猛的技术进步，这使得现代建筑运动表现出完全能够解决当代社会和经济问题的自信，并且自认为建筑学是问题解决的核心所在。不管现代主义者支

持社会议程和城市规划专家议程有多大，人们还总会将他们与进步运动的强烈意愿联系
在一起：他们以前瞻的方式评估建筑问题，并且回避依赖过去解决方案所产生的无精打
采的效果。而且，现代主义者共同致力于确保功能和结构的基本要素，并追求建筑设计 238
中的一致性和综合性。

伴随着第二次世界大战的结束，现代建筑在美国城市爆发式增长的过程中获得了广泛认可。现代建筑运动中的规划概念，例如由勒·柯布西耶在20年代提出了那些概念，以及1933年第四次国际现代建筑协会（CIAM）代表大会会议纪要中的那些概念，被公屋规划师所广泛接纳；与此同时，许多公司也把现代建筑的鲜明美学定位作为资本主义成功与先锋国际地位的象征。另外，虽然略有迟疑和犹豫，与现代主义相关的社会哲学还是从欧洲输出到了美国，并且受到了诸如社会评论家刘易斯·芒福德的拥趸。芒福德强调现代建筑的责任应当是“将其个体成就转化成一种适宜的普遍形式，这种形式能够与经济和社会资源相容，能够协同整合设计，使当前仅对少数富有者的优势将来能够归于多数人”[5]。

1960年，当法兹勒·汗返回芝加哥时，人们对社会行动的热情和对创新、奉献的追求正在逐渐升温，强烈的乐观主义情绪使公众愿意支持那些有助于提高大众生活品质的举措，无论是国内的还是海外的。“如果一个自由社会无法帮助多数贫穷者，那么，它也将无法保护少数富有者。”伴随着如此的舆论以及普通公民致力于国家和世界改良的强烈诉求，1961年，约翰·F·肯尼迪（John F. Kennedy）总统开启了他的执政王朝，私营企业也慎重表达出社会福祉的关切并以此来证明他们的工作意义。1960年，戴维·帕卡德（David Packard）告诉惠普公司雇员：“过去几年里，越来越多的生意人已经开始意识到这是他们真正的目标……总要去做一些有价值的事情。”凭借积极的想象力和自信力，美国决心在月球上留下脚印，并确保实现“这是我个人的一小步但却是人类的一大步”的目标。[6]

1967年蒙特利尔世博会的主题“人类与世界”代表了一种自信的立场，即通过努力和个人参与，每个人都有可以参与社会活动，为世界和平作出贡献。世博会的官方出版物诠释了安托万·德·圣－埃克苏佩里（Antoine de Saint-Exupery）《人的大地》的开篇段落：“作为一个人……觉得通过个人的自我贡献，可以帮助建设这个世界。”[7]

建筑设计的进步得益于探索精神和那个时代的乐观态度，反过来又激发出了一个充
满热情和迅速提升的设计环境。20世纪50年代末至60年代早期的芝加哥城市重建活动 239
令许多评论家和历史学家将这一时期的建筑作品称之为所谓的第二代芝加哥建筑学派。
建筑历史学家卡尔·康迪特（Carl Condit）在1980年指出，60年代早期SOM事务所所忙
于的建筑设计代表着自芝加哥早期生铁框架的高层建筑以来结构首次最基本的创新，而
法兹勒正是这些新型结构技术开发中的翘楚。[8]法兹勒自认为，他的工作扎根于前瞻性的
芝加哥建筑传统，而这种传统是受到结构学科规制的，是完全“现代的”，这些新的设计
解决方案源于前人的知识并适用于解决新的问题。在尊重已有建筑形式和建筑表达概念

的同时，追求进步的工程师和建筑师能够打破现有的设计壁垒，例如，独立的骨架和外墙，他们认为这些原则排除了结构和建筑真实性的整合。“自由立面”原则大大方便了19世纪80年代的现代摩天大楼开发，并且在20世纪20年代实现了显著的结构轻巧和有助于内部采光的目标，但到了60年代它已经不再具有实现上述目的的必要了。

在那个一些皆有可能的年代里，法兹勒的建筑学和城市规划视野得到了升华。在新问题的鞭策下，他相信技术、功能以及美学三方面可以被分解到综合性的设计解决方案中。同僚们所拥抱的现代主义“理性”倾向，包括将复杂缩减到简单和本质，都符合法兹勒的个人偏好。很多与之工作过的建筑师都曾与密斯有过交往，并且是密斯的追随者[9]；有些曾是密斯担任伊利诺伊理工学院建筑系主任20年期间的学生。虽然，密斯已经把包豪斯（Bauhaus）基于材料知识和建造方法的建筑学教育理念带到了伊利诺伊理工学院，然而，灵感和美感强烈地左右着设计，实用性考量是具体建筑创新的基本，沿着这思路，法兹勒决定开发既能够提供高效建筑产品又具备整体美学价值的结构体系。[10]

追求形式的一致性和表达的完整性，这仿佛就是法兹勒的本能。他欣然推断，在城
240 市环境规划方面，建筑学与工程专业都负有社会责任。当他评价工程设计，例如，作为专业协会工作的一部分内容，他总是在评价技术质量的同时，也会考虑结构的相应建筑表现形式。而当自己作为城市的一员时，他对展示结构优美和意义的建筑创作特别感兴趣，更乐于近距离地感知这些建筑的存在美。

使命感和承诺曾是贯穿整个20世纪60年代的现代运动基石之一，但当一系列逆流折磨西方世界时，它们却止步不前了。那些经常半心半意的公共项目计划并没有像预期的那样提升生活品质。虽然存在劳动力短缺和种族隔离的实情，虽然后者应该随着《民权法案》（Civil Rights Act）和开放住房条例的通过而终结，但美国的少数裔失业率依旧很高，挫败感引发社会动荡并导致1965年夏季的骚乱爆发。在最近的十年里，由和平人士与民权活动家发起的游行示威已经越来越成为家常便饭，对于这些社会活动，政府机构或者暴力抵制，或者纵容，或者直接出面组织。

那些年，许多代表政治、社会和文化进步的领袖相继离世。刺杀约翰·F·肯尼迪的阴霾还未散去，美国人又在仅仅两个月的时间内目击了另外两个悲剧：1968年4月和6月，马丁·路德·金和罗伯特·肯尼迪（Robert Kennedy）相继遇害。1968年《工程新闻记录》社论哀悼道：“能够激励年轻人，吸引才华横溢的、乐于奉献的和朝气蓬勃的，”领导人才能似乎须臾之间就将成为过去时。[11] 20世纪70年代，有关权利和现存秩序的矛盾心理甚嚣尘上，再加上对政治丑闻的煽风点火，以至水门事件达到了极致。由于受到刑事犯罪的弹劾威胁，理查德·M·尼克松（Richard M. Nixon）总统于1974年8月宣布辞职，于是乎，他的继任者杰拉尔德·R·福特（Gerald R. Ford）总统立即赦免了其个人责任。[12]

1970年的大阪世博会已经缺少了1967年世博会那样明显的意识形态基础。对幻想的执着令现代艺术的假定道义所剩无几；而当代政治和文化架构的公信力缺失，又使20世

纪现代主义曾经的相关品质——清晰、简约和逻辑性荡然无存。建筑学专业的开山鼻祖们——勒·柯布西耶（1965 年）、密斯·凡·德·罗和格罗皮乌斯（1969 年）、理查德·诺依特拉（Richard Neutra，1970 年）、路易斯·康（Louis Kahn，1974 年）、阿尔瓦·阿尔托（Alvar Aalto，1976 年）也相继走下神坛。在现代主义几十年的影响期间，现代建筑并没有营造出一种社会平等主义的或者令人精神振奋的建筑环境，对此，那些真诚为社会变革而承担过多责任的人士明确表达出了他们的失望。在 1968 年美国建筑师学会会议上，全美城 241
市联盟（National Urban League）的执行主任惠特尼·扬（Whitmey Young）斥责建筑师道：“你们之所以是最杰出的，原因在于你们‘雷鸣般’的沉默和完全的无关紧要。”[13]

当影响社会状况的建筑自信力消失殆尽时，现代建筑便失去了第二个相关的决定性基石。当那些曾经大胆和鼓舞人心的先锋派的设计大量应用于城市规划后，也就已经失去了它的生命力，而雪上加霜的是 70 年代强调成本意识的经济气候。随着项目开发商、承包商和设计师对通货膨胀和经济衰退作出反应，那些曾经发源于现代建筑的原则性品质便被权宜之计的极简主义篡夺了。

如果贫乏的细节被不断简化，规律变成了愚蠢的重复，纯粹性表现发展成了清晰度的缺失，那么，精细化装饰和通过结构元素的表现形式便登峰造极了，再加上透明与坦白的建筑语言，很自然地就形成了风头主义或其他类似风格。大量出现的玻璃幕墙立面（其目的在于利用双面反光玻璃的隔热效果）依赖对相邻建筑物的反衬来实现视觉体验和尺度感。

1960 年前后，现代建筑运动方兴未艾，逐渐向着西方建筑学的新高度前行。正如建筑师彼得·布莱克（Peter Blake）在 1958 年描述的这种状况：现代运动的山顶处依旧是“云雾缭绕”，由于现代主义的相异品系，使人们无法预知其登峰造极时的形态和可能出现的多样性。[14] 但是到了 70 年代中期，很多建筑学的专业人士以及公众都认为“现代建筑”已经完成了进化过程，现代主义不再维系具体与普遍适用的解决方案之间的必要平衡。而当下，批判主义也采取了同样不稳定的立场，它将眼光仅仅停留在实际现代建筑中的不确定方面，并且拒绝承认现代建筑的现实与理想。人们对现代建筑负面效应的挑剔远远超出建筑本身的范畴：城市拥堵和区域破坏、城郊蔓延与城市周边绿地的丧失、依赖汽车和气载污染物的窒息效应、社会解体以及朴素单调的所谓国际风格。[15]

“后现代”运动的出现旨在解决现代建筑的一些感知失效。比如，对文化多样性的不 242
敏感，这里既包括当代的也有历史的；再比如，无意义的或无意识的建筑交流。查尔斯·詹克斯（Charles Jencks）在《后现代建筑语言》一书中阐述的 70 年代“政治人物的信任缺失”与现代主义中的“信任性代沟”是相似的；现代建筑师的意图在已竣工的建设项目中经常无法实现，无论是商业建筑或者公共住宅，而且与建筑师所主张的善举相反，传达出的仅仅是社会剥夺之感。[16]

在整个社会层面上，人们的视角逐渐从个人投入和社会责任方面转移，其原因在于：

对于考量文化或环境影响而言，建筑的有限权威和能力起到了重要作用，并且已经超出了某个特定建筑设计的范围。以上解释获得了广泛认可。与此同时，许多设计专业人士已经认识到建筑学发展的薄弱之处并着手加以改善，跨学科设计的提倡者、结构工程师马里奥·萨瓦多里（Mario Salvadori）意识到将人的视角融入工程实践的必要性，而被引入巴尔的摩公路项目中的团队方式便是上述意识的一种尝试[17]；在建筑学方面，强调“环境设计”而非孤立的建筑设计已经渐渐成为大家的共识。

当路易斯·沙利文描述建筑师活动时，将当代国民生活解释成为一种社会渴望——渴望恢复熟悉的东西，渴望重申与过去（前现代）建筑设计的形式联系。怀旧同 20 世纪后期现实之间的矛盾反映于美国建筑的折中主义和对复古主义的承认之中，正如建筑评论家保罗·戈德伯格（Paul Goldberger）在 1980 年指出的那样，这种承认是“20 世纪在品位方面最剧烈的转换之一,在一定程度上相当于朝着现代建筑 50 年前的方向在运动”[18]。

为了试图活跃建筑表现力，建筑师采用了视觉传达技术，其范围从明确的历史参照到当代象征主义的符号。无视现代主义的克制表现，提升艺术的努力旨在打破高低之间的差距，并用一套大家都能够理解的符号进行沟通。有一种思想路线赞扬了包括大众和商业在内的普通或平凡的事物；另一种则支持当代相对主义理念，从历史、文化到美学和伦理。

243 勒·柯布西耶曾满怀热情地如此描述盛行的现代主义者的态度：“我们的梦想之所以胆大，是因为它们一定能够实现。”随着 70 年代艺术与社会责任感之间联系的逐渐弱化，创新的概念化与实际执行力的直接联系便也出现了相同的趋势，建筑师的作品和与之选择的创作方式常常“传递出一种在结构、经济和功能可行性方面全然不顾的感觉”[19]。建筑评论家艾达·路易丝·赫克斯特布尔（Ada Louise Huxtable）对于纽约现代艺术博物馆一次名为“现代建筑的转变”的展览进行了如下评论：“那些曾经是根本的、功能主义者的理论基石已经被扭曲成了一种新的和令人不安的以自我为中心的形式强调，自我只是唯一原因。”一些建筑师和工程师追求技术统领一切的意象，这是种类似于从提供居所的实现方式中分离出来的设计模式。“建筑学”，1979 年美国建筑师学会金奖得主贝聿铭评论道：“呈现于两个世界……实用的世界和创意的世界，彼此格格不入、离心离德。”[20]

后现代主义宣称人性化建筑和改善城市环境的目标是法兹勒能够欣赏并加以支持的，他为那些笨重、浪费场地且千篇一律的建筑所提出的结构类型是经济高效并适用于后现代主义目标的。[21] 然而，他不相信后现代主义探索道路中所利用的许多方法，也对建筑交流的论调不敢苟同，因为这是一种强硬、死板并带有选择性的腔调，是一种批判现代主义的声音。他反对不切实际和自我意识的建筑方案。曾经是现代主义建筑理论重要组成部分的结构因素却越来越受到冷遇，甚至是直接反对，这令法兹勒特别困惑。后现代主义的如此境况可以用拉宾德拉纳特·泰戈尔的一行诗来形容：“从土壤的束缚中解放出来，不是树木得到的自由。”[22]

在欧洲，20 世纪 70 年代的建筑学发展走过了一条不同于美国的路，它不只是像美国的建筑学科那样，仅仅开拓了计算机辅助设计的能力，而且还明显表现出技术上的大幅领先。源于灵活的内部空间、几何形式和结构表达的现代建筑学理念，这种“高技派”（High-tech）运动强调结构与环境控制体系中的技术含量。理查德·巴克敏斯特·富勒（R. Buckminster Fuller）的轻质结构以及未来主义者意象，比如英国的建筑电讯派（Archigram）影响着“高技派”运动，并重新解释了现代建筑与工业建筑美学的早期联系。1977 年完工的巴黎波布 - 里沃利蓬皮杜艺术中心（Beaubourg-Rivoli Centre Pompidou）具有突出的结构特征，对于高层建筑设计中建筑意象的再评估而言，这类显著结构中建筑构成的清晰表达具有指导意义，它使得对结构的清晰表达转化成为对手工技术的示范。[23] 244

在坚持设计专业领域那些摇摇欲坠的共识中，法兹勒与格雷厄姆的工作维持着一种均衡，这种均衡部分源于二人设计上的合作方式，建筑美学同结构合理也因此相得益彰。整体、理性的建筑理念让二人不再拥抱或热衷于建筑的文化意境，而后者如今却往往成为扼杀创造力的理由，当然这是个鸡蛋里挑骨头的理由。同样重要的是，法兹勒的工程设计愿景和塑造建筑环境的作用使他不相信不自然的结构形式，也不会纵容他所谓的“工程把戏”。在消化吸收当代建筑学知识的同时，格雷厄姆和法兹勒一如既往地坚持现代主义者的传统原则。

60 年代，困扰美国城市的问题甲肯成为全民关注的焦点；70 年代，关于城市中心的公众情绪已经发生了转移。从城市迁移进入郊区——带走税负——这种社会意识形态的变化成为大势所趋，再加之大城市地区的相关问题，使得在郊区可控环境内的私人自有住房越来越具有吸引力。到了 1975 年，糟糕的城市社会和财政状况给纽约带来破产的威胁，福特政府的反应标示出国家对城市地区概念的明显反对，大都会中心所经历的遗弃感可以用《纽约市每日新闻》的头版标题“福特到纽约，滚开”来形容。为了说明这个时期的公众心态，城市排名的最高荣誉不再属于那些规模大、文化内涵丰富的城市，而是属于那些像城市学家威廉·怀特（William Whyte）嘲讽过的那样：“以任何平淡指数来衡量，都具备最高品质的”[24]社区。而类似于大片的郊区住宅用地开发那样，商务花园开发通常也是毫无特色的。

许多建筑师致力于消除这类建筑作品的无聊感，并拒绝承担郊区的通用型设计任务。早在 50 年代，SOM 事务所的康涅狄格州通用人寿保险公司（Connecticut General Life Insurance Company）总部设计就已经标志着企业园区开发的另辟蹊径。当 SOM 芝加哥事务所接受了药品制造商百特国际（Baxter Travenol Laboratories）的全球总部综合体设计任务时，这个项目便成为赋予郊区或远郊开发以建筑学价值的典型案例，设计师的自我意识在其中得到了充分发挥。

百特公司总部 245

规划中的百特公司总部项目是一片 188 英亩的乡村场地，位于伊利诺伊州迪尔菲尔德镇，距芝加哥卢普区不到一小时的车程。项目的场地环境要求具备宽松的横向拓展能力，

百特企业园区。与 20 世纪 60 年代 SOM 事务所高层建筑设计所表现的城市高密度相反的是，百特园区所反映出的是环境的自由扩张性（摄影：埃兹拉·斯托勒，© Esto 图片社）

因此，近 100 万平方英尺的一期建设开发方案包括 5 幢低层办公楼、一座自助餐厅与服务大楼以及两个停车场结构；当空间需求增长时，将来可能还会出现更多的附属建筑。

对于设计团队来说，显而易见的开发焦点是自助餐厅大楼，也称中央设施大楼，中央餐饮厅和厨房均落户于此，另外还包括礼堂、多间培训中心、机械室以及其他一些辅助功能用房。在初步调研期间，设计人员打算利用模块化方式来进行方案设计，这种方法已经成功地应用于许多其他园区类型的设计中：构成大型建筑外轮廓的模块包围着至少一个内天井，通常又称为“油炸面包圈”，即环形建筑（详见第 2 章）。随着策划方案的深化，项目团队逐渐理解了有目的性地利用建筑模块形成整体内部空间的原因。与百特公司的代表协商后，设计人员决定自助餐厅区域应与办公环境风格迥异，使其成为不断吸引公司员工就餐之处，因为公司附近并无其他现成的进餐场所。[25] 建筑师展望整个用
246 餐区域都是明亮通透的空间：空灵感有助于转移人们的视线，使其从办公室工作的过度集中解放出来，同时，也可以为不同部门的人员提供一处相互交流的机会。另外，巨大的无障碍空间还能够适用于将来的座席安排，并能够容纳公司总部召开的大型非例行性会议。为了更进一步活跃气氛，设计者计划利用建筑周边的玻璃窗在视觉上开放内部空间，使其延伸至广阔的外部自然地坪，并在用餐大厅内部创造出一个花园式庭园。

设计中蕴含的开放式无障碍空间是建筑师的追求而非这个项目的专利，这个时代的大量园区设计都旨在达到一种相似的空间类型，特别是对于餐厅设计。[26] 对于百特公司园区的诸多办公建筑来说，设计团队利用横跨建筑总宽的、截面高度很大的钢桁架来为每个建筑创造出灵活的工作空间。然而，中央设施主体大楼必须区别对待，不仅仅是因为其建筑尺度有别于办公建筑，要求不同的结构体系；更关键的是，作为公司总部复杂综合体的灵魂元素更值得拥有一个吸引眼球的建筑特征。与中央设施大楼采用标新立异

的建筑处理手法不同的是，格雷厄姆和法兹勒抓住了一种新兴的结构体系，这种体系是SOM 事务所在建筑设计中从未涉猎过的，也正是法兹勒在伊利诺伊理工学院的经历使其跃然纸上，这便是悬索结构。

悬索结构有两种类型：悬挂索和斜拉索（cable-stayed）。在悬挂体系中，抛物线形的主索横跨塔柱或塔架；在塔架外，缆索作为锚索继续延伸并将体系产生的水平推力传递至外锚；利用吊索，屋面板或屋盖的水平大梁被支撑于抛物线形的主索下方。1962 年建成的华盛顿杜勒斯国际机场 [由美籍芬兰裔建筑师埃罗·沙里宁（Eero Saarinen）和安曼 - 惠特尼工程公司联合设计]，其悬挂索屋盖是由平衡桥索和混凝土锚固塔架构成。另一个悬挂类型的结构是由皮埃尔·路易吉·奈尔维（Pier Luigi Nervi）设计、1964 年竣工的一家意大利造纸厂。正如一篇有关造纸厂的评论所描述的那样：悬索结构中巨大的力的平衡，都被表现在每个墩台那“盛大壮举式的轮廓”[27] 上了。

相对于悬挂体系而言，斜拉索体系中的屋面板（或屋盖）大梁通过直索直接与塔柱，又称塔架连接。有的悬索固定在沿着塔架高度的不同位置上，从而形成竖琴或半个竖琴形状，有的则聚集于塔架顶部，形成一个扇面形状。通过将支撑于屋面板结构外缘的拉 247
索作为锚固索，斜拉索体系便能够在水平方向上获得自锚固效果，这样一来，水平力会经由这些拉索传到屋面大梁，导致大梁的受力形态如同压弯构件那样。因为梁的弯矩与索力之间的互相依赖性不是恒定不变的，所以这种体系的受力分析异常复杂。虽然如此，斜拉索结构还是比悬挂结构具有一定优势：相对刚度大，挠度小，同样也减少了出现振动的可能性。

在 60 年代之前，索体系的不确定性和与之相联系的工程计算难度限制了其在建筑结构中的应用，设计者必须对结构体系有一个深入理解，才能做出正确的简化假定。况且，多索体系的计算依然高度复杂，但随着计算机能力的提升，建筑设计中索结构的安装启用越来越变得可行了。[28]

在伊利诺伊理工学院，法兹勒通过研究生的建筑学项目以及与学生之间的交流，熟悉了大跨屋盖体系的不同类型。两篇以他为结构导师的硕士论文旨在比较各种大跨屋盖体系的经济性，其他一些论文则考察了相关设施装备的具体设计问题；随着分析工具的出现，一系列相关研究则更加广泛。在 1967—1968 年间，法兹勒建议研究生劳伦斯·肯尼（Lawrence Kenny）将论文项目的选题集中在大型火车站斜拉索屋面的探讨上，肯尼的项目证实了该结构类型能够有效支撑大型屋面面积，并可以在相当大程度上提升建筑物的吸引力。当年晚些时候，作为肯尼建筑学导师之一的迈伦·戈德史密斯为 1970 年世博会美国馆提供了一个斜拉索结构的设计方案，虽然评审团认可了该建议设计方案的优美之处，但最终还是选择了另一种创新结构体系，即充气膜屋顶结构。于是乎，斜拉索屋盖便被束之高阁了。

当百特设计团队将中央设施大楼的内庭式方案转向实体建筑体形外加大跨屋盖结构

248

从相邻办公楼看过去的百特公司总部中央设施大楼（摄影：埃兹拉·斯托勒，© Esto 图片社）

时，法兹勒意识到了悬索屋面结构启用的可能。虽然该建筑的体量并不意味着索屋面结构一定优于传统的框架结构，但法兹勒希望悬索体系可能产生一个有效的建筑方案，让显露的结构形式衍生出美学价值。假如屋面能够通过上部少数几根位置集中的塔柱得到支撑，那么在无须高截面桁架的前提下，有助于创造出开放且振奋人心的内部空间。法兹勒与格雷厄姆讨论了这个创意，并且对法兹勒提出的一个双塔柱结构方案进行了计算机初步分析，结果令他相信，如此建筑规模下的斜拉索体系能够满足项目要求。

随着结构体系的逐渐成形，设计团队对“建筑可以实现的新可能”充满着期待，这将是一个独一无二的、令人振奋的建筑，无论远观还是近瞧都是如此。[29] 两根具有多条拉索呈辐射状的塔柱也将以自然、优雅的方式抵消园区开发水平感，另外，由于整个屋顶结构采用上支撑方式，因此，无须附加内柱或巨大的周边柱。

设计人员决定将塔架高度定为屋顶结构以上 35 英尺，这个高度既符合赏心悦目的美学比例又是与结构决定因素的经济妥协结果：再高一点儿可以降低拉索的内力但同时也增加了塔架结构高度。塔架采用钢筋混凝土结构，而餐厅楼面标高以上的部分则附以封闭的锥形钢套杆，48 根直径 1$\frac{7}{8}$ 英寸桥梁用钢绞线组成的拉索从塔柱顶端辐射下来，支点均匀覆盖了整个矩形屋面结构，每个方向的间距为 24 英尺。

249 在聚集式扇形模式下，当巨大的竖向荷载直接作用于塔架时，水平力可以有效地通过塔架而不会沿着塔架长度方向引起扭矩或弯矩作用，正是由于这个原因，使得扇形体

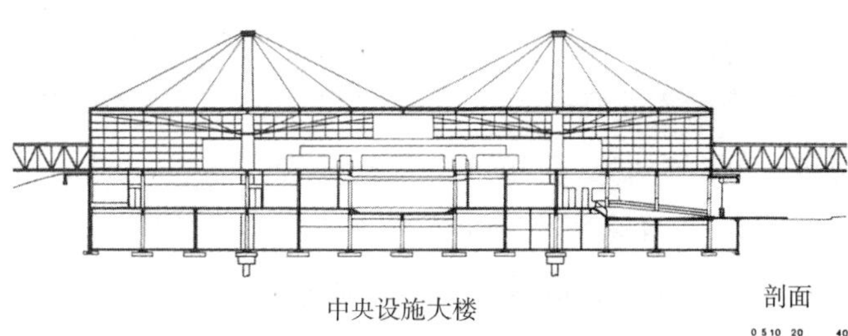

中央设施大楼的剖面示意图（承蒙 SOM 事务所允许）

每根桅杆顶端的堆积式承载板为 48 根拉索提供了可靠连接（摄影：法兹勒·汗）

系比竖琴体系更为有效。然而，扇形模式却不适用于桥梁设计，很大一部分原因是在塔架的同一位置连接多根拉索是很困难的。由于扇形模式是中央设施大楼最合理的布置，其索结构围绕着两个中央支架，因此设计人员负责设计了一个有效的细部连接构造。虽然基于传统的塔柱连接细节乏味且冗杂，但单索的使用简化了节点构造。然而，设计人员发现了一个独特的简单方案：通过将一系列不同直径的连接板堆积在一起，48 根拉索便能够附着在塔架顶端一个很小的距离内[30]，设计者戏称这是一个“倒置婚礼蛋糕”的细部构造，这种细部设计便于锚具维修或锚索更换，同时也将整个锚固端暴露在外，从而避免了建筑评论家蒙哥马利·斯凯勒曾描述的建筑 250 野蛮问题——布鲁克林大桥（Brooklyn Bridge）斜拉索连接被遮挡并隐藏于混凝土桥墩内部。[31]

SOM 事务所的建筑师金振焕与结构工程师麦可·贺根及劳伦·卡彭特，施工期间站在中央设施大楼的屋顶上（摄影：法兹勒·汗）

一旦斜拉索结构的配置得以确认，

大量有关这类结构的特定设计问题就必须加以解决，其中包括索的受力伸长、屋面边缘的变形、屋面扭转、温度对索张力的影响、冰流挂及其相应的索张力增加以及屋面与墙体连接处的微小位移等问题。为了控制斜拉索屋面的竖向位移，直径 3/4 英寸的桥梁用钢绞线构成的 24 根辐射状拉索被牵拉在屋顶结构下缘和每个塔柱之间。因为限制这些拉索的顶棚高度有限，以致索的向上倾角很小，这样一来，根据风作用分析，在强风作用下屋顶面可能产生摇晃，据此，法兹勒建议在外墙加入竖向索：通过这个附加的约束措施，屋面与墙节点处的微小移位以及斜拉索张力的变化均得以控制。36 根竖向索牵拉于基础与沿建筑周边的屋面之间，其作用犹如后张法的钢柱构件。在窗墙与屋面相交处，设计师引入了竖向伸缩缝以容许屋盖结构预计的垂直变形和略微的侧向位移，当然也包括由温度诱发的膨胀和收缩所引起的节点微小变形。

251 设计师起先计划将屋盖设计成直线网格样式，然而结构分析表明，这种平面布置将导致巨大的荷载通过屋面结构直接作用于两个塔柱，离塔架最近的梁受力过大，相应的梁截面尺寸也必将过大，以致屋盖结构中各梁尺寸相差悬殊。百特公司项目的结构工程师麦可·贺根回忆道：法兹勒建议他可以考察一下类似于蜘蛛网的圆环形模式。按照这种方式，水平反力会均匀地分布在屋盖平面内而不会集中于塔架处。[32] 的确，设计人员将屋面初步设计方案中的中间结构杆件和金属屋面板转了一个角度，便得到了想要的效果；与此同时，他们减小了板跨，增加了屋顶平面的对角刚度，并且将所有屋盖肋梁采用相同的截面尺寸，这个设计既满足了结构要求，又改善了建筑解决方案。与初步设计的网格图案相比，裸露屋面框架的对角线图案令顶棚结构更加生动有趣，它协调了餐厅内部空间的尺度与直线图案的节奏，传达出空间的精神。

百特国际“公园中的阁楼餐厅”（摄影：埃兹拉·斯托勒，© Esto 图片社）

多索屋面结构的施工过程引起了承包商的诸多兴趣。144 英尺 ×288 英尺的屋盖平面 252
结构安装涉及屋面以上的 96 根及以下的 48 根钢索的张拉，同时还必须保证整个屋面结构的标高准确以及结构组件不出现超载。W18×45 型钢梁组成的网格以及焊接节点满足了连续性要求并提供了一种压力结构，大大提高了屋面骨架的刚度，对结构的整体性非常有益，降低了结构使用期限内偶然出现钢索失效时每单个楼盖肋梁应力或变形过大的风险；当然，这种设计的结果也将增加施工难度，使得构件加工和施工允许偏差成为控制屋脊线标高准确的关键因素。

工程师列举了许多备选施工顺序方案。屋顶结构可以安装在临时柱子上，当钢索张
拉完成后，这些临柱就可以拆除了。一个合适的张拉顺序是问题的关键，因为每根钢索 253
都必须获得足够的预张力以避免风荷载作用下出现松弛，同时还要保持超过预拉力的足够能力以便承担使用荷载。风工程顾问指出，风荷载和轻质非常规屋盖结构的动力反应有可能导致“结构荷载模式产生很大变数”[33]，钢索张拉的顺序施工过程是非常复杂的，因此，必须格外小心后续张拉有可能造成已张拉索的应力释放。虽然存在施工顺序的复杂性及结构构件相互关联性，但中央设施大楼屋面结构的施工还是显得井井有条。

屋顶结构施工包括屋面以上的 96 根及以下的 48 根钢索的张拉（摄影：比尔·恩格达尔，海德里希－布莱辛图片社，承蒙 SOM 事务所允许）（上）
连接屋面骨架的钢索连接接头（摄影：法兹勒·汗）（下）

这个建筑方案之所以选择悬索结构体系，是因为它包含了设计者的个人欣赏品位：高大的顶棚、宽敞开放的空间，这一切都并不是经营餐厅所必需的。然而，一个非常规设计只是设计人员全部目标的一部分，通过这些建筑方案，意在促进郊区的发展，意在为它的日常用户营造场所感及高质量的空间，而不仅仅只是个普通的商务花园。大楼的内部空间相当明亮和愉悦，但又不乏静谧，传递出一种无微不至的设计感。

《建筑评论》的报告写道："整个百特综合体达到了郊区开发的新高度……正是'中央设施大楼'以它两根悬挂式塔柱赋予了整个建筑重要的标志性特征。"[34] 无须装饰得富丽堂皇，幕墙和悬索屋面便是百特公司鲜明的符号与身份。然而，一位持相反观点者质疑道：这座建筑学上冒进的大楼是否适合百特公司的拥有者？

在几何一致性、运动与稳定的视觉平衡以及建筑空间的流动性处理等方面，百特公司总部设计显示出现代建筑设计运动的组织原则。例如，窗墙与屋盖结构连接处的平面交叉有着整齐清晰的连接表达，而景观和从楼面到顶棚的通高幕墙则维持着受控的室内氛围，消除了"室内外的二元性"，紧跟现代派建筑师的设计理念。[35] 同样，公司的园区设计也是视觉简洁与和谐、形式的纯粹性和密斯"通用空间"的典型案例。与建筑构成元素相匹配的建筑体量也体现出弗兰克·劳埃德·赖特（Frank Lloyd Wright）所谓"以室内空间为本"的设计思路。[36] 另外，索结构与塔柱、清晰的屋脊线和笔直的外墙窗线，这些都传递出一种抽象的形式。

254 与此同时，园区设计折射并预示了七八十年代的建筑趋势，中央设施大楼的外露斜拉索结构为此指明了方向，提供了实例，即开放空间与建筑表现的高科技方式。一系列放射状不锈钢拉索暗示出这类背离现代建筑先贤的雕塑感建筑，而室内的雕塑感环境也同样被辐射状钢索、吊顶图案和明亮的色彩所加强，预示出来年公众艺术的方向及其与建筑空间的融合。大型盆栽植物和作为视觉边界的景观地面则呈现了另一个当代偏好，即"温室"建筑的倾向。得益于对自然环境不断增加的关切和与大自然和解的期望，大楼的室内拱廊和中庭罗列着大型植物、瀑布和其他对自然环境的怀旧，这些都牢牢地把握住了时代的脉搏。

桥梁设计中所采用的斜拉索体系引发了符号学家的关注，正如文森特·斯卡利（Vincent Scully）1974 年声称的那样，斜拉索成了"目前备受关注的公路象征主义符号"[37]。这也从侧面折射出美国人对汽车的执着，汽车已然成为 70 年代的主流话题。由于三州收费公路恰巧位于市郊的公司园区东侧，所以，中央设施大楼的位置可以让驾车路过者将索结构的美景一览无余，这样的设计与 70 年代的主流话题简直是不谋而合。

法兹勒让自己沉浸在中央设施大楼那生机勃勃的室内空间里，他热情洋溢地说道，这是个"具有欢庆和休闲精神"的地方。[38] 有关符合逻辑的结构和满足结构原则的表现都写在了现代主义的原则中，法兹勒与格雷厄姆及设计团队的其余人员利用了一系列理念实现了百特公司总部项目的连贯性设计，这个设计项目诠释了现代主义在时代语境中的重点，并创建了当代性与连续性之间的辩证关系。随着时间的增长，法兹勒对于精神体验与空间环境相互作用的意识正在不断加深。在接下来的数年里，他将承担更困难的任务，这些位于中东地区的设计任务涉及文化背景或语境的影响以及全球视角下的当地多元化传统。

正如布鲁斯·格雷厄姆作为礼物送给法兹勒的照片上所体现的那样，百特设计是另一个精诚合作的结果。自从 60 年代早期以来，这些建筑学和结构工程完美融合的成功典
范使法兹勒坚持不懈地提倡合伙设计理念，从初步概念到最终的施工图设计，他都极力 255
主张建筑师与工程师之间创造性的互动。1971 年，美国土木工程师学会执行理事威廉·怀斯利（William Wisely）观察道：“土木工程与建筑学实践之间的交流是脆弱和贫乏的，”而法兹勒的经历是对整合各专业工作关联性的阐释，是驳斥这种持久悲观情绪的佐证。当受邀于 1974 年美国土木工程师学会会议主旨发言之际，法兹勒强调了协同工作的优势，即跨学科对话的创造性洞察力远远超越了个人的视野范围。正如某评论者所指出的那样，法兹勒并非只是一位建议精诚合作的人，他还会为此身体力行，这可能是他所谓的团队信条的“最佳推介”[39]。

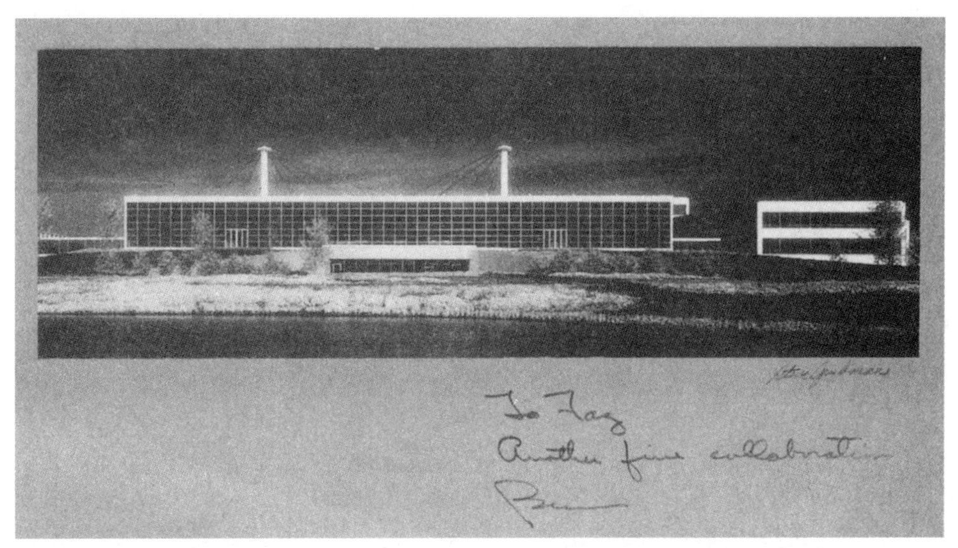

“给法兹勒，另一个合作的精品，布鲁斯”（摄影：史蒂夫·格鲁布曼，承蒙 SOM 事务所允许）

1970 年，当法兹勒受麦格劳 – 希尔出版公司之邀准备《高层建筑设计》一书时，他立刻想到利用这个机会来倡导各设计专业之间“更好地加强协作”，他计划将该书的受众对象界定为工程师和建筑师；虽然，细节分析与设计技术仍然主要面向结构工程师的兴趣，但相关结构概念的讨论和建筑应用将适用于工程师与建筑师等人士；通过贯穿于这些概念的讨论，法兹勒意在激发工程师与建筑师通力合作，携手打造有效率的设计作品。

1970 年，法兹勒开始着手《高层建筑：实用分析与设计》一书的写作，然而，孟加拉国的局势吸引了他的全部注意力，也中断了他的著书进程。[40]

第三部分

当代结构理性主义

达卡的黄包车夫。1971 年，对许多自由战士的供给运输都是通过黄包车或牛拉车完成的（摄影：史蒂芬 · D · 拜伦）

孟加拉国的危机

在 20 世纪 70 年代，很多社会、经济、专业和个人因素交织在一起，引起了法兹勒·汗 259
个人关注点及其在 SOM 事务所设计项目中角色担当的转移。发生在孟加拉国（即东巴基斯坦）的事件召唤着法兹勒致力于人道主义事业，这是一个令人对东方世界必须作出反应的召唤，促使他利用过往十年里的工作经验为世界上欠发达地区的建筑环境设计尽一份力，并将他在 70 年代中后期的大量精力都投身于非西方国家的需求，努力打造出适应于地区特色的建筑环境。

1947 年，当印度从英国统治下独立时，虽然穆斯林占多数的两个地区被横亘上千英里的印度划分为两个部分，但还是选择了联合在一起成为一个国家，即东、西巴基斯坦。然而，由于存在着非常不同的文化传承，并且没有通用的地方语言，这种联合从一开始就显得那么别扭，地理分隔所带来的实际不连续更加重了文化认同的分歧，而更甚者则是经济问题。虽然，多数人口居住在东巴基斯坦，但西部却消耗了更多的外汇收入、外国援助和联邦开支，因此，东、西部人均收入的差距变得越来越大：从 1951 年的 18% 到 1970 年的 61%。[1] 到了 1947 年，已经相对贫困的东巴基斯坦，在经历了 24 年的联合后，贫穷问题反而越发严重了。

许多孟加拉国的低洼乡村地区遭受了洪水（摄影：法兹勒·汗） 260

自然灾难后，政府对于东巴基斯坦的援助也是相当不充分的，由于这一地区人口密度高、河流地势低洼、常年季风雨以及定期的海洋风暴，所以土地频繁遭受洪水。1970 年 8 月的季风雨异常严重，导致大范围破坏和死亡，同年 11 月，20 世纪最强悍的飓风撞向了恒河口，这次的死亡人数估计达到了 30 万之多。伴随着这些灾难接踵而来的，却是少得可怜的中央政府救济款。

1970 年 12 月，巴基斯坦进行了一次前所未有的自由选举，军事管制者和自称总统的叶海亚・汗（Yahya Khan）将军所主持的选举希望达到如下预期：假如东巴基斯坦有大量参选党，则西巴基斯坦将赢得控制权。然而事与愿违的是，东巴基斯坦团结起来支持一个党，即孟加拉国人民联盟（Awami League），并使其成为国民大会的压倒性多数党。1971 年，西巴基斯坦党的领导人拒绝与人民联盟组成政府，并且，叶海亚・汗将军拒绝召集国民大会。这些举措使原本欢欣鼓舞的东巴基斯坦产生了很强的挫败感，并转化为以游行示威和全国性罢工为方式的激进运动。于是，军政府立刻下达决定，叫停了东巴基斯坦为增加自治权而展开的进一步举措。

1971 年 3 月 25 日晚，军队发起武装攻击，坦克和士兵指向达卡大学的学生公寓。除了学生外，军队的其他目标还包括放任孟加拉自治的教授和知识分子，那些不能确定是否支持中央政府的地方营房和警察局也成为额外的攻击目标。总统宣布，武装部队被命令“全面恢复政府的权力”[2]。

261 袭击扩散到了乡村，造成了滥杀和对经济基础设施的破坏。然而，当有关军队滥杀和占领的报道几经周折传出东巴基斯坦时，世界的反应却是保持缄默。1971 年 6 月，虽然美国国务院最终认定了巴基斯坦的“内乱”，但是，具有政治和经济影响力的美国和其他一些国家却建议对此应保持耐心而非警告。

生活在美国的东巴基斯坦人意识到，尼克松政府有意忽视南亚局势。当然，尼克松政府之举是出于多种考量，其中，两个自相矛盾的主要原因是：一、美国依赖巴基斯坦作为“反共堡垒”；二、尼克松总统与亨利・A・基辛格（Henry A. Kissinger）希望利用叶海亚・汗将军作为中间人，去亲和与中国的关系，因为中国是巴基斯坦的朋友。[3]

1999 年，位于达卡市郊的当地原生态人行桥结构（摄影：史蒂芬・D・拜伦）

如果世界想要了解东巴基斯坦局势的真相，那么，就应当通过非政府组织的信息渠道。在美国，居住在华盛顿特区和纽约周围的东巴基斯坦人，成立了一个叫作美国孟加拉联盟的组织来帮助他们的祖国[4]，其成员广泛，通过和其他在美的东巴基斯坦人联络，以求获得支持。由于那时的法兹勒已经是社会团体中的知名人士，不久便被联系上了。法兹勒给予了他们资金上的支持，而且更重要的是，他同意成为该组织的核心成员，愿意在芝加哥建立一个分会并负责为联盟出版内部时事通讯刊物。

法兹勒、莉泽洛特与孟加拉国建筑师穆扎哈尔·伊斯拉穆（Muzharul Islam，左）及斯坦利·泰格曼。泰格曼和伊斯拉穆共同参与了东巴基斯坦5所工学院的设计工作，这个项目在1971年中断了。泰格曼还是孟加拉国防联盟组织和孟加拉应急福利募捐团的共同发起人

随着这个联盟的运作逐渐有了起色，很明显，联盟中应包括具备如下功能的两 262
个不同实体：一是吸引更多人士去帮助东巴基斯坦，并且筹措资金用于人道主义目的；二是支持东巴基斯坦正在出现的防卫武装，即“自由战士”，并游说华盛顿中断对巴基斯坦中央政府的支持。为此，1971年5月，在伊利诺伊州成立了第一个联盟团队，名曰：孟加拉应急福利募捐团（BEWA），法兹勒任团长，并将门罗西路30号，这个SOM事务所芝加哥总公司作为其官方总部地址，同时，为了支持发展东巴基斯坦境内的防卫力量，又成立了一个名为“孟加拉国防联盟”（BDL）的组织，法兹勒同样成为该组织的负责人。

在那些年里，法兹勒的周末通常被孟加拉应急福利募捐团和孟加拉国防联盟的社会活动所占据，法兹勒夫妇的客厅经常性地成了五六十人的会议室，讨论的内容只有一个，那就是东巴基斯坦的局势。由于与会的许多人的家庭和朋友都生活在那里，因此，绝望与恐惧伴随着无助感始终与他们如影随形。尽管紧张的空气笼罩着他们的会议，但法兹勒总是能够营造出一种意志坚定和团结向上的氛围，并激励大家向组织既定的目标前进。许多非孟加拉裔人士踊跃投身这项事业，拉尔夫·尼古拉斯（Ralph Nicholas）便是其中之一。他至今还能够回想起，法兹勒是如此的耐心，克服了重重困难，将一群具有广泛背景、不同性格与利益的人组织起来，而法兹勒则被尊称为大哥，并且他“使每个人都觉得自己是一个有用的人”[5]。

在巴基斯坦政府军队占领达卡的当晚，法兹勒的母亲、姐姐和当时在大学教书的弟弟齐勒·拉赫曼·汗全在达卡。与此同时，美国驻达卡大使也开始对局势感到沮丧，并对华盛顿的反应迟缓心存忧虑。在法兹勒的帮助下，齐勒·汗顺利地从达卡飞往了卡拉奇。 263
随后，法兹勒·汗又为其安排了由卡拉奇飞往美国的行程；与此同时，他也试图为母亲和姐姐逃离这个国家寻找出路，但并没有成功。

法兹勒的弟弟带来的军事入侵消息是令人震惊的[6]，而逃向印度的人们所提供的东巴基斯坦局势更是让人心痛。一位曾在卡拉奇与法兹勒同屋的学校好友，在抵达印度后，写信告诉他：自己和家人的逃亡旅程足足经历了两个月，只有当夜幕来临才敢步行前进。在一支陆军部队进村的前一刻逃离了那里，抵达印度时，已经一无所有、无家可归了。

那些留在东巴基斯坦的人则必须格外警惕。虽然面临巨大危险，法兹勒的一位表兄

弟还是秘密地让他的年轻雇员参加了自由战士组织，他不仅为这些人做掩护，而且还亲自途经公路检查站走私医疗物质到达卡周边的营地。非常幸运的是，法兹勒的直系亲属幸免于占领军的子弹，但其他人就没有那么走运了。

东巴基斯坦“骚乱”数月后，美国国会认识到继续支持巴基斯坦政府是个错误。同年 9 月，参议员及美国参议院下属的难民与逃亡者委员会主席爱德华·M·肯尼迪（Edward M. Kennedy）抵达印度，并访问了沿着东巴基斯坦边境的难民营。在随后给参议院的报告中，他写道：“在现代社会里，这里的场景可以被描述成最骇人听闻的人间苦难。”[7] 正当印度奋力减缓国内人民的贫穷时，它却遭遇了 1971 年 3 月至 12 月的难民潮。“如同洪水溢出了堤岸，”英迪拉·甘地（Indira Gandhi）总理生动地描绘了当时的场景，“巨大的、漫无边际的人潮通过边界涌入了我们的土地。”[8] 到 7 月初，估计有 600 万难民转移到了印度；而在 12 月，这个数字则达到了 1000 万。

边界上巴基斯坦与印度军队之间的小规模冲突是经常性的，而整个秋季两国开战的可能性也越来越大，1971 年 12 月 3 日，公开对抗终于开始了。作为对巴基斯坦宣布战争的回应，并且在孟加拉自由战士组织的帮助下，印度军队从三个方向进入了东巴基斯坦境内，印巴冲突持续了不到两个星期，最终印度结束了对东巴基斯坦的占领。根据孟加拉国政府估计，在 1971 年 8 个月的占领期间，300 万人死于东巴基斯坦；其他来源的估计数字则为 100 或 150 万—200 万人。

264 虽然，这是一段令法兹勒动情和痛苦的岁月，但他从来也没有将孟加拉国的悲剧归咎于西巴基斯坦的人民。他坚信这是上层统治集团的选择而并非整个人民，是统治者愿意追求进攻而非博爱。的确，有些西巴基斯坦人支持入侵，但这不是主流；实际上，他们中的大多数对于东巴基斯坦所发生的一切知之甚少，就如同世界上其他国人一样。与此相似，法兹勒明白，许多美国公民已经尽力试图将此事件结束，并力图推翻美国政府对于巴基斯坦军政权不加怀疑的支持政策。对社会群体的阶级分类和偏见意识是法兹勒从小就不齿的，所以，他也不愿意因交往广泛而道听途说或任人摆布。

随着孟加拉的突发事件告一段落，那些已经创立用来还击东巴基斯坦占领者的海外组织也就失去了诉求。然而，孟加拉应急福利募捐团的成员认为，持续的危机依然存在，这是因为孟加拉国失去了很多有文化、受过教育的人，失去了很多专业人士和新国家的潜在领导者;另外，幸存者的创伤、营养不良造成幼儿的身心缺陷或将影响下一代，因此，孟加拉应急福利募捐团成员决定将这个临时性团体转化为一个永久性基金会，以便更好地支持一些相关工作，包括教育和培训项目、乡村小型家庭手工业与合作社，以及卫生保健设施的运营。

基金会在达卡设立一个当地办事处，作为接受与发放补助金申请的渠道。穆罕默德·尤努斯 [此人后来成功创建了孟加拉国乡村银行（Grameen Bank）] 返回达卡，并且成为办事处的第一位地方主管。虽然意识到面对国家困难和这样一个小基金会的有限作用，但法兹勒依然表现得很乐观。1972 年，在一次游走孟加拉国随后的信中，他写道："我希望这个孟加拉基金会是一次积极贡献的尝试，它将对未来的人道主义产生影响。"

基金会的初期经营是步履维艰的，原因是其与美国的隶属组织有牵连而受到怀疑。然而，它还是建立起来了，并且开始接受各式各样的资助请求。在第一年送达基金会的提案中，有一份是来自建筑师团队的，他们的目标是收集整理孟加拉国农村人口的个人观念、生活习俗以及对建筑空间的诉求，根据这个建筑团队的报告，孟加拉国缺少有关集体住宅和社区的基本设计规范，因此，该项目计划是为了那些很少了解农村社区的人草拟的，因为这些人将会参与有关新建住宅的设计或相关工作。随后，通过 SOM 事务所 265
的中东地区设计项目，法兹勒不久也便熟悉了这类相似的问题。

在孟加拉国的偶尔旅行期间——当然，如今的偶尔也比他刚参加工作时要多得多——法兹勒造访了那些补助金申请人及接受者，这种私人接触是令人欣慰的：补助金接受人之一弗鲁拉・乔杜里（Zafrullah Chowdhury）医生对于法兹勒的深思熟虑与创意深表赞赏，因为这笔基金对于他的萨瓦医院项目至关重要，它是医院基础设施建设的资金来源。乔杜里是一名血管外科医生，为战争需要于 1971 年从英国返回孟加拉。孟加拉解放后，他和其他医生在达卡附近的萨瓦村建立了一家只有两顶帐篷的诊所，这个医疗团队预见到，覆盖孟加拉国城镇和乡村的诊所体系正在逐步扩张。虽然，法兹勒到萨瓦就是为了讨论医疗诊所的长期规划，并分享他们扩建诊所的热情，但他也同时建议这个医疗团队应首先从小规模开始，并学会良好运营的方法，只有以此为基础，才能更好地扩张规模。后来，法兹勒又多次往返萨瓦，一直伴随着医疗诊所的成长进步。[9]

整个 20 世纪 70 年代，法兹勒对于孟加拉国的发展倾注了大量心血，他特别期望对于家乡的美好有所贡献，并且这种贡献不会随着时间而消失。为了独立，这个国家付出了大量的人员伤亡，而此时的法兹勒，则正在思考着自己应以何种方式帮助他的祖国从这些沉重的代价中恢复过来。时运不济、命途多舛，在十年经济危机开始之际，孟加拉国显露出物质上的匮乏和情绪上的悲观，世界范围的通货膨胀迫使所有不生产石油的发展中国家的国际收支逆差进一步恶化，而在此之前，孟加拉国能够勉强找到自己的一个立足点，就是它成为一个独立的国家。天气条件也同样肆虐着这个国家，1974 年，灾难性稻田淹水以及缺乏足够的进口粮食迫使孟加拉国再次出现饥荒。

在法兹勒催促下，SOM 事务所为孟加拉国的新首都提供了一个总体方案设计；另外，他还分别给当地从事多层建筑设计的工程师与建筑师提出建议，希望他们参与 SOM 事务所的相关项目，并希望孟加拉国的设计同行们能够到芝加哥事务所工作一段时间。法兹勒的目标是，自己到了 50 多岁时，能够在达卡花更多的时间，他相信，总有一天自己会有两个家，一个在美国，另一个在孟加拉国。法兹勒向孟加拉国政府要求一块土地以便自建住房，然而，那时的他还不可以在孟加拉国拥有不动产，也不允许以其他人的住房作为公寓。但法兹勒预言，这个计划在将来一定会实现。

在纺织品市场上。旅行期间，通过享受当地的地方特色，法兹勒的身心得到了放松

第 11 章
海外项目：中东大开发

美国建筑行业的兴旺发达一直持续到 20 世纪 70 年代早期，尽管如此，在 70 年代的头几年里，持续走弱的经济条件却是不争的事实。然而，逐步升级的越战军费，加之约翰逊总统所提倡的大社会计划（Great Society Programs）仍令经济方兴未艾；与此同时，政府也在紧缩国内预算并努力遏制通货膨胀的加剧。在任的最后几年，约翰逊总统意识到了情况的凶险，便开始号召全国范围内的经济紧缩，包括减少联邦开支以及增税，白宫与国会之间的斗争也因此接踵而至，矛盾的焦点就是削减开支的出处和是否应当增加税收，斗争虽酣，却对解决财政问题鲜有帮助。当 1969 年 1 月尼克松政府入主华府时，情况就已经糟糕透顶了。 267

在接下来的几年里，伴随着整个经济领域内的恶性通货膨胀，建设成本的增加也就成为必然。1960—1968 年间，非住宅建设成本大约每年递增 3%，而 1968—1974 年间这一数字则增加到年均 9%。[1] 建筑技工工会的工资通胀在 1970—1971 年达到了顶点，工资跳涨了 12.3%，与此同时，材料成本则维持着一个稳定攀升的趋势。

到了 1971 年，尼克松总统决定进行巨大的单边行动以减缓通货膨胀的压力：8 月 15 日，政府宣布暂停美元兑换黄金，并强推新的进口税，而且在国内冻结工资和物价 90 天。然而，这些法案并未取得预期效果，包括第二次物价冻结和一系列降低能源消耗及抑制石油需求增长的举措也只是杯水车薪，通胀依旧我行我素。

美国的金融危机蔓延到海外市场，过热的世界经济给这些市场带来了各种困局。在这几年里，货币市场失衡更加严重，并最终导致布雷顿森林体系所规定的固定汇率制的瓦解，而这一制度自从二战后就已经准备就绪了。1972 年和 1973 年早期，美元严重贬值，以至于 1973 年 3 月国际货币市场关闭了两个多星期。[2] 268

美元疲软外加上世界范围内的通货膨胀给那些石油输出国带来了严重问题，它们以美元计价的石油收入正在迅速贬值，与此同时，这些国家的物资进口成本却在悄然增加，

1973 年开始的中东战争加剧了那些为石油生产而购买电力的中东国家所遭遇的痛苦。在危机意识和对本国资源取得控制权的强大信念驱使下，石油输出国组织“欧佩克”（OPEC）成员维持着史无前例的团结，并且同意削减产能以努力提升油价。美国对某些欧佩克成员国的撑腰令人反感，而其对以色列的军事和经济援助也让中东国家感到不满，从而激起了它们针对某些特定国家的石油禁运，当然主要是美国。该策略的惊人效果是 1973 年 10 月至 11 月，油价上涨了 3 倍。[3]

在依赖石油进口的国家里，油价的迅速攀升是难以接受的；在美国，已经存在的通货膨胀大环境加剧了高油价及能源成本的大幅上升的冲击，在经济不景气将波及未来的心理预期下，股票市场进入了可怕的下行通道，道琼斯工业平均指数后退到 1963 年的水平。已经低迷的消费者信心又进一步受到美联储主席阿瑟·伯恩斯（Arthur Burns）的动摇，因为在 1974 年 2 月，他预计美国的利率水平将有望继续上扬，并且“走上拉丁美洲的道路……看来这是一条我们正在前行的方式。”对此，白宫的顾问们也无计可施。同年 9 月，麦格劳－希尔出版集团的首席经济学家乔治·克里斯蒂（George Christie）评论道：“那些顾问们愿意做出最鼓舞人心的声明，就是这个国家的确还没有面临‘大萧条和普遍失业’的状况。”[4]

通货膨胀和相应的高利率，再加上随之而来的步履维艰的高失业率，不可避免地对建
269 筑行业起到了决定性作用。到了 1974 年夏天，新开工建筑面积开始下降，合同取消的数量增加，建筑市场显示出疲软迹象，60 年代的城市大开发和建筑兴旺景象走向没落。和国家不景气相反的城市开发增长地区都集中在了美国西南部的能源地带，特别是得克萨斯州的大都市地区，比如休斯敦和达拉斯 / 沃思堡，因为那里的石油和矿藏支撑着当地经济。

1973 年 11 月，石油价格的跃升带来了财富的国际大转移。在一年之内，很多石油出口国便从迫在眉睫的金融危机摇身一变成为前所未闻的富裕国家。国际收支赤字变成盈余，使石油出口大国能实施重大的发展计划。据报道，沙特阿拉伯 1975—1980 年的五年发展规划中建设投资高达 900 亿美元，伊朗则为 420 亿美元。[5] 即使不知道这样天赐的经济环境还可以持续多久，但这些国家的决策者还是希望经济开发和现代化的步伐越快越好。他们中的许多人在西方接受教育，熟悉西方的发展模式，并且认为这种模式所代表的现代性是能够被模仿的。当然，也相信来自西方国家的、有经验的设计专家和承包商能够帮助他们实现自己的目标。

毫无悬念，中东已经成为全球设计与施工公司的潜在新客户，美国公司也受到鼓舞并参与其中，首先的积极信号是来自商务部的支持，而后，尼克松总统于 1974 年 6 月亲自造访中东地区并同埃及和沙特签署了经济合作协议。[6] 虽然 SOM 事务所从 50 年代就已经开始涉及海外项目，但这些项目从来没有成为事务所的重头戏，而到了 70 年代，国际项目却成为事务所收入的基本来源和事务所成长的助推剂。虽然大部分国际项目都集中在中东地区，但“亚洲奇迹”的出现也催生出某些亚洲国家庞大的建设计划。

SOM 事务所力求获得各种类型的工程委托。在 70 年代后半程，事务所的设计项目

包括阿尔及利亚的一所大学和独立的宿舍综合体、危地马拉的银行总部和分行办公建筑、埃及的两幢大型多用途综合体、黎巴嫩的一座银行塔楼、中国香港的一个宾馆、办公与公寓综合体和一家医院、科威特与印度尼西亚的宾馆、荷兰的多家办公塔楼、伊朗的一所空军学院、银行及办公塔楼、亚运会的运动综合体及一座新城镇的发展规划、沙特一家银行、住宅、两座宾馆、一个博物馆 / 动物园综合体、机场和一所大学校园。

中东的工程项目给设计公司提出了多方面的要求，其中之一就是：设计人员必须长 270
途飞行去会面客户并亲临项目现场。在 1975—1980 年短短的几年间，法兹勒・汗仅仅到沙特就达 25 次，另外，他还走访过伊朗、黎巴嫩、埃及、巴林、摩洛哥、西班牙、土耳其、希腊、瑞士、奥地利、法国、英国、德国、荷兰、苏联、加拿大、危地马拉、巴西、中国香港和中国内地、新加坡、泰国、马来西亚、孟加拉国和印度。[7]

文化的无知、语言障碍和政治的不确定性使得海外项目的新订单错综复杂。另外，考虑到显著的气候环境特征，一些现代施工和机械系统并未接受过考验，以及不可预知的材料质量和施工惯例，设计过程中的大量变更是必然的。例如，沙特阿拉伯的气温高达 130℉（约 54℃），由西方制造商设计的空调能否满足如此高的负荷，能否与其他材料和设备协调工作，是否会过热而老化？进口成套系统、组件和施工技术也不可能都适应当地气候条件或技工短缺国家的长期维护要求。沙尘环境会带来额外问题，而水电供应的不确定性又增加了人们对机械系统依赖性的关注。

由于沙特和其他中东地区国家的工程建设需要依靠进口材料和外籍劳工，而大规模的建设活动已使当地的基础设施力不从心，这些都是设计过程中必须考虑的因素。施工设备难以获得，按西方标准，当地的施工方法并不成熟;同样，以西方的工艺和材料标准，项目特定的材料性能也可能是不合理的[8]，而材料性能的不一致也是需要进口施工材料的部分原因。比如，1977 年，SOM 事务所判断沙特每年的水泥需求量为 1400 万吨，但沙特全国产量仅为 140 万吨；大部分水泥是进口的，但不同品牌的水泥不仅应用于不同的项目而且也应用于一个单体。另外，混凝土的浇筑方式也值得商榷，沙特一年中温度较低的 8 个月，其施工环境与美国的南部和西南部相似，所以美国的那种高温混凝土浇筑法是可以适用的，那么，沙特另外 4 个月的超高热天气条件下的施工方法又当如何呢?

在 20 世纪 70 年代里，当 SOM 事务所的工程项目将法兹勒带到了一处新环境时，他 271
往往会首先熟悉那里的个人和社区生活方式以及物质文化。同时，当地的其他一些社情民意也是他所感兴趣的，比如，他总是会试图理解为何某些社区会因装备不良而无法充分享受现代技术进步所带来的便利。1980 年，在考察中国首都北京时，他了解到一个值得关注的问题：几幢已建的 14 层公寓塔楼没有设计配套的备用服务电梯，结果导致电梯维修期间，住户们只好放弃了整座大楼，暂时蜗居到以前熟悉的那种需要爬楼梯的住宅楼里。[9] 在西方国家里，虽然临时维修与正常使用相比只是个例，但设计人员通常是会考虑这种显而易见的建筑设备维护因素的，因为它影响着建筑项目的实用性，与设计和施

1999 年，孟加拉国达卡的建筑工人（摄影：史蒂芬・D・拜伦）

工具有同样的重要性，必须充分研究与规划。

除了内生于环境差异的复杂性外，设计的两个基本方针也往往是朦朦胧胧的：建筑规划和建筑的开发过程。虽然客户意识到对建筑空间的要求，却通常无法形成一个特定指导建议，特别是当项目所涉及的建筑类型及工程惯例是传统社会无章可循时。[10] 建筑规划可能既无法借鉴当地的先验，也无从参考西方的模板，因为任何外来的工程惯例都将因本土因素而发生改变，从而产生出不可预知的后果。规划过程中建筑师的作用是至关
272 重要的，他们需要确定业主的意愿和需求，并应随之做出相应的调整。SOM 事务所在阿卜杜勒・阿齐兹国王大学项目中的合同范围是拓宽设计内容的典型案例（详见第 13 章）。

SOM 事务所合伙人沃尔特・纳特施在向《内陆建筑师》（Inland Architect）杂志描述这一时期设计专业的处境时，写道：“设计开始于一种绝对开放的状态，没有规划，无设施的场地，通常就是沙漠的中央；没有规范，也没有先行条件，我们很少认识到自己手上的拐杖只能做出有限的动作。”[11]

蓬勃发展的建筑行业背后，是人们对于伊斯兰教义生活方式下社区建筑理论的认知空白，在缺少大规模现代化开发的本土化模式条件下，接受西式培训（或西化原则）的西方设计师和中东设计师所能遵行的设计原则只好源于希腊和罗马，但很快就显而易见的是：这些人的西式设计舶来品无论在视觉或心理学方面都是不合理的，无法满足业主对空间及其布局的需求。

海外项目更为显著的特点就是严重的政治因素决定性，这些因素远远比在美国国内更令人纠结。源于多年的殖民主义、勉强的国家地位和独裁政治，多国的内部动荡使得黎凡特地区（Levant）的激进政治和冲突进一步发酵，开始于 1975 年的黎巴嫩内战持续了 15 年之久，最终摧毁了贝鲁特的城市中心，这座久负盛名的、最美丽的中东首都之一。“我无法用语言来简单形容这是一座多么美妙的城市，”法兹勒在读书期间就满怀热情地目睹了它的一切，“一侧是地中海，另一侧是连绵起伏的黎巴嫩山，贝鲁特延绵在广袤的坡地上，拥有着无与伦比的建筑。”[12] 很多建筑项目都在最初几个月的零星战斗期间艰难地前行着，

因为大家都乐观地估计冲突会很快结束。在 1974 年和 1975 年，虽然爆发了敌对行动，但法兹勒、约翰·特利及 SOM 事务所其他设计师还是经常到贝鲁特拜会一位银行项目的开发商，庆贺这个项目的破土动工和地面以下建筑的竣工。然而到了战斗正酣的 1975 年，这个已经部分完工的项目也不得不被放弃了。

在伊朗，逐渐虚弱的穆罕默德·礼萨·巴列维（Muhammad Reza Shah Pahlevi）政府、通货膨胀以及石油收入的减少导致了许多开发项目的放弃；1978—1979 年的革命为他的统治画上了句号。早在 20 世纪 70 年代，SOM 事务所就与当地的很多公司合作进行一些设计项目，并在德黑兰设立了一家事务所。意识到在当地人眼里 SOM 事务所只是个外来户，法兹勒便刻意设法消除他们的疑惑，并努力去理解这个国家的文化环境。在着手某新城 273
镇的总体规划时，法兹勒对其社会与历史文脉做了大量思考。SOM 旧金山事务所的合伙人马克·高尔德斯顿（Marc Goldstein）至今还能够回忆起来，在进行整个城镇规划设计期间，法兹勒和当地的建筑师关于文明与文化的生动讨论，他们对于这些相互交织在一起的设计因素的关切令他甚感欣慰。据高尔德斯顿讲，这种社会规划工作使少数同事发现了法兹勒为人所不知的另一面：似乎法兹勒的确非常喜欢进行文明和文化遗产的哲学思辨，其程度一点儿也不亚于对结构逻辑性的追求。[13]

黎巴嫩和伊朗的许多工程项目的被迫取消令参与者非常失望，也给设计公司造成巨大损失，却为参与其他国际工程项目积累了经验。任事股东和设计师深刻体会到致力于文化感知研究的重要性，也切身经历了平衡本土形式及传统与快节奏的现代开发所带来的挑战。在设计过程的前期，就应当将一些限制性条件考虑进来，并渗透到工作中。例如，当地的施工惯例，是一个显而易见的设计因素，却被当时的许多规划师所抵制。

如今，在他们各自的工作文化中，拥有共同语言和历史遗产的国家却仍然要面对跨文化的界限。基于以上事实，在 20 世纪 70 年代里，将那些处于长期文化分离与历史遗产断层的地区整合在一起时，必定会出现一定程度的误解和不适应。建设一座跨越文化界限的桥梁必须要求参与的各方齐心协力。为此，中东客户希望与西方咨询公司的关系

当处于国际化的工作环境下，法兹勒便能够对非西方及西方文化进行融会贯通。在拜访定居于吉达的一大家子时，大家要求法兹勒来上一曲

建立在个人友谊与信任的基础之上，而这些又要求通过时间和不断的接触来发展。通常呈现在美国商界的便利感可能在不经意间就被曲解了。美国人可能是所有西方人中最不善于学习的，因为他们学得太慢了，每个人都认可的人事关系和当务之急，美国人却视而不见。另外，在语言表达和思考方式上的差异也是非常明显的，阿拉伯人的语言和思维包含着许多矛盾性，许多看似不相容的元素却并非一定相互排斥。然而，对于一位接受确定性的笛卡儿坐标系思维方式训练的线形思考者来说，包含对立面的表现形式则会派生出令人厌恶的矛盾，并会带来巨大的挫败感。非但不能从客户那里获得设计流程的明确方向，设计师还有可能陷入左右为难的境地。

274 法兹勒在 SOM 事务所的国际业务中承担了多种责任，对于一位工程师而言，有些责任是不寻常的，其范围从寻找新项目、行政管理到项目策划和建筑规划。法兹勒的勇于担当增加了客户以及合作公司的同事们对他的信任感，他们愿意相信，法兹勒所参与的项目和设计更能满足客户要求并符合当地文化与物质条件。

有些时候，行政管理责任压缩了法兹勒的耐心储备，而差旅的不确定性则令他疲惫，但这些工作中内在的困难却可以通过与各色文化的接触而得到补偿。[14] 他欣赏土生土长的建筑方式、秩序和视觉设计，也从不缺少对当地人生活的好奇。同事和旅伴林恩·比德尔回忆道，“他具有一种能够与人迅速沟通交流的能力。”法兹勒很乐意在日常生活中与本地工程师、导游或出租车司机进行攀谈，并非常好奇这些人是如何看待这个世界的。他口袋里总放着一个笔记本，以便在旅行期间草草记下所见所闻以及当地俚语、食物名称和历史景点。偶尔他会发现一些人们不能公开说的秘密，有次在伊朗与许多工程师共进晚餐时，法兹勒想了解当地人对本国生活条件的感受，然而他却没有意识到，伊朗国
275 王的亲西方立场是禁止言论自由和政见分歧的，那晚工程师们对于这个话题的寡言少语给他留下了深刻印象。

客户和业内同事们与法兹勒之间表现出一种不寻常的轻松愉快的融洽关系，他们邀请他到家做客，介绍他们的夫人和孩子，并且共享亲密的家宴。法兹勒对于记住那些家庭成员的名字以及他们的生活细节很有天赋;在下次再见时，他必定会给孩子们带来惊喜，比如一个小礼物，对此，法兹勒总会格外重视。

法兹勒经常受邀到世界各地为各色听众讲解工程和建筑学主题。每当捍卫设计专业和跨学科协作效益时，他的知名度使他更容易与那些潜在客户达成共识；在会议上听过或见过法兹勒的人都会被他的执着所感染，那是一份对设计工作的方方面面和业务领导
276 能力的热情。法兹勒会礼貌地使自己的演说更适合听众的口味儿；而且，从他个人品行中所散发出的谦虚谨慎和公信力，也使他逐渐获得了自信和非凡魅力。1982 年的《建筑设计》记载道：“始终彬彬有礼和一丝不苟，他是一位非常风趣的人，他的智慧源于难以置信的洞察力。”[15] 法兹勒乐意接受新闻记者的采访，通过那些采访报道，激发了记者们对设计极大的兴致。

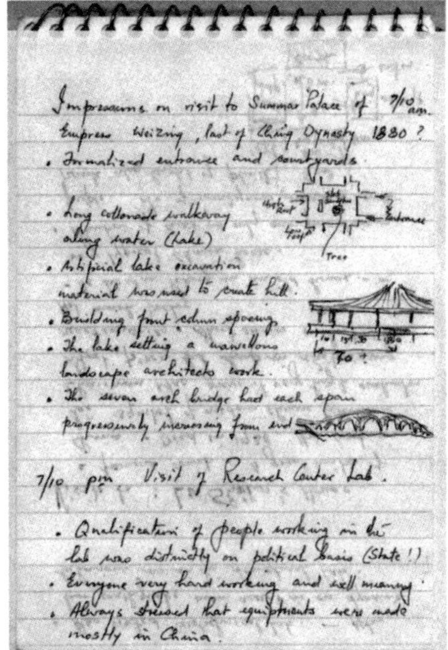

Impressions on visit to Summer Palace of 7/10 am.
Empress Weizing, last of Ching Dynasty 1880?
• Formalized entrance and courtyards.
• Long collonade walkway along water (lake)
• Artificial lake excavation material was used to create hill.
• Building front column spacing.
• The lake setting a marvellous landscape architects work.
• The seven arch bridge had each span progressively increasing from end
7/10 pm Visit of Research Center Lab.
• Qualification of people working in the lab was distinctly on political basis (State!)
• Everyone very hard working and well meaning.
• Always stressed that equipments were made mostly in China.

法兹勒口袋笔记本中的两页纸。1980年7月，法兹勒与高层建筑与城市住区理事会委员访问中国。在观光期间，他照例与观光团的导游们广泛交流，努力了解当地的生活细节，以及当地人民对中国历史重大事件的观点

作为对法兹勒为人处事风格的补充，站在穆斯林客户的角度来看，他的宗教背景是另一个优势。他们相信法兹勒·拉赫曼·汗能够理解宗教信仰在伊斯兰教国家的生活中扮演着如此重要的角色。事实上，他的个人背景和生活方式符合其对于伊斯兰教的解释，因为法兹勒更乐意享受这种非放纵式的生活。在个人的一生追求过程中，他遵守着伊斯兰的教义，始终认为“寻求朴素和谦恭并且避免无意义的资源浪费”是非常重要的。[16]

1975年，沙特阿拉伯成了法兹勒的常规目的地之一。他将自己余生的大量精力投入了沙特的工作，他重点关注的两个项目包括：新吉达国际机场和位于圣城麦加的阿卜杜勒·阿齐兹国王大学（KAAU）校区（虽经多年设计，但到了后期，项目被迫取消了）。[17] SOM事务所首先承接的规划任务是新吉达机场的扩建项目，合作方为航空工程公司（Airways Engineering Corporation）；在通过数月工作赢得客户信任后，SOM事务所又受邀提交了一个新建大学校区的标书。

阿卜杜勒·阿齐兹国王大学的代表专程要求，希望与法兹勒商谈有关委托事宜。由于项目地处麦加这座受限于伊斯兰的城市，而且他们判断以法兹勒的背景，是能够真正理解并欣赏宗教文化的。毫无疑问，这一点对该项目影响重大。通常，法兹勒并不会对自己的宗教背景太过注意，但还是很乐意服从校方要求，并且相信自己可以为学校提供他们正在寻求的文化共识。出于对沙特阿拉伯教育体系作贡献的愿景，法兹勒从内心深处感到异常兴奋。

当确认法兹勒已经上路了，阿卜杜勒·阿齐兹国王大学吉达分校的副校长便为他制订了一个简短的朝觐计划，也称副朝拜。这样一来，法兹勒抵达后，就按照计划行程直接进入了麦加城。到了那年的晚些时候，这位副校长再次安排法兹勒进行了更大的朝圣，即麦加朝觐。

277 

星期五祈祷期间的克尔白（天房）的景象。用巨幅织布遮盖神圣宗教建筑的惯例始于前伊斯兰时代

麦加朝觐

麦加城是伊斯兰教徒的物质和精神中心。[18] 先知穆罕默德生于麦加并在此开始接受主降示的《古兰经》。坐落于麦加的天房是一座具有悠久历史渊源的立方体形状建筑，自从前伊斯兰时代，它就一直被尊崇为圣地。通过先知穆罕默德的天启，天房（Ka' bah）是唯一之神安拉为人类建造的第一座礼拜堂。大约在公元 630 年，先知就为信徒建立了朝圣仪式，并一直延续至今，仪式的开始就是围绕着天房圣地进行祈祷。如今，一座巨大、露天的清真寺，也就是著名的麦加禁寺包围着天房，这座清真寺经过几个世纪的多次扩建从而能够容纳越来越多的朝圣者。

朝觐在伊斯兰农历年的 12 月举行，这是一个关于回想、记忆和净化的仪式。教徒们聚集于神圣的朝圣之地，以纪念伊斯兰人民的先祖。犹太教徒和基督教徒相信他们是亚伯拉罕之子以撒的后裔，而穆斯林则认为自己是亚伯拉罕另一个儿子以实玛利的后人。
278 因此，从某种意义上讲，伊斯兰人民与犹太人早就是堂兄弟或堂姊妹关系。[19] 假如健康和经济条件允许，每位穆斯林都希望在自己的有生之年至少能够有一次麦加朝觐的机会。

虽然，并非所有关于伊斯兰人民的故事细节都得到了普遍认同，但一般都认为当人祖阿丹被逐出乐园之后就在原始的天房处祷告。几代后，山洪泛滥，天房遭毁，建筑的碎片也就是神圣的黑石则被洪水冲入了周边的山林中。

接下来的故事是关于亚伯拉罕和他家庭的：虽然亚伯拉罕的妻子撒拉不能生育，但他的另一位妻子夏甲给他生有一子，神赐名以实玛利。[20] 后来，撒拉也怀孕并降生了以撒。由于厌恶夏甲和以实玛利与自己同居一处，撒拉便将这对母子赶了出去。神向亚伯拉罕保证夏甲和以实玛利将会得到庇护。神将赋予以实玛利一个新国家。亚伯拉罕伴随着他

们来到沙漠中的庇护所麦加，并在此按照神的指示重建天房圣地。天使长加百利从山林中取回了黑石并把它嵌入了圣地的墙中。

与此同时，夏甲在麦加周围的沙漠中艰难地寻找水源，她往返奔走于天房东侧的萨法和麦尔瓦两座小山丘之间，当她来回奔走了七次后，在这片荒芜山谷间的唯一水源，也就是被称为渗渗泉的圣水便呈现于夏甲的眼前。

天房一完工，亚伯拉罕就按照神谕绕行天房七圈，接着魔鬼出现了三次，并劝诫他不要为神献身或听命于神，而每次亚伯拉罕都朝魔鬼抛掷石头，最后魔鬼终于撤退了。随着麦加任务的完成，亚伯拉罕回到了自己的家乡。

1975 年 12 月的一个星期天的晚上，法兹勒·汗飞抵吉达，星期二便出现在了麦加朝觐仪式上。如果考虑到 17 个小时的旅程、9 个小时的时差以及从芝加哥寒冷的冬天来到沙特沙漠酷热的天气，这样的行程的确说明了法兹勒所具备的非凡耐力。相比较而言，大多数游客都会选择在朝圣开始前提早到达，以便留出足够的调整时间。

无论由哪个方向接近麦加城，人们总要首先进入麦加谷地，它本身就是一处巨大的圣所。从这一时刻起，朝圣者就已经身披白色无缝线布衣，以期进入一种纯净状态，骄傲和社会阶层已经荡然无存。一旦到达圣城，他或者她就必须进入禁寺并绕行天房七圈，正如亚伯拉罕当年那样。因为无数人同时涌入禁寺这样一个封闭区域，于是乎就形成了 279
一个人挨人、人挤人的巨大人潮，这种向前的推力往往是惊人的，你不用迈腿就能自动前行，法兹勒写道，“真可谓是一次富有运动活力的体验。”

接下来，朝圣者要向亚伯拉罕修建天房时站立过的地方祷告，并喝下来自渗渗泉的圣水，每位朝圣者还需按照萨法和麦尔瓦两座小山丘之间的距离来回穿行七次，以纪念夏甲找水的经历。这些仪式的过程往往使人精疲力竭，特别是在这种极热的沙漠环境中，而如潮的人群则更加剧了每个人的心跳。然而，毋庸讳言的是，朝圣让人们将仇视和对立抛弃在了麦加之外，取而代之的是，朝圣者把自己融入了大众群体之中，无论荣辱，始终不离不弃。在数日的朝觐期间，许多朝圣者的行为的确令法兹勒动容：虽然明显地感到体力不支，然而他们却能表现出顽强的“生命精神”以及他们所追求的灵魂安静。

由于晚上在麦加无处栖身，法兹勒一行人只好驱车返回吉达小憩了几个小时；然后，第二天清晨早起，以便赶上朝觐的时间进度，即随着朝圣者们出城进入沙漠地带向阿拉法特平原方向行进。朝觐月的第八天，全体朝圣者向米纳山谷进发，那里已为他们树起了帐篷营地。法兹勒经历了在寒冷沙漠露天帐篷里野营的第一夜。这里的气温，即便是冬季的白日，也是相当的炎热，但夜晚温度却会骤降。数年后，他和他的设计合伙人们借鉴麦加的气候特点，将其作为阿卜杜勒·阿齐兹国王大学项目的天气控制因素。第二天早上，朝圣者行进至距离麦加 13 英里多的阿拉法特平原，这里的布道说教是为了纪念先知穆罕默德在同一天作的告别布道。

日落时，他们返回了米纳。当停留在穆兹塔里法附近时，每位朝圣者会攒齐 49 块鹅

法兹勒·汗站在他的团队帐篷外

卵石。为了在朝圣月的第十日返回米纳山谷，朝圣者们会居住进他们的帐篷营地。在这三天里，法兹勒与其余朝圣者将从营地步行至代表魔鬼撒旦的三根石柱处，他们向石柱投掷攒齐的石块，借以表示抗拒不希望的诱惑之意。程序化仪式的第五天，禁寺里的“告别”绕行和祈祷将麦加朝圣推向了结束。

虽然朝觐仪式所带来的身体劳损使其成为劳心又劳力的旅行，但法兹勒还是被它的
280 精神和历史意义所感动。另外，对朝圣仪式的耳濡目染也会有助于他的规划和设计工作。
这次经历让法兹勒清晰地意识到伊斯兰教和沙特阿拉伯密不可分的社会传承和物质条件、意识形态，也加强了他利用文脉知识来正向影响建筑环境的决心。

寻求一种伊斯兰建筑

20 世纪 70 年代中期，当西方建筑界正为其在社会中的作用和未来方向所困扰时，中东的城市开发力度却令这个行业陷入了另一个维度的混乱境地。在美国众多争论以审美考量为中心，关注的是恰当的建筑学表现形式；但对于发展中的中东地区而言，围绕历史环境和批判地域主义的问题却甚嚣尘上，正如肯尼思·弗兰姆普敦（Kenneth Frampton）所解释的那样：在普遍文明和地方文化遗产之间，相互包容的必要性日益突出。[21]

中东地区大开发与西方影响力之间的唇枪舌剑已超过了 100 年，而到了如今，文化认同与社会建设之间的冲突又融入了一种紧迫感。当西方城市奔跑着前进而无任何清晰
281 的城市规划时，很多中东国家也就步其后尘迎来了大开发，只是后来才认识到，这种无序的、迅速的改变，其后果也未可知。作为对相关设计方针显著需求的反应，阿卡汗（Aga Khan）建立了两个踌躇满志的项目：由哈佛大学和麻省理工学院联合设立的阿卡汗伊斯

1981 年吉达的新建住宅项目，法兹勒感觉沙特阿拉伯的这种住宅类型“是从数字上解决了问题而非社会或社会经济的解决方案”（摄影：法兹勒·汗）

兰建筑项目，以及阿卡汗建筑奖，法兹勒·汗均参与其中。[22]

这两个项目背后的主要动因是，对非西方特别是伊斯兰国家建筑环境的焦虑，进而则是与其紧密联系在一起的社会组织命运。相似的情况已经在西方引起了关注，例如，19 世纪巴黎市内穿行于社区的宽阔林荫大道对人们生活的干扰就备受指责，它强行将人与人之间的关系转化成了城市关系——将有参与感的公民变成了具有疏离冷漠感的居住者；而 20 世纪的城市高速公路则在更大范围内达到了破坏性效果。尽管西方的经验对于大胆的城市规划造成当地社区生活不利影响是懵然不知的，然而，令西方建筑师们感到更加震惊的是，1979 年《建筑实录》的报道“一些伊斯兰领导者，最知名的像阿卡汗相信：伊斯兰国家不加批判地接受西方建筑风格、规划创意和建筑技术就是对自身物质和文化环境的破坏。”[23]

这种城市开发的不适宜和麻木不仁在吉达也有所体现，比如，许多新建公寓不顾及人们的先前经历或当前需求。当法兹勒在访问期间看到这些住宅项目时，他禁不住用“这只是在数字上解决了居住问题”来表达自己的反对意见；这种住宅剥夺了居民的归属感  282
和认同感，“现代技术的力量是如此具有压倒性、诱惑性，”他补充道，以至于无论业主还是设计师都无法抗拒。虽然为了适应特定地区的生活方式，产品的现代形式还需要通过时间来消化。[24] 在 1978 年第一届阿卡汗建筑奖研讨会上，项目参与者讨论了设计师怎样才可以利用当代技术提高多人口地区的生活条件，并与此同时为他们提供和传统原则有关的空间认同感。虽然其答案并不像白纸黑字一样明显，但他们却正在努力寻找，力图创造出一些前所未有的东西，一些在本地化与舶来品之间平衡的东西，一些在传统理念与现代经验之间相互协调的东西。

为了追求在文化语境之内的现代技术潜能，建筑师和规划师首先必须理解相关历史背景。缺少了理解的基础，一些将本地传统整合至设计中的企图则是徒劳的，它只会退化成对普遍模型在形式与细节上的僵化应用。20 世纪 70 年代末，西方的相对主义知识并没有改善这种状况，其原因在于：伊斯兰教重要原则的鉴赏标准和对它们意味深长的阐释也是如此之必要。

“建筑仅仅只是建筑，而不是人类的救世主，”这类主张颇有影响，但阿卡汗建筑奖并未被其所动，而是坚持强调建筑学的社会责任和它改善与激发人们生活的能力——因此也就暗示着：建筑不必强加给人们一种与他们当下自身生活方式相冲突的现代环境。[25] 阿卡汗项目具有三个主要目的：引起人们对建筑环境必要改进的重视，倡导具备伊斯兰精神的建筑设计，对符合伊斯兰文化的杰出建筑作品给予认可。

许多不和谐因素复杂化了人们对伊斯兰建筑精神的认可。首先，伊斯兰文化中的建筑也并不总是遵循按天意生活的伊斯兰教戒律；也就是说，很多时候在权力和财富面前，平等、谦恭和明智地利用资源已经被漠视，因此，建筑理论家不能简单地将过去的建筑案例作为现代建筑指导方针的配方。

第二个复杂因素源于伊斯兰人口的多样性。在中东地区，伊朗的波斯文化显著区别于沙
283 特阿拉伯的阿拉伯文化。而且，数量最多的穆斯林居住在中东以外的国家，比如北非、印度尼西亚和孟加拉国。因为伊斯兰建筑发展于多文化的前伊斯兰传统，并且是对不同地方环境的反映，所以伊斯兰的建筑传统涵盖了很多各色不同的范式。在具有鲜明特色的环境中，在形成伊斯兰建筑传统的过程中，伊斯兰建筑是伊斯兰教义认同与区域认同相结合的产物。

而另一个使寻找有意义的当代建筑复杂化的因素是，建筑师之间一直争论的有关文脉属地的议题。争论的一方坚持应根据自身价值去判断建筑整体的每个部分；对于他们来说，建筑创造胜过建筑文脉的重要性，秉持这种观点的建筑师相信，他们应依据自身的设计背景来接受委托[26]，去设计具有独立身份的建筑；一些建筑师坚信：建筑中的个性表现是对通往更加“人性化”建筑道路的承诺，在抛弃现代主义的枷锁之后，他们不愿意拿一整套条条框框来作为交易条件。

1977 年一个星期五的下午，吉达市红海海岸（摄影：哈利勒·A·汗）

与一位埃及的工程专业同事贾迈勒·纳塞尔分享着欢乐

相反的立场则认为，在尊重每个建筑所处环境的独特历史和文化遗产的同时，设计
者能够利用他们的天赋和经验。如果全世界缤纷多彩的地区文化为了单调统一而荡然无
存，那将会是件多么悲催的事儿啊。法兹勒认为，如果建筑师、工程师和规划师还没有
意识到决定设计意义和成功与否的文脉作用，那正是因为他们已经习惯了西方的工作环 284
境，在那里，他们的解决方案“通常是贴近西方文化背景的大框架”[27]。但即使在西方，
为了能够认同地域印迹这样一个普遍原则，现代运动也已经斗争了数年。虽然，不断增
强的这些程序性原则和建筑方针的相互融合意识有助于建筑师面对其他国家的设计挑战，
但它还未能提供清晰的设计指南。

文脉建筑旨在通过当下建筑来反映文化遗产，同时代表传统的建筑价值，通过折射出今朝的技术进步和社会需求来丰富当代环境，并且适应于不远将来的要求，追求如此复杂且分层的目标，必然要求设计者具备杰出的洞察力和认知能力。

不幸的是，对于那些有意为之的设计师来说，在没有深入研究项目所在地的社会背
景条件下，将社会需求并入设计中的意图仍然只是停留在学术讨论的层面上，局外人尤
为如此，这种文脉要求带来的只可能是进退两难的窘境。从现实角度讲，仅仅通过两个
礼拜的走访又怎能对当地日常生活和社区形态有一个深切理解，在这种情况下，规划师
与设计师无法将他们的专业知识与客户需求的准确感知相结合。为了超越建筑遗产并发
出自己的声音，一种融合传统与现代技术的声音，我们就必须通过直觉以及学习去理解
它。诗人赖内·马利亚·里尔克（Rainer Maria Rilke）写道：“只有当他们（经验和记忆） 285
已经融入了我们的每一滴血液、眉眼之间、举手投足，并且是不可名状的，不久便会与
我们合为一体的，有意义的表达才会出现。”正如里尔克深思的那样，对于理解建筑或诗
歌的形式表达而言，经验的内化都是一个至关重要的构成要素，否则，这些形式表达“意
味着只是微不足道”[28]。

在20世纪70年代，当法兹勒开始穿行于世界各地时，他试图去理解并欣赏他所接触到的社会相互影响和建筑进化的复杂性。在中东地区，法兹勒能够相当自由地走访并参加客户的日常宗教仪式，因此，也就获得了当地的生活感受。与早年在美国相比，他更频繁地出入孟加拉国，并且以一种全新的视角去观察那里人们的习俗与生活方式。这些日常生活的方方面面以及自己的成长经历，给法兹勒灌输了一种非西方社会的现实观。

很多创意和知识的消化吸收都源于协同工作，对此，法兹勒笃信不疑。虽然十年前没有怀疑过自己的职业生涯将会是一种怎样的光景，但法兹勒对于真正建筑的自信心却未曾动摇过，这种自信同样延伸到了非西方式建筑以及现代高层建筑设计中：他相信，对于相关建筑解决方案而言，建筑的诗意视觉或传统应当契合当代的理性设计。设计的基础是对艺术和建造科学的理解，自然性与目的性使其有别于其他工作。1977年，SOM事务所的吉达新机场朝觐航站楼（Hajj Terminal）的成功设计便是“坚固、适用和美观”相互结合的回报。

在提供了将近 500 万平方英尺容纳空间的同时，朝觐航站楼的帐篷状屋面单元彰显出纤维张拉结构的巨大技术优势（摄影：欧文斯 - 科宁，承蒙 SOM 事务所允许）

第 12 章
本土化形式：朝觐航站楼

红海之邻的吉达不仅是沙特阿拉伯王国的一个重要港口，也是麦加朝觐的主要集中 287
地。20 世纪 60 年代，不断增长的经济活动以及民航客流量使得吉达港口与国际机场的扩建成为当务之急。然而，由于城市周边的开发限制了吉达现有机场的扩建，因此，新机场便选择了一块城外的空旷平地。虽然当时已经完成了前期规划，但由于资金不足和 1967 年与以色列“六日战争”的干扰，导致该项目不得不暂时搁浅。直到 1974 年资金有了着落时，政府的国防与防空部以及国际机场项目处才重新激活了这项工程。于是乎，建设的引擎开始发动了。

在这期间，沙特经济大繁荣和突飞猛进式的开发严重增加了交通运输网络的负担，港口和铁路系统始终满负荷运转，公路往往水泄不通，晚点更是家常便饭，因此，航空旅行成为另一条捷径，并且越来越多地变成了一种货运手段。60 年代早期，伴随着吉达新机场的立项，朝觐的游客人数也不断增加。显然，国防与防空部也从这一点意识到了 60 年代的建设规划项目肯定已经过时了，所以，政府决定扩大正在兴建中的新设施规模。

正值此刻，SOM 事务所介入了新吉达国际机场（也称阿卜杜勒·阿齐兹国王国际机场）项目。而早在 60 年代，另一家位于华盛顿特区、名曰“航空工程公司”的企业就已经开始筹划这个项目了；如今当其重新启动时，这家工程公司希望能有另外的设计事务所与之合作，为工程扩建进行项目开发与总体规划。于是，这个重担便落在了 SOM 事务所的
肩上。仅就广泛的基础设施安装来说，这就已经是个非比寻常的项目了，虽然 SOM 事务 288
所一贯喜欢单干，但这次还是欣然接受了邀约并与航空工程公司成立了联合企业来负责此项工程。在完成了总体规划和方案设计后，SOM 事务所又投入后续的设计开发和施工建设。由于该项目的规模实在是太大了，事务所高层决定，至少应将 SOM 事务所在纽约、华盛顿和芝加哥的 3 家分所收编到这个项目里，并最终决定由芝加哥事务所负责工程作业。

在总体规划阶段，机场扩建项目的内容迅速增加，囊括了各类设施：空军基地、皇

一些机场建设项目的参与者。其中SOM纽约事务所的戈登·韦尔德莫斯（法兹勒·汗左后），不仅作为机场建设项目的总监，而且还负责朝觐航站楼工程（承蒙SOM事务所允许）

室接待处、沙特航空公司大楼、专用航空大楼、常年乘客的主航站楼以及朝觐季节专用航站楼（两者都是对早期项目的扩建）、清真寺、可以容纳波音747s的机库、基础医疗及卫生设施、医护人员、警察与士兵用房，以及可容纳14000辆汽车的停车场；其他合同内容还包括：海水淡化厂、污水处理设施、全部施工作业、配套服务及7座公共服务用房、多条机场跑道和公路。

289

航站楼方案开发

朝觐航站楼距离麦加大约45英里，其主要功能是转送往返于麦加的乘客。为了能够更好地理解朝觐者在机场的经历以及他们所需要的服务，设计人员首先着手仔细考察了1975年朝觐季期间，现有吉达机场的相关业务及客流组成。实际上，国际机场的规划标准可以直接依据现有航站楼的乘客特点，或者参考因联系需要而短期滞留在等候区的旅客数量；但很明显，这些因素用于朝觐航站楼设计都将失灵，因为与其他国际机场大相径庭的是：这个航站楼的很多乘客只有在抵达机场以后，花费数日时间才能对自己的朝觐之旅做好安排；而离开时，他们仍然会在航站楼滞留很长一段时间；另外，如果说分散的逐步抵达有助于减缓朝觐的压力，那么大量信徒离开，却会在短时间内挤满整个机场；其次，一些不习惯坐飞机的旅客可能会迟到，因此这些人的行程必将由航空公司重新安排；而有的人却可能很早就到达了机场，然后再花几天时间来等他们的飞机；还有部分旅客虽然准时抵达机场，却由于包机的起飞时间改变而不得不推迟出发。

为了处理到达现有吉达机场的人流拥挤问题，机场已经修建了一个单独的综合体，用于提供过夜滞留以及多种服务。考虑到大约41平方英里的新机场场址，足以容纳所有服务及候机乘客的人流量，因此，总体规划小组建议：将所有服务项目定位于毗邻登机口和售票区的综合性服务建筑群内。

在向麦加继续进发之前，一些朝觐者会在航站楼内逗留数日，合理的座位安排和场地预留会提供给旅客多种滞留选择（摄影：欧文斯－科宁，承蒙 SOM 事务所允许）

20 世纪 60 年代的机场是按照预期朝觐者为 30 万人设计的；但到了 1975 年，飞行抵达的信徒人数就突破了 50 万。1985 年，确定要建设一座新的航站楼，于是，项目扩建小组为此着手确定一个更准确的乘客人数。首先，他们估计同年，也就是 1985 年，将会有 140 万人来到吉达；然而进一步研究后，设计人员得出的结论是：自 1950 年开始，朝觐旅客的年均增长情况是难以置信的，但这种高增长情况将不再会持续，最终，设计峰值人数修订为 95 万人。[1]

除了流动的旅客总数外，设计团队还必须考虑 70 年代运输机组的构成改变问题。1970 年，波音 747 投入运营，而许多航空公司正在考虑将这种大型宽体喷气式客机引入他们的机队，吉达机场必须能够容纳这种大体量飞机，并允许超过 400 位乘客上下同一班机。290

朝觐航站楼的建筑规划方案能够满足 80 万飞行旅客同时滞留 36 个小时，服务综合体将包括：休息与睡眠区、冲洗设备、购物与“跳蚤市场”以及半成品食物销售设施、银行与邮政服务、商业代理办公室、总信息台以及飞机、公交和出租车信息处；另外，还应当为朝觐所可能造成的身体虚弱、疾病或外伤提供医疗救助。如果说对旅客总量的预计依赖于判断及统计，那么，如何将人数转换成使用面积也必然不是一门精确的学问，仍然有赖于经验与判断。[2]

为了容纳庞大的飞行乘客及其相关的大量航站楼服务，项目小组判定：这座朝觐航站楼将需要大约 430 万平方英尺（约 40 万平方米），这样的空间简直就是个庞然大物。然而，它的利用期却仅限于每年一次、两个月的时间周期（朝觐准备期与后期）。由于此航站楼运营的季节特性，设计人员认为，一种能够便于进行每年搭建与拆除的临时性设施是个不错的选择[3]，然而，鉴于安装、拆除以及维护的复杂性，建设临时性结构的概念最终还是作罢了。

291 一个永久性的结构方案并非一蹴而就。的确，随着设计团队大范围研究了其他可选方案后，合适的安排才慢慢浮出水面。1964 年，由爱德华·德雷尔·斯通（Edward Durrell Stone）和航空工程公司完成的航站楼设计是基于一个类似于华盛顿杜勒斯国际机场中所使用的远程停机坪概念；按照这种设计，飞机停靠在离航站楼很远的停机坪处，再通过摆渡车将乘客运到航站楼。该理念下的朝觐航站楼将会是一座封闭的、配备空调并由一系列标准国际航站所构成的机场设施。对此，SOM 事务所的设计人员希望使用传统结构形式，比如，钢结构空间框架或混凝土框架并配以夹心板屋面，但是他们判断：整个项目面积所采用的封闭建筑空间结构，对于航站楼的季节性使用是不合理的；同时，也不适合当地的气候条件；而且成本大、施工周期长。除了能够覆盖如此大面积的任何结构体系的成本因素外，场地照明和封闭空间所必要的空调也是一笔不小的开支，而整个朝觐航站楼的维护要求高得更是令人难以接受。照明不仅要求高能耗而且还会发热，在温度相对较高的白天，如此的发热条件，对于航站楼的环境是极为有害的，而酷热气候下空调所要求的封闭空间，对于耗能和维护也会带来不少的麻烦。

在权衡这些显而易见的得失时，设计人员更愿意站在旅客的角度来审视可能出现的建筑环境。从对 1975 年朝觐期间的观察来看，他们估计 70%—80% 的旅客来自非工业化国家，对于这些主流人士而言，他们并不熟悉西方机场的运作方式，如果刚一抵达机场，就被塞进摆渡车或那种未来派的、错综复杂的自动短途客运系统，必将令这些信徒感到朝觐之旅紧张和晕头转向。而那些来自温暖气候条件下的朝觐者，其所处的室内外温差要比寒冷气候下小很多，因此，对于技术复杂的人造低温环境并无奢求。就算上述方式有可能满足众人需求，实现起来也非常困难——即便这种低温环境是令人陶醉的。深思熟虑后，设计人员建议采用遮阳式航站楼空间以满足游客的基本舒适度和一个温和的环境，而放弃了封闭式空间和人工气候的初衷。

为了追求上述设计理念，建筑师考虑了一种可以覆盖项目面积的现浇混凝土“太阳伞”
292 式的建筑方案，其巨大的单个屋面结构大约为 67 英尺见方。另外，他们还考虑了内嵌景观天井的分组式伞状结构。而这个方案的后续意图则是利用成组的伞状结构，通过航站楼输导气流，然而随着规划方案的深入，设计人员认为，最好还是让屋面结构覆盖整个航站楼，因为大量客流将会涌入中转区域，只有少数人会滞留在景观式天井内。[4]

一种可以覆盖整个项目面积的格构式混凝土屋面结构成为被选方案，但不久，这个方案就被否决了。因为当头顶的阳光直射时，这种屋面结构就无法提供遮挡了。另一方面，一个实体的混凝土屋盖还会在其表面以下聚集热量，而且无论哪种方式的大体积混凝土施工，都将是个麻烦事儿。除了高昂的建设成本外，建筑用混凝土的品质及其结构特性也是靠不住的，而搅拌大量混凝土的淡水来源，也是个不确定的问题，并且，全部现浇混凝土的施工进度也难以满足客户要求。

在考察了传统的钢结构与钢筋混凝土建筑类型后，设计人员将目光转向了轻质织物张拉结构。当时的膜材料已经有了长足发展，从而使得张拉结构在永久性建筑中的应用成为可能。

织物或塑料膜屋面结构通过拉伸来支撑荷载，是一种有效的持力形式。由于其轻质，使得支撑墙及基础十分经济，能够在现场之外加工制作，也可以被运至相对不易到达的位置。除了上述优势外，膜对无线电波的低干扰性，大大促进了二战后其作为围护结构的发展。美国空军曾经投资了相关的材料研究，以及作为雷达天线围护的气承式膜结构（membrane structures），亦称天线罩的设计；与此同时，位于布法罗的康奈尔航空实验室主任沃尔特·W·伯德（Walter W. Bird）同样也作出了贡献。

在 20 世纪 60 年代的美国，气承式“充气”膜结构开始以低成本的学校体育运动设施的形式应用于民用建筑。到了不久之后的 1970 年，当日本大阪世博会美国馆的充气式屋面结构脱颖而出时，具备封闭内部空间的布膜应用前景便引起了广泛注意。[5]

20 世纪 50 年代中期的德国，工程师、建筑师及研究员弗雷·奥托（Frei Otto）发起
了张拉结构的广泛研究，奥托最著名的创意就是利用皂膜来鉴别那些有效的、由具有抗 293
拉强度但无抗剪能力的材料所构成的轻质结构形状，他的研究重点是探究张拉建筑结构的最小表面积形状——虽然这一点对于该结构体系的建筑物并非是必需的。通过看似简单的皂膜，他创造具有均匀表面拉力的薄膜形状。为了考察荷载作用下结构模型的变形，奥托利用了双重曝光摄影技术。

由于编织材料的强度低和耐久性不足，奥托开发出预应力双曲面索网的结构形式，从而使膜仅作为围护而非结构材料。他的团队将 1967 年蒙特利尔世博会联邦德国馆设计成多个巨大帐篷状的防风罩，其基本结构为钢索网（网格尺寸为 20 英寸见方）外挂聚酯胶面板。马鞍形索网由一个方向上的抛物线索（类似于悬索桥的主索）及其反向曲率的交叉索构成。

在 1967 年之前，索网就已经应用于建筑行业，但只有当其在 1967 年世博会的场馆建设中大放异彩后，才俘获了全世界的目光。而 1972 年慕尼黑夏季奥运会会场那更大的屋面结构 [建筑设计由贝尼施事务所（Behnisch & Partners）与弗雷·奥托及埃瓦尔德·布伯纳（Ewald Bubner）共同完成，结构设计由莱昂哈特 – 安德鲁咨询公司（Leonhardt & Andrä）完成] 更使其得到了彰显。1971 年，作为奥托作品展览的一部分，纽约现代艺术博物馆内树立起了一个遮阳罩，证明了将传统的帐篷状遮挡应用于

弗雷·奥托与英格丽·奥托（Ingrid），1979 年（摄影：法兹勒·汗）

现代建筑的可能性。

294 轻质张拉结构依然存在两个短板：一是能够取材的膜结构材料没有耐久性，而且极易破损；二是不满足大多数防火规范的条文要求。为了解决这些材料的质量问题，教育设施实验室赞助了 4 家材料制造商：美国杜邦、欧文斯 – 科宁玻璃纤维公司（OCF）、博德艾尔结构公司以及化学纺织品公司（Chemical Fabrics Corporation）进行了共同研究，研究结果导致了 70 年代初期的材料进步，使得布膜能够直接应用于永久性结构。[6] 因此，当 SOM 事务所力图使朝觐航站楼采用织物屋面结构时，合适的结构织物也就自然很容易获得了。

1967 年，蒙特利尔世博会联邦德国馆的索网屋面施工（摄影：法兹勒·汗，承蒙芝加哥艺术学院允许）

设计合伙人罗伊·O·艾伦（Roy O. Allen）及建筑师劳尔·德·阿马斯（Raul de Armas）、罗杰·拉德福德（Roger Radford）和后来的负
295 责 1977 年机场设计项目的戈登·邦夏（Gordon Bunshaft）洞察到，轻质布膜屋面可能更适合朝觐航站楼的要求。在决定放弃采用封闭式环境后，他们将注意力放在了索网而非充气屋面结构上，设计人员探讨了多种不同的屋面形式，包括跨平行塔柱索的单曲率屋面结构，以及呈现剧烈扭曲形状的 450 英尺见方的双曲率索网结构（cable net structures）。[7]

在初步方案阶段，建筑师与结构工程师之间的沟通不多，因为前者确信，无论选择怎样的结构形式，工程师们必定能找到一种适用于航站楼的屋盖支承方案。过了年，开始概念设计时，法兹勒正忙着应付其他项目，也就没有再坚持要求芝加哥工程师与纽约建筑师之间的密切沟通。但到了 1977 年春天，当转过头来开始关注朝觐航站楼设计时，法兹勒确信，规划中的航站楼复杂结构体系定会有一个更自然的设计解决方案。于是乎，将工程学融入建筑学的想法便悄然而生了。

由左向右：约翰·泽尔斯、哈利勒·汗及穆罕默德·萨勒姆，结构工程师泽尔斯与萨勒姆参与吉达机场和麦加校园的设计工作；建筑师哈利勒·汗则是吉达市住宅项目部经理，也参与麦加校园项目设计

法兹勒对于新型结构类型具备足够的认知能力，他深知研究几何、刚度和张拉结构特性的最有效方式是通过对均衡形状的物理分析。

296

SOM 事务所在研究了一个倒置的帐篷方案后，构造出的织物模型之一（摄影：罗伯特·法恩，经芝加哥艺术学院允许）

设计团队同意，由工程师牵头进行织物模型的搭建，以便对张拉膜结构和建筑进行精细化研究[8]，因而，当结构工程师约翰·泽尔斯和穆罕默德·萨勒姆（Mohammad Salem）寻找合适的抗拉织物用于创造屋面形式的简化模型时，他们便有了一次在马歇尔·菲尔德百货公司（Marshall Field & Company）缝纫部进行采购的意外经历。通过力图表现索膜体系特性的反复实验过程，工程师们在接下来的数月里，仔细考察了多种拉伸膜的形状。法兹勒和泽尔斯定期造访纽约，把他们的织物模型展示于项目组的其他成员以进行设计审查。在考察了大量方案后，设计团队开发出一个基于重复的单向圆环帐篷形式的多屋面单元方案。

为了满足结构的稳定性，索网张拉结构必须为双曲率形状，并且在结构体系中应产生应力，其应力水平与特定的形状有关。通过索单元的拉力变化及整体变形，双曲率表面会对风荷载作出反应。由于其形状与应力相互关联，因此，结构的几何形状和边界条件至关重要。与传统结构类型不同，该构件设计具有连续性，索网结构由于其内部单元的相关性，必须进行同时分析或采用一种迭代方法。对于朝觐航站楼所采用的圆锥体系，其膜结构的形状取决于径向索的曲率，以及径向与环向索的拉力，而径向索中的内力则依赖于膜边界处索与索之间的相互作用，同时，边界索的形状也与这些力有关。

航站楼屋面设计发展的关键一步，出现在当工程师决定采用结构织物时。在织物技 297
术达到如今的先进程度前，索网是支撑布面所必需的；但工程师们相信，想在沙特阿拉伯搭建一个精细的索网，并且所有的配套连接必须依靠劳动密集且效率低下的工作来实现，这是绝对行不通的。因此，他们没有直接使用索网，而是为朝觐航站楼设计了一种索膜相系作用体系。通过套管，放射状索系于织物的内表面，并延伸形成了表面结构的

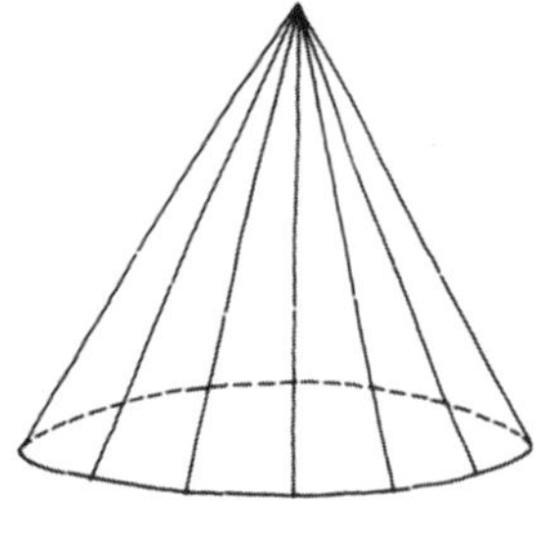
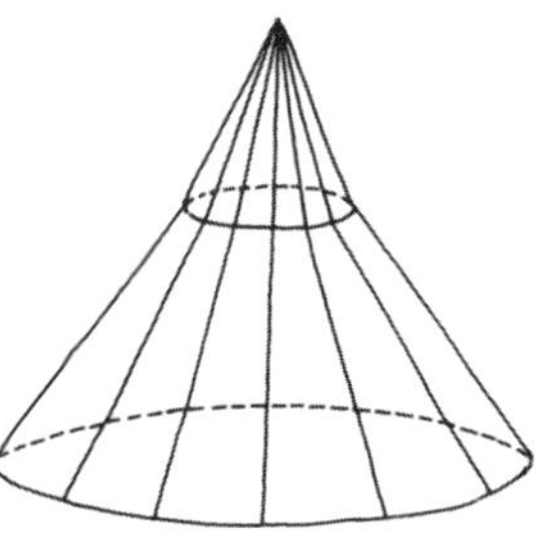
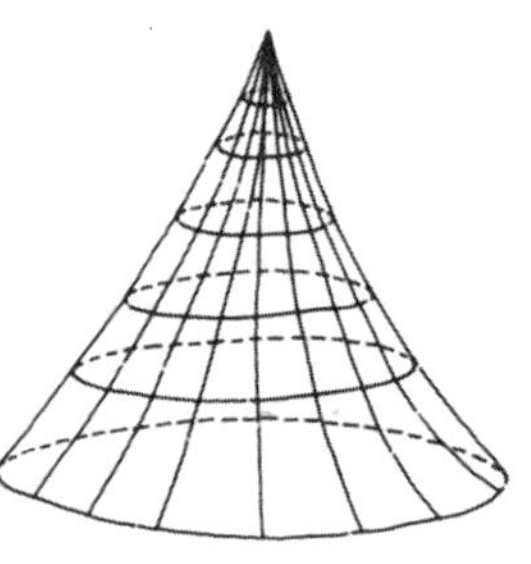

环向（圆周方向）索与径向索锥体交织在一起构成了鞍形面，这种两个互反的曲面保证了结构的稳定性。对于朝觐航站楼的屋面单元而言，仅径向用索，而环向索则利用了结构布（绘图：戴维·冯，改编自奥托的《张拉结构》，第 69 页）

基本单元。而在另一个方向（环向）上，结构布的抗拉能力得以利用，提供了双向索网的约束作用。由此可见，避免使用双向索网结构是经济可行且实用的关键。

为了确保索 – 膜相互作用方案的可行性与经济性，并鉴于材料发展和施工技术的现有条件，他们与伯德艾尔结构公司（Birdair Structures）的沃尔特·伯德及 OCF 公司的代表进行了商谈。当然，工程师也还需掌握那些当下正在使用的材料性能的细节。“早在我们实际开始细化最终的结构模型之前，”1979 年，法兹勒在一次有关轻质和大跨结构的会议上回忆道：“就已经解决了组织、培训、安装工艺、质量控制甚至于维修方法等问题。”[9]

此时，恰好几年前开发出的一种新型细网眼织物具备膜结构的应用潜质，它完全能
298 够满足双轴强度要求和其他一些相关的性能标准。精细（OCF 公司的商标）纱织物外覆特氟龙（杜邦公司的商标）涂层后，将具有如下潜质：能够避免因受热、紫外线和盐雾的浸蚀，并可以阻止灰尘吸附于织物表面。然而，将其应用于沙特阿拉伯具有腐蚀性的海岸线环境或如此之大的建设规模中，却是前无古人。这里会涉及许多问题，比如，对织物施加的拉力应该有多大、索的类型以及怎样避免盐雾浸蚀、哪种类型的配件更为有效等等。[10] 对于多重屋面单元设计而言，另一个异乎寻常的关键就是，必须确保织物面层内拉应力的恒定与可控。

空气动力学风洞实验的模型（承蒙艾伦·G·达文波特风工程团队的大气边界层风洞实验室允许）

在气弹模型设计和结构方案测试之前，法兹勒委托了一项风作用的初步研究，以确保结构的可行性。结果表明，在强风作用下，帐篷状的形式能够提供可靠的稳定结构。而且，初步风作用研究还考察了帐篷下部的气流形式。与那些没有足够气流通过的其他设计方案相比，帐篷体形可以很自然地将热空气从复杂的支撑体系下部赶走。

这个复杂支撑体系被分为两个部分，以便地勤车辆从中间通行，而航班则停泊于两个最外侧。每个支撑体系包括相互毗邻的多个模块，每个模块又由 150 英尺见方的屋面 299
单元构成。150 英尺这个模数，也是总平面中每个单元的四角支撑塔架高度的确定基础，这种屋面单元的尺度能够适应许多设计目标：首先，150 英尺的宽度可以保证两架宽体客机的停泊要求，并允许同时上下乘客；在方案初审阶段，大家均认为旅客应当被直接送入航站楼而不是被撂在停机坪上。再者，150 英尺是邻近飞机跑道的建筑结构水平面的高度限值[11]。而且，这个数值还与沙漠地面，特别是机场场地东侧山丘的自然升高有关。同样，对于巨大的内部空间来说，150 英尺的柱距也是一个绝佳的比例尺度，而早期方案所采用的 67 英尺则给人一种“柱林”的感觉。

设计团队决定不采用中央塔柱来支撑每一个织物屋面单元，这是因为，无论身临其境或者作为旁观者，中央塔柱都会给下部空间带来不必要的视觉障碍，从而影响航站楼的空间感；而且，塔柱的后果是过分强调了伞的形式而非帐篷的形状。与中心塔柱不同的是，支撑盖面布结构的中央拉环悬挂于塔架四角的索上，而索又横亘于角架的较低标高处，从而勾勒出帐篷形状一个较低的边缘。

在获得了令大家都兴奋和自信的设计方案后，设计者开始跟客户及机场项目总承包商交换意见。SOM 事务所在展示方案时，“回顾了帐篷张拉结构的历史，从阿拉伯式的传统帐篷开始，一直演化到朝觐航站楼的屋面帐篷方案，”法兹勒在笔记本上写道，“这段历史得到了大家的充分认可。”在这次会议期间，法兹勒好像非常乐于记录，邦夏善意地解释道：“那 300
个设计是一个真正意义上的工程解决方案，而并非开始于建筑学的构想。”[12] 对于一个超过 430 万平方英尺的结构而言，这种结构特性所表现出的智慧是令人信服的。

航站楼被分成了两个部分以便中间留出运输通道（摄影：法兹勒·汗）

公交线路沿着航站楼运输通道的一侧，航班则停泊于对侧（1983 年阿卡汗建筑奖，承蒙麻省理工学院阿卡汗项目档案部允许）

法兹勒由衷地相信，这样的设计已经远远超出了结构的经济性，它不仅提供了审美兴趣，并且，作为其形状的结构逻辑结果，帐篷状织物屋面还与客户的经历及其物质环境息息相关。每当法兹勒提及该设计时，他总会将这种结构形式比喻成阿拉伯地区传统居所形式的延续及历史传承的强化。

沙特阿拉伯以前也曾经推崇过新型张拉结构建筑，比如，新的洲际宾馆音乐厅和麦加会议中心都利用了单曲率索网及木材、隔热层和铝扣板，吉达市的阿卜杜勒·阿齐兹国王大学新体育馆规划中的索网屋面。[13] 然而，SOM 事务所提供的朝觐航站楼设计方案却有别于其他结构形式，因为它采用织物膜作为永久性结构材料，这种膜既是结构的一

301 部分又充当覆盖层，将被广泛地应用于连续的屋面单元及固定边界。对于这样一个前无古人的建筑规模，它要求超高的设计水平和加工制作精度。

SOM 事务所能否将这个复杂技术向客户推介，同时，又能向沙特国防与航空部确保建设成本预算的可行性，并且不会导致未来的维护难度过高？法兹勒自认为，答案应该是肯定的，当然，他也因此要求这项设计必须具备更严苛的性能技术指标。

法兹勒对业主与用户需求以及项目长期可靠的承诺是人们对他的信心的基石。在早期的评审会议上，当要求授权 SOM 事务所对织物屋面方案与传统建筑结构类型做出选择时，客户代表一定会在休会时听取法兹勒对于织物屋面的个人观点，对此，法兹勒的反应是“我想你应当接受它，”这简直就成了一种必要的再保险的最终结语。[14] 因此，这个项目最后采用了张拉结构方案。

张拉结构的设计

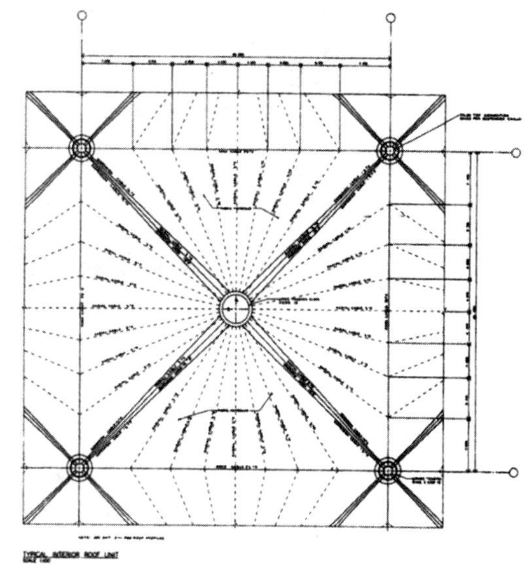

屋面单元的内部平面图显示出支撑中央拉环的悬索，以及系在织物内部的径向索（承蒙 SOM 事务所允许）

20 世纪六七十年代计算机分析程序、计算机硬件及存储能力的巨大进步，使得张拉结构的分析成为可能。被选的建筑设计方案及其相关的屋面单元是一个具有大量冗余自由度的超静定结构体系，这导致相应的分析计算变得异常复杂，其程度远远超出了之前那种各单元之间相互独立的中心塔柱支撑屋面结构体系。

虽然同时出现了结构体系的复杂性和材料的非线性问题，但 1977 年 SOM 事务所所配备的计算机还是有能力在公司内部完成计算机分析工作的。SOM 事务所的工程师修改了加利福尼亚大学伯克利分校开发的有限元程序，调整了收敛算法，并增加了一种梁单元；织物、索和柱均依据其材料特性建模，通过迭代法建立了张拉结构的形状及其预应力水平，以便使整体结构能够在所有荷载工况下保持拉伸状态；当然，这里的主要受力为屋面风荷载。设计人员先定义了一个结构单元，然后分析了全部 3×7 个单元模块。虽然在总平面上，各个模块相互毗邻，但每 21 个单元组成的模块都被设计成了相互独立的稳定体系。[15]

随着机场项目中屋面结构分包商 OCF 公司开始进场施工，一个单独的计算机结构分
析项目也拉开了序幕。为此，OCF 公司又聘请了一大批顾问：伯德艾尔结构公司作为织 302
物技术顾问（同时，还负责加工屋面结构的芯板）；URS 公司及盖格尔·贝格尔联合事务所（Geiger Berger Associates）作为工程技术顾问负责织物结构的验证分析、细部连接设计以及现场施工图的准备。机场项目的总承包商，一家老牌的德国施工企业霍克蒂夫建筑公司（Hochteif，A. G.）则雇用了自己的结构顾问，即埃森大学的埃瓦尔德·布伯纳与一位自 50 年代就开始从事张拉结构设计的弗雷·奥托的同事，来审查从概念开发到施工细节的屋面设计工作。

盖革·伯杰利用高性能 Cray 超级计算机对织物膜屋面结构进行了非常复杂的计算分析，工程师们确认了在模块安装期间应力变化条件下屋面形状的有效性，他们的理论分析也用于确定适合的剪裁式样，以便于将单片织物拼接起来，鉴于织物面层剪裁自平面材料，所以，预期的形状必须建立在三维空间的基础上，并要求很高的应力水平，可想而知，这是一项多么复杂的任务（板材尺寸的计算或加工错误可能造成严重后果，将会导致织物应力攀升和材料破坏）。

因为多方参与朝觐航站楼建设，并且各种结构问题相互关联，所以，现场施工图必

303

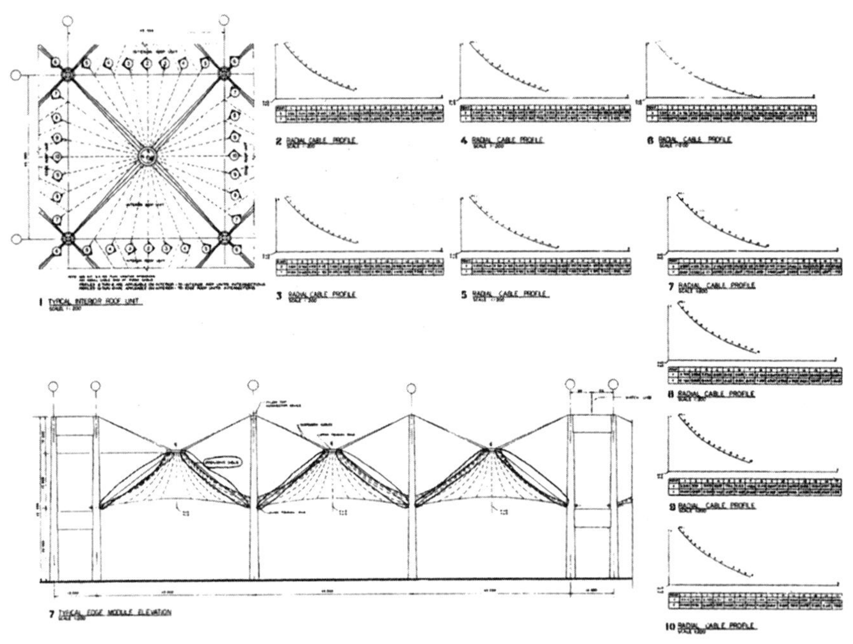

索的外形轮廓决定了织物结构的形状（施工文件 S–11，承蒙 SOM 事务所允许）

须经由异常多的设计事务所仔细核查。例如，由法国 CCG 公司的屋面索（roof cables）加工图纸，要呈交给 OCF 公司并送至好迪夫审核，好迪夫再将其拿给盖革·伯杰看，最后抵达 SOM 事务所。法兹勒全身心投入了整个审阅过程，为此，他不断地与工程团队成员交换意见，讨论设计细节以及那些设计图纸所依赖的概念。很多来自芝加哥事务所的工程师会经常跑到德国好迪夫事务所核查设计图纸，以加快审阅过程及便于和承包商直接沟通。

法兹勒认为一种需要定期检修的、包含复杂维护技术的结构体系，是不应当强加给一个严重缺少高级技术工人的国家。而如果一种结构的使用年限比不上其他设计方案，那么客户就会焦虑，并犹豫是否应该接受这种织物屋面结构。为此，朝觐航站楼的技术指标必须确保结构材料的长期性能表现，当然，强度与可操作性更是不言而喻的硬指标。超过 30 年的使用期限外加最小维护成本，可质保 10 年的材料与工艺特性，以上便是索膜结构的底线要求。然而,这些对于一家制造此类特殊产品只有 5 年实践经验的企业而言，
304 上述时间期限实在是太超长了。正如法兹勒对工程师团队所说的那样，仅就目前的材料来说，如此高的保证要求会令许多制造商感到“眩晕”。与此同时，法兹勒觉得在没有能够达到以上水平的材料和可靠的施工技术做保障前提下，SOM 事务所不应向客户推荐这种新型结构体系。

技术规范中那些不寻常的保证条款，将许多有意参与屋面施工的分承包商挡在了投标的门口之外，因为他们无法找到一家愿意提供 10 年质保的织物供应商。只有 OCF 公司的玻璃纤维膜满足规定的材料性能要求，因为这种膜覆盖着一种特殊的特氟龙涂层，符合业主有关材料与工艺的保证，并且公司的标书也满足项目预算要求。

屋面材料的特殊性是对供应商提出的挑战，超高的技术要求和设计水平是应战的必要条件。由于织物膜需要具备预期的结构功能，而非仅仅是依靠索网去支撑屋面覆盖层，因此，强度和徐变性能成为关注焦点。均匀的弯曲和完全的弹性是另一个基本要求，而每个方向上大约每平方英寸 750 磅的超高抗拉强度则意味着比 10 年前的材料强度提升了 4 倍之多。新材料的实验数据说明这个强度值是可信的，但为了确保稳定性，其加工方法还应进一步深入研究。再者，这种屋面必须抵抗高温、紫外线以及侵蚀性海洋气候；并且还能够极大程度地抵抗烟雾与火焰蔓延；同时，也应具备自洁性（特氟龙涂层的低摩阻具有这一特点）。除此之外，织物色泽的一致性也非常重要。由于存在如下不确定性：运输过程中造成的孔洞，只有当张拉时才会显露出的、无法察觉的织物开裂，或者角部举升和边缘连接造成的破坏，所以，屋面安装过程中的修补是在所难免的。这就意味着，补丁的数量和质量必须得到严格控制。

严苛的技术指标，是基于相关行业内部将会发生的变化，这种改变，会让膜产品与其他结构材料达到相同的高标准要求。而当时，纺织行业的标准只是根据支数，也就是线头数而非特定的抗拉强度来区分材料的性能，这种方式是 SOM 事务所不能接受的。崭露头角的张拉结构与传统建筑方法迥然不同，但法兹勒坚持“基本工程原理”依然适用的原则。掌握能够实现的，并且能够始终持久达到既定的材料强度（以及其他材料性能）， 305
对于张拉结构以及其他类型的建筑结构都是必要的。

确保拉伸强度的可预测与可证实是多单元模块施工的关键因素。应力和应变将影响每个屋面单元与其边界的形状，如果每个单元内的织物面层不能像预想的那样工作，那么把相邻单元连接至一条共同的刚性索上无异于痴人说梦。不同于单体结构那样，容许材料加工出现纰漏以及通过调整边界来精准成形，朝觐航站楼方案依赖于剪裁式样的紧密相连，从而使每块织物面层获得结构膜的延伸性能。

有别于那些在边界上允许有偏差的独立屋面单元，航站楼屋面单元必须设计得严丝合缝，而不容许材料过载（摄影：安德烈斯光影实验室，承蒙 SOM 事务所允许）

材料供应商及其结构顾问一致相信，为了创造出一种多重单元结构，织物膜的荷载试验必须顺利完成。由于这个层级的试验是前无古人的，所以需要首先开发实验设备。另外，还必须确定一个各方都愿意接受的、合理的实验准则，例如，翘曲的变形准则和最大应变值。五六卷织物组成一个屋面单元，而不同卷织物的性能又会有差异，所以每
306 一卷织物都应做单独的验证实验。工程师会保留每个屋面单元织物面层的实验数据;同时，面层也需经过仔细拼接，以排除整体屋面单元内的扭曲变形。

尽管分析技术先进，并且用于试验的织物和材料的标准也很高，然而，织物面层的填充变形及翘曲变形却像幽灵一样久久不能散去，这必将导致结构性能的不确定性。为了确定屋面结构在风荷载作用下，以及在有预应力的屋面单元搭建过程的实际表现，法兹勒和泽尔斯坚持认为，一个足尺的原型实验和施工过程，或者一个测试结构是必要的；虽然，这个计划将迫使业主多了笔额外开支，但对于具有 210 个 150 英尺见方的屋面单元来说，这点银子是值得的。于是，业主欣然同意了法兹勒的建议。在位于俄亥俄州格兰维尔 OCF 公司的工厂里，两个足尺原型单元拔地而起，实验目的主要有三点：检测施工技术、证实理论计算应力值与实际应力值的吻合程度、试验维护修理的工艺流程。虽然实验结果证明了设计是合理的，但也同时指出了少数必要的调整，特别是一些节点连接的细部构造，同时，织物应力的试验性能还为屋面分包商提供了重要信息，这些信息十分有助于编制《施工手册》，用以解决巨大的、21 个屋面单元模块的安装就位。

307 在任何结构设计中，安全系数都与材料性能的变异和不确定的荷载预测息息相关。作为防止破坏的预防措施，倘若在不可预见的条件下，某个结构构件出现失效，那么，结构体系可以被设计成让损伤集中出现在某一位置，同时，更多的结构冗余度也能够提供有价值的保护。鉴于朝觐航站楼中材料与结构类型的初创性，并且由于各屋面单元之间的内在结构联系会使所有必要的维护工作复杂化，因此，设计团队优先考虑了如何取

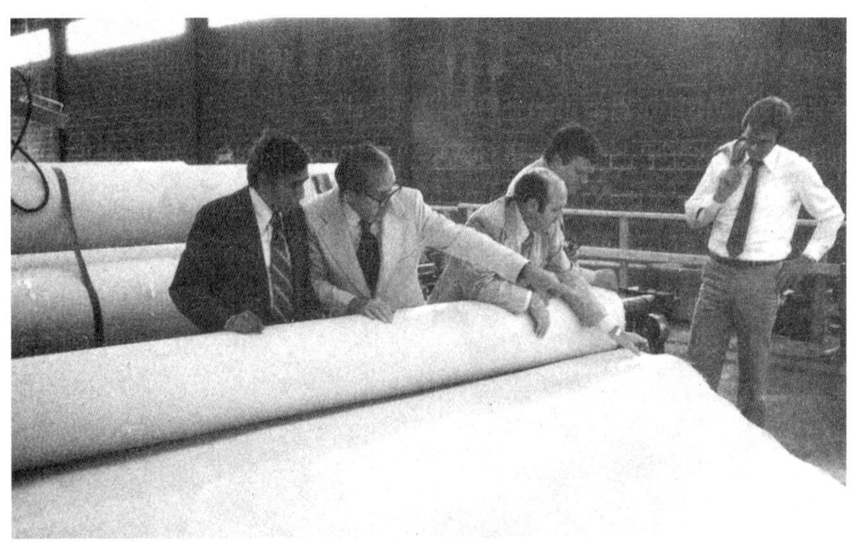

1979 年 7 月，参观位于布法罗的伯德艾尔结构公司，该公司负责材料加工和屋面单元制作，并将单元打包运输至沙特阿拉伯

得结构冗余度以及允许在单个屋面单元或模块内存在不可预见的缺陷。

工程师们深知，织物面层的损坏将会通过影响张拉结构的双曲率特性继而威胁到屋面单元，如果上述问题导致体系平衡遭到扰动，那么拉环可能扭转，径向索（为了保持相同的拉力）的应力将出现剧烈改变，同时，整个结构体系也会失稳。通过四根位于织物屋面下方稳定索的协同工作，可以避免出现这种连环悲剧，这些索呈放射状横亘于中央拉环与四个角柱之间，当检测到有可能出现任何趋势的拉环扭转时，它们将起到“定 308
海神针”的作用，也能够为及时抢修赢得宝贵时间。

以下两个途径能够确保膜撕裂时体系的稳定性。首先，计算机分析模拟了各种破坏模式，比如撕裂破坏或径向索失效，用以验证结构体系允许出现最大破坏的能力；然后，进行足尺原型实验，在此期间，用小刀将织物沿径向索方向划开，以便监测膜与索中的应力水平。实验结果证实，这些构件的应力水平仍维持在可控的限值内。

当拉力环的四根支撑索有一根失效时，受拉力环约束的上层屋面也可能出现扭转。虽然设计是基于如下强度准则的：连接拉力环与四个角柱之一的单根钢索足以支撑拉力环；然而，如果某条索破坏后，整个屋面结构也会变得风雨飘摇；所以，为了确保拉力环不会失去支撑或者出现位移，每根主支撑索都匹配了一个冗余构件，也就是说，悬挂于拉力环与角柱之间的每个主索均为两根而不是一根。虽然附加索提高了项目成本，但这种预防措施能够减少风险。为此，项目相关方也同意补偿附加索费用。在这个项目之前，索还从未被使用于这类结构和这种环境条件下，当然，也包括织物膜。因此，设计人员慎重的开始势必带有一定成分的保守主义。[16]

每个 150 英尺见方的屋面单元是由 192 块织物面层拼接而成，接下来，它们将被折叠并打包运输到沙特阿拉伯，将每个 10.5 英亩模块所构成的 21 个帐篷单元进行张拉及举升，并作为一组安装就位（摄影：安德烈斯光影实验室，经 SOM 事务所允许）

另一方面，通过分隔屋面单元的模块组还能够扼制整个体系层面上的结构失稳。沿着每 21 个屋面单元所构成的模块周边，那种典型的角柱被双塔架结构所代替，其设计目的在于所支撑每个模块内巨大的水平推力。同时，这种方式的模块分隔还起到了另一个作用，就是可以方便地对某个单独模块进行维修而不必令所有区域都失去功能。

通过与多层建筑相比，航站楼屋面结构的体量将更能深入人心：一座常规的六层办公楼将位于离地 66 英尺高的织物结构下边缘处，而每个屋面单元的宽度则是上述尺寸的两倍。设计人员认为，将屋面结构提升至如此高度是满足航站楼比例的需求，也是他们所憧憬的“令人心旷神怡的环境”所必需的，因为设计者相信，降低屋面单元的高度会
309 带来一种压抑的空间感。然而，非常高的屋面会导致额外的材料（主要是柱子材料）用量，因此，经过室内环境的运营研究后，设计团队认为，除了事先建议的 66 英尺屋面下边缘标高外，更低的 26 英尺也不失为一种选择。

伴随着设计理念的转变：从分散式伞状屋面变成一顶巨大的遮阳伞，屋面结构以下的噪声问题也就应运而生，成了设计的拦路虎；众所周知，屋面的特氟龙涂层还会反射声波，使噪声问题更加显著。为了确定屋面形状和特氟龙涂层对室内空间的影响，设计团队雇用了声学顾问进行研究。后者的计算结果显示，只要结构的下缘保持在 66 英尺高度，噪声是能够消散的；相反，过低的屋面则会将说话所产生的声音能量反射至地面标高，导致一种令人不舒服的环境声场。

巨大遮阳伞方案另一个被关注的重点是伞下的温度和气流方式。设计者希望借助织物的隔热与反射性能遮挡阳光直射的热量，同时，半透明的膜又可以最小化人工照明的需求及相应的发热问题。温度计算显示，当室外气温为 120℉时，屋面以下温度能够降低 40℉。[17] 空气流经由这种复杂支撑体系所构成的空间，并上升通过开放的屋面后，有助于维持航站楼内一个相对较低的温度环境。再者，温度计算结果也不支持降低屋面结构标高的建议，因为如果离地过近，热气会被束缚于下部，从而导致屋面下方温度上升，甚至会超过室外气温。

飞机停泊在朝觐航站楼（摄影：欧文斯 – 科宁，承蒙 SOM 事务所允许）

位于每个屋面单元顶部都有一个拉力圆环用于支承织物膜，从而很自然地造成了膜表面顶部支撑的不连续。通过敞开拉力环内的空缺，设计人员能够诱导气流流动方式：在建筑空间的底部与顶部拉力环之间形成对流，并将室内空气从屋顶的开口处吸走。在设计初期的风洞实验过程中，工程师通过观察结构模型下部的烟气气流走向，确认了上述对流效果的存在。后来的风洞实验说明了这种通风方式可以进一步改善，唯一要做的就是将冷空气引入受污染的室内空间下部。在这个复杂的支撑体系内，热空气层产生于距地面大约 20 英尺处。然而，其上部空气温度依然较低，为了将这部分冷空气向下赶，将热空气向上赶，并最终能够经屋面的开口处抽走，设计团队为室内配备了内含低速风 310
机的空气柱，而每个模块又增设了两台大型排气扇以增加气流量，并将汽车和公交巴士所产生的废气抽至复杂的支撑结构体系侧边。

巨大的屋面结构覆盖了规划区域的绝大部分，同时，又为将来的二次设计预留出空间和设计上的灵活性。然而，项目团队决定某些特定的审核区域应当是在一个受控的、有空调的房间内，比如移民检查和乘客登机手续办理区。为此，设计人员在第一行屋面单元下，塞入了一个很长的建筑来实现以上功能，建筑沿着屋面覆盖区的纵向边缘布置，其外墙开口直接与登机口廊桥对接，方便乘客直接进入航站楼。为了欢迎朝觐者的到来并满足顾客需求，很多关口变成下机门，并设置了一些联合柜台；而朝觐季结束时，这里又变成了登机口、售票柜台和行李安检区。

面对朝觐航站楼项目的独特问题，项目团队一方面接受当地物质与文化环境的自然特征；另一方面，也充分利用结构材料的自然属性。他们的设计解决方案既不是模棱两可的，也非强加式的。简洁的帐篷形式实现了经济建筑的目的。用一位朝觐者的话来形容："这里具有贝都因人的营地效果，" 并且提供了能够传达航站楼 311
目标重要性的、令人兴奋的建筑环境。[18] 航站楼群有效地在吉达经济中心与麦加精神中心之间搭起了桥梁。带着一种重回 19 世纪交通运输中心的感觉，这个现代化的航站楼设计则更迎合了 20 世纪的交通运输方式，彰显了人们对 20 世纪韵律、透明以及光线的追求。

放射状图案强调了在巨大的航站楼内每个帐篷单元的空间感（摄影：欧文斯－科宁，承蒙 SOM 事务所允许）

这的确是一个耐人寻味的项目，其合理的结构如此有效地缓和了发展进步与文

化遗产之间的紧张关系，而这种缓和又是如此生动，其内在意象如此清晰地展现于朝觐
者的眼前。从每个构件的材料和形状来说，张拉结构屋面符合针对移动人群的建筑本土
化要求。正方形单元及其内部每个圆形所表达出的几何形式是对历史的浓缩，令航站楼
这样一个大型空间充满了连续的韵律。主要的几何形式承载着符号表达的作用：圆和球
312 象征精神世界，而正方形和立方体则预示着大地与稳定，半透明的屋面单元与其间开口
的组合则使建筑与天空有了内在联系[19]，甚至模块之间的一排双支柱框架也能够用当地的
环境文脉来理解。正如 1980 年的一篇评论所述："行进 1000 英尺的双支柱列暗喻着朝觐
者将要造访的圆柱拱廊清真寺。"[20]

朝觐航站楼设计融合了地区文化遗产与当下的出行需求，以其富有见地的建筑成就而受到广泛欢迎，它获得 1981 年美国《进步建筑》的建筑设计奖和 1983 年美国建筑师学会荣誉奖。在发表颁奖决定时，荣誉奖委员会委员解释道："它像一座柔软的纪念碑，"这个海市蜃楼的建筑"飘浮在沙漠的地坪上，完美地契合了飞行的体验，并且反映出了朝觐的精神品质。"另外，在 1983 年，朝觐航站楼又获得了阿卡汗建筑奖，这是因为它是拥有一个"辉煌的、富有想象力的屋面体系设计"，在重现传统帐篷结构的同时，也体现了先进的建筑技术。[21]

这个项目成功地运用了一种新型建筑技术，它使"织物结构向前迈进了巨大的一步，"也令它声名鹊起，建筑史学家布莱恩·布鲁斯·泰勒（Brian Bruce Taylor）将航站楼设计比作"一个难以置信的、绝对令人震惊的技术创举，"它提供了"一些供其他创新者深思的、形式上的原型。"[22] 事实上，吉达机场竣工后，织物张拉屋面结构便雨后春笋般地出现在工程项目中，从花园亭阁到研究中心比比皆是。朝觐航站楼完工大约十年后，丹佛国际机场便选用了帐篷状屋面结构，其形状貌似机场附近白雪皑皑的山峦。

模块之间半透明的屋面单元向天空敞开着，赋予了建筑空间明亮感，联系着朝觐之旅的场景，同时，也为航站区域过滤掉了酷热沙漠的光线（摄影：欧文斯－科宁，承蒙 SOM 事务所允许）

朝觐航站楼屋面单元的塑形，在多大程度上直接参照了当地的建筑形式，这里没有一个明确答案，只有一些模棱两可说法。1989 年，在《口述历史》一书中谈及这个设计时，作者戈登·邦夏否认了其中的任何影响；他断言，法兹勒是以一个屋面单元作为织物屋面形状的基础，但在结构开发过程中，设计团队并没有将当地的帐篷居所作为参照物。[23]

然而，法兹勒的笔记显示，在方案设计过程中，设计人员意识到了织物屋面形式与传统织物帐篷之间的联系。并且按照约翰·泽尔斯的回忆，正是这种联系赋予了他们工作的生命力。当屋面单元结构浮出水面时，两种帐篷类型的视觉相似度更是令人赏心悦目，法兹勒对文脉的理解虽不能直接给设计人员提供帮助，却给设计过程提供了更多信息。
在 1976 年的大部分时间里，他都沉迷于伊斯兰建筑遗产与文化传统的研究。1975 年 12 月， 313
法兹勒亲自参与了麦加朝觐，并且在营地里为朝觐者搭建了帐篷。

然而，法兹勒反对仅仅依照意象来选择一个建筑解决方案。他相信，那样的方针将不可避免地导致符号滥用和无意义的结构构成；与之相反，他所寻求的结构形式，其材料类型得到了设计团队完全认可，通过合理造型，这种结构体系拥有非刻意的简约之美。与此同时，设计团队能够巧夺天工地创造出符合逻辑的结构形式，而该形式又与阿拉伯世界的地域文化环境息息相通，这些的确令法兹勒欣喜若狂。当航站楼投入全面运营后，这个设计便让那些通行于其间的游客们驻足欣赏、流连忘返，这或许更会让他感到欣慰。

法兹勒·汗在沙特阿拉伯的塔伊夫（Taif）

第 13 章
麦加的大学校园规划设计

在设计吉达机场的同时，法兹勒·汗还专注于沙特阿拉伯的另一个项目—— 一所麦 315
加（al-Mukarramah，意为“荣誉的麦加”）的大学校园建设。[1]1975—1981 年间，他定期造访沙特阿拉伯，与客户和同事共同度过了大量时光，原因就是 SOM 事务所承担着这个新校园的许多项目。

麦加校园的规划有别于单体建筑设计，也与多功能办公或住宅塔楼截然不同。正如沃尔特·纳特施所指出的那样，一所大学“以其复杂的方式提供了大多数设计元素，也包括了对都市社会的挫败感和困惑”[2]。麦加大学校园项目的复杂性，源于这座规划中的小城市及其独特的物质、经济和文化环境。

沙特阿拉伯王国的第二个五年发展计划（1975—1980 年）确定了国家将致力于教育事业，这样的政策令中学入学人数逐年增加。显而易见，不久的将来就会使高等教育需求激增。位于吉达的阿卜杜勒·阿齐兹国王大学成立于 1967 年，70 年代就开始进行革新和扩建，管理者筹划在麦加建立一所分校区。与此同时，麦加现有男、女分校的两所学院，以及多个教育及伊斯兰教的教法学院（法律研究，包含礼拜及其相关事务等问题），共有学生总数大约 3000 人。新校区将位于人口稠密的市中心之外，从而能够吸纳这些学院入驻，并可以另外提供更多的工作机会给其他教职人员。

然而，拟订项目的选址却给设计和施工带来不少麻烦，建筑场地位于麦加城的保护
区内，只允许穆斯林自由出入。虽然没有正式声明，但不言而喻的是，在设施规划阶段， 316
穆斯林的参与对大学而言是非常重要的。

1975 年，当 SOM 事务所受邀进行大学项目投标时，正全力投入吉达机场项目并得到广泛好评。所以，当军事工程总指挥穆罕默德·纳沙耶夫（Mahmoud Nassief）了解到 SOM 事务所有位合伙人是穆斯林时，他向负责机场项目的总经理戈登·韦尔德莫斯建议，可以让法兹勒与大学行政主管洽谈这个项目。

1976 年，拟建中的麦加校园南区场地（承蒙 SOM 事务所允许）

于是，法兹勒飞到沙特阿拉伯拜会了纳沙耶夫和大学代表，随后又参与了韦尔德莫斯的项目建议书编制与协商工作。法兹勒表达了对这个项目的兴趣和尊重当地文化传统背景的承诺。

很明显，韦尔德莫斯本人由于负责的机场项目正在高速推进而无法参加大学校园的项目，尽管法兹勒对项目整体管理毫无经验，但他还是愿意承担这个责任并一定程度地参与校园项目。法兹勒很欣赏大学管理者们的壮志豪情并得到了 SOM 事务所的支持，这对
317 于校园规划与设计是至关重要的。少数公司合伙人质疑承担一项消耗他大部分精力和时间的工作是否明智之举，特别是公司的最初合同还包含了教育规划和总体规划。虽然有如此多的麻烦事，但好像所有人都对他充满信心，认为他能充分展示出事务所的实力。[3]

客户代表中的许多人是工程师出身，在他们眼里，法兹勒的技术品质是其立场的重要一环，他们了解他的成就，并且还有人阅读过他的工程论文。而且，法兹勒的孟加拉国背景及对西方商业与项目开发的谙悉，使其拥有了专业经验和个人知识相结合的、非凡的综合能力，这对一个大学项目是非常有益的。

麦加校园

让法兹勒始料不及的是，他要管理的这个项目，以及所承担的任务是前所未有的广泛。SOM 事务所将要负责的内容包括，对麦加校区必要性的论证、确定大学的目标与总体框架、教学方法评估、学生的招生计划、院系与课程认定、课程开发、男女校区的空间规划，并在仔细考量麦加特殊的文化、宗教和物质文脉基础上，完成总平面、建筑与工程设计的相关图件。客户希望麦加校区能够与沙特阿拉伯的文化遗产维系密切联系，同时，也能在国际社会占有一席之地，使它成为一所综合性大学和具有国际地位的研究中心；虽

然这所学校不是一个宗教机构，但也将基于伊斯兰教义，并为伊斯兰社会的大学发展“树立起自己的标杆形象”。正如法兹勒后来回忆的那样，这所大学的计划目标“高得有点儿离谱”[4]。

工程项目一开始，法兹勒就千方百计寻找那些关于沙特阿拉伯教育与发展的新思想来给自己洗脑。随后的第二个月，他参加了在利雅得召开的七天长会，会议主题是，伊斯兰社会中现代科学与技术的应用。另外，法兹勒还列席了许多伊斯兰建筑学会议，其目的是考察如何使当代技术与传统伊斯兰设计理念相互和谐并存。其间，所涌现出的五花八门的思想必将体现在校区项目中：虽然很多项目参与者认同伊斯兰文化遗产的科学 318 贡献，并且一些人将重点放在开展学术项目和塑造有利于创新精神的环境上，但另一些人则更强调信仰的重要性和科学研究中的伊斯兰解释，并提醒贸然现代化对传统社会的负面效果。

课程开发和设施规划并非是大学项目中建筑师的本职工作。显然，预计学生人数和制定教育计划所需的技巧应当是相关专家的事儿。虽然 SOM 事务所同意参与规划阶段的工作，但正像法兹勒指出的那样，“我们心里装满了一大堆有关教育的哲学观念，却没有真正的专业知识。”[5] 在确定综合规划方面，校方希望得到有经验的规划顾问的帮助，并且，他们希望让 SOM 事务所在校区开发的过程中密切参与其中。

在设施规划阶段，SOM 事务所的作用是指导规划过程，并制订一份综合性教学计划。在众多参与规划过程的顾问公司中，教育发展学会（Academy for Eduational Development）是华盛顿特区的一家教育咨询机构，多佛联合会则是一家设施空间规划顾问公司。通过与客户讨论而获知其习惯与偏好，是对大学规划设计中顾问经验的补充，这样的互动对麦加校区尤其重要，因为，西方公司对于如何制订和规划诸如伊斯兰文化研究、阿拉伯语研究及伊斯兰法律这些专业院系毫无头绪。再者，该项目的重要意义有别于商业开发，且校方觉得方针政策和教学计划的决定权不应交给某个外国顾问。[6]

设计团队作出了麦加校区教职员工、院系设置和研究中心的规划决策后，为了便于昭告天下及征求意见，他们打算对阿卜杜勒 · 阿齐兹国王大学吉达校区的管理者、教员和学生展开调查和采访，这在沙特阿拉伯是不寻常的，也并非易事。女性校区就是个棘手问题，因为规划者不能采访妇女。于是，法兹勒搬出该校区的法蒂娜·A·沙克尔（Fatina A. Shaker）教授来协助此事。沙克尔曾于 60 年代在美国研读社会学，在此期间，她成了法兹勒与莉泽洛特 · 汗的好朋友，她在普渡大学的博士研究课题是：发展中国家，特别是沙特阿拉伯的现代化与传统方式的相互影响问题。如今，法兹勒联系到她并向大学申请，邀请其参与校园空间要求的设定和空间关系的开发工作，搜集有关教学计划和教室布置的员工偏好，评审设计文件。只有在她的帮助下，规划小组才能够向女性学生分发调查 319 问卷并评判女生校区的各色规划设想。

结合西方大学的教学主题与阿拉伯和伊斯兰国家的特殊性，校区规划小组确定了共计 88 个院系、部门机构和研究中心。院系确定后，每个学生，包括本科生和研究生在内的各专业课程要求也就必须确定下来，然后，再基于这些课程要求来估算院系规模（根据教室大小和教师人数）。虽然上述工作与他结构工程的主营业务相去甚远，但法兹勒还是为大学教学计划建言献策，并多次在会议上探讨了相关设计细节和构想。[7]

与课程设置的决策相似，新校区的招生计划也涉及主观评定—— 一个“些许武断但却合理的方式”，一位顾问对这个过程进行了如此提炼。沙特阿拉伯 1970 年（伊斯兰历 1390 年）发展计划已经树立了一个目标，那就是“有能力容纳所有下一层次的、谋求录取的合格毕业生接受更高层次的教育”。长久考虑后，规划小组决定 1995 年的学生规划人数为，男生 10000—15000 人、女生 5000 人，并以此增长目标作为校区空间的规划依据。另外，他们还预计，大多数学生将来自沙特阿拉伯王国，其中许多人会来自麦加城，10% 的学生群体是外国人；而教职员工则刚好相反，1/3 沙特人、2/3 外国人。为了弥补教授的短缺，视听设备记录授课不失为一个好主意，通过这些设备，男老师也就能给女生班级授课了。[8]

在整个规划与设计过程中，客户代表表达出了对成本控制的关切。然而，SOM 事务所工作框架的预算却还没有完成，这个缺失被证明是一个致命的规划过失。法兹勒直觉地感到这个不设限的开放式预算是否靠谱。于是，他提出了一个所谓的“严重问题”，即大学建设与经营的长期资金能否到位。更糟糕的是席卷全球的、不断提高的通货膨胀率，建设成本估计每年要上涨 15%，这将会使此类大型项目置于悬崖边缘。

经过将近两年的工作，法兹勒向学校提交了最终的教学计划以及一个“这里还将有许多工作要做”的备注。“麦加的新大学校区规划过程将是一项长期的持续性工作，并且
320 需要重新评估，”他建议道。[9] 法兹勒告知客户，规划小组对沙特阿拉伯教育环境进行了详细研究，确信了麦加校区建设的正当性；但与此同时，它的成功与否将依赖于校区充足的资金投入、持续的教育投资以及不断增加的中学就读人数。当然，在过去 10 年里，这一数字已经有了迅猛增长。虽然规划小组对沙特的教育体系、经济状况以及国家政治结构做出的预测是寥寥可数的，但这些对大学发展却至关紧要。而影响这个建设项目的额外条件则是应当在“水”字上画个圈儿：沙漠中水的获取总是十分困难的，当大学就水的问题向麦加市政府申诉时，这座城市自身也正因频繁缺水而抓耳挠腮。

正如《美国建筑师学会》（期刊）中一篇关于校区规划的报道所观察到的那样，“在一个假定的大学项目中，到底需要多大空间去容纳一个假定的招生人数，这的确是个棘手问题。”[10] 其他校区与现有校区之间的区别，不仅仅表现在占地面积上，而且也体现在类型和地理位置上。另外，校区空间的数量和质量也会受到大学整体层面的决策影响，既来自学术型教职员工的组织结构，又与各院系的招生人数有关。而且，校区空间规划还与新校区的办学方针以及校园环境社会考量的设计哲学环环相扣。开发的不仅是学术建筑，还应包含社区中心和其他学生服务设施，当然，住宿也是不可或缺的。这个项目

的一个核心设计理念是生活及学习体验，比如师生间的互动以及经验知识的传递，这部分应该成为宿舍设计的价值所在。开发的建筑项目可以解决大约三分之二学生、教师和职员的住宿问题，也就是说，这将是一个至少 35000 人的社区。而无法回避的问题是，住宿必须考虑学生、单身和已婚人群；学生住宿的预算比例应是多少？清真寺、已婚学生的小孩上学、停车、购物和娱乐场所等，这些生活必需是否应纳入校园规划？

建筑的传承与融会贯通

为了借鉴有助于新校区开发的其他社会组织和实体，法兹勒建议项目团队应走访尽
量多的伊斯兰教育机构和城市。因为在他看来，设计人员可以从那些地方的典型的场景 321
中找到麦加校园所应有的特征。除了有助于形成总体规划的概念框架外，这种走访能够加深项目团队对于伊斯兰城镇空间感的理解，并感受其建筑和街景的布局及比例特质。暴露于互补的、相邻的、形形色色项目元素的街景实例，对于大学管理者与教育者是重要的，同样，对于设计团队也是必需的。小镇如何演化成鲜活的、城市环境的载体、演化成知识机构的枢纽？这是值得项目团队思考的问题，而再加上与这些地方管理者的交谈，设计团队便会了解哪些是已经被证明成功的规划过程，而哪些又是欠考虑的。

接下来的三年里，项目团队成员走访了摩洛哥、西班牙、伊朗、叙利亚、土耳其、埃及和沙特阿拉伯的许多城市。他们试图抛开具体细节来透彻理解当地建筑空间的本质特征，理解神圣空间与日常空间的整合，而按照西方惯例，这两点恰恰是被小心翼翼地分离开的。规划阶段的伊斯兰腹地之旅，帮助设计人员为项目开发出了伊斯兰建筑的语汇。

如同 20 世纪 70 年代的很多其他建筑项目，这个大学中心在规模和范围上是沙特阿拉伯有史以来最宏伟的学院。虽然，大学管理者同意这个由设计团队勾勒出的校区开发目标，但同时他们觉得，一个由具备伊斯兰建筑规划和建筑设计专业知识的顾问委员会有益于项目开发，有助于设计者与客户识别出那些新校区的关键图标。于是，校方雇用了 12 名顾问，其中包括以本土化建筑技术闻名的埃及建筑师哈桑·法赛（Hassan Fathy），以及沙特阿拉伯建筑师萨米·M·安加维（Sami M. Angawi），后者是吉达市阿卜杜勒·阿齐兹国王大学新成立的朝觐研究中心主任，而这个研究中心的主要工作是保护与开发麦加和麦地那[11]，而其他的顾问，比如瑞士的泰特斯·伯克哈特（Titus Burckhardt）教授，当设计进展到现场施工图阶段时，仍然保留在项目内，作为 SOM 事务所有关伊斯兰传统的咨询师。

项目进展审查会多得异乎寻常，其中，一些涉及设计公司、项目咨询公司、大学职员以及大学顾问，这些会议、这些人员都成了项目进度的影响因素。大约每六个星期一次的例会，能够让麦加校区的副校长和大学项目经理（以及有时甚至是其他大学的管理者）密切跟进教学计划、总体规划和设计的进展。如此程度的客户审查以及很多轮次的设计修订，开始令法兹勒内心感到不安，然而，也正是他，极力反对加快规划进度，愿意花

322

设计评审会：（左起）大学顾问哈桑·法赛和萨米·安加维以及 SOM 事务所建筑师罗伯特·霍姆斯（Robert Holmes）（经芝加哥艺术学院允许）

更多时间来反映当地的和地区的文化，愿意花更多时间来组建一所当代伊斯兰大学。

一个特别的环节就是女性校区。由于不允许男性学生和教师看到女生和老师，男女分区建筑是必需的。在沙特阿拉伯，有关妇女在未来社会中作用问题，总是仁者见仁智者见智，而这一能够左右麦加校区建筑方案的态度却始终摇摆不定。此一时，男女校区的未来整合是有望实现的；彼一时，妇女的各学科教育计划却会受到质疑。这些观念之间左右摇摆的部分原因，体现出沙特的妇女习俗与其他一些穆斯林邻居们截然不同的鲜明特点。[12] 伊斯兰社会能否允许公共场所的男女混合，沙特阿拉伯是否将维持保守的男
323 女分离制度，无论出现哪种结果都是合情合理的。由于现有的麦加女校区已经人满为患，所以，原定的校区建设顺序是从女校区开始施工的，但公众的呼声却极力干扰甚至贬低了这个建设计划，以至于有些人开始怀疑妇女接受高等教育的必要性。

法兹勒善于慎重地处理文化议题。他与设计团队的其余成员总体上接受沙特这种社会形态，不指望其传统生活方式出现颠覆性改变，社会价值和习俗可以随着时间的流逝而变化，特别是处于西方现代化影响下，改变的速度可能更快，但试图通过校区设计而推动巨大社会变革是不现实的。而此时的西方世界，现代建筑正遭遇着谴责，其内容包括 20 世纪早期和中期的观念，以及通过建筑设计带动社会革新的乌托邦式追求。[13]

设计团队相信，传统形式能够与现代形式共存。他们通过改变规划去配合社会活动特征来寻找以上两点之间的平衡。他们总结道，如果文化习俗正在改变，那么，这个过程必将无法通过建筑环境来阻挡，这几乎同样适用于课程与教学方式的改变。因此，虽然整个项目及每个院系的规划工作都异常繁重，但这个校区设计就如同任何其他校区一

在走访塔伊夫期间，哈利勒·汗（左）和威廉·德拉克的一次短程骑骆驼经历

324

在走访开罗的苏尔坦·哈桑清真寺期间的法兹勒·汗与哈桑·法赛。法赛带团考察了开罗老城的伊斯兰建筑

样，也尽量为将来重新组织规划设计留出余地。

规划咨询师理查德·道伯在其《校园设计》一书中解释道，三个因素构成了美国学院建筑设计的基础：规范、成本和式样。[14] 而 20 世纪 70 年代的沙特阿拉伯，这三点决定因素却都还未成形，规范未建立（通常美国公司采用美国规范，英国公司采用英国规范）、预算未可知、式样未确定。

欲将各种校园设计元素进行有意义的组合，就必须理解伊斯兰教义是如何反映在建筑上的，虽然，如今这已经是个吸引眼球的话题，但精通这些令人难以捉摸的内涵却没那么容易，而且，这里还有许多可以反映到建筑上的独特的麦加文脉：当地气候、物质环境、文化遗产、宗教内含、原材料、可用资源以及适用的技术。项目团队执意使自己的建筑设计具有持久品质并且体现地方传统特色。为了更好领会上述目标的内涵与设计

开罗街头的住宅，满目的普通窗格子和“花格屏”窗（摄影：法兹勒·汗）

要求，法兹勒把自己沉浸在对伊斯兰建筑的探索中，用学识补偿他对建筑规划经验的缺失，特别是对沙特阿拉伯的经验。与处理工程问题并无二致，通过拓展自己的视野，将焦点超出那些直接的、针对项目的问题，法兹勒愿意迎接如何去权衡现代知识与历史参照的挑战。在这期间，他撰写了多篇关于伊斯兰国家开发的

325 论文并多次参加解决上述问题的会议。

正当项目团队开始聚精会神地进行校园元素设计时，法兹勒与项目经理威廉·德拉克进行了一次全新的、能够反映伊斯兰传统的古城访问，旨在寻找能够有机地将宗教、教育与居住功能整合的、具备城市环境的文化中心。在叙利亚的阿勒颇，项目组成员勘察了法院和伊斯兰宗教学校马德拉萨，这些目标将作为校区规划中法院与祈祷区的原型。在开罗，他们访问了爱资哈尔大学（Al Azhar University），这是所开设一系列世俗学科及传统课程的知名大学，另外，他们还观察了开罗老城的住宅，驻足于面向街道的阿拉伯传统“花格屏”窗（*mashrabiyya*）。当地建筑中，花格屏用于遮挡阳光和保护妇女隐私，同时，又可以自然通风。这种多孔窗格（起源于埃及的木质结构，但后来在其他地方，也有石材形式的）可以构成单一窗格、多窗窗格或者屏风式阳台。很显然，花格屏这种形式能够成为新校区学生宿舍的一个重要特征。

大家在这些历史名城的游历过程中，都将城市规划的兴趣表现在了城市空间元素的运用上，换句话说，就是从私密住宅到公共空间各层次分级的紧密规划。项目团队反对采用网格体系，他们认为，传递有机增长、反映社会内在联系的组团（cluster）概念更适用大学规划。在这种组织类型里，一个住宅组团围绕最私密的庭院类；多个组团形成小区，各组团交织着相当数量的公共步道；小区的集合构成一个片区；而多个片区汇集于最广泛的、公开的公共设施处。曾经作为防御体系的巢群（组团）是一个天然的关联系统，表现出有意义的排列图式，虽然防御目的已经没用了，但从中传达出的归属感便是组团得以存续的合理原因。另外，组团式建筑还能够让单体建筑免于阳光的暴晒。

对于设计师而言，这种方式下的城市规划和建筑设计并非新鲜事物，确切地说，世界许多城市都能看到它的案例，甚至在 20 世纪 70 年代的美国，组团住宅和多单元建筑
326 就被作为一种改变用地和社会组织结构的方式而提出，但对于当代城市规划和建筑学来说，它还未被升华成一种设计纲领来指引实践。

1979年，走访西班牙阿尔罕布拉宫（经芝加哥艺术学院允许）

当第一阶段建设的现场施工图开始成形时，法兹勒和德拉克正着手于远足西班牙南部地区，同行的还包括麦加校区副校长加法尔·萨巴格及负责校区设计的项目经理穆罕默德·米廷（Mohammad Eid），此时是1979年1月，在沙特阿拉伯的进展审查会之前。他们一行向科尔多瓦、塞维利亚和格拉纳达方向进发，去实地考察伊斯兰建筑的典范。在格拉纳达，他们观察了庭院和大厅的尺度，流连于长廊之间，享受着花园里的各种植物，品评着最小水流的小喷泉，惊叹于由卵石、矿石和瓦片复杂拼接成的墙面与地面。他们留意建筑设计的细节，例如，相邻住宅窗子和洞口的偏置布局，用以保护居家的私密性。在西班牙的阿尔罕布拉宫（Alhambra），他们经历了随之而来的惊叹和对空间流动性的认同感，因为每个区域都通向相邻空间。

教学与学术建筑模型，遮阳的步道交织其间（摄影：霍华德·N·柯普兰，HNK 建筑摄影；经 SOM 事务所允许）

327 当没有路径是“一条直线”时，法兹勒后来向参加哈佛大学 / 麻省理工学院联合项目的学生解释道：“这种特点给人以归属感，有一种回家的感觉。”[15] 非对称和不规则以及亲切的满足感，这些优点是校区平面布局时常常讨论的话题。如今，法兹勒、德拉克和客户认识到了怎样的比例和细部设计才能营造出情调，怎样丰富的成分与精致工艺才能弥补有限的资源。他们在阿尔罕布拉宫所感受到的、来自物质空间强大的精神影响，最终化作了对校区设计品质的要求。

空间简洁性的权威认可加强了法兹勒对于校区规划的指导原则。他经常强调要保持事物的“简单”。在他心中，简洁包含着比例原则、协调和基本元素的合理组成，而绝非意味着平铺直叙和缺乏复杂性。阿尔罕布拉宫的建筑就是这种简洁理念的最佳诠释，细节与图案的巧夺天工，将那些毫无装腔作势感的墙体与空间转化成令人咋舌的精致，给感官以极大享受。[16]

大学的项目经理也认同这种简洁性的定义，并以此来提醒设计团队，校区应在形式
328 与细节方面体现出“简洁之美”。哈桑·法赛指出，校园不仅应成为社团群体的文化源泉，而且对于多数学生而言，其成长经历中的大学生活还将是一堂影响人生的文化课。[17] 因此，校园设计有一个特殊要求，就是必须能够体现出真正的伊斯兰建筑风格，也必须回避那些虚无缥缈的东西。考虑到该项目所处的时代背景，当一些后现代主义的拥趸者强调折中主义的历史典故和迷人的复杂性时，真正有根据的建筑逻辑性则更值得被重申。法赛还认为，当各种设计要素，包括功能和结构的相互冲突油然而生时，校园建筑的象征真理性与宗教意义表达一定应视为最重要的。

校园开发设计受到的影响来自方方面面：阿尔罕布拉宫的空间连续性；意大利罗马橘子乐园内部循环体系的景观设计；摩洛哥历史文化名城非斯（Fez）对于地方、教育和精神生活的功能性整合（一种微妙的模式连续化）；开罗住宅的窗格子；伊朗和摩洛哥的内天井及空间层次。

项目团队同意，将校园分散在建筑场地的石山之间，而不跨越这些小山。然而，规
329 划阶段出现的用地限制外加项目内容的增加，迫使建设项目必须分隔成两部分：麦加－吉达公路北边一侧能够容纳全部教学综合体和部分住宿空间；而大部分已婚师生的住宅单元开发则需要在公路的另一侧进行。在新校区建设的中期，大学发展必须做到自给自足，其中包括很多社区的配套设施，比如中、小学校。

在北侧建筑场地内，单身学生宿舍混杂于教学区，相应的多个规划设计方案都值得推敲。如同所有建筑那样，总存在不同品质追求间的永恒博弈，而品质与传统和费用有关。客户希望取得一个经济性好的规划布局，为将来发展留有空间，并且确保学生们的福利待遇，当然，最好是以上三点全都囊括。通常的公寓模式要求把学生宿舍沿一条很长的走廊两侧布置。对学生来说，这种最经济的方案被某些规划师形容成“夜间的活动档案柜”，这种公寓模式因不合时宜而遭到摒弃，而项目团队找到了另一种施工经济并

校园开发规模要求使用两块场地，它们分别位于麦加－吉达公路两侧。其中，教学综合体、单身学生宿舍和部分已婚师生住宅位于北侧场地（左）；一个住宅开发项目位于南侧场地（摄影：K&S 影像公司，承蒙 SOM 事务所允许）

女性校区中绕天井布置宿舍的透视图（摄影：K&S 影像公司，承蒙 SOM 事务所允许）

1975 年，由哈桑·法赛设计的埃及高纳新村（New Gourna）泥砖房屋，建筑材料完全本土化并且价格便宜；但由于缺少政府及有意向的居民支持，这个村庄项目没有完工（摄影：法兹勒·汗）

330 且保持组团式房屋的模式。与此同时，由于设计原则上要求包括电梯在内的最小化机械系统使用率，所以设计师坚持建筑最大高度为 3 层，从而最终制订出 24 个房间、3 层的组团式雏形。

除了文化脉络外，麦加的气候也是另一个设计的主要决定因素。设计人员依据主导风向和太阳的活动轨迹来尽可能地确定合理的建筑与步道走向，使冷风气流畅通，让道路获得最多的遮挡。西安大略大学的大气边界层风洞实验室为这个项目进行了卓有成效的风洞测试，有助于确定各建筑之间的风速大小、风向及场地标高。

随着设计的细化，设计者开始研究不同的天井方案，从中寻找可以利用夜间气温骤降这个气候特点的方案。通过研究温暖气候条件下的建筑，他们知道，在夜间充满冷空气后，小尺寸天井具有通风竖井的作用。当第二天热空气推入天井时，邻近地面的冷空气便会被吸入房间。如果用隔热材料包裹建筑空间，维持室内相对较冷的空气不受干扰，那么整个白天，房屋室内温度将是可以忍受的。与此同时，为使上述方式行之有效，就必须阻止阳光直射透入天井，并且天井的尺寸必须与建筑协调。另外，通过植物的深度
331 呼吸和空气的蒸发冷却，包含少量植物和水的天井花园也可以起到降温效果。

虽然沙特阿拉伯（及整个中东地区）非常关注地方工匠和工业生产，但严重的材料和劳动力短缺，迫使许多项目必须进行工厂预制和机械化施工，建设成本是美国的 2—2.5

1981 年，SOM 事务所的机械工程合伙人帕拉姆博・古杰拉尔（Parambir Gujral，左）与《建筑实录》总编罗伯特・费舍尔（Robert Fischer）在法兹勒的办公室。“反客为主，采访人成了被采访者！”法兹勒在他的幻灯片上记录道（摄影：法兹勒・汗）

倍，因此，运输预制构件至施工现场而不是当地加工会更加节约资金。因为关注于控制原始成本，所以，大学客户更倾向于进口预制房屋单元到沙特阿拉伯校区的方案。尽管设计团队有所保留，但还是观察到了这个变数。于是，经过了总体规划阶段的多次讨论，以及成本、建筑及舒适度比较，设计人员决定重点考察砌块建筑的可行性。

随着麦加气温跃升到 130℉，机械式空冷看起来已经成为必需品。然而，所有房间配备空调还不现实，因为那将造成严重能耗，而且，可用水的不确定性也要求必须限制经营单位的空调数量。所以，合理的折中方案是采用机械式冷却那些产热最多的社区空间， 332
并限制单元房只能在一年之中最热的那几个月使用空调。麦加团队的设计方式与吉达机场朝觐航站楼的方法类似，都是利用自然通风和隔热材料来最大限度地提供必要的控制气温措施。

由于已经习惯了多学科之间的“系统式”协作，所以设计人员认识到在建筑与结构设计开展前解决受制于温度问题的重要性。对现存的、老旧建筑的研究给了他们泥砖墙结构的隔热特性启示，当然，这也是哈桑・法赛所推介的。法赛已经有过埃及村庄建筑的开发经验，在本土化设计方式的诸多原则中，法赛力图最大化地利用自然温控方式。其经验说明，就隔热性能而言，人见人爱的当代钢筋混凝土与砌块建筑无法与泥砖建筑相抗衡。

设计团队开始寻找用现代材料获得室内温控的办法。机械工程师雷蒙德・J・克拉克（Raymond J. Clark）编写了一个计算机程序来模拟泥砖墙性能，当然，该程序也可以研究具有多变量的隔热砌块建筑。由于这类计算机分析本身就是个新东西，所以 SOM 事务所还不敢确信它的数学模型和计算方法是否可靠，于是，机械工程师向一位精通计算机温度模拟技术的得克萨斯州立大学教授弗朗西斯科・阿鲁米 – 诺（Arumí-Noé，Francisco）进行咨询。按照教授对他们热传导假定的评阅建议和克拉克的数学模型，项目团队对计

333

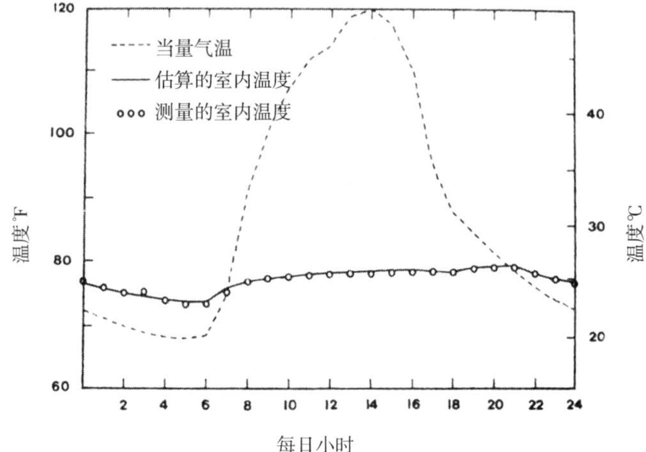

SOM 事务所建议的隔热砌块墙结构。实验结果显示出其卓越的温度绝缘效果，与传统的泥砖建筑有异曲同工之妙（承蒙 SOM 事务所允许）

算机分析的精度有了信心。分析给出的最优方案是：混凝土砌块墙建筑，外墙附着聚苯乙烯板隔热层再加面砖。对于屋面，设计者采用了一种预制空芯混凝土厚板，外加聚苯乙烯板隔热层，再外铺混凝土砌块。[18]

法兹勒和机械工程合伙人帕拉姆博·古杰拉尔安排了一个实际测试，来检验这个理论分析的最优方案。他们已经了解到，位于马里兰州的美国国家标准局（National Bureau of Standards）实验中心可以为私人公司进行实验项目，但要求项目经费必须由用户承担，并且实验数据将来服务于美国的应用市场。阿卜杜勒·阿齐兹国王大学同意支付部分实验经费，专业协会、材料生产商和供应商以及华盛顿特区的一家建筑商也同意共同赞助这项实验计划。于是，实验人员在环境舱内建造了一个单间隔热砌体房屋，并让其承受类似于麦加地区的日照气温变化。[19] 在吊扇的帮助下，节能方案再现了机械冷却和夜间自然通风条件，而另一个附加实验方案则是研究美国气候条件下的被动式太阳能加热效果，以满足国家标准局实验中心的项目要求。研究成果与数值分析结果非常接近，并证实了墙体的隔热性能完全适用于校园建筑。

为了进一步研究室内气候控制的效果，伊利诺伊理工学院研究中心进行了风洞实验。通过对不同设计元素和配置的模型实验，评估了各种设计参数对自然通风的影响效果。
334 实验的设计影响参数包括：沿住宅天井布置的各种尺寸的短墙，两种不同大小的天井，不同配置的风斗（通风井），单元房间天井侧开洞与外墙开洞的气流效果比较。前期的山谷风洞模型已经帮助设计人员找到了停滞风区，因此，一些服务设施，例如污水处理厂便可以在此而不是在校园的居住区落户。

法兹勒在多年投身于麦加校区开发的同时，也继续着其他项目，包括吉达机场。他除了定期往返沙特阿拉伯外，还发表论文、会晤大客户。[20] 在 SOM 事务所接受委托准备马来西亚沙巴州的大学校园总体规划时，法兹勒成为这个工程的项目总监。80 年代早

房屋组团模型的风实验研究（承蒙 SOM 事务所允许）

期，他多次走访马来西亚，熟悉当地环境，深入了解当地人是如何适应热带气候的，这与他过去几年研究的沙漠环境截然不同。另外，虽然拥有共同的伊斯兰信仰（马来西亚有许多宗教，官方宗教为伊斯兰教），但其宗教建筑却与中东地区迥异。尽管沙巴校 335
区规划并未要求法兹勒像对待麦加校园那么长时间的亲力亲为，但根据转入马来西亚项目的建筑师罗杰·卡尔曼（Roger Kallman）回忆，法兹勒的热情投入对于该项目影响重大。[21]

令法兹勒大失所望的是，沙特阿拉伯的国内政治和经济局势令阿卜杜勒·阿齐兹国王大学麦加校区项目陷入了混乱，而此时恰逢第一阶段建设，大约 100 万平方英尺项目面积的施工图几近收尾之日。伴随着 70 年代末期沙特王国石油收入下滑，一系列政治事件影响着这项工程顺利进展。其一，地区形势分散了国家对发展项目的热情，包括这类相对世俗化的大学校园建设。紧张的政治气氛发端于伊朗革命，这场革命不仅使人大吃一惊，也给沙特阿拉伯的家族统治带来了巨大危机。很显然，伊朗已经成为受保守伊斯兰传统影响最少的国家，首都德黑兰被认为是中东地区最西化的城市；同时，由于与当时的俄罗斯接壤，伊朗也成为美国在中东地区重要的军事情报集散地。然而亲西方的沙阿政府和其对现代化追求的急不可耐，招致了反对派的强烈厌恶，以致世俗主义者、亲民主活动家及鲁霍拉·霍梅尼的拥护者共同组成了一个联盟。虽然，阿拉伯各国形势大相径庭，但君主制的崩溃时刻提醒着沙特王室对原教旨主义者潜在力量的警惕，在对西方影响的开放包容和维持地区与宗教同一性的两者间，皇室必须做出国家层面上的再平衡。来自境外的、推翻沙特政府的号召令人不寒而栗。[22] 接踵而至的则是1979年11月朝觐季对麦加圣城清真寺的占领，虽然两个星期后，政府重新获得了控制权，但王室的地位以及作为圣地守卫者的能力已经受到了质疑。

对王室批评的焦点是其与西方的联系，这也反映出地区的同一性正逐渐被西方影响力所取代。对于一个历史短暂的政府——依赖于宗教领袖的支持，成立于1932年的沙特阿拉伯王国，中东地区不稳定因素的增加，以及对自己政治权力的质疑都是特别糟糕的事件。

受到国内问题困扰的同时，中东地区还卷入了两个超级大国之间的困斗。美国作为
336 中东保护者的权威正在被伊朗所颠覆；同时，对美国海外影响力的质疑，随着美国驻伊朗大使馆遭围攻以及长期的伊朗人质危机事件而甚嚣尘上（美国在留下满目疮痍后如今已从越南退出）；与此同时，俄罗斯对中东地区的打算则是令人不安的：1979年，已经进入阿富汗的俄罗斯是否会为了追求石油这个全世界关注的目标而做出更进一步的动作？[23] 另一方面，美国以增加地区介入的方式来对俄罗斯的扩张作出反应，而这也不是当地国家所乐见其成的。虽然与美国结盟，但许多阿拉伯国家与美国的关系却是严重紧张的，主要原因有三：美国对以色列的支持、以色列在占领土地上修建定居点的政策以及以色列入侵黎巴嫩。

由于感受到了全方位的威胁，所以，沙特阿拉伯王国大比例拨款用于防卫，这一数字超过了每年预算的四分之一。[24] 考虑到收支平衡和通货膨胀，以及其1975—1980年发展计划中的高额支出，促使政府缩减了非国防项目基金，并更加严格地审查建设项目成本。1980年5月发布的1980—1981年预算显示，没有用于麦加校区建设的资金拨款。起初，阿卜杜勒·阿齐兹国王大学的管理者还对来年校园建筑能够开工抱有希望，而被赶着完成现场施工图的SOM事务所如今却被要求放慢脚步，虽然设计事务所也非常关注时局，但却未曾料到这个项目将被迫搁置。

大学项目延期的众多因素还包括，王室内部斗争和多个规划项目的干扰，包括与其他教育机构之间的竞争。而且，麦加人更迫切成立一所麦加自己的独立大学，而非国王大学分校。1980年夏，哈立德国王宣布计划成立一所新大学，即如今的乌姆·埃尔古拉大学（Umm al-Qura University，大致是“所有村民的母亲”之意），这使阿卜杜勒·阿齐兹国王大学原本的项目规划更复杂了。而在此期间，又一个“倒行逆施”的建议则是女性校区可能会从整个项目中取消。[25]

这个项目生存的另一关键阻碍是，北侧项目场地正在“折翼”。在早期，项目团队已经有了位于麦加－吉达公路两侧的两宗地块作为大学校区的建筑场地，然而到了1980年，大学对北侧地块的控制权却有了变数，政府正在考虑将两个主要地段用于私人开发，而

开发者则是对国王大学项目不感兴趣的那些王子们，如果此事属实，那么剩余面积将无 337
法合理满足麦加校区的项目要求。

到了 1980 年 9 月，一切都变得明朗了，为校区项目付出的努力都化作了乌有。校方力图保住这个项目，于是开始在麦加周围寻找其他场地。1982 年初，他们敲定了一处新地块，并再次与 SOM 事务所谈判新场地上的建筑设计和总体规划事宜。然而，随着 1982 年法兹勒的去世，SOM 事务所对这个校区项目已经无心恋战。在此之后，又过去了 10 年，麦加城的新校园也都没有再次开工建设。[26]

对角支撑框筒结构赋予了奥特里中心在城市景观中的独特魅力（摄影：虎丘工作室 / 约翰 · T · 希尔）

第 14 章
混凝土桁架筒：奥特里中心

当法兹勒·汗多年沉浸于中东项目之时，美国的建筑市场正从 1974 年的衰落中恢复 339
过来。经济前景的改善，加之办公室职员人数的爆表，确保了办公空间需求的增加。到了 1978 年，短缺代替了这十几年头期的高空置率。[1] 与此同时，1977 年元月上任的吉米·卡特总统发动引擎，调整了国家对城市开发的前期态度，将城市比拟为“社会和我们这个国家经济结构的脊梁骨，而绝非阿喀琉斯之踵”[2]。新政府推出了一系列资助计划来扭转城市发展的颓势，同样重要的联邦拨款则用于提倡投资和向都市中心的商业回归，这些举措重塑了联邦政府致力于城市商业开发的信心。1977—1980 年期间，办公楼建设的如火如荼是政策性利好的真实写照，正如《工程新闻记录》中报道的那样：“不是一阵风，而是风暴，并将持续多年。”[3] 由于城市重新成为吸引眼球的地方，所以住宅面积的需求也同样看涨。

随着后来将近十年的整体经济活动加速，通货膨胀也悄然而升。在经济发展举步维艰的 1974—1976 年，居民消费价格指数 CPI 骤然跌落；而如今却迅速拉升。高起的通货膨胀率出现于那个年代的早期，已经糟糕到了迫使尼克松政府强推价格和工资冻结政策。1979 年，CPI 触及了最高的 13.3%，同年，高涨的石油价格更加剧了通胀环境的痛苦，迫
使国家发展必须依赖于不受控的石油供给，这是段不堪回首的记忆。与此同时，国家谋 340
求核电的引擎也因畏惧安全而熄火，而起因则是宾夕法尼亚州三里岛的部分核材料熔毁事故。通过鼓励减少消耗和开发可替代及可再生能源，政府力求降低有限的、不确定的能源供给对未来造成的影响。据 1979 年预测，新建筑标准将迫使其能源使用效率提高 50%。[4]

同时，联邦储备委员会（Federal Reserve Board）通过稳步提高联邦基准利率来反击通货膨胀，希望此举能够抑制消费者借贷和支出。如果经济紧缩政策温和且合理，则会避免后来更大的经济衰退。然而另一个短暂的衰退却在 1980 年不期而至，这样一来，华

盛顿政府便决定采取他们自己的方法来刺激经济：反凯恩斯经济政策。里根政府断言必须巨幅缩减政府开支并将恶性通货膨胀作为政府优先关注的经济议题。因此，他力图通过大幅削减联邦项目来抑制通货膨胀，并通过确保所得税税率的实质性减少来鼓励资本支出；另外，还要加速商业建筑的资产折旧。[5] 尽管如此，短期内的通货膨胀仍居高不下，信贷依然紧张，并在 1981 年中期，经济走向了第二次更残酷的衰退。1981 年夏的失业率已经达到 7.5%，1982 年 3 月则蹿升至 9%，同年末的数字触顶 10.8%。

错综复杂的经济因素塑造了 1980—1982 年间建筑开发与城市复苏的大背景，既欣欣向荣又充满矛盾：大城市商业区的优质办公与住宅空间需求巨大，高涨的资金和建设成本，经济扩张的反复中断。

奥特里中心

1980 年，PSM 国际公司的总裁钱德拉·K·贾开始和 SOM 事务所商讨 PSM 公司一个地产开发项目的细节问题。这块 1 英亩大小的待垦场地位于路人谷的湖畔，在密歇根大道东侧的芝加哥街区内，夹在橡树街湖滩以北和芝加哥河以南的位置。十年前约翰·汉考克中心的成功开发刺激了沿着北密歇根大道的商业地产建设。然而 PSM 公司拟开发的这个地段，距离密歇根大道只有三个长街区，距离约翰·汉考克中心也不过八个街区，
341 却依然被排除在活跃商圈之外。路人谷是绵延数个街区的西北大学芝加哥校区和西北纪念医院所在地，这种地理环境也许意味着商业开发将延伸至密歇根大道以外，并且 PSM 公司看中的地段适合于高密度居住社区及其配套的商业地产开发。

1968 年，钱德拉、莉泽洛特、亚斯明、法兹勒·汗及赫克马特·贾（由左向右）。对于 PSM 公司奥特里中心项目而言，钱德拉·贾与法兹勒的友谊能够让二人深入交换意见

PSM 国际公司打算建造一幢包括公寓单元、办公、零售和停车场在内的多用途塔楼。大约一半的办公面积作为医疗办公用途，可为这个地区的医院提供饮食服务。总体初步规划面积为 75 万平方英尺，其中居住面积占 45 万平方英尺，单元户型从紧凑型到两居室。预留的项目面积将用于设想中的“花园式”或者联排式住宅，然而考虑到资金需求，这种类型的住宅必须与主要的公寓综合体分建。

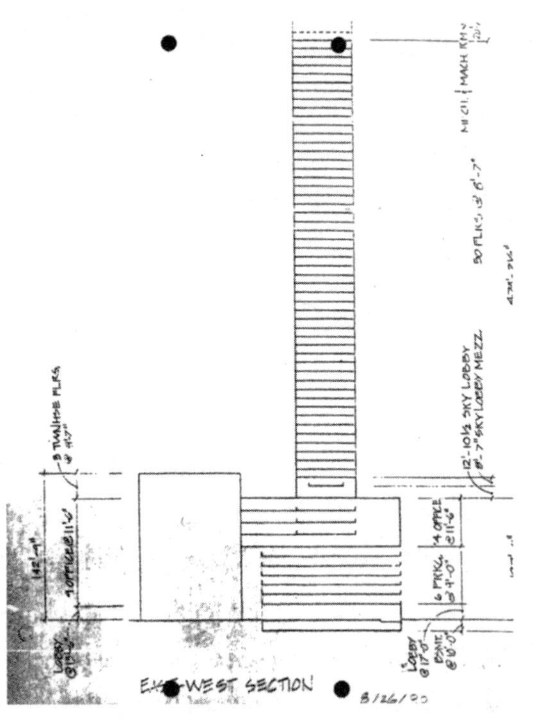

一个初步的建筑体量方案草图。要么采用底部多层裙楼结构塞满整个场地，要么采用一个独立的盒子形状与塔楼的底部裙楼结构相连（承蒙 SOM 事务所允许）

这个项目的开发宗旨是高质量、优质的内部空间、便利的设施以及精良独特的
建筑设计。与此同时，它还必须依赖外部 342
的基金支持，包括美国住房和城市发展部（HUD）的融资和联邦住房管理局的贷款抵押担保。前者设立了一个新建项目第八计划，以提供资金的方式换取政府补贴性住房，占总住宅面积的 20%，用以解决低收入家庭的居住问题。对于一个销售对象为高收入群体的公寓项目来说，补贴性户型是个不寻常的项目设计因素，必须保证该户型隐没在其他户型之中而不显得突兀。HUD 和联邦住房管理局的贷款抵押担保标准影响着这个项目开发，包括公寓的大小及尺寸标准、盥洗室的大小以及其他一些设计细部；HUD 的第八计划还强制要求低收入公寓必须维持至少 20 年。因此，负责项目开发的设计师必须在满足资金限制和品质目标的同时，还必须适应将来的单元公寓改造。也就是说，在改造前，室内布局需灵活，从而便于将来的某些单元组合起来形成一套面积更大的户型。

设计人员研究了如何在现有场地上将新颖的布局、公寓的经营需要以及商业用途三者完美地组织起来，并以此为切入点进行方案设计。他们考察了板－墩墙方案，即将停
车场和商业空间放置在底层裙楼，而将 594 套单元公寓放置于 40—50 层的高柔塔楼上， 343
或者将低层“辅助”结构与主塔楼毗邻。1 英亩的建筑场地呈 L 形；正对场地东侧的是假日酒店（现名 W 酒店）的停车场结构，它直接延伸进 L 形状的空白处。这样的形状意味着主塔楼必须布置在 L 形的一边或两边上，但无论哪条边都不会为建筑提供最优空间。将公寓塔楼沿着安大略大街布置会导致其与东侧一幢 32 层宾馆以及南侧一座规划中的 50 层建筑很贴近，而后两者位于安大略大街正对面，显得不舒服。另一个选择是将塔楼沿南北向布置，并将放置在 L 形场地的南北肢上，但那会令塔楼长边上很多用户无法观赏

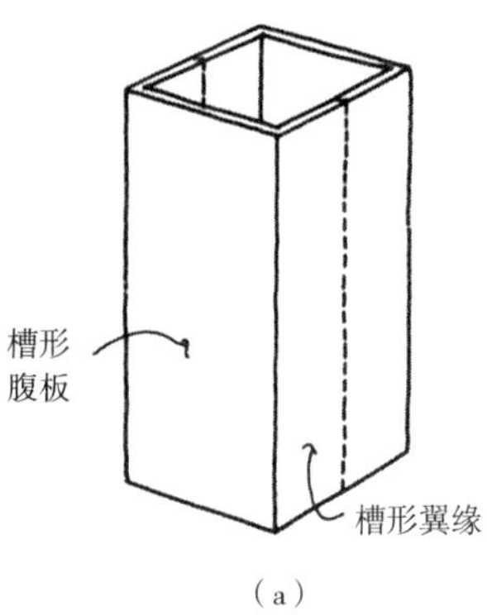

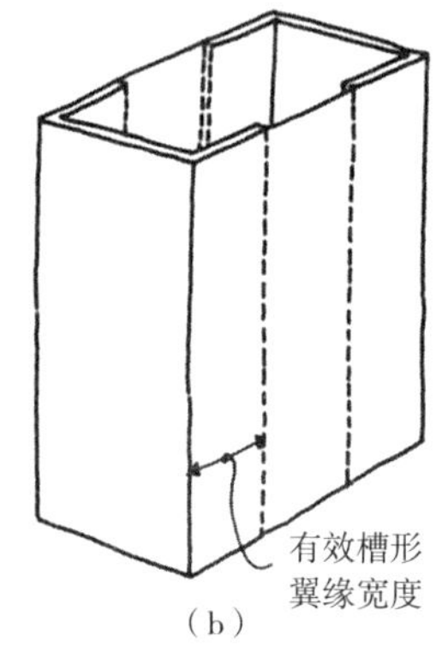

（a）在初步设计阶段，法兹勒经常将筒体结构比拟成两个槽形截面；（b）对一个矩形形式，他限制“翼缘”的尺寸为槽形“腹板”宽度的 1/2。1980 年，在他设计奥特里中心时，上述图形成了他的设计原型，并由此预判建筑端部的两个槽形将支撑每道长边墙体刚度较低的中部截面（绘图：戴维·冯）

海岸线的美景，而这种舒适体验正是 PSM 公司希望能够为尽可能多的用户提供的。

随着方案设计的进展，项目的内容也在改变，从最初规划的总建筑面积大约 75 万平方英尺增长到 91.5 万平方英尺。根据 PSM 公司租赁顾问建议的医疗办公空间需求计划，以及打算最大化地利用租金来抵消抵押担保费，开发商决定扩大办公空间面积，提高租赁空间的灵活性，并通过预先措施，可满足在必要时所有办公空间均具备医疗办公条件。

围绕这个呼之欲出的建筑项目，成形的方案已经跃然纸上：一个将近 50 层的公寓塔
344 楼坐落在 10—12 层高的商业大底盘上，旁边再附加与主楼底盘等高的配楼。为了避免公寓塔楼的长边与场地任何一边对齐所带来的问题，设计人员调整了塔楼的尺寸，使其恰好符合 L 形场地的南北肢长，然后再将塔楼布置在东西侧并从建筑红线退后。通过把塔楼安置在场地西端，便可以和东侧的假日酒店保持合理距离。配楼侧位于和宾馆毗邻的 L 形的一肢上，塔楼的大底盘连接着配楼，这样，在 L 形的每边上都会形成一列由商店构成的拱廊商街（1980 年前后流行的建筑元素），预示着街道标高处繁荣的商业环境。

伴随着总体规划的形成，方案设计必将牵扯到结构工程与建筑学的方方面面。塔楼的居住目的意味着混凝土可以作为结构材料的首选。和钢结构相比，混凝土平板结构能够减小层高，这是因为其楼板下表面可以作为下层公寓的顶棚。影响建设成本的因素很多，其中包括，上部结构、基础荷载、材料用量、建筑饰面面积、机械管线和管道运行及其他随建筑高度增加的项目等。通过控制

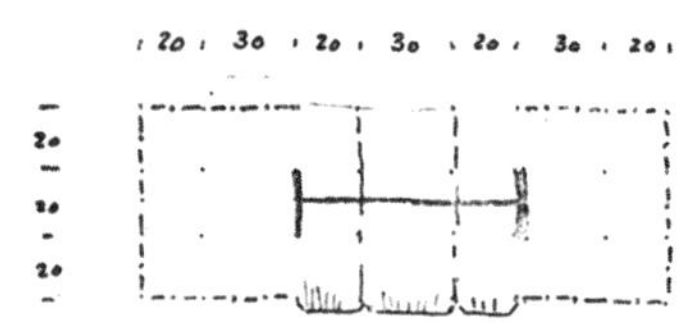

如果总高 60 层，最优的结构体系是什么？

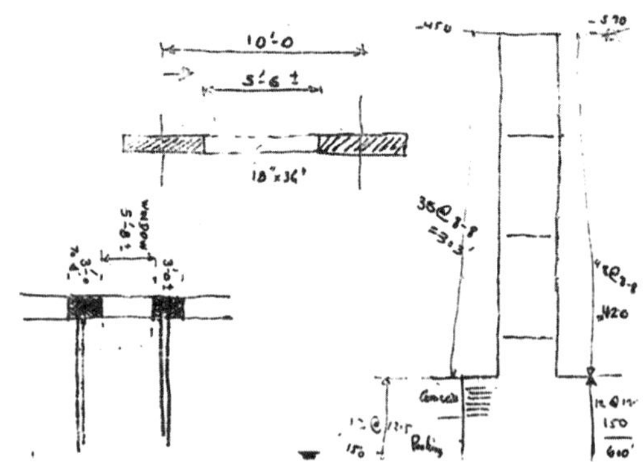

设计团队考虑将内部剪力墙与 10 英尺柱距框筒所构成的有效端部“槽形”骨架组合起来。在为这个项目继续寻求合适结构体系的过程中，法兹勒常常对自己说：“对于一幢总高 60 层的建筑来说，最优的结构体系到底是什么？”（草图：法兹勒·汗，承蒙 SOM 事务所允许）

层高及相应的建筑总高，这些成本均会降低。另外，混凝土还有隔声好的优势。然而， 345
上述成本比较是基于能够提供高层塔楼侧向稳定的经济结构体系的基础之上的。

作为项目及结构负责人的法兹勒，思考着规划建筑中主塔楼的比例尺度。他知道，如果采用沿矩形楼面周边的框筒，那么，筒体的结构作用将主要集中在建筑的两端。利用德威特・切斯纳特公寓设计时法兹勒的计算方法，我们可以得出如下结论：框筒的长边中柱无法充分受力，因此可以用两个端部的槽形截面来代表筒体作用，这种简化分析能够合理地描述风荷载作用下高柔筒的结构反应。对于一幢 43 层的公寓建筑而言，端部槽形截面的结构刚度足以抵抗风载。

适用于 43 层的体系是否也一定适用于接近 60 层的结构高度（大底盘外加顶部的塔架）？对此，法兹勒不得不画上个大大的问号。对于这座更高的建筑而言，仅仅依赖周边混凝土框筒所构成的两个槽形结构来保证侧向稳定的确不是个有效方式，而服务核心区外剪力墙的介入恐怕也不是个好点子，因为保证室内空间的灵活性恰恰是 PSM 公司关注的焦点。然而，核心区剪力墙与外围筒体或槽口端部的框筒所形成的相互作用体系却能够满足塔楼必要的刚度；但法兹勒显然对这种凑合起来的权宜之计并不中意。以他的结构效率标准，剪力墙筒体相互作用体系并不适合高柔体形、小核心区和高度相当大的建筑，当然也包括这个商住综合体。“结构工程师的挑战，”当他看到这个项目时说道，就是“精细化一个已知的结构体系或者寻找并开发出新体系，以减小或消除任何指定建筑因高度而造成的额外费用”[6]。于是，法兹勒继续寻找着更好的解决方案。

一个适用于混凝土建筑结构的、修正的框筒体系浮现在法兹勒的脑海中，这是 20 世纪 60 年代末在伊利诺伊理工学院与学生共同研究过的一个结构体系。当时是在约翰・汉考克中心设计完成不久，法兹勒就开始思考如何将桁架筒概念应用于混凝土结构。名叫罗宾・霍奇金森（Robin Hodgkison）的研究生提出一个超高层设计方案作为他的硕士学位论文项目，由于建筑的高度及巨大的高宽比，法兹勒建议外围结构可采用混凝土桁架筒，
而服务核心区附加一个剪力墙筒。霍奇金森的分析表明，内、外结构体系的相互作用能 346
够有效支撑他所提出的 116 层、220 英尺见方的混凝土摩天大楼，对角线形式的筒体外墙赋予了高层混凝土建筑刚度且实用的结构组织形式。

当法兹勒首次建议混凝土桁架筒时，他预计斜向构件类似于约翰·汉考克中心的那种，但初步草图却告诉他，这样的想法是多么不合时宜。很明显，这必然导致现浇建筑结构中出现一个混凝土的斜向构件，而且还需按照源于钢结构的施工方法。于是，霍奇金森、法兹勒和建筑学导师迈伦・戈德史密斯随即转变了设计理念，采用整体现浇混凝土结构。当现场浇筑的细长斜向构件通过窗洞时，可以填充洞口骨架，从而创造出一种阶梯状图案的填充板整体窗格效果。

法兹勒曾在 1968 年的贝壳广场项目中提出过上述体系，但开发商并不倾向于这种结构美学，而且在 60 年代末期，也因高昂的材料及劳动力成本，钢筋混凝土桁架筒并不实用。

在整个 70 年代里，法兹勒也就再没有机会于建筑设计中追求这种理念。但他始终坚信其在高层混凝土建筑结构中的应用前景，“假如有合适的场合，”他在 1972 年的《进步建筑》中发文怂恿设计师道：“这种结构类型会在不久的将来找到它的用武之地。”[7]

对于奥特里中心来说，正如 PSM 公司的项目名称那样，其结构类型预示着这是一个有效的结构和建筑解决方案，除了可能个别有问题的建筑形式：因为它是矩形盒子，而非正方形或者近似正方形。霍奇金森和几年前佐佐木干夫的论文均已表明，为了达到最佳效果，桁架筒斜向构件的水平夹角应接近于 45° ，最大为 60° 。SOM 事务所的约翰·汉考克中心设计也证实了上述结论。而另一个基本事实则是，在整个建筑的角部，每个结构立面上的多个斜向杆件必须相互交叉并且与角柱相交。假设拟建公寓塔楼的平面比例范围为 60 × 60~80 × 120（英尺），再加上有可能妨碍斜向构件角度变化的阶梯填充板，那么，它将不可能满足结构要求的最佳角度和角部相交的基本要点，即无法构成有效的带斜撑的筒体体系。

347

奥特里中心。法兹勒将斜向的混凝土嵌板引入梁 – 柱框架中来增加其刚度（摄影：虎丘工作室 / 约翰·T·希尔）

正当此刻，法兹勒又使出了惯用的招数：他深知框筒和桁架筒两种结构体系特有的优势，可以将两者结合起来形成一种新的结构类型。法兹勒认识到，通过在矩形框筒端槽截面的翼缘和腹板中引入斜向构件，就能够实现支撑塔楼所必需的刚度。从另一个角度来看，他首先创造出一种对角线形式的框筒类型，然后再将其拆分开，把每一半布置在建筑的两端， 348
而每一半与矩形塔楼的中段连接则是通过每层楼盖标高处的厚隔板和刚性裙梁构件实现的。

拆分式对角线框筒提供了有效的结构体系和颇具视觉兴趣的设计方案，SOM 事务所很快就同意了该方案的可行性，然后，布鲁斯·格雷厄姆与法兹勒将这个设计理念与钱德拉·贾交换了意见。虽然贾是一位乐于敞开心扉接受新结构体系创意的人，但却犹豫是否应该追求新颖的结构类型。其原因在于，各楼层外立面窗洞嵌板的位置变化会增加施工成本。为此，当这个创意成形后，SOM 事务所和 PSM 公司共同会晤了一家混凝土承包商与混凝土模板制作商，以便了解他们能否接纳这种阶梯形状的外墙嵌板，这些审查工作也将确保项目团队的外立面骨架施工工艺——带挂板的混凝土模板的可行性。当结构体系的有效性与施工可行性确认之后，PSM 公司也就爽快地同意了在奥特里中心项目上首次采用拆分式对角线框筒结构体系的方案了。

在构想着将两个端部槽形截面作为长方形框筒的主要结构元素同时，法兹勒也已经为结构中部的建筑学处理手法谋划出了几个创意：建筑纵向的中央部分可以有别于传统的盒子形状，比如，中段立面可超出或凹陷进两端平直墙立面。由此可见，通过对结构概念的简单变化，就可以赋予建筑形式重要的设计内涵。

在维持楼层标高处两个端部槽形截面刚性水平连接的同时，建筑师有机会重塑筒体的中部形状。于是，他们决定采用收进筒体中腹的方案。这种选择对于强调外立面中段更为可取，因为中部的凹陷既能够突显塔楼两端对角线的别致，又可以体现出精炼的建筑立面效果。这种设计所带来的透视效果赋予了外立面整体上的错觉感，建筑两端的对角线也将在视觉上相连形成一个整体。然而，设计团队还必须权衡这种设计的利弊得失，避免每层楼面面积损失过多。最初的补救方法是通过增加层数来补充公寓单元的个数，但当进一步研究了室内平面布置后，他们发现变小的楼面面积仍然能够容纳规划要求的每层 13 个单元，以及 PSM 公司要求的所有公寓单元每个窗子都不会恰好处在阶梯状斜向嵌板的位置。而建筑高度也从初步估算的 620 英尺回到了顶层阁楼屋面标高 570 英尺的高度。

建筑底层的结构处理要求进一步调和各种不同的建筑功能。在设计第一威斯康星中 349
心时，通过底部环绕裙房或在视觉上将塔楼搁置于底部大堂平面之上的方式，格雷厄姆和法兹勒成功地使塔楼与底部裙房融为了一体。现如今，将上述技术沿用于 PSM 公司项目也可能完全符合结构要求，而其对角线形式的筒体结构则可以通过裙房延伸至地面。然而，当塔楼结构在视觉上终止于令人尴尬的地面以上 135 英尺时，通过对角线构件的力流表现却严重受挫。由于不满意结构的这种不合逻辑表达形式，格雷厄姆、法兹勒以及约翰·泽尔斯与项目建筑师吕西安·拉格朗日（Lucien Lagrange）设计了一种从窄小的公寓塔楼到相对宽阔的底部裙楼的连续过渡方式，在塔楼的公寓最低标高以下，即第 12 层至第 7 层之间，结构向外逐渐展开，最终延伸到更大的建筑底盘轮廓上。虽然仅就结构而论，它并非最佳形式，但如果将结构与建筑形式结合起来看，这的确是个建筑设计的整体最优解决方案。

PSM 公司项目涉及的结构是一种框筒与桁架筒体系的复杂组合：中腹部的周边筒在结构上表现较弱；具有稳定作用的两个端部槽形翼缘包括了以某种方式排列的非均匀柱距，虽然规则分布的窗洞不是非均匀柱距的决定性因素，但却起到了影响作用；塔楼以下的端部槽形翼缘向外逐渐展开，然后又重新垂直向下，从而导致了力流方向的两次突变；对角线形式的嵌板同时具备轴向支撑构件的作用和剪力板的作用，因此，其结构行为更加复杂。为了控制建筑底层的柱截面尺寸，且保证刚度及限制位移，设计规定的常规自重混凝土抗压强度值为：建筑底部 7500 磅 / 英寸 ^{2}、建筑顶部 4000 磅 / 英寸 ^{2}。[8]

鉴于这个项目结构分析的复杂性，这类集成了对角线构件与框筒的设计结构在 15 年前是无法精确分析的，但到了 1980—1981 年，借助于计算机的巨大优势，这种设计也变得可行了。大型的、费用合适的计算机、复杂深奥的软件以及容易理解的计算机语言彻底改善了结构分析能力。这一时期诞生的个人电脑也标志着计算机应用领域的拐点。

SOM 事务所的工程团队采取多种计算机技术来进行结构分析。他们将主塔楼简化成三维四分之一的非集中质量模型，从而进一步对柱、裙梁和刚性楼盖措施进行结构分析。为了
350 研究柱、裙梁以及梯形嵌板之间的相互作用，工程师们又分析了宽度和高度方向上 5—8 跨的组群子模型。有限单元研究结果提供了结构应力分布和力流的额外信息。根据嵌板的力学性能假定，其既被模拟成剪力单元又被模拟成连续梁单元，以便确保嵌板受力性能得到合理

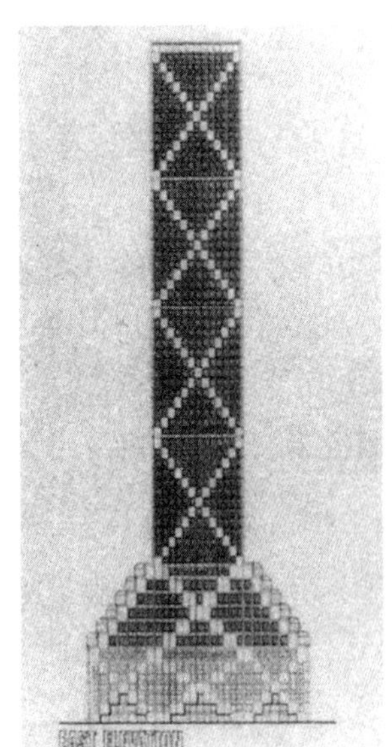

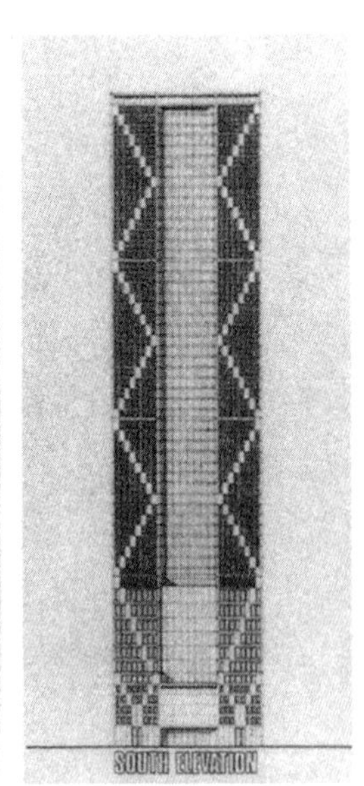

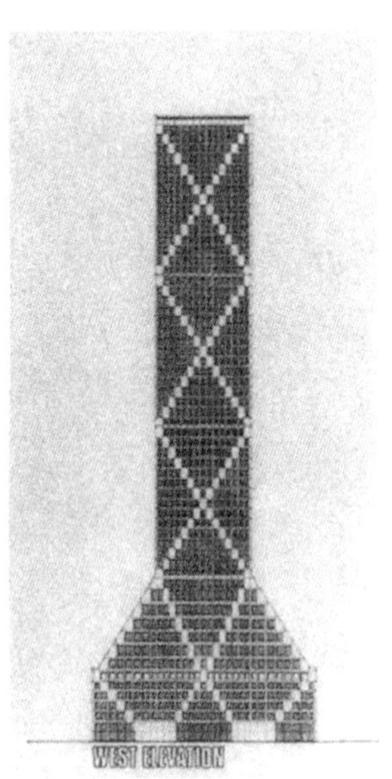

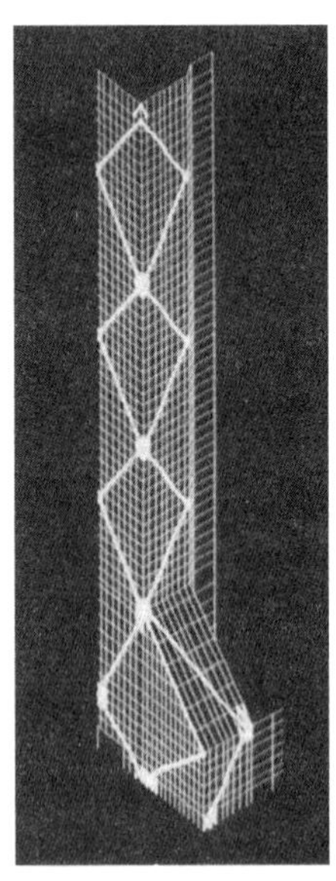

[左图] 塔楼到裙房过渡的立面研究（承蒙 SOM 事务所允许）
[右图] 计算机模拟图像显示出塔身至地面通过斜向构件的力流（承蒙 SOM 事务所允许）

预判。另外，嵌板的剪力被分配到板单元的水平钢筋以及斜向构件中的斜向钢筋上。[9]

由于建筑底部的坡度，很明显的外推力必须在第6层楼板处加以限制；当然，这一标高处的板也必须变厚并增加抗拉钢筋。而斜墙顶部相应的压力则由第12层的转换梁承担，转换梁的作用是将公寓塔楼的密柱荷载传递到下部由办公空间所定义的较稀疏的柱子上。

工程师意识到，对于60层的外露结构而言，温度引发的位移也是个不可小觑的问题。当外立面暴露于环境温度时，在冬季为居者维持一个舒适温度的运营开支也将更高，于是，
法兹勒催促PSM公司通过加强外围结构的保温隔热及覆面效果来避免出现上述情况。为 351
此，相应的设计材料为传统预制板，但估计施工成本会超出项目预算，所以设计团队开始寻找更为廉价的替代品。其中，一个多层覆面材料方案很有吸引力，即现场施工的多层隔热体系外加合成灰泥装饰涂层。这种隔热墙体系已经在欧洲应用了25年，而在美国也有15年的历史，但都仅限于30层以内的结构高度。为此，项目团队考察了该材料的各种应用场景并获得了制造商和分销商的保证，以便其能够完全满足结构的品质要求及所希望的建筑修饰效果。最后，SOM事务所决定采用这种材料以取代更昂贵的预制板材。

在这个时期，对于各种覆面类型完整性的担心像乌云一样总是挥之不去。过往这些年中发生的一系列覆面破坏的事故已经给设计人员敲响了警钟：马萨诸塞州安姆斯特的麻省大学里1973年竣工的一幢28层图书馆，由于5英尺 ×30英尺墙面砖脱落直接导致了闭馆维修；在纽约市，一家百货商店的外立面墙板掉落；而同样事故也出现在奥尔巴尼的纳尔逊·洛克菲勒购物中心；1979年的芝加哥，刚刚建成的76层水塔广场外墙板就出现了破损；而仅仅四年前，另一建筑上赤土陶制覆面材料的坠落则给行人造成致命伤害。除了丧命或身体损伤外，覆面破坏还带来高昂的维修成本、法律诉讼以及材料制造商的执照吊销。考虑到类似于奥特里中心建筑外立面的经验有限（建筑高度和底部结构的坡屋面），1982年2月当建筑设计快要完成时，外墙材料制造商突然决定不建议这个项目使用他们的产品。[10]

在接下来的数月里，由于其他原因项目停滞不前。到了1983年重新开工时，设计团队
决定将整个建筑暴露在环境温度中，并对这种暴露条件下的结构性能进行重新评估。为了 352
加强结构的强度与刚度以抵抗温度引发的位移与荷载，设计人员将整个外立面结构增加了1英寸厚的混凝土，并提高了外露柱、裙梁、嵌板以及楼盖的配筋量，对特殊区域进行了细部设计以满足结构可能出现的位移要求，并将相应的机械与电力系统进行了重新调整。

事实证明，通过暴露结构元素的轮廓线，建筑形式获得了强有力的表现力。建筑外立面的米色喷涂使得现浇混凝土材料具有很好的辨识度，突显了柱、裙梁和嵌板的结构元素。

当奥特里中心仍处于设计期间，法兹勒还向其他高层建筑项目（即纽约的第三大道780号大厦）推荐了这种对角框筒结构。SOM纽约事务所受雇作为纽约市中心区一幢办公楼开发的建筑师，与其配合的结构工程师是罗伯特－罗森瓦塞尔联合事务所（Robert Rosenwasser Associates）。项目团队寻找一种能够满足高宽比8 ：1的柔性塔楼结构方案，

1983 年，建设中的第三大道 780 号大厦（摄影：布里吉特·彼得汉森）

并倾向于混凝土结构形式。研究了各种结构方案包括框筒与剪力墙相互作用体系后，建筑师与法兹勒进行了沟通。

根据建筑的预定高度——与奥特里中心 570 英尺的高度及比例尺度几乎一致，法兹勒估计将斜向支撑引入外立面框筒能够形成一个有效的相互作用结构体系；而据罗伯特·罗森沃瑟事务所（现在的罗森沃瑟/格罗斯曼工程咨询公司）的工程师雅各布·格罗斯曼（Jacob Grossman）回忆[11]，法兹勒也很渴望这个新型体系能够再次应用。不久，
353 纽约的工程师信服了这种结构体系的有效性和用途，初步分析表明，在控制结构侧移方面，斜撑框筒体系比一般框筒的刚度高出近乎一倍，并且能够有效分布外柱之间的重力荷载。法兹勒与纽约项目团队讨论了结构体系的性能，确定了计划中的风洞实验标准。虽然，法兹勒希望斜撑框筒可以在芝加哥实现它的“处女秀”，但第三大道 780 号大厦项目持续建设并于 1985 年竣工，竟然赶在了奥特里中心的前头。[12]

PSM 公司预期 1981 年春天将收到的美国住房和城市发展部抵押承诺书并未如期而至，别无选择只有等待资金到位；1982 年 3 月，开发商暂时搁浅了该项目；直到 1983 年 12 月资金有了保障，项目才重新走入正轨。奥特里中心建成于 1986 年。

理性结构中的建筑复杂性

奥特里中心的设计依赖于多年框筒与桁架筒结构体系的经验积累。法兹勒（及项目团队其余成员）对这些体系的深刻理解使他在没有放弃结构逻辑的条件下摆脱了基本概念的束缚，从而创造了一种新型结体体系的原型：混凝土框筒斜撑体系。在吸收变化着的时代感所要求的新颖表现内容的同时，格雷厄姆与法兹勒始终坚持理性的结构形式。奥特里中心的结构效率可以用下列事实说明：60 层塔楼的单位楼面成本能够与高度只有其二分之一的梁-柱框架结构相当。

法兹勒并不反对 20 世纪七八十年代建筑师们的意向，这些人喜欢重新审视建筑的价值，愿意探索前人无法企及的另类设计（详见第 10 章），但法兹勒非常不希望看到那些旨在扭曲现实与尺度的技巧却能够在结构艺术中讨巧。他认为人性化建筑不应是放弃结构合理性的结果，建筑运动追求的更高品质能够在当代建筑中实现，并且毫无非理性

结构的资源浪费。例如，朝觐航站楼屋面结构的文脉参照与连续性，奥特里中心也未因结构的清晰度而缺少了建筑表现力，至少并不逊色于那种炫耀历史外衣的高层办公塔楼。法兹勒不欣赏在对 20 世纪商业建筑折中的历史参照过程中所体现出的意象，也无法理解 354
消费主义的狂欢和通过歪曲建筑形式来寻求独创性的做法。

在找寻视觉价值的过程中，法兹勒不再进一步区分建筑设计与结构理性的差异，而是建议设计专业应沿着重新整合科学与美学的方向来表达现代人文主义。然而令人遗憾的是，有时设计专业仅仅学到了一些“新文艺复兴”的建筑立面和赏心悦目的过去成就表象，却正在放弃建筑相关创新的时代性与地域性要求。[13]

尽管许多成员与法兹勒所倡导的理性建筑背道而驰，但他还是在 1982 年当选了芝加哥建筑俱乐部（Chicago Architectural Club）主席。在同年发行的《芝加哥建筑俱乐部》期刊上，法兹勒发起了关于重返建筑结构逻辑性的热烈讨论，其倡导的途径是通过包罗广泛的、跨学科的认知与协作。在评价纵贯历史的建筑大师所完成的整体设计时，他写道：

> 建筑大师从来都不是在真空中工作的，他们将技术与艺术融为一身，成功的建筑大师决不会因为技术限制而无法创造出令人兴奋的视觉美……
>
> 当今的设计钟摆似乎又再次回到了建筑与技术无关的位置，同时建筑也再无须有意识地代表结构的逻辑性……建筑师经常放弃了任何新的结构创意兴趣，任由客户和承包商来支配结构体系的类别和形式……对于工程师而言，生活变得更加简单；显然，建筑师也不例外……
>
> 因此，对于新的建筑开发来说，此时此刻似乎其结构的逻辑性已经无地自容了。但是，逻辑与理性恰恰是人类生存的要素，当我们必须进一步改良时，这些要素就显得弥足珍贵。当下的建筑正不断出现这些信号，新型结构体系和形式正在重新诞生，由此也衍生出新的建筑形式与审美价值。建筑中的结构逻辑性之摆继续着它的节奏。[14]

也许法兹勒已经将自己的作品看成了整体性设计的案例：在奥特里中心设计中，即便按照新建筑的视角，其令人兴奋的视觉艺术和结构逻辑的融合也足以揭示出精细化设计的契机，而这一切的获得正是追求协同设计的结果。如果建筑师与工程师没有开诚布公地交换看法，前者又怎能发现一种片断化结构的意义所在，后者又怎能想到利用合理 355
的结构不连续性也可以创造出整体中变化。成熟的对话与理解已使建筑师和工程师将那些紧密结合的建筑分支充分结合起来。

1981 年，为了重申自己的夙愿，法兹勒写道，当对结构性能及由此产生的必然形式有了清晰认知，建筑师和工程师团队才可能设计出具备结构与技术美学品质的建筑作品，从而让社会价值和建筑价值得以具体化，令建筑创意发出我们这个时代的雄辩之声；即便如此，我们可能还是无法确信自己到底是现代的还是后现代的。[15]

众人合影以示对“失落之城”马丘比丘（Machu Picchu）的工程伟绩之钦佩。在一次秘鲁的公司高层会议期间，威廉·哈特曼、布鲁斯·格雷厄姆和法兹勒·汗向城市发展论坛提交了论文

第 15 章
巨型结构：芝加哥世界贸易中心

正当法兹勒为奥特里中心的斜撑框筒结构体系忙碌之际，他还同时研究着另一个， 357
也是最后一个高层建筑的结构创新方案。在 20 世纪的整个 70 年代里，他都在反复思考着超高层建筑结构类型的创新。尽管公众对城市中心的渴望已经过去了 10 年，但伴随着城市的高密度发展，法兹勒预计摩天大厦的建设高潮还会重现，高层建筑的新鲜感将是多种因素的必然结果，其中包括人口和家庭数量的增加、更多的办公室蓝领、由于业务接近与集中经营而派生出的效率预期。

20 世纪 60 年代期间，城市化步伐之快几乎让人无暇思考文明社会的前进方向。相反，70 年代的大部分时间里，城市学家和设计师则有机会去探究城市规划问题以及选择未来建筑的发展方向。由于 SOM 事务所参与了芝加哥南卢普区的总体规划，因此，城市设计和社区界定的话题在事务所整整热议了 10 年。在那些年里，芝加哥事务所还承担着密苏里州圣路易斯市大部分公共住房的拆除重建规划工作，这个项目引起了业界广泛关注。普鲁特 - 艾格住房项目（Pruitt-Igoe housing project）——这个被命运诅咒的项目很大程度上缘于建设过程中的节约成本措施：比如，只能隔层停靠的电梯、不提供实用的园林绿化，加之缺少住房管理部门的足够支持和很差的地段（距离基本生活服务网点太远）。法兹勒
非常关注局部环境条件下建筑整体设计方法的重要性，由于曾经参与过中东地区的设计 358
项目，因此，社区组织和建筑环境是他思考的首要问题。他在 70 年代后期的讲演中指出：“人居不仅仅只是意味着一处遮风挡雨的居所，缺乏社会成效的建筑是没有意义的，”现在他再次强调道。[1]

在思考高层建筑构造未来发展时，法兹勒斟酌着城市条件等相关问题和一些已经提出了超过 60 余年的开发创意：混合用途创意、建筑之间的开放区域以及寻找城市街区的适宜规模、指定现代交通运输方式。只有到了 1927 年后，城市大街的交通拥堵问题才与日俱增，对此，勒 · 柯布西耶抱怨道：“狭窄的街道充斥着噪声、汽油味和尘土。”[2] 法兹

勒倒是更喜欢这种熙熙攘攘的紧凑型城市地段和独特的位置特点，他思考着现代城市环境下的矛盾需求，正如记者所观察和讨论到的那样，社区创意与城市规划就像是“具有感染性的风味佐料”。[3]

在从 60 年代的文风转变过程中，法兹勒的许多论文都聚焦于城市环境和设计专业的责任这些话题，旨在理解和尊重建筑设计中的文脉——无论是高层或者低层建筑，无论是发达国家还是发展中国家。最近五年，他参加了一系列有关城市开发的会议，包括达成《马丘比丘宪章》的秘鲁国际会议，该会议的任务是重新审视 1933 年国际现代建筑协会建立的那些城市规划理念，而当年，该建筑协会的成果之一就是著名的《雅典宪章》（Athens Charter）[4]。

法兹勒相信，在美国，朝着改善城市中心环境迈出的第一步就是重新评估 20 世纪早期已经引入的单一功能区域规划原则。虽然功能分区有其目的，但功能整合则为一个充满活力的社区提供了各种基本要素，而且还便于负责任地利用土地和基础设施并减少了交通运输的燃料消耗。

然而，缺少了广义城市规划的介入，局部的超级社区规划将导致城市循环系统莫须有的中断，正如已经变成现实的，以世贸中心为象征的曼哈顿。但是在分散化的土地所有权以及越来越排斥政府发起的城市总体规划的背景下，重新生成一致化的更大区域被
359 证明是不可行的，然而可以预见到的是，由多种类型住房所构成的城市社区场景还是与大规模的建筑开发息息相关，并且能够在竖向乡镇规划中得到体现。

一个结构框架内的多功能集群概念已经在 60 年代的少数低层“巨型结构”（megastructures）得到了应用，并且在某些程度上讲，芝加哥的约翰・汉考克中心就是其

当被问及他所喜欢的一幅与 SOM 事务所 1972 年的年鉴相关的图片时，法兹勒选择了这张位于第 44 层的室内泳池图片。这个泳池是提供给具备混合功能的约翰・汉考克中心的建筑用户的（摄影：埃兹拉・斯托勒，© Esto 图片社）

中之一。受到 1970 年前后不间断的建筑学论述的鼓舞以及数幢百层塔楼开发计划的促使，法兹勒与同事及伊利诺伊理工学院的学生开始了超高层混合功能结构体系的研究。

他们认定，高层巨型结构形式将由一个外围支撑体系或超级框架组成，它能够提供必要的强度和抵抗侧向荷载与大部分重力荷载的刚度，在这个超级框架内，允许通过次级框架层来定制开发不同的房屋类型。

这一时期，法兹勒重点研究的巨型结构方案之一具有如下特点：它结合了 1953 年迈伦·戈德史密斯硕士论文中研究的一种结构类型（并且曾在少数建筑设计中使用过）和模块化筒体结构以及刚臂与带状桁架体系。戈德史密斯的论文已经研究过一类混凝土外 360
立面架构，其基本组成为 8 根巨型柱以及每隔 15 层的厚板联系构件，中等尺寸的内柱支撑于这些厚板标高之上，或悬臂于其下。法兹勒开发的方案则利用了建筑的周边筒体以及每隔 20—30 层的带状和刚臂类桁架体系，这些几层楼高的水平桁架起到支撑筒体结构墙的作用，有效地提高了外立面框架的刚度，并且将中间层楼面荷载传递至外围墙体。为了进一步最大化结构的刚度和抗扭性能，法兹勒考虑可以将重力荷载和结构材料向建筑结构的四个角柱构件处集中。

横向桁架筒体巨型结构带来的问题是，为了控制超过百层高楼的摇晃所必需的巨大楼盖平面，这个棘手问题令法兹勒倾向于其他方案——通过将外墙内的结构骨架最多移动 50 英尺，即可把楼板划分成更小的可租赁长度。法兹勒利用一系列前室或通高的中央采光井创造出一个面包圈形状的建筑形式（让人想起了早期芝加哥摩天大厦的形式，它允许射入自然光来满足内部工作空间的照明要求），并由此构想出圆形或正方形的钢筋混凝土筒体结构。对于这样的巨型体系，他认为钢与混凝土组合结构是不二之选，并建议对于一个建筑项目，可将混凝土和钢结构楼板支撑体系分别加以研究。并且仅允许楼盖延伸出筒体结构，或者某段标高的楼盖必须限制在筒体内。[5]

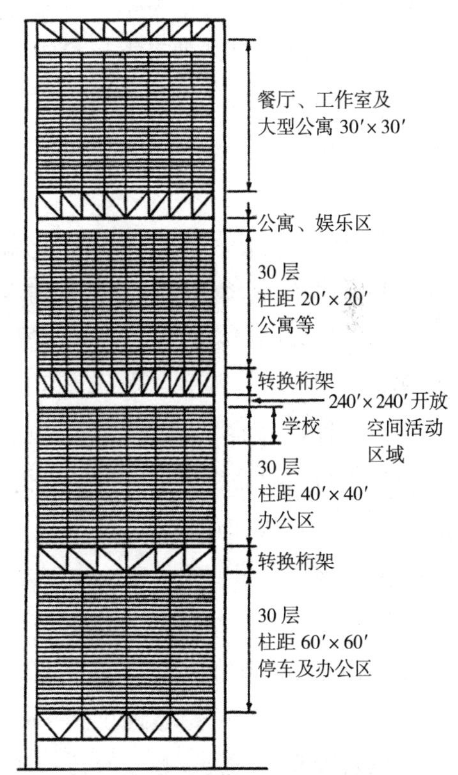

超级框架的外围结构便于具备多用途的“次级框架”部分的开发（绘图：法兹勒·汗，“高层结构的未来”，1972 年）

混合功能建筑开发的理念风靡了整个 70 年代，但当它变为现实后，有害的社会影响质疑声也随之高涨。一些贬低这种建筑类型的人声称它具有非人性化效果，因为它迫使业主们脱离了社会：当一个人工作、生活和购物都在一个单体建筑内，他们会感到焦虑，因为这里甚至失去了到社区散步的机会。其他一些批评家暗示那些内在隔离的生活是长期只与周围邻里相互来往的结果，这种情况必然导致不和谐。巨型建筑的另一个失败之处在于它让潜在的就业机会成为排他性工具。事实上，建筑史学家与评论家雷纳·班汉姆（Reyner Banham）指出，混合功能建筑容易转变成为一个缩小的城市，因为它根本不会顾及周围的环境。与此同时，混合功能巨型结构概念中隐含的社会性一直引发批评，批评者视这种建筑类型为对一种社会主义进程的支持。甚至其建筑的室内环境特点，例如，前室树木和空中大堂花园，也同样因其非天然的人工修饰而遭到批评，另外，虽然这些人工修饰的作用声称是分散注意力，但从建筑学原理上讲，该作用是站不住脚的。[6]

反对混合功能建筑开发的争论并未能劝止法兹勒对于这种建筑形式的信念，因为他认为其对于恢复城市环境的活力具有很大潜力。在 70 年代中期逃离城市风潮的促使下，法兹勒决心促进他所认为的迫在眉睫的重建工作，因为这十几年来，都市环境变得越来越差，并且不安全感将许多偏爱丰富城市生活的人们赶到了郊区。[7] 当法兹勒想到城市规划时，便联系起了一些耳熟能详的概念术语：空间与服务中的“最优化”，以及将各种功能融入单体建筑中的“系统方法”。

直到 1980 年，当 SOM 事务所获得了许多混合功能的建筑开发订单时，法兹勒才有了拓展他的混合功能巨型结构或者超级框架结构体系研究的场合，奥特里中心项目是其中之一，当然还有其他更大规模的、有意利用超级框架结构的项目。捡起了超高层建筑结构体系的研究成果，法兹勒着手推进他的高层建筑结构概念向“下一个可能的发展演
361 化阶段”继续前进。[8]

362 带过风口的望远镜式超级框架

1981 年初夏，SOM 事务所开始入手的这个项目位于芝加哥商品市场大楼正东侧的三个毗邻街区，项目内容包括办公、宾馆、共管式公寓、商业、展览、零售以及停车空间，总建筑面积为 450 万平方英尺，其中，不含未确定面积的停车空间。

设计团队考察了两个主要选项：第一个方案由三幢功能各异的 60 层建筑组成，虽然排成一行与商品交易中心大楼隔街相望，却将不可避免地造成一种令人不悦的拥挤感，使街道上的行人和建筑业主仿佛置身于城市峡谷之中。第二个方案则是将除停车空间之外的所有规划面积塞入一个单体塔楼中。

项目开发商 R&R 咨询公司授权 SOM 事务所这个单体塔楼的方案设计。在最初几个月里，由于所吸纳的国际贸易以及住宅、宾馆和商业用户激增等原因，建筑规划异常多变：7 月份的第一周，建筑总面积跃至 650 万平方英尺；同月末，则达到 700 万平方英尺。随着面积的增加，建筑高度也跟着上涨。而且优先于三幢高层的单体建筑平面一旦成形，开发商所表现出的“力争当地第一高”的兴趣也就跃然纸上[9]，起初热议 1800 英尺，随后便是 2100 英尺。相比较后来成为世界第一高的 1450 英尺的西尔斯大厦，2100 英尺

意味着提升了50%，也超过了美国联邦航空管理局规定的建筑物最大安全高度（如今为2000英尺），虽说这个限值曾因设计西尔斯大厦进行了修订，但超限则可能不利于空中导航。尽管这个项目需经特别批准才能上马，并且还有一个严格的设计进度要求，但SOM事务所还是接受了这些委托条款，并集中精力为这个拟建中的芝加哥世界贸易中心开展了概念和方案设计。

为了维持一个合理的宽高比（比如，建筑总高与最小平面尺寸之比），这座建筑的底层面积就必须大于53000平方英尺的西尔斯大厦或44000平方英尺的约翰·汉考克中心，考虑到底层规划有大型展厅，因此这部分楼面在空间应用方面不成问题，而且对于当时 363
的能源短缺状况来说，更大的楼板面积也是有益的：因为这意味着相对较小的建筑表面积和较高的能源使用效率。尽管如此，较小的楼面面积却对建筑上部的宾馆和住宅至关重要，因为它能够解决大多数房间的自然采光问题。为了沿整个塔楼高度获得较小的楼面面积以及更多的外窗，设计人员有意使用具备室内采光天井的建筑形式。

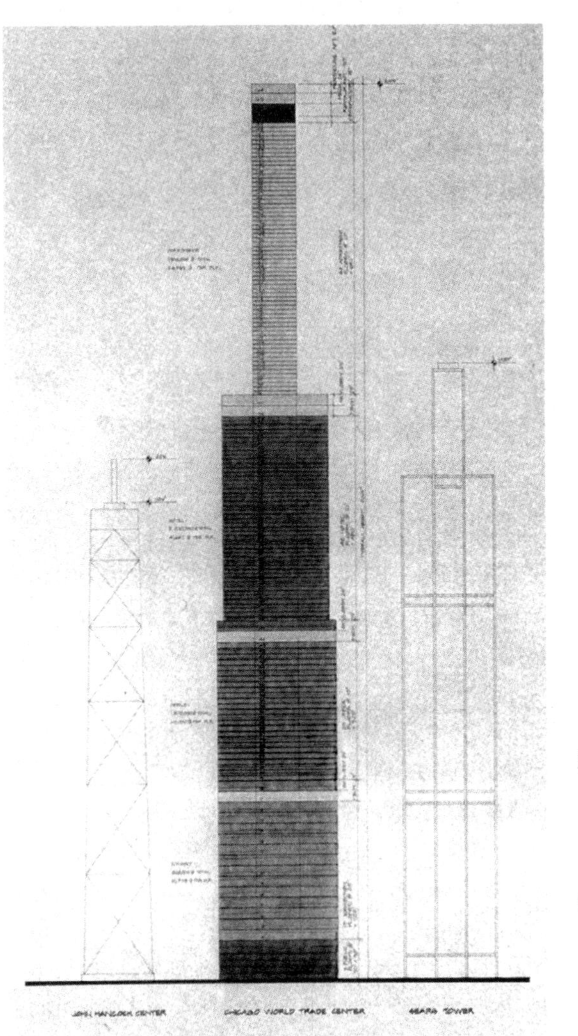

芝加哥世界贸易中心的拟建高度，及其与约翰·汉考克中心和西尔斯大厦的比较（承蒙SOM事务所允许）

在思考着2100英尺高的塔楼结构概念时，法兹勒的设计团队首先将着眼点放在了西尔斯大厦和约翰·汉考克中心的结构体系上。由于西尔斯大厦的束筒结构与建筑体形完美协调，所以，他们提出了由9个筒单元组成的巨型结构方案，同时，也为了尽可能实现楼面面积的多样化并创造出有别于西尔斯大厦的外观，设计人员计划将每个筒单元沿高度渐缩式终止，而不是像西尔斯大厦那样的平屋面式截断。另外，设计团队还制定了另一套巨型结构或称作超级框 364
架方案，其采用与约翰·汉考克中心外观相仿的锥形外立面结构，但与之不同的是，每隔20—25层的带状桁架和位 365
于建筑角部的主要柱构件连接在一起。

上述这些结构概念各有利弊。按照单位楼面面积的含钢量指标，锥形结构组织更为经济有效。由于只利用外立面来作为抗侧力体系，因此，其内柱可以更加灵活地布置以适应每个加强层的功能要求。它的主要弊端表现在锥形外立面框架加工制作以及安装的复杂性上。相比较而言，模块化筒体方案的设计与施工简单，具备标准化构件。然而在建筑内部，由一系列固定位置的柱所形成的筒单元外围结构却限制了平面布置的灵活性。由此可见，无论通过锥形形式或收进方式，两种结构方案都具有改变建筑宽度的优点，而这被认为是有助于改善有组织的漩涡脱落现象（由风涡流分离导致在塔楼交接边上产生的低压拉力），从而可以控制强风下的空气动力扰动。

在建筑与结构方案协同开发的过程中，建筑师和工程师开始研究一些运营因素，包括安全防火和节能措施。拉斯韦加斯一幢30层宾馆刚刚燃起的烈焰以及其他酒店或办公楼的熊熊大火点燃了人们对高层建筑防火性能的关切。虽然火灾死亡的案例主要出现在住宅建筑里，并且单个事故中绝大多数的伤亡情况发生在低层建筑，但摩天大厦的潜在烈火还是令人恐慌。对于细心的设计者或开发商来说，建筑设计必须考虑现有及超前的生命安全保障措施，对此，一个热议的话题就是建筑避难层，即经过特殊构造处理的防烟和防火区域。对于芝加哥世界贸易中心而言，设计人员建议在间歇层设置避难区。而空中大堂是高速电梯到区间电梯的转乘地，也是电梯井的断开处，应当是一个合理的避难区位。

1980年前后，房屋建设的第二个中心议题是高度矛盾的新《建筑节能标准》，即BEPS。如果这个标准能够按计划在1981年实施，将使所有新建建筑必需的节能预算大幅提高，因此该措施的反对者众多，批评的声音主要集中在建设成本增加（在通货膨胀阶段就更加不受欢迎）和实施困难两方面。1981年元月，上任伊始的罗纳德·里根（Ronald Reagan）总统明确宣布不能执行BEPS。然而，挥之不去节能和应用可替代燃料的承诺却始终影响着芝加哥世界贸易中心项目。项目团队有意通过降低运营成本来达到节能目的，于是便提出了建筑内部发电的创意，包括燃烧废弃物和安装在屋顶的风力涡轮机组。

7月底，建筑规划从最初的450万平方英尺跃升至780万平方英尺，为了满足不断增加的建筑面积需求，开发商反复请求SOM事务所增加建筑高度到2700英尺，或至少达到2300英尺。但法兹勒顶住了开发商的无理要求，并向他们解释道，对于一个底盘尺寸300英尺的高楼来说，2100英尺已经是控制顶端摇摆的最大合理高度。另外，法兹勒不建议借助机械装置减振的设计方式，因为在他看来，无法确保这些装置在建筑使用期限内的可靠性能。

虽然法兹勒并未提及结构限制条件之外的其他问题，但很有可能的是，他之所以要坚持7 ∶ 1的建筑高宽比限值，是因为担心“1英里级别”的结构高度必将带来庞大的居住密度。当法兹勒心烦意乱于那些过分简单地抱怨高层建筑所带来的诸多社会疾病时，他也开始怀疑规划师、建筑业主和设计师们口口声声的社会责任感。“此时此刻，”他在1977年写道：“城市中心的高层建筑数量还不足以满足社会要求和人类敏感性的要求……希望社会习俗和怀旧情绪不会完全混淆我们对未来的判断能力”。[10]

法兹勒毫不怀疑新型结构体系开发对城市的正面效果，因为在不浪费资源的条件下
它们为居住空间提供了多种选择方案，已经被证明是非常成功的约翰·汉考克中心就是
大规模混合功能建筑的生动案例。然而，只有当城市环境和为了满足人类需求，包括社
区需求的建筑作用得到更广泛的重新评估后，“高层建筑结构发展在人类文明发展史上的
正确地位”才能得以确立[11]。而在重新评估前就推进超大规模的私人开发项目及相应的协 366
调规划将可能激化城市问题并招致那些反对高层建筑者更进一步的指责。

虽然反对将芝加哥世界贸易中心建成“世界最高”的企图，但法兹勒却同意采用一座单体而非并排的三幢 60 层塔楼的规划方案。即便如此，其在建筑规模、结构形式和城市文脉等方面都出现了一些实际问题。首先，这与法兹勒所偏好的建筑高度需渐进式增长的理念不符，而这种理念却有助于设计人员掌握不同规模条件下建筑的运营与性能表现；其次，他也不情愿接受因高度而造成建筑结构的额外开支。尽管如此，法兹勒还是接受了 2100 英尺作为这个开发项目的妥协高度。[12]

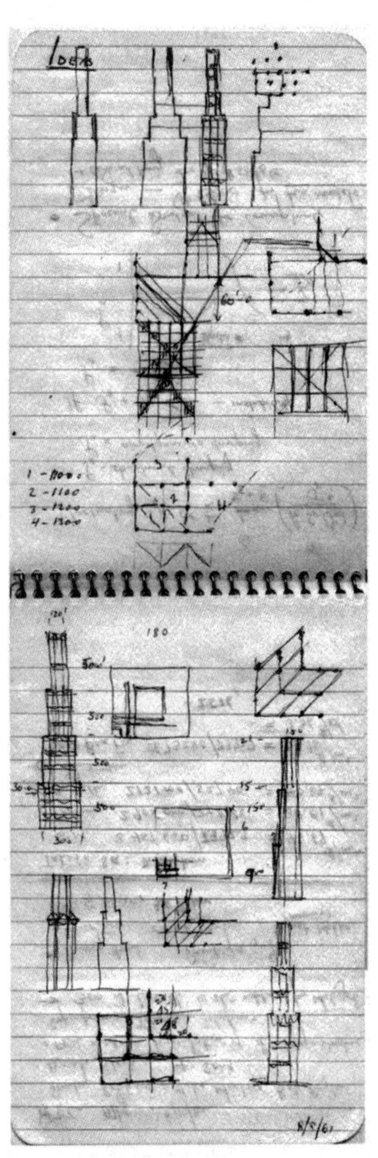

法兹勒的单筒望远镜式结构体系，它适用于 2100 英尺高建筑（法兹勒的口袋笔记本，1981 年 8 月）

最初有两个切实可行的结构方案，并且均是基于 100 层级的结构类型。然而面对 2100 英尺这个前无古人的高度，法兹勒更愿意开发出一个标新立异的适用性结构体系。法兹勒从不相信同样的结构体系能够适用于规模迥异的建筑设计上，在这种信念的激励下，他继续寻找着其他结构解决方案。到了 8 月初，法兹勒终于胸有成竹了。

法兹勒构思的方案是个三合一的混合体系，它具有如下特点：结合了锥形超级框架中的刚性桁架体系，并可将重力荷载集中于结构角部；具备束筒的阶梯状结构平面以及大底盘结构的内在刚度；而筒中筒体系中的同轴多筒更拥有协同抗侧力的效果。法兹勒又在这些多重结构概念上增加了一重：过风口，或称风的水平渗透概念，其在结构中的作用是降低风荷载的影响。

最初，法兹勒将这个新方案称作“望远镜式筒体－超级框架体系”：在一个巨大的周边筒状底盘之上，连续缩减的上部筒体就犹如一架老式单筒望远镜。建筑中部的带状桁架有助于加强每个竖向区段，并且通过

位于每段顶部的桁架体系将上部重力荷载传递至下部的周边筒体。类似于锥形的超级框架方案，支撑重力荷载的内柱可以根据不同层的功能需求来调整柱距；而与之不同的是，各种楼面面积的获得不再需要复杂的斜坡立面。

367 这个结构概念吸引眼球之处在于其经济性、建筑形式的流畅性，以及无机械装置条件下可以接受的风载侧移。于是，项目团队立刻就同意了对这个具有卓越结构性能的“望远镜式筒体 – 超级框架”方案展开细致研究。

建筑形式与规划的研究重点是每段筒体的基本尺寸。如果每段筒体沿周边错开 36 英尺，电梯和其他服务设施便能布置于建筑角部。令法兹勒非常失望的是，结构方案开始初步分析时，他的日程安排却不在事务所，原本计划先到奥地利度假，然后去伦敦参加国际桥梁与结构工程协会（IABSE）举办的为期一周的工作会议，这是一年前就计划好的会议。虽说结构方案计算期间他不必守候在芝加哥事务所，然而法兹勒是一位非常渴望知道计算结论的人，特别是由他所提出的结构体系在风洞实验下的性能表现。此刻，大气边界层风洞实验室正在准备该项目的另两个最初方案，所以有必要通知实验室他的这个新型结构体系。于是在去欧洲途中，他和约翰·泽尔斯绕道加拿大拜访了艾伦·达文波特与尼古拉斯·伊斯莫夫（Nicholas Isyumov），共同讨论了这个风洞实验计划，后两位同意立刻制作新体系的实验模型，并在 9 月份的第一个星期开始初期风洞实验。恰巧，法兹勒在参加在伦敦召开的国
368 际桥梁与结构工程协会工作会议期间，达文波特也途经希思罗机场，抓住这次巧遇，两周后，法兹勒和达文波特在机场会面了。

坐在机场航站楼内的长椅上，摊开稿纸，法兹勒和达文波特热议着几天前初期风洞实验中观测到的结构反应。[13] 最初的风洞实验模型设有三个过风

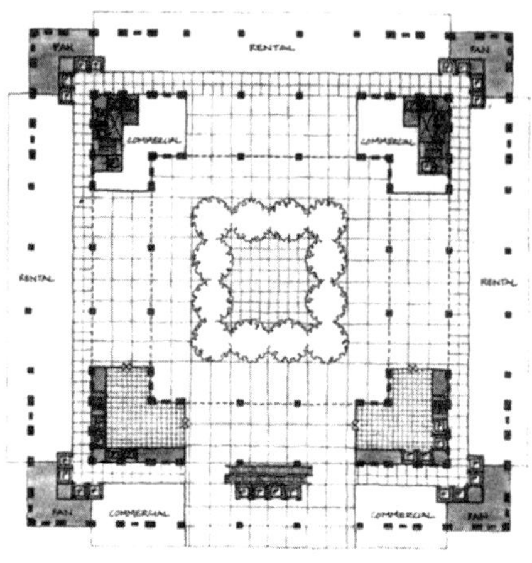

芝加哥世界贸易中心空中大堂平面图显示出三个同轴筒体结构，它们的主体结构均集中在角部（摄影：K&S 影像公司，承蒙 SOM 事务所允许）

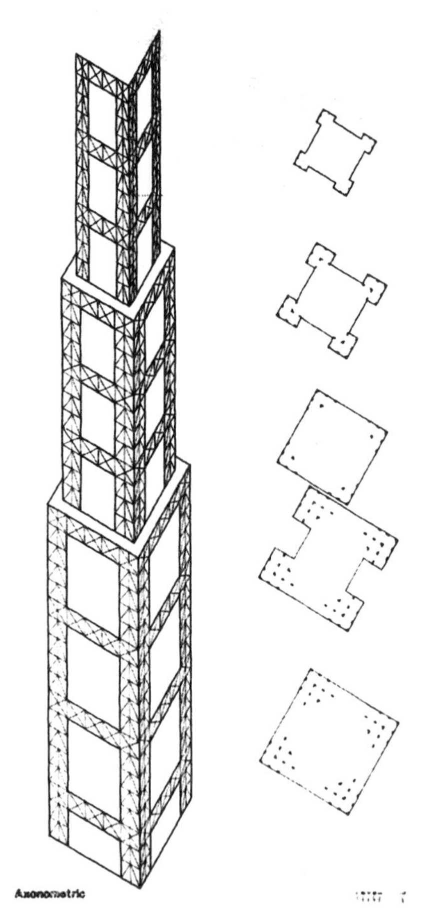

单筒望远镜式的超级框架轴测图（摄影：K&S 影像公司，承蒙 SOM 事务所允许）

口，位置接近每段筒体结构的顶部；实验表明，过风口的设计切实有效，它干扰了漩涡脱落的规律性，并减小了垂直风载方向的振动反应（“侧风”响应）。虽然建筑顶部筒体段的开洞效果不明显，但结构上半部分的立面开洞意义重大。 369

设计人员怀疑将过风口布置在结构顶部稍下的位置是否最为有效，因为通过约翰·汉考克中心的设计，SOM 事务所已经知道，最大的有效静态风压出现在大约 70% 的塔楼高度处，而非顶部，但这是第一次研究高层结构风荷载反应的开洞影响，项目团队计划对此展开更进一步的实验，以便确定更多影响因素：开洞数量、洞口位置，外立面上后错式缓风区替代穿透式过风口的可行性，或者以上两者同时使用的效果。

8 月底到 9 月初的外出期间，法兹勒始终与芝加哥事务所保持电话联系，泽尔斯还能回忆起当时一些电话内容。比如，法兹勒很高兴地表示，这个结构体系的研究工作没有出错，也没有被误解。[14] 在某种程度上讲，法兹勒的热情是被能够有机会研究其他的前沿性结构体系所点燃，并且这种体系是合理的、有效的、能够得到实际工程应用的。最近 10 年来，他花费了大量时间用于项目管理，虽努力争取了很多新订单，但其中的结构问题却都稀松平常，如今有了一个创造新型结构体系的机会，他自然要与家人和奥地利的朋友分享无法抑制的兴奋。一天傍晚，法兹勒对他们来了个即兴演说，介绍了这个在规模与形式上史无前例的高层结构特点，并用肢体语言解释了立面开洞是如何降低风载影响的，甚至口出狂言：在风洞实验前，他就已经凭直觉意识到了风作用下的结构响应。

9 月份，法兹勒回到事务所后，等待他的却是芝加哥世界贸易中心项目搁浅了。按照开发商的解释，停工是暂时的，因为他们需要一两个月时间来确认经济担保。[15] 但事实上这个项目就再也没有启动过，随后，开发商失联并消失了。

1981 年中期，城市开发活动已显疲态，但 SOM 事务所却以很多就业岗位笑傲江湖。由于对该项目的兴趣和由此产生的更多利益，事务所便忽视了项目缺乏可靠经济保障的事实：不过 3 个月，主塔楼的建筑规划面积就翻了一番，达到 930 万平方英尺，超过了 370
西尔斯大厦的两倍。这个反复无常的庞大项目和其他一些指征仿佛都在警告着 SOM 事务所的合伙人——这个项目存在变数。但从另一方面来说，在过去 20 年里，项目开发的规模已经有了大幅提高，100 万平方英尺的量级已经不再是稀罕之事。况且在 1980 年前后，另两幢 2000 英尺的高层塔楼也正在酝酿之中，一座同样位于芝加哥，而另一座则位于英国利物浦。可见，这个时期不只 SOM 事务所一家事务所谋求与开发商朝着“更高”的方向发展。[16] 但不幸的是，该项目的终止和相关资金损失却让 SOM 事务所走上了窘途。

虽然 1981 年的芝加哥世界贸易中心项目是短命的，但从结构工程的角度来看，它对于未来的高层设计却意义重大。为项目所完成的研究工作印证了超高层建筑的两个前沿性结构概念：第一个概念揭示出一种新型抗侧力结构体系，借助于同轴筒体的外围结构创造出的超级支撑体系能够大幅度提升结构的强度和刚度，也比普通框筒结构的自振频率大。第二个概念则利用结构开洞的方法直接解决了风振问题，通过干扰涡流的节奏形成，降低了结构的侧风响应，使设计人员能够通过结构而非机械方式来输导风载内力。

最后一次海外出行

“建筑行业发展迹象预示着城市的繁荣，” 1979 年末，《工程新闻记录》援引一家建筑公司总裁的话写道，“但另一个迹象也显示出该行业的发展恰恰已经快达到了天花板。” [17]1981 年年中，美国经济的急剧收缩在办公楼建设方面有了先兆，很明显，过去数年欣欣向荣的开发活动正在消失；与此同时，许多中东的项目规模也正在缩减或终止。相反，东南亚的维持发展却指日可待；年均增长率大约 8% 的韩国拥有很强的发展潜力，经济的持续活力使得首尔成为 1986 年亚运会和 1988 年奥林匹克运动会的东道主。SOM
371 事务所刚刚完成了中国香港和马来西亚的一些建筑项目，如果再能获得韩国一个很有前景的项目委托必将增强其在该国与整个亚洲的设计经验和知名度。

拟建项目是 LG 集团的全球总部大楼。这是一家多种经营的企业集团，广泛的业务范围包括化工、电子、能源和服务。通过与国外公司联营，LG 集团已经掌握了一套为拓展自身业务线和自有技术开发的赢利方法。按照《韩国商报》(Business Korea) 的报道，“合作努力是 LG 集团掌握核心技术的主要途径，而这些技术知识足以让公司世代兴旺。” [18] 在 70 年代里，这种 “合作” 方式推动着这家企业持续向前，也被韩国许多公司所采用并促进了这个发展中国家迅速进步。

LG 集团官员致力于集团发展壮大的同时，也有助于韩国的经济健康和未来的自给自足。集团和其基金会愿意赞助各种培训计划并且有意促进地方工业的发展。对于总部大楼的建设，LG 集团坚持最大化地利用当地材料，虽然建设进度可能因此而拖延；另外，对于设计而言，集团力求韩国的专业技术人员与有经验的国外设计公司协同工作，“从而进一步发展本土的建筑设计与施工技术”，为了上述目的，SOM 事务所的设计工作范围是有限制要求的。[19]

SOM 事务所在 1978 年就已经与幸运开发公司（隶属于 LG 集团）进行了首次商谈，当时就提出了规划面积 170 万平方英尺、51 层办公塔楼的设想。法兹勒抵达首尔与客户讨论了总部项目，并且按照他的习惯，记录了韩国的生活方式、当地的特色饮食和一些重要的成语短句，然而这个项目当时却被暂时搁置了。但当它再次重启时，韩国的客户已经忘记了法兹勒对于这个项目中文化环境的感受了。

1981 年秋，SOM 事务所开始进行可行性论证和方案设计，在此期间，总部综合体的概念已经变成了双塔设计，幸运开发公司占据 34 层双塔中的一座。计划于 1982 年 3 月提交方案设计的最终报告，而此时，SOM 事务所的目标则是能够获得授权进入下一阶段的设计工作。在这次会议上，客户特别提出要求法兹勒参加。

如果再早上几年，法兹勒・汗就可能不会介意这次海外之行了，但是 70 年代后半程无休无尽的旅行已经让他付出了代价。到了 1980 年，法兹勒确信自己必须结束这种流

372

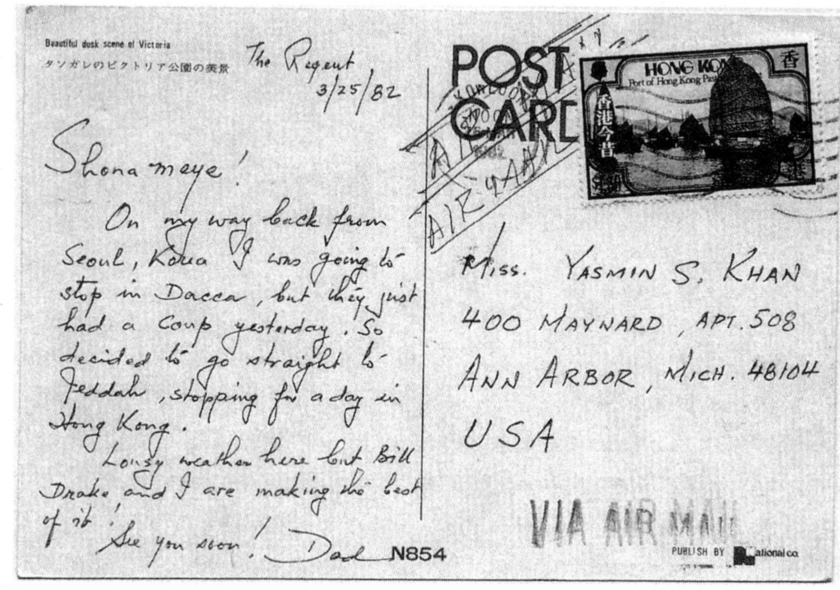
Beautiful dusk scene of Victoria
タソガレのビクトリア公園の美景

The Regent
3/25/82

Shona meye!
On my way back from Seoul, Korea I was going to stop in Dacca, but they just had a coup yesterday. So decided to go straight to Jeddah, stopping for a day in Hong Kong.
Lousy weather here but Bill Drake and I are making the best of it.
See you soon! Dad

N854

POST CARD

HONG KONG
Port of Hong Kong
香港今昔

Miss. YASMIN S. KHAN
400 MAYNARD, APT. 508
ANN ARBOR, MICH. 48104
USA

VIA AIR MAIL

PUBLISH BY National co.

从中国香港寄出的明信片："尽量去做！"我们在家不说孟加拉语，但我的父亲常常用两个孟加拉语昵称招呼我，"shona meye"（漂亮女孩，也是一种亲热的表达方式）

动生活。除了身体上的许多疼痛、隐痛和心悸外，他的生物钟也不再能够轻易地调整回返家的状态。留意到这些预警信号后，他向家人保证自己将会缩减这些出国行程，同时，也向一些公司合伙人提及了自己的健康问题。

然而，对事务所及其员工的义务承诺使法兹勒在那年春天再次破例。经过 70 年代后期的努力，SOM 事务所得到了长足进步，这在很大程度上归功于沙特阿拉伯的项目：1974—1980 年间，事务所由 20 位合伙人、总员工 800 人跃升到 29 位合伙人及 1700 名员工；1979 年，仅芝加哥事务所就雇用了 900 人。但随着许多项目接近尾声或搁浅，在争取留住员工的同时，事务所遭受了自大萧条以来的持续衰退。事务所有了一次裁员，法兹勒希望通过确保两个工程委托来避免第二次裁员。第一项设计委托就是 LG 公司总部项目（即便不是整个设计范围）；第二个则是新建筑场地上的麦加校区（当时称乌姆·埃尔古拉大学）总体规划修订。于是，他决定把分别在韩国和沙特阿拉伯召开的方案提交会与业务谈判结合到一趟差旅中，并借道去孟加拉国。

计划中的孟加拉国达卡之行因政治干扰而未能如愿，于是，在首尔会议结束后，法 373
兹勒在中国香港短暂停留，然后飞往吉达。1982 年 3 月 27 日星期六，他花费了一个早上的时间与 SOM 事务所住宅项目经理哈利勒·汗讨论大学项目中的其他工作；中午在吉达的阿卜杜勒·阿齐兹国王大学拜会了麦加校区的技术负责人和联络人穆尼尔·艾哈迈德（Munir Ahmed）；到了下午，法兹勒开始抱怨左肩痛并感到疲惫，然而却无法弄到阿司匹林来缓解症状，最要命的是，他与同事们都没有意识到这个疼痛是心脏病发作的前期症状。会议结束后，当他们步行穿过大学行政大楼时，法兹勒倒下了，他知道接下来发生的事情，自己被紧急送进了附近的医院，但却为时已晚，心脏停搏。在 53 岁生日的前一周，法兹勒·汗的生命画上了句号。

2003 年的芝加哥。法兹勒・汗在 1964 年首次将框筒引入高层建筑，并完成了 43 层的德威特・切斯纳特公寓（图中前左角，密斯大楼后），以及约翰・汉考克中心的桁架筒设计。1974 年，他的束筒概念首秀于 110 层的西尔斯大厦（图中远处的约翰・汉考克中心右侧）（摄影：虎丘工作室 / 约翰・T・希尔，2003 年）

第16章
追忆法兹勒·汗

你的开始就是我的结束 375
当你拥有了光明，你就拥有了伴侣
而我便有了黑暗，也就有了星空
那是时光在流逝
你有了地我有了水
你静则我动
你恐惧我无畏
那是时光流入了永恒

——拉宾德拉纳特·泰戈尔
写在纪念仪式上的诗歌节选

法兹勒·汗离开大家的40天后，在芝加哥大礼堂剧场举行了追悼仪式。SOM事务所合伙人布鲁斯·格雷厄姆、纳撒尼尔·奥因斯（Nathaniel Owings）、哈尔·延加及迈伦·戈德史密斯先后介绍了法兹勒的生平和非凡影响力，同事和朋友斯坦利·泰格曼、林恩·比德尔、穆尼尔·艾哈迈德、钱德拉·贾（宣读了莉泽洛特的声明）也先后发言；另外，威廉·波特（William Porter）、拉尔夫·尼古拉斯与穆罕默德·西拉朱拉（Mohammad Sirajullah）追忆了法兹勒为孟加拉国的诞生所付出的辛劳。仪式中，西塔尔琴演奏家库蒂克·库默（Kutick Kumar）的孟加拉音乐传达出法兹勒的心系家乡之情，最后，贝多芬第九交响曲为整个纪念活动画上了句号。之所以选择这首曲子，是因为它符合法兹勒的情感世界，体现了他的文化与专业融合。

美国和其他很多国家专业期刊与报纸的纪念文章大篇幅介绍了法兹勒的巨大成就，SOM事务所及法兹勒的家人收到来自世界各地的唁函，他们中的许多人与法兹勒虽无私

376

芝加哥奥特里中心的法兹勒·汗纪念牌

人往来，却因他个人品质的榜样作用而受到激励；而另外一些同事则依然仿佛能够看见“他眼中闪烁着的活力和才智”。

同事们回忆道，法兹勒的结构创新和协同设计精神完全来自他热情生活的洗礼。一份结构稳定性研究委员会的决议强调道，那些与法兹勒共同工作过的人们都认为他对技术的洞察力与对人的真诚异曲同工，“超越技术问题之外的宽容与慷慨的时间付出，使法兹勒成为我们所有人的指路明灯和榜样。”[1]

当 1983 年奥特里中心设计重新启动时，PSM 国际公司将商业街廊里的一面墙贡献出来用于法兹勒的纪念牌设计与制作。设计人胡安·加迪－阿蒂加斯（Juan Gardy–Artigas）来自巴塞罗那，也是奥特里中心大堂入口的马赛克装饰楼面的设计者。他在为法兹勒设计的巨幅马赛克纪念牌上写道：“技术人物一定不要在自己的技术里迷失了方向，他必须会欣赏生活；生活就是艺术作品，是戏剧，是音乐，而最重要的，是人。”这段文字来自法兹勒 1972 年接受的一次采访，而当时的他刚刚当选《工程新闻记录》的建筑业年度风云人物。

爱德华·摩根·福斯特（E. M. Forster）曾说过：“这个世界是由人构成的整体，他们努力着彼此接近，借助于善意、文化和智慧，这一点便能够很好地实现。”[2] 法兹勒·汗
377 的言行很好地诠释出上述三个品质。年轻的法兹勒拥有着过人的智慧与天赋以及将两者转化成践行的能力，精湛的技术令他有信心去承担艰巨任务，战胜困难并实现目标。与此同时，法兹勒也逐渐顿悟了自己毕生的工作职责就是以某种方式去帮助别人。为此，他力图找到一个地方，那里是自己的才华与他人需求的交点。

最终，法兹勒在结构工程领域找到了这个交点，随后便开始关心怎样赋予其目标明确的、成熟的个人哲学。拉宾德拉纳特·泰戈尔的诗文和歌曲、父亲的榜样作用，都构

筑起法兹勒所追求的建筑结构创新的基石。在二十几岁时，他便开始寻找自己在职业生涯中的个人定位，坚定的信念和自我定位指引着他的一生。

法兹勒更愿意热情奔放地追求自己的使命，并以正直诚实和清晰明确的态度去对待它。他坚信生活是非常复杂的，在这纷繁世界里，我们的人生目标必须是清晰可见的。他之所以热衷于以特定的解决方式将结构材料物尽其用，是因为那会带给他美的享受，是因为他非常珍视有限资源这个现实条件。

法兹勒极力发展自己性格中的理性部分，但又小心翼翼地不过分依赖理性；在保持儿童般精神愉悦的同时，又不失同情心和慷慨，而这一切正是缘于他内心的满足感和对专业知识的精通。更难能可贵的是，一个来自贫穷国家的活泼男孩，他的创意推动了世界建筑设计的理论与实践，承载着美国高层建筑的传统，并且在华丽转身成为国际认可的工程领域权威之后，他的道德罗盘却始终稳如磐石。

如今，没有受到法兹勒影响的高层建筑结构是无法想象的。虽然职业生涯很短暂，但他的工作却对建筑科学与艺术具有深远影响，其所完成的很多项目在规模与设计方面都是开创性的，在 20 世纪建筑史上拥有显著地位。法兹勒对设计专业的贡献已经远远超出了单体建筑本身，其引入的许多结构概念深刻影响着高层建筑发展，无论在基本形式或者混合形式上，都是高层建筑设计的基础。

1961 年，当法兹勒开始从事高层建筑设计时，工程师依赖的少数结构体系有很大的
局限性，它们不适用于 25—30 层以上的抗风和抗侧移要求。然而仅仅过了十年，设计领 378
域便出现了法兹勒开发的一系列主要结构体系，例如框筒、筒中筒、优化的柱 - 斜撑桁架筒与对角线框筒、带状桁架相互作用体系以及多束筒。另外，他也非常欣赏钢与钢筋混凝土组合体系所具备的逻辑性，正是这种逻辑性拓宽了结构组织的宽度，满足了高层建筑设计的经济性、高效性。到了 80 年代，钢与混凝土所形成的混合体系设计理念已经得到全面认可，广泛应用于超高层建筑结构中。如果法兹勒能够有幸看到 80 年代重新高起的建设浪潮，也许他的那些结构设计天赋与洞察力会更有用武之地，会更加发扬光大。

法兹勒的成就不仅体现在那些之前未被认知的结构性能和建筑表现方面，也缘于其分析方法和建筑技术的开创性。他从不满足于现有分析方法及设计问题的定论，而是喜欢凭借自己的好奇心和扎实的理论基础去有所突破，这使他能够意识到各种结构体系的潜能。伴随着工程设计大师们的脚步，法兹勒满怀激情地渴望终生学习，渴望对知识的追求。他乐于探索并认为自己开发的每一种体系都只是正在进步中的结构体系中的一员，而非最终的定论。他坚定地相信不同建筑类型和规模都值得，甚至必须要求不同的结构类型，从而适应它们各自的定位。

虽然对自己的成果甚为欣慰，但法兹勒相信成功的项目必定是多学科或同道中人协作的结果。每当谈论那些伟大建筑的结构创新时，他必然会提及设计伙伴和客户需求，并解释每个最终设计方案是如何取得的。法兹勒重视设计过程中的协同性和经验沟通，

并认为只有当为了共同目标而坐在一起时，每个人才会迸发出创造力。他在实际工作中表现出有节制的自我约束，这是富有成果的团队工作和坚定的领导才能所必需的，也是容许他人发现并施展自己天赋所要求的。无论工程师还是建筑师都不会忘记法兹勒惯于
379 把机会让给他们，指导他们朝正确的方向前进，并完全认可他们的成果。“不知道他为何对我如此仁慈，”一位同事清晰表述出这种感觉，类似的话也出自其他工程师和建筑师，“要不是他喜欢与人友善，我一定会先声夺人……这的确是获得成功的无与伦比的配方。”[3]

正如约翰·拉斯金观察到的那样，在反对结构虚假方面，“建筑师不必展现结构……建筑通常都是最表象的，只有通过一双慧眼才能发现建筑中巨大的结构秘密。”[4]拉斯金的话体现了建筑中的结构责任和对结构工程的开放性。正是基于此，才使法兹勒的创新冲动转化成一个个活生生的结构体系，既提升了建筑表现力，又令结构体系更具说服力。在受邀参与建筑空间的形成过程中，他将工程技术经验转化为结构艺术，淡化了建筑学与结构工程之间的界限，他的工作将建筑专业带入了建筑搭建艺术的多学科融合阶段。

法兹勒的个性特质和成就与他的设计精髓息息相关。他人情练达、社会意识强烈，对诸如诗歌、音乐和视觉艺术等情感表达形式欣赏有加，这些使他能够全面理解每个设计项目背后的一系列目的性，并视自己的作用为整体设计的决定因素。他充分利用出类拔萃的数学技巧和工程知识去构思结构体系，使其远远超出了预定建筑形式支撑方式的作用，而成为建筑艺术的一部分。法兹勒的结构形式已经百分百地变成了一种建筑体系，这种结构体系不仅是建筑整体设计的雏形，并且也是值得拥有的。

如同法兹勒自己在审视约翰·汉考克中心，一位路人也能领悟出这座100层塔楼的建筑设计含义：其源于一个符合逻辑的、非常有效的结构体系，源于对一种美学表达的直觉体验，这正是法兹勒作品的体现，它融会贯通了结构目标与建筑目标，而这二者的结合恰恰是对建筑环境最为有益的贡献，令法兹勒的成就具备持久的重要性。

1982年，与法兹勒交往了15年的建筑评论家保罗·盖普（Paul Gapp）回忆起那些对建筑科学与艺术有深远影响力的结构工程师时，写道：“有人可能认为这种人会以自己的

莉泽洛特与法兹勒于1968年（摄影：钱德拉·K·贾）

成就而自居，但法兹勒正好与此相反，他很绅士、温和并有些谦恭，甚至当他在解释自己是如何解决一些超级复杂问题时……他是一位热心人，深深致力于自己的科学与艺术， 380 他是一个伟人。”[5]

法兹勒·拉赫曼·汗的生活就像他儿时所向往的那样，一个人的生命之光照耀着整个世界。

后记

作为一个成长中的孩子，我从来也没有意识到父亲在家庭之外的生活有可能是多么的令人纠结，换句话说，如果有可能，他就一定会那样生活。然而，我觉得他一直都很细心、热情和温厚。有时，我会听到他说某种情况非常“荒唐”，却从来没有听到他议论别人的缺点，我的朋友们也同样会感受到他的温暖。

可能是继承了我爷爷的优点，他在用智力游戏取悦小孩方面很有天赋。在我上小学时，他就设计过一种汽车上玩的数学游戏——通过一组数字的加、减或乘法运算，得到一个指定的数字，我可以自己玩儿，也可以和小伙伴一起玩儿。虽然他在全神贯注地开着汽车，但也能容易地给我们想出新的游戏问题。

在我上大学时，每当我对数学课上的课程资料提不起兴趣时，父亲便会告诉我一些他自己在学校里曾经的相似经验。那时的他，被迫学习天文学，一个没有半点儿背景知识的课程，而且代课老师也不会把学习内容转化成一个个具有启发性的知识点，所以他的课堂成绩开始很低。随后父亲决心要找到一些天文学中能够令人感兴趣的话题，当他如此之后，课堂表现也就自然有了好转。于是，父亲建议我可以采用类似方式，并劝说我， 381 与其让老师薄弱的教学方式妨碍了我的学习兴趣，还不如找到一个自己感兴趣的学习主题。

星期天属于一家外出放松的日子，作为小孩，我特别喜欢到动物园和科学与工业博物馆。后来，我们与朋友们建立了共进星期天早午餐的传统，绿辣椒煎蛋饼便成了父亲的席间美味。

法兹勒·汗喜欢在星期天做饭，他的最爱是煎蛋饼外加新鲜的绿辣椒佐料（摄影：钱德拉·K·贾）

当父亲平日或周末在家工作时，他的思绪从未受到过干扰。我记得他时常俯身从文件柜里找文件，为即将到来的谈话做出准备，这样的工作成为他生活的一部分，而不是对生活的多余侵扰。而妈妈会始终耐心地应付着父亲苛刻的时间表，并保证着家庭生活的稳定。

我知道我的父亲曾经设计了约翰·汉考克中心和西尔斯大厦，我也经常见到它们。偶尔与父亲外出时，陌生人会与我们搭讪，感谢他曾经的讲解，我自己也听过他为一些团体所做的报告，但这些都未曾改变过我对父亲的看法，他是我的父亲，也就是我希望从一位父亲那得到的一切。

在着手本书时，我决定，与其聚焦于父亲的个人生活，还不如呈现他职业生涯的方方面面，因为父亲生活在一个更大的世界里。正是通过专业化、人性化的工作，他才能够接触到芸芸众生。一个人能够以如此多的方式接触到如此多的人，在我看来，值得庆幸。

注释

第一部分　建筑的结构逻辑

引言

1. 根据美国建筑师学会评奖委员会的解释，法兹勒·汗被追授为 1983 年美国建筑师学会的学会荣誉奖。

2. 法兹勒，“轻质结构”，1979 年，p11。

第 1 章　成长岁月

1. 在晚年，我的父亲怀着感激之情回忆起这个小插曲。改述自“法兹勒·R·汗的往事”，口述历史项目的部分内容，1978 年 6 月，SOM 事务所，p5—6（法兹勒·汗的个人收藏）。意识到一位成年人几句话的重要性，致使法兹勒对孩子一贯很上心并力求给予鼓励。

2. 穆吉布·拉赫曼·乔杜里与作者的谈话，达卡，1999 年 2 月。

3. “法兹勒·R·汗的往事”，p24。

4. 赛义德·R·W·艾丽为作者提供的素材：“我所知道的法兹勒·R·汗”，1999 年 3 月 31 日。

5. 孟加拉国是印度次大陆的文化中心，拉宾德拉纳特·泰戈尔（1861—1941 年）曾获 1913 年诺贝尔文学奖。

6. “法兹勒·R·汗的往事”，p16。

7. 法兹勒的日记，1952 年 1 月。

8. 富布赖特：《帝国的代价》，p193—194。其他跨文化项目还包括：国际发展基金资助的外国学生暑期工作，其目的是加强学生对待“个人生活方式”的良好态度。《土木工程》提醒那些有眼光的雇主：通过雇用学生，学生所做的工作“不仅有助于提升他们的国家形象，也有利于提升雇主公司的自我形象”（“你真的明白吗”，p31）。

9. 法兹勒的日记，1952 年 7 月。

10. “土木工程的反思”，拉尔夫·B·佩克与切斯特·P·西斯在芝加哥俱乐部联盟上所作的非正式报告，2000 年 9 月 19 日。

11. 法兹勒，“创新型教学”，1979 年，p356。

12. 直到 1963 年，美国混凝土学会的“钢筋混凝土建筑规范（ACI 318）”才包含了一些规范条文背景的出处说明。

13. 法兹勒，“创新型教学”，1979 年，p359。

14. 切斯特 · P · 西斯与作者的谈话，芝加哥，2000 年 9 月；古特纳，“建筑大师法兹勒 · 汗”，p20。尽管如此，我父亲的成就很大程度上还是依赖于终生的努力与持之以恒。1966 年，父亲到妈妈位于奥地利的家中探亲，而随后母亲又带我到欧洲旅行，在他写给我妈妈的信中这样说道：“我度过了如此艰难的一周以及繁忙的周末，但终于让这个优化程序运行了起来，我真的希望下个星期能够在 5：30 下班。你能想象到我连续 3 天工作到凌晨 2 点吗？现在终成正果了。”

15. 古特纳，“建筑大师法兹勒 · 汗”，p20。

16. 我父亲后来认为这次经历意义重大，因此也经常鼓励他人远足。巴希尔 · 哈克回忆道：当他研究生毕业准备飞离美国时，父亲塞给他了一些钱，并建议他回孟加拉国的途中在欧洲至少游历两周，为了让哈克成为一个善于观察的游客，父亲要求他写出一页纸长的旅游报告（哈克与作者的谈话，1999 年 2 月）。

17. 写给莉泽洛特的信，1957 年 10 月。

18. 写给莉泽洛特的信，1958 年 2 月。

19.1960 年，中央文职部门中 87% 的高级职员来自西巴基斯坦（梅森、多尔夫曼和马格林，“东巴基斯坦的冲突”，p10133）。

20. 普通合伙人托马斯 · 艾尔曼回忆道：在这个时期，他所坚守的“强烈道德底线”成为客户和同事们心中法兹勒的标签，并贯穿着父亲的整个职业生涯，也影响着 SOM 事务所的合作关系（艾尔曼与作者的谈话，2001 年 12 月）。

21. 有关顾问的消息是西尔维娅 · 莫特扎告诉我的。当父亲在卡拉奇工作时，有时会住在艾哈迈德和莎尔玛（西尔维娅）· 莫特扎的家里（西尔维娅 · 莫特扎与作者的书信往来，2001 年 11 月）。

22. 父亲非常重视人际关系，并且在年轻时就遵循着“感情用事和仓促的结论会导致误解”的信条，因此，他会百般努力去避免这样的下策。后来，即便成为 SOM 事务所的合伙人，他也依然认为良好的关系是必不可少的。合伙就会面临人际关系的问题，团队也不例外；法兹勒坚信：对于维系良好的伙伴关系而言，与尊重彼此才能及资历同样重要的是能够做到相互欣赏。

23. 他将无法实现自己的打算，父亲于 1964 年回到了家乡，但也是唯一的一次，同样将会是最后一次看到他的父亲和同父异母的兄长。1964 年末及 1965 年，我的祖父和大伯先后死于心脏病。

第 2 章　研究生与 SOM 事务所的新手

1. 科门登特，《预应力混凝土结构》，p5。

2. 沃利，《预应力混凝土设计与施工》，p12。在上大学期间，法兹勒收集了沃利和科门登特的书。

3. 在 1950 年之前，欧洲一直站在预应力混凝土研究和开发的最前沿。古斯塔夫 · 马格涅尔是预应力设计技术的先驱，也是比利时根特大学的钢筋混凝土教授及研究实验室主任。在那个年代，强度设计方法及其背后的设计哲学仍然处在成熟的过程中。

4. 法兹勒、西斯及科门登特：预应力混凝土梁，1955 年，p123。

5. "法兹勒 · R · 汗的往事"，口述历史项目的部分内容，1978 年 6 月，SOM 事务所，p53（法兹勒 · 汗的个人收藏）。

6. 根据威廉 · 哈特曼所述，安德鲁 · 布朗已经是匈牙利的工程专业教授了（威廉姆 · 哈特曼的口述历史，p81）。

7.1963 年，美国混凝土学会 ACI 318 标准（即"钢筋混凝土建筑规范"）首次引入了预应力混凝土。

8. 在接下来的十几年里，SOM 芝加哥事务所的功能就类似于"技术孵化器"（这个称谓来自风工程咨询师尼古拉斯 · 艾沙蒙与作者之间的谈话，伦敦，安大略省，2002 年 12 月）。在落实建筑设计新理念方面，SOM 事务所的结构概念、分析方法与构造形式都处于行业的领先地位。

9. 这些轨道线路在沙弗（Schaffer）进行了标识，"创造了一处国家保护区"，p37。法兹勒经常所指的 5 座公路桥，其中一座在设计时被取消了。

10. "法兹勒 · R · 汗的往事"，p58。

11. 舒派克，"荷载实验"的讨论，p1007。

12. 内奇，引自"引桥"，p239。几年后，当法兹勒直接与建筑师迈伦·戈登史密斯与布鲁斯·格雷厄姆工作时，他才对协同过程有了具体认知。

13. "法兹勒 · R · 汗的往事"，p60。

14. 库克县巡回法庭，"大陆灾害保险公司"（原告）：林同炎联合事务所（被告），SOM 事务所员工的讯问笔录，1965 年（SOM 芝加哥事务所档案）。我对这段往事的注解是基于 SOM 事务所的项目文件和我父亲的回忆。

15. "美国联合航空公司办公室"，p167。

16. "法兹勒 · R · 汗的往事"，p79。

17. 乔治·斯基波列特，回想法兹勒给那些学生们的建议（与作者的谈话，2003 年 7 月）。1981 年，法兹勒向《内陆建筑师》的编辑解释道，"数学是灵活的，也是直觉的朋友。"（玛莲，"法兹勒·汗"，封二）。

18. 沃尔特 · 纳特施之口述历史，p127。

19. "卢普"（Loop）得名于环行于商业区的高架轨道。

第 3 章　20 世纪 60 年代早期的建筑结构创新

1. 罗森布鲁斯和霍尔茨，"弹性分析"，塞克斯顿，有关"混凝土剪力墙"的讨论，p825；卡丹，作者的结语，p826—827。

2. 威德林格，"结构需求"，p5；戈德史密斯，引自"新的天才：工程师"，p92。

3. 结构阻尼是指体系受到扰动（比如风荷载）后，耗能以及使结构恢复到静止状态的一种有效措施。

4. 法兹勒，"结构体系"，1972 年，p60；法兹勒，"城市规模的变化"，1974 年，p132。

5. 凯拉尔，"年度建筑人物"，p25。

6. 我父亲有关这类问题的许多文章和研究都是在家中的周末和每个晚上完成的。很快我就明白了，当以这种方式高强度地工作时，他该是多么心烦意乱啊。当父亲作出某种承诺时，我会要求他"发誓"。父亲不是有意将我支开，继而专注于自己的工作，恰恰相反，父亲很乐意对我的简单请求作出积极反应，于是，我也就非常高兴地放任他继续自己的工作了，但接下来，还是会提醒他别忘了自己的承诺。虽然父亲有时会无意地许诺，但他却从未曾回避过这些自己立下的保证。父亲喜欢用自己的亲身经历来教育我重要理念的意义所在。

7. 直到 20 世纪八九十年代，基于他们推荐程序的微分方程的解才能够通过专门的计算机算法得以实现。

8. 布伦兹维克大厦通常被认为是法兹勒筒中筒概念的首次应用，其结构效率来自钢筋混凝土周边框架所形成的筒体性能，然而在设计过程中，这却并非是他有意为之。

9. 法兹勒，“结构的美学”，1980 年，p145。

10. 斯凯勒，“摩天大楼的进化”，p268。

11. 原著无此注。——译者注

12. 米勒，“芝加哥的 39 层”，p215。商务会馆的建筑设计方是密尔顿·施瓦兹联合设计事务所。

13. 汉森，“卢普的结构化”，p195。

14. 有一段时间，委托伊利诺伊州结构工程师协会完成的一尊法兹勒的雕塑被放置于该广场中，现陈列于西尔斯大厦内。

15. 法兹勒与芬特尔，“柱子外露的影响”，1968 年，p101—103。

16. “法兹勒·R·汗的往事”，口述历史项目的部分内容，1978 年 6 月，SOM 事务所，p62（法兹勒 · 汗的个人收藏）。

17. 由于这种深基础类型发源于芝加哥，所以人式开挖墩桩又被称作“芝加哥沉井”。当时提出了两种基础方案，一是通过生根于基岩上的 12 英尺直径沉井来支撑巨大的柱端荷载；二是数量众多的生根于硬质土层上的小尺寸沉井方案，我从未比较过两者的成本优势。

18. 法兹勒，“当今的趋势”，1967 年，p578。

19. 迈尔 · J · 霍利（小）致 E · 阿尔弗雷德 · 皮卡迪的信，1962 年 2 月 9 日（SOM 芝加哥事务所档案）。保罗 · 魏德林格、汉森、霍利 – 比格斯公司以及迪 · 斯塔肖 – 范 · 布伦公司都参与了布伦兹维克大厦及约翰 · 汉考克中心这两个项目。在约翰 · 汉考克中心项目中，后两家公司分别受雇于业主和一家融资机构。

20. “钢筋混凝土深梁的 1/12 比例模型实验报告”，由切斯特 · P · 西斯与 A · F · 迪尔提交给 SOM 芝加哥事务所，伊利诺伊大学厄巴纳分校，1962 年 9 月（SOM 芝加哥事务所档案室）;哈尔·延加与作者的通信往来，2000 年 10 月。

21. 法兹勒，“玻璃的优化设计”，1967 年，p45。

22. 法兹勒致布朗森的信，1962 年 10 月 8 日（SOM 芝加哥事务所档案室），法兹勒修订了他的报告，标题为“玻璃幕墙设计准则”，来年便有了出自美国大通银行商厦风洞实验的补充资料。

23. 达利（Dally）与福杰斯（Folgers），“破损的玻璃”，p38—39。

第 4 章　高层建筑设计的新纪元：框筒结构体系

1. 费舍尔，“建筑大繁荣”，p106。

2. “建筑高度的攀升”，p22。

3. 在 1952 年由密斯 · 凡 · 德 · 罗绘制的一幅草图上，出现了德威特 · 切斯纳特公寓所在地的第 5 幢大楼（兰伯特，《密斯在美国》，p635），该建筑的高度明显与湖滨北路 860—880 号的公寓楼相当，并且其首层平面塞满了整个场地。

4. 法兹勒，“无柱箱形框架”，1967 年，p262。

5. 法兹勒，引自基拉尔的“年度建筑人物”，p23。

6. 曾为伊利诺伊大学哈迪・克罗斯学生的内森・M・纽马克回想起了与克罗斯教授开玩笑的往事（“哈迪・克罗斯论文选集”，p223）。1930 年，克罗斯教授发表了著名的弯矩分配法（又称“哈迪・克罗斯法”）。该方法在工程界引起了强烈反响。在计算机辅助分析诞生之前，这个方法被广泛应用了几十年，它是一种非常实用的求解超静定连续框架结构内力近似值的方法。

7. 这种设计直觉并非是人人都认可的。很多工程师将他们的工作视为技术与标准的应用，他们认为，作为有经验的工程师，其作用无须体现在研究领域或者“建立某种创新型学说”[卡森（Carsen）和董（Tung），“读者来信”，p74]。

8. 无窗结构并非前所未闻，事实上在 1962 年，纽约市电话公司在其 21 层的无窗建筑结构中就利用了实体墙的筒作用，并且这种无窗设计是有意为之，目的是避免员工及设备受到放射性尘埃的危害。幸运的是，对古巴导弹的焦虑和美国普遍的冷战妄想并未体现在建筑设计方面，也没有形成一种建筑开发的新潮流。SOM 事务所的设计师以及美国大多数公众没有打算遵从国土安全部的建设指南,也不同意那些主张“在核武时代下幕墙大厦不合时宜”的建筑师们的意见（“无窗建筑”，p76—77；“BRI 会议所强调的建筑”，p24）。

9. 法兹勒・R・汗，“结构体系”（SOM 芝加哥事务所档案）。

10. 格雷厄姆发觉他可以很深入地与法兹勒讨论建筑理念和空间品质问题（格雷厄姆与作者的谈话，1999 年 12 月）。

11. 林格伦（Lindgren），“西尔斯大厦”，p26。

12. 延加在法兹勒追悼会上的官方讲话，1982 年 5 月 6 日；路易吉・芒福德与作者的谈话，芝加哥，1999 年 9 月。

13. 延加与作者的谈话，2001 年 11 月。

14. “联邦住房管理局对隔墙开裂的调查”，p18。

15. 芒福德与作者的谈话，芝加哥，1999 年 9 月；芒福德与作者的通信，2002 年 9 月。

16. 到了 1969 年，他估算建筑摇摆中的剪切变形分量占比高达 90%，远大于先前计算的 70%（法兹勒，“当前的结构体系”，1970 年，p56）。一些设计者对类似于舷窗的方案进行了实验，以期提高结构效率。当我们重提框筒体系演化的中间过程时，那些耐人寻味的建筑设计总是强调理想实体墙筒上的圆形开洞方案。

17. 根据经验，法兹勒决定槽形截面的翼缘长度应小于腹板高度的一半或 10% 的建筑高度。

18. 他提出的影响曲线与设计建议发表于 1973 年，论文的合作者是纳文钱德拉・R・阿明，该内容被纳入了 1974 年版的《混凝土工程手册》（责任编辑：芬特尔）。

19. 塔尔马奇，《老芝加哥的建筑》，p154。

20. 戈德史密斯，“高层建筑”，p15。

21.《迈伦・戈德史密斯之口述历史》，p59。

22. 建筑史学家卡尔・康迪特认为，这些建筑首次重新引入了钢筋混凝土结构的外立面（康迪特，“芝加哥的混凝土技术”，p13）。

23.1987 年，约翰・彼得（John Peter）访谈贝聿铭（彼得，《口述现代建筑史》，p266）；麦克奎德（McQuade），“贝聿铭沿街角的公寓”，p109。

24. 伯查德（Burchard）和布什－布朗（Bush-Brown），《美国建筑》，p189。

25. 法兹勒，“结构理论”，1981 年，p 41。

26. 2001 年 9 月 11 日，纽约世贸中心双子塔遭受了飞机的碰撞，在如此巨大的破坏下，它们仍然矗立了许久，而这正是得益于框筒结构良好的荷载重分布能力。

27. 格雷厄姆与作者的谈话，1999 年 12 月；《布鲁斯·约翰·格雷厄姆之口述历史》，p93。

28. 该塔楼由阿尔弗雷德·皮卡迪设计。1967 年，阿尔弗雷德·皮卡迪离开了 SOM 事务所，随后加入了帕金斯－威尔公司，这家公司负责印第安纳标准石油公司项目的结构设计，并与其他事务所联合进行建筑设计。

29. 纽约的世贸中心塔楼由山崎实事务所联合埃默里·罗斯父子公司设计，结构工程师为沃辛顿、斯基林、赫勒与杰克逊（设计期间又变成斯基林、赫勒、克里斯琴森、罗伯逊）。由于世贸中心与德威特·切斯纳特公寓均不约而同地采用了筒体体系，于是在很多年里，便有了一个关于谁是筒体概念“第一人”之争。根据结构工程师莱斯利·罗伯逊在 1972 年所述，他的公司于 1962 年为纽约项目开发了空腹桁架筒结构；“后来，在 1963 年，”罗伯逊提到，SOM 事务所为德威特·切斯纳特公寓设计了框筒（罗伯逊，“主题报告”，p405）。然而，我查阅了 SOM 事务所的文件，确认了 SOM 事务所在 1962 年就已经进行了德威特·切斯纳特公寓的结构设计；1964 年 1 月，当世贸中心塔楼 110 层的方案正式宣布时，德威特·切斯纳特公寓的施工建设已经开始了。虽然我的父亲没有直接讨论过结构类型的开发雏形问题，但在其论文和讲话中非常明确地指出，他已经开发出了框筒结构体系，该体系被用于了德威特·切斯纳特公寓楼设计中。

在 1962—1963 年间，筒体概念传遍了多家结构工程设计事务所（虽然对此我也拿不出证据）；无论如何，在当时，建筑学和工程领域中的进步思想正在朝这个方向发展着。

第 5 章　桁架筒：约翰·汉考克中心

1. “公开论坛”，与威廉·勒梅热勒和保罗·魏德林格的对话，p13。

2. “法兹勒·R·汗的往事”，口述历史项目的部分内容，1978 年 6 月，SOM 事务所，p111（法兹勒·汗的个人收藏）。

3. 法兹勒致格雷厄姆，备忘录，1964 年 12 月 15 日（SOM 芝加哥事务所档案）。

4. 建设前期的巨大投资，特别是土地费用促使开发商出台了尽快从项目开发中获得收益的优先原则。

5. 约翰·B·斯基林致艾伯特·洛基特，1965 年 3 月 4 日（SOM 芝加哥事务所档案）；理查德·伦克，备查记录，1965 年 2 月 9 日；哈尔·延加与作者的交谈，1999 年 4 月；“法兹勒·R·汗的往事”，p102。

6. 约翰·汉考克互助保险公司与四家银行一道同意为这个项目提供融资。

7. 第 91 层上的大尺寸净空公寓被设计成了宿舍，其主人正是波道夫·古德曼公司的古德曼先生。他原本计划将塔楼底部设计成多层商店（但后来取消了该计划），提供给其他公司使用。

8. 库斯卡登，“几近天堂的生活”，p71。

9. 后来，法兹勒讲述了他曾经的教授切斯特·西斯的一节课，其中心思想是：相对于专业知识而言，具备批判性思维更为重要。在这个项目的前期，法兹勒想物色一位协助结构分析的工程师。

当与西斯教授提及时，他推荐了伊利诺伊大学自己的学生约瑟夫・科拉克，然而，法兹勒犹豫科拉克的研究方向是钢筋混凝土，对此，西斯反问道：请问你自己的博士研究课题又是什么哪？（法兹勒，“创新型教学”，1979 年，p359）。

10. 魏德林格致 SOM 事务所，1965 年 3 月 12 日（SOM 芝加哥事务所档案）。

11. 在麻省理工学院，芬弗斯（来自伊利诺伊大学的访问教授）、洛切尔及塞缪尔・毛奇（Samuel Mauch）教授刚刚完成了 STRESS 语言（结构工程体系求解器）的开发工作。

12. 这个证明意图满足 SOM 事务所与业主的要求；设计师与工程师定期在城市建设管理部门会晤，以便确保这种新型结构体系能够符合管理部门的要求。

13. 法兹勒，“承重墙”，1966 年，p37。类似于一根竖向悬臂梁的结构效率大约为 80%—85%。SOM 事务所公布的每英尺楼面面积用钢量为 29.7 磅。

14. 美国钢结构协会，《建筑钢结构的设计、制造与安装规范》，1963 年，p5.29—5.31。起初，金属面板被认为不利于梁与混凝土之间的组合作用，因为面板与梁顶翼缘之间的连接受到了抗剪连接件的干扰。然而，这个困难被解决了：首先可以在面板上切孔，这样一来，抗剪连接件便能够通过孔洞安装并焊接于梁翼缘上；其次，再通过引入剪力钉，这些剪力钉分布于金属面板上，并且通过面板焊接于梁翼缘下部。

15. 美国材料与试验协会在 1960 年引入了 A36 钢，并迅速取代了 A7 钢，因为其具备更高的工作应力和屈服点及可焊性。在约翰・汉考克中心的设计过程中，更高强的钢也同样可用了，法兹勒将 A441 钢用于一些主节点板，但他犹豫能否将更高强的钢材用于高层构件设计中，因为如果建筑振动与摇摆成为设计控制因素，那么高强钢的材料用量就不再经济有效了（法兹勒，“高层建筑设计”，1965 年，p8）。

16. “X 支撑的装饰钢用量”，p43；法兹勒、延加及科拉科，“计算机设计”，1967 年，p11。五年后，在设计西尔斯大厦时，更为复杂的建模与分析技术已经有了显著进步。

17. 勒梅热勒，“结构设计的新方向”，p23。勒梅热勒联合公司是一家结构工程咨询公司，参与了 20 世纪 60 年代的许多高层设计项目。

18. 理查德・伦克，备查记录，1965 年 2 月 9 日（SOM 芝加哥事务所档案）。详见陈和罗伯森对纽约世贸中心双子塔的实验描述，即“正常人体的感知阈值”一文。

19. 看展览是我的兴趣爱好之一。理查德・帕米利（Richard Parmelee）想起了我父亲告诉他的这次小插曲：当父亲拉着我的手正在观看一个大桶里的“洗衣表演”时，我突然吓得手抖了一下（帕米利与作者的谈话，1998 年 7 月）。

20. 法兹勒・R・汗，“约翰・汉考克中心，有关运动感知的初步报告”，p6—7（法兹勒・汗的个人收藏）。在整个职业生涯中，法兹勒惯于采取切实可行的办法去处理设计问题，无论是对于实验结果的利用还是对于理论分析方法的执着，他都表现出了同样的热情。

21. 在 20 世纪 50 年代委托密斯・凡・德・罗设计纽约西格拉姆大厦的过程中，兰伯特给予她父亲塞缪尔・布朗夫曼（Samuel Bronfman）许多帮助，到了 70 年代，她成立了加拿大建筑中心，这是一家致力于建筑展览与研究的机构。

22. 法兹勒，备查记录，1966 年 7 月 8 日；法兹勒致格雷厄姆，备忘录，1996 年 8 月 3 日（同属 SOM 芝加哥事务所档案）。一旦发现了孔洞，不正常的混凝土用量和沉井安装报告就会预示出安装问题的存在。

23. 迈克·奥本海姆（Mike Oppenheim）与作者的谈话，1999 年 7 月；钱德拉·K·贾与作者的谈话，芝加哥，2002 年 7 月。奥本海姆是蒂什曼（Tishman）建筑公司的副总裁，也是汉考克中心项目的现场施工经理；在德威特·切斯纳特公寓建设期间，他曾与都市结构公司合作过。钱德拉·K·贾作为蒂什曼的顾问，负责施工进度及监理工作，并且随后加入了蒂什曼建筑公司，成为负责施工管理、规划与控制的副总经理。1977 年，贾成立了 PSM 国际公司，从事奥特里中心的建设与开发（参见第 14 章）。

24.“缺陷桩令机场工程停摆”，p22。

25. 密斯·凡·德·罗，出自“最重要的是，教学和项目令我相信了思维清晰与行动果断的必要性……失去了清晰度，也就没有了认知；失去了认知，也就没有了方向——剩下的只有混沌”（密斯，“我们走向何处去？”，p391）；法兹勒，“结构理论”，1981 年，p41。

26. 法兹勒，“100 层的约翰·汉考克”，1983 年，p14。

27. 法兹勒，“100 层的约翰·汉考克”，1983 年，p12。

28. 温特，“约翰·汉考克中心”，p210；卡米，“约翰·汉考克中心”，p110。

29. 沃登，“大约翰”，p11；亨特的提名，引自沃登的“大约翰”，p11。

第二部分　扩展的设计语汇：结构形式的变化

芝加哥的毕加索

1.“论坛”，1966 年，p29。一些艺术评论家声称毕加索通常不喜欢受托之事，如果真的如此，这件事就更加难能可贵了；然而，另一些人则认为毕加索对此求之不得。

2.1963 年，每家设计公司委派一位建筑师与毕加索会晤，其中包括：威廉姆·哈特曼、老查尔斯·墨菲以及诺尔曼·施洛斯曼。

3. 所用材料也并非无人诋毁：一些人抱怨，实际上考顿钢会持续氧化，并且其锈屑还会随风扩散，最后附着到周围建筑的表面。

4. 科拉科与作者的谈话，1998 年 12 月。无论哈特曼使用多么精确的词语，这个事件还是反映出与该设计项目相关的高度敏感性。

5. 科拉科与作者的谈话，1998 年 12 月。法兹勒非常熟悉毕加索的作品，这得益于 20 世纪 60 年代期间，莉泽洛特通过自己画作对毕加索进行的研究。

6. 毕加索，引自奥特罗的《永远的毕加索》，p52。

7. 纽曼，“揭去著名雕塑的面纱”，p1、p5。美国一般事务管理局（GSA）的建筑艺术计划答应提供初期的配套资金。

8. 很多艺术批评家认为这座雕塑代表了一张女人脸，我们不难发现：该雕塑的特点与毕加索那些有关妇女题材的绘画作品（比如《带帽子的女人》，1937 年）是极其相似的。

第 6 章　筒中筒：休斯敦贝壳广场大厦

1.“社论：前途光明”，p84。

2.“社论：免除公路开支？”，p68。直到 1983 年左右，股票市场才摆脱了 1966 年开始的长期“稳中有降”的态势（勃朗宁，“熊市”及其图表说明）。

3. 克里斯蒂，“道奇 / 斯威特建设展望”，p65；卡尔森，“我们曾经的地方”，p75。

4. 比如在 20 世纪 60 年代和 70 年代里，对于控制动力反应和结构成本而言，合理的最大宽高比（建筑高度与底层宽度之比）范围在 6 ∶ 1—8 ∶ 1 之间；然而到了 90 年代，伴随着结构和机械设备成本的增长，10：1 的高宽比也被证明是合理的。

5. “高达 10% 的办公空间闲置率”，p63；“正在降低的办公空间闲置率”，p59。

6. 乔治 · J · 贾里克致布鲁斯 · 约翰 · 格雷厄姆，备忘录，1964 年 2 月 19 日及 24 日（SOM 芝加哥事务所档案）。

7. 多年以来，科研钻孔深度还未曾达到基岩，因此也就无法准确掌握基岩距地表的深度。

8. 在贝壳广场大厦设计中，SOM 事务所采用了强度设计方法。直到 1971 年，强度设计一直是 ACI 318 推荐的主要设计方法，而工作应力设计方法则被列为另一种可选的设计方法。

9. 丹尼尔·P·珍妮致法兹勒·R·汗，1969 年 9 月 26 日（原文的重点处;法兹勒·汗的个人收藏）。1969 年，珍妮担任 ACI 213 委员会主席。

10. 戴维·M·蔡尔兹,引自盖贝尔的“海因斯如是说”,p39。蔡尔兹于 1972 年加入 SOM 事务所，现为 SOM 纽约事务所的咨询总监。

11. “得克萨斯州休斯敦市杰拉尔德·D·海因斯办公大楼拟建纲要”,新闻稿,1966 年 3 月（SOM 芝加哥事务所档案）。

12. “法兹勒·R·汗的往事”,口述历史项目的部分内容,1978 年 6 月,SOM 事务所,p120—121（法兹勒 · 汗的个人收藏）。客户与设计团队之间的相互理解，使彼此更加默契。关于我父亲，杰拉尔德 · 海因斯告诉我：“他非常热心、聪明而且正直，我这一辈子都很信任他，他是个值得托付的人。”（海因斯与作者的通信往来，2003 年 3 月）

13. “杰拉尔德 · D · 海因斯投资公司办公大楼规划方案”，新闻稿大纲，1966 年 4 月？（SOM 芝加哥事务所档案）。

14. 十几年后，工程师罗伯特 · 罗森瓦塞尔在报告中仍然这样写道：“在纽约市能够将混凝土强度用到 5000 psi 以上，这太不寻常了。”（罗森瓦塞尔，“纽约第一高”，N13）

15. 斯普林和坎蒂，“混凝土”，p81。

16. 克罗科斯基，“材料的应用科学”，p54。克罗科斯基是卡耐基理工学院的土木工程教授，该校位于宾夕法尼亚州的匹兹堡。

17. 海因斯致法兹勒，1967 年 3 月 10 日（SOM 芝加哥事务所档案）。

18. 法兹勒致海因斯，1967 年 3 月 21 日（SOM 芝加哥事务所档案）。

19. 乔治 · 贾里克致杰拉尔德 · D · 海因斯，1966 年 6 月 1 日（SOM 芝加哥事务所档案）。

20. 这种看法的一个例子就是建筑师建议开发商将车库的柱子变小，“为何不首先征求一下我们的意见？”结构工程师提请注意道。

21. 法兹勒，“一个设计转折点”，1974 年，p10：1。

22. 福赫特，“基础的特点”，p7。

23. 法兹勒致哈里斯，1966 年 11 月 15 日（SOM 芝加哥事务所档案）。

24. 基础的观察表现详见法兹勒、福赫特及格迈因哈特的“贝壳广场大厦的性能”，1978 年。

25. “徐变与收缩影响因素的设计考量”，p787。

26. 维奥莱 – 勒 – 迪克，《建筑学讲义》，p129。

27. 隔墙加工商曾调整过隔墙的施工详图，以便考虑结构位移的限值要求。

28. “徐变、收缩及温度的影响”，国际高层建筑与城市住宅委员会的第 CB-10 章，CB 组，《高层混凝土及砌体建筑》，p444。强度等级为 145—150 pcf 的混凝土是指常规的或“正常重量”骨料的混凝土，现称其为“普通混凝土”（比如在 ACI 318-02 中的规定），本书多指此意。

29. 为了提高混凝土的流动性与和易性，混凝土配合比设计时包含了比完全水化反应所需的更多的水。人们已经开发出许多改良的外加剂，它们能够通过化学反应而非大量的水来增加混凝土的和易性，从而有助于使高强与高质量混凝土也具备同样良好的和易性。

30. 法兹勒、斯托克布里奇与布朗，“质量控制”，1971 年，p16。通过制定一个严格的质量控制程序，混凝土拌合物的不稳定性便能够得到改善。混凝土的性能在配料车间里得以检验，在施工现场又会进行二次检验，其内容包括单位重量、坍落度、空气含量和温度。

31. 法兹勒和科拉科，“分析与设计”，1968 年，p8；法兹勒，“轻质混凝土”，1971 年，p6—7；法兹勒与芬特尔，“柱的混凝土温度与徐变的影响”，1969 年，p1016；法兹勒与芬特尔，“概念详述”，1971 年，p217。令人困惑的钢筋混凝土构件徐变性质把法兹勒搞得焦头烂额，他在一篇论文中写道：非弹性收缩差将导致荷载从配筋率较低的剪力墙转移至相邻的柱子上。然而，后来法兹勒又得出了相反的结论（法兹勒，“轻质混凝土”，1971 年，p7）。

32. 法兹勒与芬特尔，“概念详述”，1971 年，p218。

33. 唐纳德·W·普费菲与埃文德·霍内斯塔德，“轻骨料钢筋混凝土柱的增量加载”，国际桥梁与结构工程协会（IABSE）《第 8 次代表大会的总结报告》，p1055—1063。普费菲与霍内斯塔德指导了增量徐变的实验研究。

34. 科拉科与作者的谈话，2001 年 8 月。

35. 芬特尔与高希，“超高层建筑中柱长度的改变”，国际高层建筑与城市住宅委员会，《高层建筑的研究进展》，p508。

36.A·波夫，“作者有关初步报告的评论”，国际桥梁与结构工程协会《第 8 次代表大会的总结报告》，p1075。

37. “得克萨斯的高层传说”，p503。在实现了建筑结构的经济性之后，海因斯投资公司选择了奢侈的内装修。正如它的促销宣传册上所展示的那样：这座大厦“提供极佳的舒适体验，效率至上、服务一流”，时新的双层玻璃窗用以减少强光和热量损失与增益，每一间对外朝向的办公室都被当作独立区域进行空调与热控设计，室内设计则采用了稀有木材，并且电梯墙为皮面外包。然而，这样的室内设计却令一些评论家嗤之以鼻（《贝壳广场大厦：杰拉尔德·D·海因斯公司的投资项目》）（无页码、未注明出版日期；SOM 芝加哥事务所档案）；“超级贝壳”，p27；“贝壳广场大厦”，p22。

38. 起初，轻质混凝土并未用于类似于贝壳广场大厦的项目中，其原因在于：非常难以泵送，不易达到的普通混凝土弹性模量，成本比普通混凝土高。另外在某些情况下，普通混凝土的大自重有助于保持结构构件的受压状态，从而能够更好抵抗侧向荷载所产生的拉力。

第 7 章　隔震概念与带状桁架

1. 法兹勒决定让工程师参与 SOM 事务所的高管事务，在他的努力下，结构工程师哈尔·延加与机械工程师帕拉姆博·古杰拉尔先后于 1975 年和 1978 年成为公司合伙人，其他工程师也相继成为公司的普通合伙人。

2. 只有在 1994 年，美国《工程新闻记录》的年度建筑人物奖更名为卓越奖。有关授予法兹勒的一系列荣誉，参见 http：//www.fazlurrkhan.com。当人们对他浮想联翩时，他却对自己已经取得的社会地位非常敏感。那些熟悉或不熟悉的人都在想象着法兹勒有着多么大的影响力、多么大的财富，法兹勒也因此会时常陷入被要求“献爱心”的困境中。有位信友甚至想当然地认为，既然是法兹勒“建造”的约翰・汉考克中心，那么他就是这座大楼的业主。

3. 克拉夫与贝努斯卡，《联邦住房管理局研究报告》，p1：1。

4. 在许多城市中，130 英尺左右的建筑高度限值源于消防设备的最大工作高度。

5. 惠勒，“工程师的抗震规范建议”，p59。

6. 布卢姆、纽马克及科宁，《多层钢筋混凝土建筑》。延性是指超过首次屈服后，结构构件的变形储备能力，同时还应具备抵抗大于弹性极限荷载的能力。

7. 艾伦・G・达文波特，“有关标准与加载的综述”，国际高层建筑与城市住宅委员会，《高层建筑的研究进展》，p231。

8.1994 年，加利福尼亚州北岭地震使工程师们相信，在完全破坏之前，普遍存在的焊接梁－柱节点并不具备足够的变形能力。

9. “抗震设计滞后所带来的巨大震动”，p17。伴随着 20 世纪 60 年代出现的强度设计方法，以及更高效率结构类型的引入和对构件强度的充分利用，使得材料与现场实际施工质量（例如布筋质量）成为项目成败的关键。这种对施工质量要求的改变导致 SOM 事务所和其他公司以及项目设计的内业与施工现场之间出现了摩擦，造成这种现象的原因之一就是人们对新设计方法的本质内含还不够完全清楚。

10. 贝德纳斯基，“讨论”，p657；马特尔，“地震的影响”，p167—178。

11. 为了在不可预见的严重地面运动情况下能够提供一个备用的保护层，他们在稳定墙与上部结构之间引入了一种直连装置，其作用是在大震时能够参与共同工作。

12. “弗里茨实验室的研究”，引自约翰斯顿的《论文选》，p108。

13. 法兹勒与芬特尔，“吸震软弱层”，1969 年。

14. 不要期望科学进步会出自工程实践者之手；而且，地震活动区的研究者们并不愿意承认芝加哥工程师的设计建议。有关 20 世纪科学与工程界限的概述，参见比灵顿的《结构设计的艺术》，p71。

15. 汉森与德根科尔伯，《委内瑞拉大地震》，p132。

16.20 世纪 80 年代，这类基础隔震体系被广泛应用于新西兰、日本和美国的大量低层建筑中。根据加利福尼亚大学伯克利分校土木与环境工程学院退休荣誉教授詹姆斯・凯利的介绍，截至 80 年代，合成橡胶支座已经为美国的 55 幢，其中包括规划阶段的、在建的或已竣工的建筑提供了基础隔震。在日本，截至 1998 年，550 个基础隔震建筑已经获得了批准（詹姆斯・凯利，“基础隔震”）。为了便于分析，我们可以利用具有一个等效软弱层的结构模型来反映隔震体系的效果。在这个假定的软弱层中，柱子被模拟成具有提供基础隔震的等效剪切刚度特性。

17. 在遵循其他抗震设计原则的过程中，70 年代的研究人员通过确保非弹性变形出现在梁－柱节点核心区之外的梁端，来实现合理的结构破坏模式。法兹勒保持着对地震工程学进展的浓厚兴趣，并在加利福尼亚大学伯克利分校与埃格尔・P・波波夫教授讨论过 1980 年前后该领域的研究动向；另外，他们也对 SOM 事务所加利福尼亚州的一个项目交换了意见。

18. 2001 年，必和必拓公司与比利顿公司合并。

19. 戈德，“必和必拓公司大楼，墨尔本”，p262；云肯·弗里曼建筑事务所，《必和必拓公司大楼》；必和必拓公司，《必和必拓公司大楼》序言；巴里·帕滕写给作者的信，2001年11月1日。

20. 帕滕好像不大可能出乎意料地露面，事实上，他记得自己预约过。我父亲对此经历的回想方式大概也能够反映出他的惊讶，并为帕滕的造访而感到高兴。

21. 法兹勒，引自“法兹勒·汗：先锋派”，p17。

22. 维多利亚广场的建筑设计由路易吉·莫雷蒂与格林斯庞（Greenspoon）、弗里德兰德－唐恩（Freedlander & Dunne）事务所完成；结构设计由皮埃尔·鲁基·奈尔维与达·阿利芒及巴尔巴克（D' Allemangne & Barbacki）事务所负责。密斯·凡·德·罗设计了多伦多道明中心，其合作设计者包括约翰·B·帕金（John B. Parkin）联合事务所以及布雷格曼（Bregman）和哈曼（Hamann）；结构工程师为C·D·卡拉瑟斯（C. D. Carruthers）与华莱士（Wallace）。

23. “法兹勒·R·汗的往事”，p110。

24. 博伊德，“澳大利亚建筑现状”，p463。1969年，博伊德荣获澳大利亚皇家建筑学会金质奖章。

25. 欧文·约翰斯顿事务所，《必和必拓公司大楼》，工程报告并未表明是否可能取消带状桁架，以便与另一个建筑设计方案相互协调；恰恰相反的是，欧文·约翰斯顿事务所的约翰·R·福勒（John R. Fowler）在其1973年的报告中认为，外框筒结构可能是该项目更为合适的结构类型（福勒，“必和必拓公司大楼，墨尔本”）。

26. 基础施工的时间大约是传统沉井基础的10%[云肯·弗里曼建筑事务所，《必和必拓公司大楼》，未注明页码；澳大利亚钢铁公司与E·A·瓦特（E. A. Watts），《必和必拓公司大楼》，p31]。

27. 罗洛（Rollo），“一件现代往事”。无论SOM事务所的杰克·特利还是云肯·弗里曼事务所的巴里·帕滕都告诉我：在办公室一起工作的那些日子里，设计师们之间建立起了良好的私人关系。关于我父亲，帕滕写道：“无论是从专业或个人友谊的角度来看，与他共事的确是我职业生涯的亮点之一。”

28. 帕滕写给作者的信，2001年11月1日。

29. 法兹勒确信：起初40层建筑的估算是基于每平方英尺楼面面积大约30磅用钢的数据。由于结构与窗墙构造的经济性，投入建筑细部设计的资金就显得非常充足（英国建筑钢结构协会，《论文集》，p101）。

30. 戈德，《墨尔本建筑》，p200、p210；戈德，“必和必拓公司大楼，墨尔本”，p261。

31. 维多利亚历史遗产委员会，“维多利亚历史遗产名录”序言。

32. 维多利亚州墨尔本市的必和必拓公司大楼（曾用名）清单，澳大利亚历史遗产委员会，“国家遗产名录”。

33. 法兹勒，“结构体系”，1972年，p13。

第8章　混合结构体系：新奥尔良贝壳广场大厦

1. 法兹勒是60年代中后期的少数几个结构工程师之一，就像李维·泽特林（Lev Zetlin）和威廉·勒梅热勒那样，告诫大家不要让计算机带来的革新使自己走了神，并催促同僚们多思考些整个体系层面上的问题，而不仅仅“只对构件之间的互相作用听之任之”（泽特林，“钢索”，p1）。泽特林也是早期索承结构的倡导者，法兹勒也曾经涉足过类似的结构体系。

2. 建筑史学家卡尔·康迪特在他的《摩天大楼的崛起》（1952）一书中将建筑形容成“结构的

艺术”。不久之前，普林斯顿大学的戴维·比灵顿大幅描述了19世纪及20世纪建筑与桥梁设计中的结构艺术，并认为这个理念开始于工程师托马斯·特尔福德。然而，比灵顿总体上认为结构艺术区别于建筑学，这是因为他所关注的结构艺术是基于工程学原理的（比灵顿，《塔与桥》，xiii，xvi）。

3. “社论：DOT”，p100。

4. 城市顾问致联邦公路管理局，《城市中的高速公路》，p111。与这个定义相反，“系统方法”或“系统建造”是指为了厉行节约而系统化的建筑施工程序，60年代末，加利福尼亚州学区建设就采用了这种模式。在以后的上下文中，系统方法还涉及将建筑从概念上分解成便于设计或施工的系统和子系统。

5. 法兹勒，“系统工程”，1973年，p7；法兹勒，“当前的钢结构体系”，1970年，p64。在70年代，SOM芝加哥事务所施行团队合作模式，这不仅体现在项目管理方面，也包括办公空间的安排、项目团队成员的组成编制等方面。

6. 根据1974年新南威尔士政府的数据，项目总成本为1.51亿美元；而1957年的估算成本却只有980万美元（“环球”，p15）。奥韦·阿鲁普讨论了一些困难，这些困难源于建筑师约翰·伍重“对他的合作者阿鲁普和聪茨（Zunz）深层次的不信任感”，“悉尼歌剧院”。

7. 奥韦·阿鲁普，引自“悉尼”，p34。

8. 法兹勒，“系统工程”，1973年，p3。

9. 该数据基于《工程新闻记录》的新奥尔良建设成本指数（“建设数据榜”，p67）。

10. 哈尔·延加与作者的谈话，2001年11月。

11. 法兹勒计划写一本高层建筑设计方面的书，其提纲包含了两种类型的组合结构：混凝土核心筒与钢结构外框架、钢结构框架与混凝土外框筒。

12. 金属结构杆件与混凝土或砌体材料的组合应用出现在施工技术进步之前，在19世纪初后期，铸铁柱子被用于和砌体外墙进行连接；20世纪早期，钢梁外包于混凝土中，从而起到了防火的效果。

13. “建筑设计之减少用钢量”，p19；法兹勒，“结构体系”，1972年，p65。

14. 路易斯·D·布朗，“普瓦德拉街区的开发计划书”，新奥尔良地区商会的中心区委员（1966年12月30日），p4（SOM芝加哥事务所档案）。在贝壳广场大厦的宣传册中，杰拉尔德·D·海因斯投资公司将普瓦德拉街区界定为“南部的公园大道”。

15. “建筑革命”，p100；“庆祝新奥尔良的发展”，p68。

16. 杰拉尔德·D·海因斯投资公司雇用来自休斯敦的威尔逊－莫里斯－科兰－安德森事务所与SOM事务所合作，新奥尔良的奥古斯特·佩雷斯（August Perez）联合事务所协助当地代理机构进行审查与批准工作。休斯敦的切诺尔特－布雷迪（Chenault & Brady）顾问公司负责项目的机械、电力、管道和防火工程。

17. “贝壳广场大厦获商会荣誉奖”，第3节，p8。

18. 美国经济的通货膨胀状况促使工会试图为工人获得更多的补偿性工资，甚至经济顾问委员会主席也评述道：“当物价和企业利润率持续高涨时，谁还能够指望工人们一直对自己的工资要求显得那么绅士呢？”（“更有说服力的增税支持者”，p20）。当然，更高的工资又会反馈成螺旋式上升的通货膨胀。

19. 这个比率是基于我对施工进度报告的研判，根据项目工程师唐·贝尔福德所说，峰值施工速度可达每两天半一层楼（贝尔福德，“钢－混凝土组合结构建筑”，p65）。

20. 因为在某些桩位上打桩阻力较小，所以必须补打 23 根。最初的基础设计是基于单桩承载力设计值 280 吨及混凝土抗压强度 6000 psi。由于难以获得规定的高强度，单桩承载力被迫降低到了 250 吨，这样一来，就要求对基础进行重新设计。1970 年 4 月的一个星期六，我父亲在休斯敦度过了他的生日，并与杰拉尔德·海因斯会面，解决了单桩承载力低的问题。60 年代后期是我父亲巡游生活的开始。长期的差旅生活伴随着他职业的余生。

21. 法兹勒·R·汗致杰拉尔德·D·海因斯，1970 年 10 月 23 日（SOM 芝加哥事务所档案）。

22. 贝尔福德，“钢－混凝土组合结构建筑”，p63。

23. 文中的两处引用均出自法兹勒·R·汗致理查德·J·戴利的信函，1971 年 8 月 16 日（法兹勒·汗的个人收藏）。作为国际高层建筑与城市住宅委员会的创会主席，法兹勒写信给芝加哥市长。虽然不少设计师提出一些预防措施来避免火势蔓延，比如，将空气流通限定在每个单独的楼层内，或者提供喷淋设施，但规范却并没有如此要求。

24. 虽然得到了材料制造商、设计公司、开发商和政府机构的推动，然而融资难却是委员会多年之痛。

25. 法兹勒，美国土木工程师学会－国际桥梁及结构工程协会联合委员会有关高层建筑规划与设计的出版物前言，《高层建筑体系与概念》，p2。

26. 美国钢结构协会高层建筑研究委员会，“对法兹勒·R·汗的纪念决议”，1982 年；埃德蒙·哈波尔德致莉泽洛特·汗的信，1982 年 5 月 1 日。

27. 美国混凝土学会有关“混凝土——2000 年展望”的临时董事委员会，p588。

28. 该术语出自巴迪乌（Badiou）的“一分为二”。

29. 维特鲁威，《建筑十书》，p109；拉斯金，《现代画家》，p108。维特鲁威推荐通过减小柱尺寸而实现逐渐降低柱上荷载的恰当表达形式。

30. 迪斯泰尼，“新表现主义”，p7。霍华德·迪斯泰尼于 1928—1933 年在包豪斯大学学习，随后几年在柏林师从密斯。60 年代，迪斯泰尼在伊利诺伊理工学院建筑与城市规划学院任教，在此期间，我们两家成了好朋友。

31. 约翰逊，“超越典范”，p63；赫德纳特，《建筑学》，p111；维奥莱－勒－迪克（Viollet-le-Due），《建筑学讲义》，p105（原文中的强调部分）。

32. 文丘里，《建筑的复杂性与矛盾性》，p25；斯科特（Scott），《人文主义建筑学》，p178。

33. 术语“和”、“或”以及“组合”本身并非新名词。1961 年，在 SOM 事务所对埃姆哈特制造公司总部大楼的设计评论中曾提到过以上三个字眼儿（第一次是按照相反的次序出现的）。《建筑论坛》注释道：“建筑学好像是一种从‘或’到‘和’的思维符号……然后再到‘组合’模式，包括概念、空间组织以及材料和技术之间的相互组合。”（“SOM 事务所的新型混合结构”，p142，原文中的强调部分）。

第 9 章　束筒的诞生：西尔斯大厦

1. “城市就像一个单体结构”，p208。1960 年，世界人口已达 30 亿；到了 1974 年就猛增至 40 亿。

2. “建筑师改造了城市”，p21；美国混凝土学会有关“混凝土——2000 年展望”的临时委员会，p582。1968 年的《建筑进展》报道：规划师预计 2000 年的曼哈顿办公空间需求几乎会达到现有的两倍（“如何避免平板化城市”，p154）。

3. “土地用尽”，p31；维莱科（Villecco），“无限可扩展的未来”，p40；“社论：月球上的建筑”，p84。

4. 阿诺德，“非居住建筑变小了吗？”，p75。

5. 法兹勒，“当今趋势”，1967 年，p586。

6. 纳格伯格（Nagelberg），“西尔斯将建最高楼”，p1；基拉尔，“年度建筑人物”，21；延加与作者的通信，2002 年 3 月。

7. 由于内柱的平面布置不合适并且还消耗了部分楼面面积，所以租户通常都会租赁比实际需求更大的空间。在贝壳广场大厦的宣传册里，杰拉尔德 · D · 海因斯投资公司估算出两者的差别应在 10%—15% 的范围内 [杰拉尔德 · D · 海因斯投资公司，《进展报告 1：贝壳广场大厦》的宣传手册（1969 年？），未注明页码，（SOM 芝加哥事务所档案）]。

8. SOM 事务所会议记录，1969 年 11 月 18 日（SOM 芝加哥事务所档案）。

9. “社论：建筑学”，p396。

10. 法兹勒，“高层建筑”，1971 年，p29；《布鲁斯 · 约翰 · 格雷厄姆之口述历史》，p141。

11. 格雷厄姆与作者的谈话，1999 年 12 月；《布鲁斯 · 约翰 · 格雷厄姆之口述历史》，p62–63。

12. 1964 年，约翰 · 彼得对格罗皮乌斯的访谈（彼得，《口述现代建筑史》，p186）。

13. 延加与作者的通信，2002 年 8 月；约翰 · 泽尔斯，“法兹勒 · 汗的往事”（草稿，1991 年 7 月 15 日）；1991 年，泽尔斯回忆道：“布鲁斯 · 约翰 · 格雷厄姆和法兹勒的合作方式与我曾经遇见过的任何人都不一样。”

14. 麦克维，“西尔斯大厦长高了！”，p54。美国联邦航空管理局要求一般操作高度（飞机飞行标高）与任何固定障碍物之间的净空不小于 1000 英尺。但在计算净空距离时，航空管理局将障碍物的高度按 100 英尺进行四舍五入，同时对航行高程按 1000 英尺的增量进行调整，因此，平均海拔之上的建筑最大高度如果为 2049 英尺，则计算时舍为 2000 英尺，并且飞机高度取 3000 英尺；如何建筑高度再高出 1 英尺，即 2050 英尺，那么航空管理局会将其视为 2100 英尺高，相应的飞行高度按满 1000 英尺增量调整后就会达到 4000 英尺。

15. 如今，城市仿真技术已经能够消除这种不确定性，从虚拟建筑上方的视角去观察，我们便可知晓是否有其他建筑遮挡住了信号线路，然而这种技术在 1971 年却是无法想象的。

16. 这是一个相当年轻的团队：1969 年法兹勒 40 岁，延加 34 岁，阿明 27 岁，泽尔斯 26 岁。其他参与结构设计工作的人还包括：劳伦 · 卡朋特（Lauren Carpenter）、道格拉斯 · 斯托克（Douglas Stoker）、唐 · 科佩尔（Don Koppel）、埃德温 · 什列蒙（Edwin Shlemon）以及安东尼 · 扎萨德尼（Anthony Zasadney）。

17. 作为西安大略大学工程学教师的艾伦 · G · 达文波特，自从大气边界层风洞实验室成立以来，就一直担任主任。实验室经理及副主任尼古拉斯 · 伊斯莫夫于 1965 年加入该实验室，并合作指导西尔斯大厦的工程研究工作。其他领先的风洞实验室还包括位于柯林斯堡的科罗拉多州立大学。

18. 伊斯莫夫，“风作用概述”，p18；伊斯莫夫及达文波特与作者的谈话，伦敦，安大略省，2002 年 12 月。

19. 阻尼是激励作用下能量耗散率的度量指标，临界阻尼的定义是：使某一特定系统回到平衡位置所需的最小阻尼。

20. 如今的风工程分析是基于阵风测量，而非六七十年代风作用设计时所采用的相应于重现周期的“年极值英里”或“最快英里”风速。

21. 法兹勒与纳塞塔（Nassetta），“温度效应”，1970 年，p124。虽然法兹勒与延加并不从本质上反对应用阻尼装置，并且他们还鼓励制造商继续关注阻尼装置的长期性能研究，但法兹勒拒绝依赖机械设施来控制结构性能，其中也包括对外露柱采用机械式加热与冷却措施，以控制温度改变所诱导的位移。

22. SOM 事务所会议记录，1970 年 8 月 19 日；延加致法兹勒，备忘录，1970 年 9 月 10 日（均属 SOM 芝加哥事务所档案）。美国国家标准学会的 A58.1 标准，后来被认为是风工程标准的最佳来源，也是当时唯一涉及风荷载动力反应条款的规范。它建议：大多数建筑物的风荷载平均重现期取 50 年，对于高风险的建构筑物及应急设施可取 100 年。

23. 艾伦 · G · 达文波特，引自“风作用分析”，p29。

24. 西尔斯大厦设计 9 年后，美国国家标准局发表的一份报告对该项目所采取的设计方针向给予了肯定，报告所做了统计分析确定了芝加哥百年一遇的最大风速为 62.8mph、千年为 71.8mph、百万年（对任何预测而言，这都是个不真实的重现期）为 98.8mph[斯缪（Simiu）、钱格里（Changery）及菲利布（Filliben），《极值风速》，p72]。

25. 在西尔斯大厦设计的一系列论文中，法兹勒与延加均表示：与风荷载相应的重现期远远大于 1000 年和 1 万年。考虑到测量记录只能回溯 100 年，因此这个风荷载的极值预测还有待于进一步解释，而由此也能够反映出西尔斯大厦的结构强度和刚度是相当大的。

26. 克罗斯，“限制”，p535。在 1965 年，由于相关数据难以获取，因此约翰 · 汉考克中心的设计团队不得不非常谨慎，在进行强度复核时，采用了两倍的规范风压值。

27. 延加，“束筒结构”，p73；西尔斯大厦的数据表单，1985 年（SOM 芝加哥事务所档案）。建筑重量的比较并没有反映出结构用钢的类型因素，对于西尔斯大厦来说，梁采用美国材料与试验协会的 A36 钢，而柱则采用 A588 或 A572 级钢。

28. 方案的手记提交于 1971 年 4 月 22 日，备忘录附件，哈尔·延加致理查德·克鲁兹（Richard Kreutz），1971 年 5 月 5 日（SOM 芝加哥事务所档案）。1968 年，瑞典航空研究所的工程师认为：风洞实验证实急风将沿着高层（相对于周围的建筑高度而言）建筑下向运动，“在接近地表处产生令人讨厌的阵风”。他们观察道：“对于较高建筑而言，这个效应能够通过退台设计加以避免”（“城市实验”，p16）。又过了十多年，街道标高处建筑体型诱导气流的问题才在美国得到了广泛研究。

29. “论坛：芝加哥的瑕疵”，p21；玛莲，“西尔斯大厦”，p31。1985 年的一个复兴项目旨在提升建筑物的街面表现力，其具体内容包括：在威克大道增设一个入口门厅以及另一个可以直达富兰克林大街广场的通道。

30. 帕特尔（Patel）等人，“计算机辅助设计”，p624；小戈弗雷（Godfrey Jr.），“计算机用户组”，p52。

31. “更大才能更好”，p57。

32. 约翰·泽尔斯，“法兹勒·汗的往事”；路易吉·芒福德与作者的谈话，芝加哥，1999 年 9 月。

33. 为了体现一定的设计全貌，西尔斯大厦的几何数据已经被公开研究了很久。在 90 年代，人们发现：通过一些自反射和强调性的建筑元素，该建筑的束筒结构对于增强建筑辨识度具有重要意义。出现于70年代，作为办公塔楼设计范例的一个构成要件，加强自我辨识度的意识成为设计者所秉持的共识。最近以来，对六七十年代建筑的复制，特别是双子塔类型的设计已经被解释成是一种克隆社会的前奏（林恩，“困境中的西尔斯大厦”，p83；鲍德里亚和努维尔，《独异的建筑体》，p xi、p 28、p 39）。

34. 菲茨西蒙斯（FitzSimons），“飘然远去”，p95。

35. “摩天大楼有多大？”，p21。

第10章　建筑学的转型

1. 德国建筑师卡尔·弗雷德里希·辛克尔（Karl Friedrich Schinkel）在描述托马斯·特尔福德（Thomas Telford）的桥梁设计时使用了这些术语。1826年，辛克尔在英国之行中对此设计深表钦佩[埃特林格（Ettlinger），“德国建筑师之旅”，p133]。

2. 凯瑞·桑德伯格（Cari Sandberg）在1914年发表的“芝加哥”一诗中创造出了这些形象。

3. 希区柯克，《现代建筑》，p14。1895年，一位在芝加哥的法国访学者保罗·布尔热（Paul Bourget）观察道：“草图里出现了一种新的艺术，一种发源于群众且服务于群众的民主艺术，一种科学的艺术……”（被引于康迪特的《芝加哥建筑学派》，p28）。

4. 维奥莱－勒－迪克，《建筑学讲义》，p203；密斯·凡·德·罗，被引于斯文森（Swenson）和张（Chang）的《伊利诺伊理工学院的建筑学教育》，p154。最初，密斯在将建筑形容成时代意志时，使用了“存活、改变、革新”这个短语（“办公建筑”，G[1923年7月]，p3，印于诺伊迈耶，《朴实无华之词：密斯·凡·德·罗论建筑艺术》，p241）。

5. 刘易斯·芒福德，“凤凰太稀少”，出自芒福德的《拔地而起》，p88。1933年，国际现代建筑协会第4届代表大会的决议聚焦于城市规划中控制混乱和不健康开发的理念，该决议得到了勒·柯布西耶的广泛传播，并于1943年发展成了《雅典宪章》。

6. 约翰·F·肯尼迪的就职演说，1961年1月20日；戴维·帕卡德在1960年的非正式讲话，广告，《华尔街杂志》，2002年3月15日，第C节，p9；尼尔·阿姆斯特朗，1969年第一位踏足月球的人，“这是我的一小步，却是人类迈出的一大步。”

7. 世博会出版物，被引于“弗雷·奥托的设计”，p59。展览“回忆录”中的措辞稍有不同：“做人意味着责任，从脚下的第一块石头开始，筑起整个世界。”（加拿大公司致1967年世博会，《男人的土地》，p26）

8. 康迪特，《芝加哥建筑学派》，xxxiii。

9. 密斯的设计感吸引着我父亲，1969年，当我的父母拥有了他们的第一个家——位于海德公园第27楼上的共管式公寓时，他们还为我们的客厅购置了两把巴塞罗那椅和一张巴塞罗那咖啡桌。

10. 与之相反的是，结构的地位在SOM越来越高了。1966年，虽然纳撒尼尔·奥因斯并不清楚芝加哥事务所在德威特·切斯纳特公寓和约翰·汉考克中心设计中所采用的确切结构体系，但还是将结构视为最新设计的成败关键，他承认：聚焦结构会赋予设计灵感，而非限制了灵感（“斯基德莫尔，奥因斯与梅里尔”，p187）。

11. “社论：成就领袖的时代”，p92。

12. 在同一时期，对第一个社会主义国家意识形态的支持被认为是已经失败了。

13. “建筑师听之任之”，p16。建筑不仅没有创造出一个能够普惠大众的社会，建筑学专业自身的示范效应也荡然无存。根据 1970 年《建筑论坛》的报道：美国建筑学专业的从业人士大约 98% 为白人，1973 年，美国建筑师学会 24000 名成员中女性只占 300 人，这种现象在工程设计与施工行业里也不会更好，并且在整个 60 年代里，建筑工会始终抵制雇用非工会劳工。

14. 布莱克，“现代建筑”，p77。布莱克还担任《建筑论坛》的副主编。

15. 小亨利·罗素·希区柯克与菲利浦·约翰逊选择“国际风格”这样的描述符作为展览配套用书的主题，而该展就是大名鼎鼎的 1932 年现代建筑展，举办地为纽约现代艺术博物馆。虽然这个名词从未被 20 世纪 20 年代的欧洲现代运动建筑师们使用过，但他们还是给该书取名《国际风格：1922 年以来的建筑》。希区柯克和约翰逊倾向于忽视与欧洲现代建筑运动相关的社会意识形态和功能主义，并且他们也许怀疑：作为一种风格而非一种运动的现代建筑称谓是否能够更符合他们美国观众的品位。在纽约现代艺术博物馆 50 周年回顾展上，海伦·西林（Helen Searing）指出：《国际风格》上的建筑图解是在小心翼翼地聚焦于建筑设计的多视角性，它避免了对设计复杂性的肖像式描述；实际上，后者展现给我们的是那些被教科书忽略了的建筑运动的产物，比如构成主义、未来主义和表现主义（西林，“国际风格”，p91）。与此相反的是欧洲，勒·柯布西耶感受到了提倡社会变革所带来的压力，他用当代的政治术语“不要通过制造革命而使其革命化”来形容人们对建筑变革的渴望；他在《明日的城市》一书的结语中写道：“真正的变革体现在对现有问题的解决上。”

16. 詹克斯，《后现代建筑》，p24。虽然这些年的“危机”并非只是历史上的个案，但给人的感觉是深远的，既有社会因素又有审美原因。1978 年，M·W·纽曼（M. W. Newman）在《内陆建筑》上以社会视角写道：“与世界上最富有社会制度的失败承诺相比较而言，建筑学现代运动的‘失败’更是苍白到一无是处。”（纽曼，“懊悔的 70 年代”，p20）

17. 马里奥·萨瓦多里（Mario Salvadori）任教于哥伦比亚大学工程与建筑学院，并且作为保罗·魏德林格联合事务所的合伙人参与实际工程设计，他与法兹勒·汗是在设计室共同工作多年后成为朋友的。

18. 路易斯·沙利文，1899 年，被引于约翰逊的《建筑学原理》，p179；“莫特·B·施密特（Mott B. Schmidt）的古典视野”，出自戈德伯格的《如日中升：后现代时期的建筑设计》，p257。

19. 勒·柯布西耶，被引于布莱克的《建筑大师们》，p399；“小平面：展品”，p96. 该评论是关于摩西·萨夫迪（Moshe Safdie）展的；这一时期的另外一些展评也有着相似的观察角度。

20. 赫克斯特布尔，《高层建筑艺术的再思考》，p62；贝聿铭，被引于“美国建筑师学会会议记录报告”，p34。作为对 70 年代中期经济衰退的反应，设计转型的主要效果已经部分显现出来了，这也导致大量建设项目的停滞（详见第 11 章）。

21. 在 70 年代里，SOM 也将计算机用于研究规划建筑对周围环境的影响。为了这个“壮丽一英里”项目（三个拟六边形筒所构成的束筒），设计人员对芝加哥商业区的日照轨迹进行了分析，用以确定如何最大限度地减小这个超高层建筑对橡树街湖滩阴影投射的影响。

22. 泰戈尔，《流萤集》，p243。

23. 建筑师伦佐·皮亚诺（Renzo Piano）与理查德·罗杰斯（Richard Rogers）共同设计了蓬皮杜艺术中心，其结构设计由奥雅纳工程咨询有限公司完成。新技术表现主义的有名建筑还包括 14 层的伦敦劳埃德大厦（由理查德·罗杰斯与奥韦·阿鲁普设计，1978—1986 年）以及 47 层的中国香港汇丰银行公司总部（由福斯特联合事务所及奥雅纳设计，1979—1986 年）。

24. 怀特，《城市：对中心的重新发现》，p55。

25. 约翰·特利与作者的谈话，1998 年 8 月；布里吉特·比德汉斯（Brigitte Peterhans）与作者的谈话，2002 年 12 月。特利作为合伙人负责该项目，比德汉斯是该项目的建筑师。

26. 提供未知功能的适应性设计业已成为 20 世纪的主流，其部分原因是出于对迅速变化的技术与生活方式所作出的反应。融合室内外之间的壁垒也已经是个多年的主旋律，对照明与开洞的构造追求伴随着对 19 世纪传统惯例的废止。

27. “奈尔维”，p112。

28. 虽然在桥梁设计中悬索体系已经历史悠久了，但由于缺少计算机辅助分析以及现代工程界对计算的过分强调，所以索支撑体系的应用仍然被束之高阁。

29. 法兹勒，“结构理论”，1981 年。

30. 麦可·贺根（Michael Hogan）回忆起建筑师金振焕设想了一个叠放连接板的创意（贺根与作者的通信，2002 年 11 月）。

31. 斯凯勒，“布鲁克林大桥”，p338。蒙哥马利·斯凯勒被认为是世纪之交的美国顶尖建筑评论家。

32. 麦可·贺根与作者的通信，2002 年 10 月。

33. 艾伦·G·达文波特致麦可·贺根，1973 年 1 月 19 日（SOM 芝加哥事务所档案）。

34. “建筑活得很好”，p231。

35. “通过打破围护构件（墙体等），我们就已经消除了内部与外部的二元性”[“荷兰风格派运动宣言 V”，1923 年，详见康拉德（Conrads）的《20 世纪建筑的程序和宣言》，p66]。在讨论他的范斯沃斯住宅设计时，密斯进一步强调：“我们应该尝试使自然、居所以及人本三者结合，从而达到高度统一。”当透过幕墙观赏自然时，他继续道：“建筑被赋予了更深远的意义，变成了更大整体的一部分”[密斯与克里斯蒂安·诺伯格–舒尔茨（Christian Norberg-Schulz）的谈话，出自《建筑和形式》（期刊），1958 年，第 11 期，诺伊迈耶（Neumeyer），《自然之语》，p339]。

36. 赖特，《美国建筑》，p218。

37. 斯卡利（Scully），“收费公路与水晶广场”，p20。

38. 汗，“结构理论”，1981 年，p40。

39. 怀斯利，“工程 – 建筑”，p37；“结构，专业事项”，p80。

40. 我始终未能明白，为什么父亲再也没有回到那个计划上去，我猜想：这可能跟他在 SOM 的责任以及投身于孟加拉基金会（详见第三部分）有关，这些公务会让他既无暇也无精力顾及写书的事。

第三部分　当代结构理性主义

孟加拉国的危机

1. 哈克、马赫布卜（Mahbub），《经济规划战略：以巴基斯坦为例》（卡拉奇：牛津大学出版社，1963 年），转引自达斯 – 古普塔（Das-Gupta），《东孟加拉的革命》，p41；“巴基斯坦：危机的背景”，p10135。

2. 叶海亚·汗将军在 3 月 26 日的向全国讲话被刊登于 1971 年 3 月 27 日的卡拉奇报纸《黎明》之上。

3. 亨利・基辛格曾任白宫国家安全事务特别助理和尼克松总统最亲密的外国政策顾问。这个渠道被证明是成功的，并最终导致了 1972 年尼克松总统的访华。

4. 孟加拉国（Bangladesh）的国名由两部分构成：Bangla 是指当地话的地名 Bengal 或 Bangali，而 Desh 则是指家乡和国家。

5. 拉尔夫・尼古拉斯在法兹勒・汗追悼会上的讲话，1982 年 5 月 6 日，以及与作者的通信，1997 年 8 日。

6. 齐勒・R・汗已经将该事件的细节写入了《第三世界的感召力》一书中。

7. 肯尼迪在美国国家记者俱乐部上的演讲，p30949。

8. 甘地，"孟加拉国的真相"，发表于斋浦尔公共集会上的演说摘要翻译稿，1971 年 11 月 28 日，出自甘地的《印度与孟加拉国》，p110。

9. 查弗鲁拉·乔杜里与作者的谈话，达卡，1999 年 2 月。萨瓦诊所已经发展了多年，截至 1999 年，它已分布于 11 乡镇（如今它已更名为人民健康中心）。

第 11 章　海外项目：中东大开发

1. 阿诺德（Arnold），"非居住建筑"，p75。

2. 范德尔・维（Van der Wee），《繁荣与昌盛》，p491。

3. 30 年前，欧佩克占世界原油产量的份额比如今更大，并且也占据着美国进口原油的更大比例（当时大约为 70%，如今是 45%）。

4. "通货膨胀将令借贷成本上升"，p78；克里斯蒂，"道奇 / 斯威特建筑展望"，p65。

5. 赛特（Siatt），"中东地区的交通运输"，p30：14—15。

6. 尼克松总统的中东之行是 25 年以来首位美国总统对该地区的访问，它象征着中东地区主要国家与美国之间的关系转变（"尼克松，欢迎你！"，p19）。

7. 如此繁忙的差旅使他待在芝加哥事务所的时间有限，也就不可能对每位工程技术人员都很了解或对日常业务都事必躬亲。

8. "顾问记录下的确凿事实"，p30：30；而且，"规范的"工艺技术、材料与环境条件无可避免地因所处国家和地区的不同而变化。

9. 在最近 20 年里，中国的建筑环境已经有了相当大的改变：高层建筑在发展中城市里遍地开花，各种学术团体有效地运维着相关技术标准。

10. 伴随着第一次世界大战的结束，西欧社会经历着自己的社会转型，从君权到民主的改变意味着新建筑类型与表现手法的运用。在日内瓦的国际联盟大厦建筑方案竞赛中，汉内斯·梅耶（Hannes Meyer）解释了其竞标方案的纲领性目标，而同时参赛的还包括汉斯・威特维尔（Hans Wittwer），他说道：在欧洲，人民代表联盟这个"新奇的社会组织"不应被迫穿上"传统建筑的紧身衣"。"没有柱子的接待室属于可恶的君主们，但卫生保健室却属于他们忙碌的人民代表；没有后廊是为了见不得人的交际手段，而敞亮的房间却是为了诚信人士的公开谈判"[施耐德（Schnaidt），《汉内斯·梅耶》，25]。在 1928—1930 年间，梅耶担任包豪斯校长一职。

11. 纳特施，被引于米勒的"从中西到中东"，p14。

12. 1952 年，由巴基斯坦至美国的航班因发动机故障迫降于贝鲁特，他享受了这半天的中途停留时光（汗的日记，1952 年 7 月）。

13. 马克·高尔德斯顿与作者的谈话，旧金山，1999 年 7 月。

14. 到了 1977 年，他就有了一张各种飞机机型的清单，其中注明了哪些是他喜欢的，哪些是想避开的。以前出国最不方便的就是宾馆住宿难，而且也不总是能够提前安排行程（杰克·特利与作者的谈话，1998 年 10 月）。然而，经过了几年的大跃进，旅行住宿问题得到了改善，按照 1980 年《工程新闻记录》的报道：相比于糟糕的 70 年代中期，沙特阿拉伯充满了商机，露宿宾馆大堂或者花一个礼拜时间打个国际长途的日子已经一去不复返了（“沙特人的 3000 亿计划”，p16—17）。

15. “法兹勒·汗的讣告”，p28。

16. 汗，“伊斯兰的环境”，1978 年，p52。

17. 阿拉伯术语和名称的音译导致了多种英文拼写的存在：*Makkah* 又可写成 *Mecca*，*Qur'an* 也叫 *Koran*，*Hajj* 即 *Haj* 或 *Hadj*，等等。

18. 对于广大穆斯林而言，有三座城市是神圣伊斯兰信仰的圣地所在：麦加、麦地那和耶路撒冷。

19. 对于刚刚过去日子来说，这是一个悲剧，因为人们已将几百年相对和平共处的历史忘却了。在奥斯曼帝国统治下，犹太人生活得更好，1454 年，君士坦丁堡的犹太居民在比较穆斯林土地上的生活与欧洲基督教世界的经历时，写道“在这里，每个人都拥有一个平平安安的家”（被引于德·兰格的《犹太世界的阿特拉斯》，p46）。

20. 根据犹太－基督教的经文，夏甲是撒拉的埃及使女，撒拉将她送给了亚伯拉罕，以便可以为他生育嗣子。

21. 弗兰姆普敦（Frampton），“走向批判的地域主义”。

22. 阿卡汗是伊斯兰教伊斯玛仪派的领袖，这个教派有在穆斯林社区建造学校、住房和医疗中心的传统。通过在伊朗、埃及和沙特阿拉伯的工作，法兹勒·汗认识了阿迦汗建筑奖筹划指导委员会的成员，并经由他们推荐参与了这个项目。

23. 施默茨（Schmertz），“伊斯兰教精神中的设计”，p117。

24. 法兹勒，“伊斯兰教的环境”，1978 年，p52。

25. 引文来自德雷克斯勒为《五位建筑师》所撰写的序言，p1（原文中的强调部分）。

26. 请参阅《芝加哥之声》，p205—215，以获得对这一争议的精彩概括。即使那些被认为是后现代主义的建筑师，虽然他们认识到了现代主义在解释文脉方面是有弱点的，但也很难平衡个人表达和文脉的敏感性。

27. 法兹勒，“传统伊斯兰建筑平面布置的应用”，1982 年，p3。

28. 里尔克（Rilke），《马尔特·劳里茨·布里格手记》，p19—20。

第 12 章　本土化形式：朝觐航站楼

1.SOM 事务所与航空工程公司联合企业，“新吉达国际航站楼总体规划”，（华盛顿特区：SOM 事务所 / 航空工程公司，1976 年），p10（SOM 芝加哥事务所档案）；法兹勒、泽尔斯和萨勒姆，“500 万平方英尺”，1980 年，p68。

2. 不仅西方标准不适用于这种情况，这里也没有自己的规范（汤普森，“管理程序”，p145）。

3.SOM 事务所会议纪要，1976.12.7（SOM 芝加哥事务所档案）；克里姆斯基（Krimsky），《戈登·邦夏》，p263。

4. 法兹勒，“轻质结构”，1979 年，p9；戈登·韦尔德莫斯与作者的谈话，1998 年 12 月；《戈登・邦夏之口述历史》，p198；克里姆斯基，《戈登・邦夏》；SOM 事务所与航空工程公司联合企业，“新吉达国际航站楼总体规划”，p45。

5. 作为世博会美国馆的结构工程师，盖格尔・贝格尔联合事务所的戴维・盖格尔被《工程新闻记录》评为 1968 年“建筑行业最受关注之人”，而该项目的其他设计人员还包括沃尔特・伯德、戴维斯－布洛迪（Davis-Brody）以及切玛耶夫－盖斯马尔－德尔哈拉克（Chermayeff，Geismar，deHarak）联合设计公司。

6. 教育设施实验室，1958 年由福特基金建立的一家学校建筑创新赞助商。60 年代在校人数的增加以及高昂的建设成本促使人们去研究经济且能够快速搭建的建筑体系。

7. 克里姆斯基，《戈登・邦夏》，p264；《戈登・邦夏之口述历史》，p199；戈登・韦尔德莫斯与作者的谈话，1998 年 8 月；约翰・泽尔斯与作者的谈话，芝加哥，2002 年 5 月。

8. 由于法兹勒不满意与材料类型不匹配的建议方案，于是邦夏立刻想到了外聘顾问（“回忆法兹勒・R・汗”，p150—151）。根据奥斯特・贝格尔（Host Berger）讲，早在 1977 年，邦夏就和他谈及过这个项目，并且盖格尔・贝格尔联合事务所也希望担任 SOM 的结构顾问（贝格尔，《轻质结构》，p78）。

9. 法兹勒，“轻质结构”，1979 年，p14。在为了相同目标而设计一幢钢结构建筑时，法兹勒经常与钢构制造商打交道，换句话说，是为了保证设计过程沿着易于制造与施工的方向前进。

10. 罗伯特・B・克莱因（Robert B. Kline）与作者的谈话，1998 年 12 月；在 70 年代，克莱因是 OCF 建筑服务部的副总裁和总经理。

11. 由于缺少地方性约束规范，SOM 事务所采用了美国联邦航空管理局的设计指南。

12. 法兹勒，口袋笔记本，1977 年 7 月。

13. 麦加宾馆 / 会议中心的设计者是弗雷・奥托与罗尔夫・古特布罗德（Rolf Gutbrod），结构设计由奥雅纳工程顾问公司完成[即，结构三人组中的埃德蒙・哈波尔德和彼得・赖斯（Peter Rice）]；奥托、古特布罗德及工程师布罗・哈波尔德（Buro Happold，标赫工程顾问公司由哈波尔德在 1976 年成立）设计了吉达体育馆的屋面。

14. 约翰・泽尔斯与作者的谈话，芝加哥，1998 年 8 月。

15. 穆罕默德・萨勒姆、约翰・W・唐（John W. Tang）、约翰・哈里斯，“世界最大膜屋面的计算机分析”，发表日期不详（SOM 芝加哥事务所档案）。

16. 所采取的措施绝非否定层面张拉结构的相对经济性。克里姆斯基在《戈登・邦夏》中写道：与混凝土太阳伞结构相比，屋面张拉结构的建设成本能够节省 30%，我虽然无法确信这个数字，但我相信他准确地描述了一个事实：无论对于上部结构或者基础，传统建筑类型都将导致高昂的建设成本，最小数目的结构构件类型，以及可对称、重复的加工和安装 210 个屋面单元是确保结构经济性的基础。

17. 在航站楼启用后，《土木工程》的编辑弗吉尼亚・费尔韦瑟（Virginia Fairweather）曾亲临其现场，当室外温度为 130℉时，航站楼的实测温度为 90℉，由于楼内的持续微风，这个温度还是很舒适的（费尔韦瑟，“泰姬陵”，p64）。

18. 沃尔夫（Wolfe），《麦加朝觐》，p154。

19. 阿达兰（Ardalan）和巴赫蒂亚尔（Bakhtiar），《统一感》，p29；赛义德・侯赛因・纳斯尔写给阿达兰和巴赫蒂亚尔《统一感》的序言，pxiii. 在伊斯兰思想里，精神与世俗是生活中不可分割部分。

20.“帐篷结构”，文字说明，p129。

21. 格里尔（Greer），“美国建筑师学会奖”，p280；“1983 年的主评委声明”，阿卡汗建筑奖，日内瓦，1983 年 6 月 24 日（莉泽洛特 · 汗的个人收藏）。

22.“社论：该说啦！”，p184；泰勒，“1983 年阿卡汗建筑奖”，p20。

23.《戈登 · 邦夏之口述历史》，p201。1980 年前后，在一系列亚瑟 · 德莱克斯勒（Arthur Drexler）的采访过程中，邦夏通常拒绝被冠以具有特别影响力的头衔，他声称：在 SOM 事务所的建筑师中，纽约事务所还没有达到芝加哥事务所那样的“知性”设计（马丁，“邦夏之声”，p84）。

第 13 章　麦加的大学校园规划设计

1. 本章中，“麦加”一词音译为“Makkah”而非“Mecca”，因为 SOM 事务所在校园项目中就是如此采用的。

2. 内奇，引自莫里索的“校园规划基础”，p125。

3. 当我向人们问及结构工程师就任校园开发的项目经理是否正常时，大家总认为这事儿似乎与我父亲不相干。

4. 法兹勒、道伯，“阿卜杜勒 · 阿齐兹国王大学”，1982 年，p30。

5. 法兹勒、道伯，“阿卜杜勒 · 阿齐兹国王大学”，1982 年，p30。

6. 法兹勒，口袋笔记本，1976 年 5 月。

7. 虽然法兹勒的出生环境与这个项目大相径庭，却对宗教文化相当熟悉，所以他能够以批判性的眼光去审视项目：例如，法兹勒问道，“作为课程规划内容的一部分，伊斯兰研究的科研中心到底是什么？”此处的用词不当是规划师和客户都未想到的问题。

8. 项目会议的盒式录音磁带，1977 年 10 月（法兹勒 · 汗的个人收藏）。开发规划引自“阿卜杜勒 · 阿齐兹国王大学的工程学院公告，1398—1399，1978—1979”，p6（SOM 芝加哥事务所档案）。

9. 法兹勒 · 汗致加法尔 · 萨巴格，1977 年 12 月 12 日（SOM 芝加哥事务所档案）。

10. 莫里索，“校园规划研讨会”，p5。

11. 哈桑 · 法赛因受到了广泛认可，这是因为他对埃及当代建筑进行了改革，并重新引入了本地化的建筑构造做法。

12. 在这个时期，因受到西方女权运动的影响，社会中有关妇女地位问题的意识与敏感性特别突出。

13.20 世纪 70 年代的美国建筑产业充分意识到社会变革的困难与缓慢，虽然法律规定要求雇用少数族裔和妇女，却因持续反对而执行起来举步维艰（“社论：建筑行业中的妇女”，p76）。

14. 道伯，《校园设计》，p145。

15. 法兹勒与道伯，“阿卜杜勒 · 阿齐兹国王大学”，1982 年，p35。想必哈佛大学与麻省理工学院的学生一下子就明白了他的意思：第一次到波士顿的游客已经发现了，这里没有规则的街道布局和清晰的方向，只有当地人才不会迷路。

16. 现代建筑大师对简约性有着相似的共识。弗兰克 · 劳埃德 · 赖特特别欣赏波斯建筑里那些精致几何图案的宁静与统一所表现出来的“诗学思想”[布劳内尔（Brownell）与赖特，《建筑与现代生活》，p38]。

17. 具有伊斯兰传统的大学在较大的城市社区中起着重要作用。实际上，远离城市的新校区不可避免地带来一个如何融入社会组织的问题。新的校园设计与运营是否能够克服上述问题我们就不得而知了，因为这个项目最终并未按照设计竣工。

18. 雷蒙德·J·克拉克与作者的谈话，2003 年 3 月。

19. 虽然温度和风压的数据有限，但可以提供试验与设计的基本数据，并且通过个人观测还能够确定以 24 小时为周期的气温范围。古杰拉尔、克拉克和伯奇将此实验计划记录在“对节约热能的评估”一文中。

20. 一提起父亲的日程安排就会让人头痛。除了那些固定的国内外差旅外，他的周末闲暇时光也不属于自己，因为这些时间都被用来和同事会面或陪同客户游玩芝加哥了，其他零碎时间则都用来参与各种专业组织、慈善组织和社会组织了。对我而言，尤其难能可贵的是他还是一位体贴的父亲。尽管公务繁忙，但却从未显示出步履蹒跚，或者抱怨生活。父亲的一位朋友如是说：汗对待他人非常宽厚，而且自己的状态看起来也很放松，他的努力工作并非只是为了满足个人生活需要。

21. 库尔曼与作者的谈话，2003 年 1 月。

22. 伊朗革命也同样影响着该地区的方方面面，对于麦加校区，需要航测来完成场地的高程数据（已经被各种原因耽搁了很久）。当那些在沙特阿拉伯没有精炼过的，出口自伊朗的航空汽油订单被取消时，1979 年的工程计划进度也就只能被迫取消了。

23. “社论：俄国人的局”，p210；“麻烦的阿拉伯石油帝国”，p39—42。

24. 在 1981 财政年度，美国国防预算增加到约占可自由支配开支的 30%，而此开支约为总预算的 1/3；因此，国防预算仍低于预算总额的 15%（“建设预算份额的降低”，p11）。

25. 法兹勒，口袋笔记本，1980 年 9 月。

26.20 世纪 90 年代，帕金斯威尔事务所设计了乌姆·埃尔古拉大学麦加校区。

第 14 章　混凝土桁架筒：奥特里中心

1. 从制造向服务与信息产业的转型增加了办公岗位的就业，婴儿潮时期出生的人、妇女和少数族裔扩大了劳动力市场。根据美国劳工部劳工统计局提供的总就业的占比，白领工从 1960 年的 43.5% 上升到 1978 年的 50%（卡威特，“白领就业”，65）。

2. 卡特，引自“城市陷阱 6 美元”，p21。

3. “工业高涨”，p10。

4. “美国能源部新建筑法规”，p10。

5. 80 年代，最高个人所得税税率从 70% 降低至 28%。

6. 法兹勒，“结构理论”，1981 年，p33。

7. 法兹勒，“高层结构的未来”，1972 年，p83。

8. 法兹勒曾经试图在建筑底层采用 8000 psi 的混凝土，但被总承包商告之：强度 7500 psi 以上的混凝土质量难于控制。SOM 事务所也不鼓励使用轻质混凝土楼板，因为整个芝加哥地区只有一家混凝土供应商产生轻骨料混凝土，因此没有价格的竞争优势，并且在施工期间，轻质与普通混凝土混用也会带来协调性问题（SOM 事务所会议纪要，1980 年 8 月 15 日，[SOM 芝加哥事务所档案]）。

9. 泽尔斯与克拉克，“混凝土斜撑”，p49—50。

10. 罗伯特·G·托马斯致内德·伍德，1982 年 2 月 3 日；SOM 事务所会议纪要，1982 年 2 月 23 日；威廉·德拉克致钱德拉·K·贾，1984 年 1 月 23 日（全部为 SOM 芝加哥事务所档案）。

11. 格罗斯曼与作者的会谈，2003 年 10 月。

12. “阶梯板加强细长筒”，p30。法兹勒的研究工作一直持续到 1982 年生命的最后时刻。

13. 在 20 世纪 80 年代，现代建筑因受到严格约束而被质疑，其影响力的哲学基石也不复存在；直到近期，建筑环境对人居活动和精神压力的潜移默化影响又重新受到关注，人们试图从科学的角度去研究其中的一些现象。

14. 法兹勒，“结构逻辑的升与降”，1982 年，p92—93。在他生命结束时，这篇论文还只是个初稿，去世后被编辑并发表于芝加哥建筑俱乐部的杂志上。

15. 汗，“结构理论”，1981 年，p41。

第 15 章　巨型结构：芝加哥世界贸易中心

1. 法兹勒，“高密度生活的趋势”，1981 年，p72。

2. 勒・柯布西耶，《走向新建筑》，p57。

3. 德迈克尔，“巨型结构”，p72。

4. 莱恩，“设计的高度”，p8。

5. 在法兹勒的“高层结构的未来”一文中提出了这些概念，1972 年。

6. 弗里德兰，“为巨型结构证明”，p39；“宾馆乎？”，出处班汉姆的《评论漫笔》，p228—229；班汉姆，《大师的时代》，p143；《夏洛茨维尔类型》中的拉菲尔・莫内欧，p149。

7. 在 20 世纪 70 年代早期，不断恶化的城市环境造成暴力事件频发，而我们家经历的这些令人不安的事件就发生在家门口附近。一天晚上，我一人在家，父母回来时却被挡在了街区之外，警察正在与我们这座楼对面房屋里的居民对质着，因为他们得到情报，这里可能会出现交火。还有一次，大家在父母卧室里看电视剧《曼尼克斯》，在插播商业节目时，我们离开了房间。然后，就听一声巨响，我们跑回卧室，地板上躺着一颗来福枪子弹，床上散落着玻璃碎片。警察的结论是：子弹在空中乱飞，一颗恰巧打进我们家。要知道，我们家可是住在第 27 层。

8. 法兹勒，“高层建筑”，[1977 年？]，据法兹勒回忆，这是一篇由作者克里斯蒂安・诺伯格 - 舒尔茨出版的书中的论文，但我无法确定。

9. 会议纪要，1981 年 7 月 20 日（SOM 芝加哥事务所档案室）。

10. 法兹勒，“高层建筑的地位”，1977 年，p17。

11. 法兹勒，“我们的社会允许巨型结构吗？”1980 年，p47。

12. 他可能觉得自己在影响项目开发方面的能力大不如前，具体表现在评价结构体系方面，也包括自己在结构设计中所发挥的作用。

13. 达文波特与作者的谈话内容，伦敦，安大略，2002 年 12 月。

14. 泽尔斯与作者的谈话内容，芝加哥，2002 年 3 月。

15. 一位金融律师告诉《芝加哥论坛报》：将近 12 位投资者，包括许多外国人依赖于这个项目，估计项目总费用为 12.5 亿美元，他预计项目建成的概率为 50%（米伦森，“一英里高的建筑之梦”，p15）。

16. 1980 年 1 月，《工程新闻记录》报道：由理查德・塞弗特事务所（建筑）与艾拉普工程顾问公司（结构）着手共同研究的英国利物浦的塔楼高达 1830 英尺（“英国规划”，p53—54）；另一个芝加哥设计项目是由哈里・威斯联合公司与列夫・泽特林联合公司设计的 210 层的塔楼，它与同期 SOM 事务所承接的芝加哥世贸中心项目同属一个开发商（塔克，“超级摩天大厦”，p58—59；祖科夫斯基，简介，p13）。

17. 小罗伯特·霍尔德，引用“通胀迷雾笼罩着建筑业的前景”，p18。

18. “国际方针”，p46—47。

19.LG 集团的宣传册，[1985 年？]，p28（SOM 芝加哥事务所档案文件）；“地方限制”，p30；法兹勒·R·汗与威廉姆·哈特曼写给幸运开发公司的电传，1978 年 11 月（SOM 芝加哥事务所档案文件）。

第 16 章　追忆法兹勒·汗

1. 结构稳定性研究委员会，“关于悼念法兹勒·R·汗的决议”，1982 年 3 年 30 日（莉泽洛特的个人收藏）。

2. 在《印度之行》中，福斯特将这种“信条”归因于富有同情心的菲尔丁先生，p62。

3. 迈克尔·霍根与作者的通信往来，2002 年 12 月。

4. 拉斯金，《建筑的七盏明灯》，p40（着重号为原文所有）。

5. 盖普，“回忆一位绅士伟人”，p30。保罗·盖普是《芝加哥论坛报》的建筑评论家，并因其评论文章而荣获 1979 年普利策奖。

主要人名与机构名称索引

A

Aalto，Alvar　阿尔瓦·阿尔托　161

Academy for Educational Development　教育发展学会　217

Aga Khan　阿卡汗　190

Ahmed，Munir　穆尼尔·艾哈迈德　255，257

Airways Engineering Corporation　航空工程公司　187，195，198

Al Azhar University　爱资哈尔大学　222

Aleppo　阿勒颇　222

Alhambra　阿尔罕布拉宫　223，224

Allen，Roy O.　罗伊·O·艾伦　200

American Bridge Division of U.S. Steel　美国钢铁公司桥梁工程部　88，126

American Concrete Institute（ACI）美国混凝土学会　94，95，107，110，112

American Institute of Architects（AIA）美国建筑师学会　81，161

American Institute of Steel Construction（AISC）美国钢结构协会　73，107

American Iron and Steel Institute（AISI）美国钢铁协会　108

American Society of Civil Engineers（ASCE）美国土木工程师学会　107，131，171

American Welding Society　美国焊接学会　107

Amin，Navinchandra　纳文钱德拉·阿明　145

Ammann & Whitney　安曼－惠特尼　147，165

Angawi，Sami M.　萨米·M·安加维　219

Archigram　建筑电讯派　163

Architectural Forum《建筑论坛》51，98，135，143

Architectural Record《建筑实录》25，191

Architectural Review《建筑评论》170

Arumí-Noé，Francisco　弗朗西斯科·阿鲁米－诺　227

Arup，Ove　奥韦·阿鲁普　123

Awami League　孟加拉国人民联盟　176

B

Banham，Reyner　雷纳·班汉姆　248

Battery Park City　炮台公园城　135

Bauhaus　包豪斯　160

Baxter Corporate Headquarters　百特公司总部　163，166，170

Baxter Travenol Laboratoties　百特国际（原意为：百特静脉溶液实验室）163

Beaubourg-Rivoli Centre Pompidou　巴黎波布－里沃利蓬皮杜艺术中心　163

Beedle, Lynn 林恩·比德尔 132, 186, 257
Beethoven, Ludwig van 路德维希·凡·贝多芬 16, 257
Behnisch & Partners 贝尼施事务所 199
Belford, Don 唐·贝尔福德 125
belt truss interaction system 带状桁架相互作用体系 107, 115, 116, 141, 247
BHP House 必和必拓大楼 113, 118, 141
Bennett, Edward 爱德华·班尼特 154
BEPS (energy performance standards) 美国能源部制定的《建筑节能标准》 250
Bethlehem Steel 伯利恒钢铁公司 126
Bird, Walter W. 沃尔特·W·伯德 199, 202
Birdair Structures 伯德艾尔结构公司 202, 205, 208
Blake, Peter 彼得·布莱克 161
Boundary Layer Wind Tunnel Laboratory (BLWTL) 大气边界层风洞实验室 145, 147, 226, 252
Boyd, Robin 罗宾·博伊德 116
Broken Hill Proprietary (BHP) 必和必拓公司 113, 118
Brooklyn Bridge 布鲁克林大桥 167
Brown, Andrew J. 安德鲁·J·布朗 21, 22, 25, 27, 38, 49
Brownson, Jacques C. 雅可·C·布朗森 48
Bruner, Louis 路易斯·布鲁纳 79
Brunswick Building 布伦兹维克大厦 31, 35
Bubner, Ewald 埃瓦尔德·布伯纳 199, 205
building sway 建筑摇摆 68, 105, 149
bundled tube system 束筒体系 3, 92
Bunshaft, Gordon 戈登·邦夏 200, 203, 213
Burckhardt, Titus 泰特斯·伯克哈特 219
Burnham, Daniel 丹尼尔·伯汉姆 154
Burns, Arthur 阿瑟·伯恩斯 182
Business Korea 《韩国商报》 371

C

C. F. Murphy Associates C·F·墨菲联合设计事务所 48
cable membrane structure 索膜结构 202
cable net structures 索网结构 199
cable-stayed 斜拉索 165, 167, 169
caisson 沉井 76
cantilever action 悬臂作用 54
Chemical Fabrics Corporation 化学纺织品公司 200
Chenault & Brady 切诺尔特及布雷迪顾问公司 93
Chicago Architectural Club 芝加哥建筑俱乐部 243
Chicago Committee on High Rise Buildings (CCHRB) 芝加哥高层建筑委员会 130
Chicago School of Architecture 芝加哥建筑学派 4
Chiers Chatillon Gorcy Cie (CCG) 法国 CCG 公司 206
Chin, Ying-Hsin 陈英欣 30
Chowdhury, Masihur Rahman 马西赫·拉赫曼·乔杜里 10
Chowdhury, Zafrullah 弗鲁拉·乔杜里 179
Christie, George 乔治·克里斯蒂 182
Civil Engineering 《土木工程》 98, 152
Civil Rights Act 《民权法案》 160
cladding 覆面 35, 58
Clark, Raymond J 雷蒙德·J·克拉克 227
cluster 组团 222, 226
Colaco, Joseph (Joe) 约瑟夫·科拉科 71, 87, 103
Condit, Carl 卡尔·康迪特 159
CIAM, Athens Charter 国际现代建筑协会,《雅典宪章》 159, 246
Connecticut General Life Insurance Company 康涅狄格州通用人寿保险公司 163
Construction's Man of the Year award 建筑业年度风云人物奖 107, 258
Control Data Corporation (CDC) 数据控制公司 126, 150

Cor-ten steel 考顿钢 36，86，88
CTBUH 高层建筑和城市住区理事会 131，154，187
creep 徐变 101
Cross，Hardy 哈迪·克罗斯 54，148
Cuscaden，Rob 罗布·库斯卡登 70

D

Daley，Richard J. 理查德·J·戴利 35，85，89，138
Davenport，Alan G. 艾伦·G·达文波特 209，252
de Armas，Raul 劳尔·德·阿马斯 200
de Saint-Exupery，Antoine 安托万·德·圣-埃克苏佩里 159
Dearstyne，Howard 霍华德·迪斯泰尼 133
Degenkolb，Henry 亨利·德根科尔伯 109，113
Di Stasio & Van Buren 迪斯塔肖-范布伦公司 45
Diamant，Robert 罗伯特·戴曼特 66
Dober，Richard 理查德·道伯 221
Drake，William 威廉·德拉克 139，221，224
DuPont 杜邦 200，202
Durant，Will 威尔·杜兰特 16

E

Educational Facilities Laboratories 教育设施实验室 200
Eid，Mohammad 穆罕默德·米廷 223
Engineering News-Rocord 《工程新闻记录》 49，51，91，128，160，223，254

F

Fathy，Hassan 哈桑·法赛 219，226
FAA 美国联邦航空管理局 144，249
FHA 美国联邦住房管理局 58，62 235
Federal Reserve Board 美国联邦储备委员会 233
Fenves，Steven 史蒂文·芬弗斯 71
Fez，Morocco 非斯，摩洛哥 224
Fintel，Mark 马克·芬特尔 43，102 108，113
Fintel，Slava 斯拉瓦·芬特尔 108
Fischer，Robert 罗伯特·费舍尔 227
Fisher，Ernest M. 厄内斯特·M·费舍尔 51
Focht，John A. Jr. 小约翰·A·福赫特 100
Ford，Gerald R. 杰拉尔德·R·福特 160
Forster，E. M. E·M·福斯特 258
Fourth Financial Bank 第四金融银行 153
Frampton，Kenneth 肯尼思·弗兰姆普敦 190
Fulbright，J. William J·威廉·富布赖特 12
Fuller，R. Buckminster R·巴克敏斯特·富勒 163

G

Gandhi，Indira 英迪拉·甘地 178
Gapp，Paul 保罗·盖普 260
Gardy-Artigas，Juan 胡安·加迪-阿蒂加斯 258
Gateway Center Ⅲ 盖特威中心 3 号楼 126
Geiger Berger Associates 盖革·伯杰联合事务所
Gervais F. Favrot Company 格威斯·F·法夫罗公司 129
Ghosh，S. K. S·K·高希 104
Goad，Philip 菲利普·戈德 119
Goldberg，John E. 约翰·E·戈德伯格 71
Goldberger，Paul 保罗·戈德伯格 162
Goldsmith，Myron 迈伦·戈德史密斯 28，60，165，237，257
Goldstein，Marc 马克·高尔德斯顿 185
Graham，Bruce J. 布鲁斯·J·格雷厄姆 5，27，56，239，257
Grameen Bank 孟加拉国乡村银行（格莱珉银行）178
Great Society programs 大社会计划 181
Gropius，Walter 沃尔特·格罗皮乌斯 143，161

Grossman, Jacob 雅各布・格罗斯曼 242
Gujral, Parambir 帕拉姆博・古杰拉尔 227
Gupta, Hem 汉姆・古普塔 21

H

Hajj Terminal 朝觐航站楼 4, 195, 213
Hansen, Holley & Biggs 汉森霍利比格斯公司 45, 70
Hanson, Donald D. 唐纳德・D・汉森 42
Hanson, Robert 罗伯特・汉森 113
Happold, Edmund 埃德蒙・哈波尔德 131
Harris, John 约翰・哈里斯 100
Hartmann, Bill 比尔・哈特曼 68
Hartmann, William 威廉・哈特曼 28, 62, 244
Hedrich-Blessing 海德里希－布莱辛图片社 26
Herbert Realty & Construction Companies 赫伯特地产及建筑公司 86
High-tech 高技派 163
Hines Gerald D. 杰拉尔德・D・海因斯 93, 124, 130
Hichcock, Henry-Russell, Jr 亨利－罗素・希区柯克（小） 158
Hochteif, A. G. A・G・霍克蒂夫 205
Hodgkison, Robin 罗宾・霍奇金森 237
Hogan, Michael 麦可・贺根 168
Holder, Robert 罗伯特・霍尔德 288
Holley, Myle J. 迈尔・J・霍利 266
Holmes, Robert 罗伯特・霍姆斯 220
Hossain, Mosaharaff; Inari 穆沙拉夫・侯赛因；伊纳里 16
Hudnut, Joseph 约瑟夫・赫德纳特 133
Hunter, Carl J. 卡尔・J・亨特 81
Huxtable, Ada Louise 艾达・路易丝・赫克斯特布尔 162

I

IABSE 国际桥梁与结构工程协会 131, 252
IIT 伊利诺伊理工学院 29, 67, 115, 160
Inland Architect 《内陆建筑师》（期刊） 184
Irwin Johnston & Partners 欧文・约翰斯顿联合事务所 114, 117
Islam, Muzharul 穆扎哈尔・伊斯拉穆 177
Isyumov, Nicholas 尼古拉斯・伊斯莫夫 252
Iyengar, Hal 哈尔・延加 58, 107, 126, 147, 257

J

Jahn, Helmut 赫尔穆特・扬 115, 116
Jaros, Baum, and Bolles 美国JBB工程公司 138
Jencks, Charles 查尔斯・詹克斯 161
Jha, Chandra K. 钱德拉・K・贾 234, 257
Jha, Hekmat 赫克马特・贾 234
John Hancock Center 约翰・汉考克中心 65
Johnson, Bruce 布鲁斯・约翰逊 112
Johnson, Lyndon B. 林登・B・约翰逊 88, 267
Johnson, Philip 菲利普・约翰逊 133

K

KAAU 阿卜杜勒・阿齐兹国王大学 204, 215, 255
Ka'bah 天房 188
Kahn, Louis 路易斯・康 161
Kallman, Roger 罗杰・卡尔曼 229
Kamin, Blair 布莱尔・卡明 81
Karamanski, Todor 托多尔・卡拉曼斯基 138
Kennedy, Edward M. 爱德华・M・肯尼迪 178
Kennedy, John F. 约翰・F・肯尼迪 159
Kennedy, Robert 罗伯特・肯尼迪 160
Kenny, Lawrence 劳伦斯・肯尼 165
Khan, Abdur Rahman 阿卜杜勒・拉赫曼・汗 7, 10, 261
Khan, Fazlur R. 法兹勒・R・汗
Khan, Khalil A 哈利勒・A・汗 200, 221, 255
Khan, Liselotte Anna Olga 莉泽洛特・安娜・奥

尔加·汗 14，75，108，138，177，234，260
Khan，Mahbubur Rahman 马赫布卜·拉赫曼·汗 8
Khan，Masuda Khanum 马苏达·哈努姆·汗 8
Khan，Yahya 叶海亚·汗 176
Khan，Yasmin Sabina 亚斯明·萨拜娜·汗 39，75，234
Khan，Zillur Rahman 齐勒·拉赫曼·汗 8，177
Khatun，Khadija 哈蒂嘉·哈顿 8
Kielar，Richard 理查德·基拉尔 54
Kim，Jim Hwan 金振焕 30，167
King，Martin Luther，Jr. 马丁·路德·金 160
Kips Bay Plaza 基普斯湾广场 61
Kissinger，Henry A. 亨利·A·基辛格 176
Komendant，August 奥古斯特·科门登特 19，61
Kumar，Kutick 库蒂克·库默 257

L

Lagrange，Lucien 吕西安·拉格朗日 239
Lambert，Phyllis 菲利斯·兰伯特 30，76
Le Corbusier 勒·柯布西耶 133，159，162，245
LeMessurier，William 威廉·勒梅热勒 74
Lenke，Richard 理查德·伦克 76
Leonhardt & Andrä 莱昂哈特－安德鲁咨询公司 199
Lin，Tung Yen 林同炎 28
Lockett，Albert 艾伯特·洛基特 79
Loebl，Schlossman & Bennett 勒布尔施洛斯曼班尼特事务所 48
Logcher，Robert 罗伯特·洛切尔 71

M

Machu Picchu 马丘比丘 244
Magnel，Gustave 古斯塔夫·马格内尔 20
Marine Midlnad Bank 美国海丰银行 62
Marshall Field & Company 马歇尔·菲尔德百货公司 201
mashrabiyya “穆夏拉比亚”窗（中东花格屏）222
Maytag Washing Machine Company 美泰克洗衣机公司 75
McClelland Engineers 麦克利兰工程咨询公司 100
megastructures 巨型结构 245
membrane structures 膜结构 194
Menon，A. G. K. A·G·K·梅农 137
Merchandise Mart 芝加哥商品市场大楼 139，248
Metropolitan Structures 都市结构公司 51，57
Mise van der Rohe，Ludwig 路德维希·密斯·凡·德·罗 4，29，51，158
Miller，Henry 亨利·米勒 41
Miro，Joan 胡安·米罗 43
MIT 麻省理工学院 190，224
Monadnock Building 蒙纳德诺克大厦 62
Morisseau 莫里索 285
Mortoza，Sylvia 西尔维娅·莫特扎 264
Muhammad（Prophet）（先知）穆罕默德 188，189
Mumford，Lewis 刘易斯·芒福德 122，159
Mumford，Luigi 路易吉·芒福德 58，152
Museum of Modern Art 纽约现代艺术博物馆 162，199
Museum of Science and Industry 芝加哥科学与工业博物馆 75，261

N

NASA 美国国家航空航天局 92，128
Nassar，Gamal 贾迈勒·纳塞尔 192
Nassief，Mahmoud 穆罕默德·纳沙耶夫 215
National Arts Council 国家艺术理事会 88
National Bureau of Standards 美国国家标准局 228
National System of Interstate and Defense Highways

美国全国州际及国防公路系统 122
National Trust Citation 国家信托奖 119
National Urban League 美国全国城市联盟 161
Nervi, Pier Luigi 皮埃尔·路易吉·奈尔维 165
Netsch, Walter A. 沃尔特·A·纳特施 24, 184, 215
Neutra, Richard 理查德·诺依特拉 161
New Gourna 高纳新村 226
Nicholas, Ralph 拉尔夫·尼古拉斯 177, 257
Nixon, Richard M. 理查德·M·尼克松 160, 176

O

One Shell Plaza 贝壳广场大厦（休斯敦） 91
One Shell Square 贝壳广场大厦（新奥尔良） 121
Onterie Center 奥特里中心 233
Otto, Frei 弗雷·奥托 199, 205
Otto, Ingrid 英格丽·奥托 199
outrigger truss 伸臂桁架 116, 141, 247
OCF 欧文斯-科宁玻璃纤维公司 200, 206
Owings, Nathaniel 纳撒尼尔·奥因斯 257

P

Packard, David 戴维·帕卡德 159
Pahlevi, Muhammad Reza Shah 穆罕默德·礼萨·巴列维政府 185, 186, 229
Patten, Barry B. 巴里·B·帕滕 114, 118
PCA 美国波特兰水泥协会 39, 45, 98, 108
Peck, Ralph 拉尔夫·佩克 13
Pei, I. M. 贝聿铭 61, 162
Picardi, E. Alfred 阿尔弗雷德·E·皮卡迪 37, 44, 52, 107
Picasso, Pablo 巴勃罗·毕加索 85, 149
pneumatic roof structure 气承式屋面结构 165, 200
Porter, William 威廉·波特 257
Prudential Insurance Company 保诚保险公司 35
Pruitt-Igoe housing project 普鲁特-艾格住房项目 245
Public Building Commission 公共建筑委员会 85

R

Radford, Roger 罗杰·拉德福德 200
Register of the National Estate 澳大利亚国家遗产名录 119
Reagan, Ronald 罗纳德·里根 250
Reliance Building 瑞莱斯大厦 156
Rilke, Rainer Maria 赖内·马利亚·里尔克 193
Robert Rosenwasser Associates 罗伯特-罗森瓦塞尔联合事务所 241
Robertson, Leslie 莱斯利·罗伯森 138
Rothman, Herbert 赫伯特·罗斯曼 147
RAIA 澳大利亚皇家建筑师学会 118
Ruskin, John 约翰·拉斯金 132, 260

S

Saarinen, Eero 埃罗·沙里宁 165
Sabbagh, Jafar 加法尔·萨巴格 5, 223
Salem, Mohammad 穆罕默德·萨勒姆 200
Salvadori, Mario 马里奥·萨瓦多里 162
Sandburg, Carl 卡尔·桑德堡 158
Santayana, George 乔治·桑塔亚纳 16
Sasaki, Mikio 佐佐木干夫 67, 69, 238
Sbarounis, John 约翰·斯巴努尼斯 39, 110
Schickler, Adrian 阿德里安·谢克勒 12, 14
Schinkel, Karl Friedrich 卡尔·弗里德里希·斯辛克尔 61
Schupack 舒派克 265
Schuyler, Montgomery 蒙哥马利·斯凯勒 41, 167
Scott, Geoffrey 杰弗里·斯科特 133
Scully, Vincent 文森特·斯卡利 170
Sears, Roebuck and Company 西尔斯·罗巴克公司 138

Sears Tower 西尔斯大厦 134
Shaker, Fatina A. 法蒂娜·A·沙克尔 217
Sharpe, David 戴维·夏普 30
shear lag 剪力滞后 59, 136, 151
Shedd, Thomas 托马斯·谢德 13
Sidney Myer Music Bowl 悉尼梅尔户外音乐台 114
Siess, Chester P. 切斯特·P·西斯 13, 28, 45, 46
Sirajullah, Mohammad 穆罕默德·西拉朱拉 257
Skidmore, Owings & Merrill (SOM) 斯基德莫尔奥因斯梅里尔事务所 3
Skilling, Helle, Christiansen, Robertson 斯基林－赫勒－克里斯琴森－罗伯逊事务所 114
Skopje 斯科普里市（南斯拉夫） 108, 110
sky lobbies 空中大堂 250
Smith, Bryan Stafford 布赖恩·斯塔福德·史密斯 138
Stavrides, Harry 哈里·斯塔夫里德 108
Stone, Edward Durrell 爱德华·德雷尔·斯通 198
SEAOC 美国加利福尼亚州结构工程师协会 108
structural rationalism 结构理性主义 173
Structural Stability Research Council 结构稳定性研究委员会 258
Sullivan, Louis 路易斯·沙利文 142, 162
Sultan Hassan Mosque 苏丹·哈桑清真寺 221
Sexton 塞克斯顿 265

T

Tagore, Rabindranath 拉宾德拉纳特·泰戈尔 9, 162, 257, 258
Tallmadge, Thomas E. 托马斯·E·塔尔马奇 60
Taylor, Brian Bruce 布莱恩·布鲁斯·泰勒 212
Thomas, Robert G. 罗伯特·G·托马斯 286
Tigerman, Stanley 斯坦利·泰格曼 177, 257
Tucker 塔克 288
Turley, John 约翰·特利 185

U

Umm al-Qura University 乌姆·埃尔古拉大学 230, 255

V

Venturi, Robert 罗伯特·文丘里 133
Vierendeel truss system 空腹桁架体系 61, 68
Viollet-le-Duc 维奥莱－勒－迪克 101, 133

W

Weidlinger, Paul 保罗·魏德林格 45, 71, 147
Wheeler, William 威廉·惠勒 108
Whyte, William 威廉·怀特 163
Wildermuth, Gordon 戈登·韦尔德莫斯 196, 215
Wilson, Morris, Crain, and Anderson 威尔逊－莫里斯－科兰－安德森事务所 99
Wisely, William 威廉·怀斯利 171
Wiss, Janney, Elstner and Associates 维斯－詹尼－埃斯特纳联合事务所 75
Wolman, Jerry 杰里·沃尔曼 66, 67, 77
Wood, Ned 内德·伍德 286
Wright, Frank Lloyd 弗兰克·劳埃德·赖特 170

Y

Young, Whitmey 惠特尼·杨 161
Yuncken Freeman Architects 云肯·弗里曼建筑事务所 114, 116

Z

Zils, John 约翰·泽尔斯 144, 152, 200, 239, 252
Zukowsky 祖科夫斯基 288